治安管理处罚法
释义与执法实务

立足条文释义　　聚焦执法实务　　详解修法重点

李春华 主编

中国法治出版社
CHINA LEGAL PUBLISHING HOUSE

编写组人员

李春华　　中国人民公安大学治安学院教授

王　侃　　四川警察学院治安系副教授

王仁燕　　贵州警察学院治安系副教授

马振华　　中国人民公安大学警体战训学院教师、博士

张学永　　中国人民公安大学警体战训学院副院长、副教授

陆　丹　　重庆警察学院治安系教师

王晓明　　中国刑事警察学院禁毒与治安学院副教授

高茂春　　中国人民警察大学特勤学院副教授

皮中旭　　湖北警官学院治安管理系副教授

杨　曦　　江苏警官学院治安管理系副教授

杨　越　　黑龙江公安警官职业学院治安管理系教师

序

新修订的《中华人民共和国治安管理处罚法》已于2025年6月27日第十四届全国人民代表大会第十六次常务委员会通过，将于2026年1月1日施行。自现行《中华人民共和国治安管理处罚法》2006年3月1日实施以来，已实施近二十年。社会、经济、治安形势已发生了很大变化，一些扰乱公共秩序、妨害公共安全、侵犯公民人身权利、财产权利、妨害社会管理的行为，破坏了社会和谐、社会稳定却没有被规范在法律调整的范畴内；从公安执法状况看，公安执法规范化建设、法治公安建设的深化，科技的支撑以及公安行政执法程序科学化，需要纳入本法中予以法律认可。

治安管理处罚法律与公众日常生活联系密切，是我国二元惩罚体系中行政处罚的重要组成部分，法律授权公安机关行使执法权，此次修改有诸多新亮点：一是明确治安管理工作坚持中国共产党的领导，坚持综合治理，强调预防和化解社会矛盾纠纷。二是补充了一些突出的违法行为，如有损英雄烈士保护、高空抛物、抢夺公交车方向盘、无人机"黑飞"、侵犯个人信息保护、非法使用窃听装置等。三是对违法未成年人区别对待，一方面强化保护未成年人的合法权益，对涉及侵犯未成年人权益的，从重处罚，另一方面对于未成年人违法造成恶劣影响的，应当给予行政拘留处罚的，执行行政拘留。四是增设正当防卫制度、当事人认错认罚制度。五是优化处罚程序，吸收了公安执法实践中的科学程序，强化法制审核、集体决定，全程录音录像；符合法定条件的行政拘留处罚的听证；融合治安调解与人民调解、自行和解，强化矛盾纠纷化解。六是适当提升了罚款处罚幅度。

治安管理处罚法释义与执法实务

《治安管理处罚法释义与执法实务》一书对新修订的《中华人民共和国治安管理处罚法》逐条进行阐释，并附加相关案例分析以及执法实务中应当注意的问题，内容全面、解析深刻，执法机关与社会公众均可阅读。本书主编和作者均是来自公安院校对治安管理处罚法颇有教学、研究心得的教师，既有公安理论深度，也熟知公安执法实务。本书由主编统筹，作者分工撰写，按照编写章节顺序如下：

李春华　第一章

王　侃　第二章

王仁燕　第三章第一节

马振华　第三章第二节

张学永　陆　丹　马振华　第三章第三节

王晓明　第三章第四节

高茂春　第四章第一节

皮中旭　第四章第二节

杨　曦　第四章第三节

杨　越　第五章

李春华　第六章

由于编写时间匆忙，疏漏之处在所难免，敬请广大读者批评指正！

主编　李春华

2025 年 6 月

目 录

第一章 总 则 ·· 1
    第 一 条 【立法目的和根据】································· 1
    第 二 条 【党的领导和综合治理】························· 4
    第 三 条 【违反治安管理行为与犯罪行为的界分】······ 6
    第 四 条 【治安管理处罚的程序】························· 8
    第 五 条 【适用范围】·· 10
    第 六 条 【治安管理处罚的原则】························ 12
    第 七 条 【主管部门和管辖】······························ 15
    第 八 条 【民事责任、不得以罚代刑】··················· 17
    第 九 条 【治安案件的调解】······························ 19

第二章 处罚的种类和适用 ··· 23
    第 十 条 【治安管理处罚的种类】························ 23
    第十一条 【涉案财物的处理】······························ 26
    第十二条 【未成年人违反治安管理的处罚】············· 29
    第十三条 【精神病人、智力残疾人违反治安管理的处罚】······ 32
    第十四条 【盲人、聋哑人违反治安管理的处罚】······· 36
    第十五条 【醉酒的人违反治安管理的处罚】············· 38
    第十六条 【数种违法行为的并罚】························ 41
    第十七条 【共同违反治安管理和教唆、胁迫、诱骗他人违反治安管理的处罚】············· 44
    第十八条 【单位违反治安管理的处罚】··················· 48

第十九条 【为免受不法侵害而采取的制止行为】……………… 50
第二十条 【从轻、减轻或者不予处罚的情形】……………… 53
第二十一条 【认错认罚从宽处理】……………… 57
第二十二条 【从重处罚的情形】……………… 58
第二十三条 【不执行行政拘留处罚的情形与例外】……………… 61
第二十四条 【未成年人矫治教育等措施】……………… 64
第二十五条 【追究时效】……………… 66

第三章 违反治安管理的行为和处罚 ……………… 69
　第一节 扰乱公共秩序的行为和处罚 ……………… 69
　第二十六条 【扰乱单位、公共场所、公共交通工具、选举等秩序】……………… 69
　第二十七条 【扰乱国家考试秩序】……………… 75
　第二十八条 【扰乱大型群众性活动秩序】……………… 78
　第二十九条 【以虚构事实、投放虚假危险物质，扬言危害公共安全方式扰乱公共秩序】……………… 83
　第三十条 【寻衅滋事】……………… 86
　第三十一条 【邪教、会道门及相关非法活动】……………… 91
　第三十二条 【扰乱无线电管理秩序】……………… 94
　第三十三条 【危害计算机信息系统安全】……………… 97
　第三十四条 【组织、领导传销活动，胁迫、诱骗他人参加传销活动】……………… 101
　第三十五条 【扰乱国家重要活动，亵渎英雄烈士，宣扬美化侵略战争或行为】……………… 104
　第二节 妨害公共安全的行为和处罚 ……………… 108
　第三十六条 【非法从事与危险物质相关活动】……………… 108
　第三十七条 【危险物质被盗抢、丢失不报告】……………… 111
　第三十八条 【非法携带枪支、弹药或者管制器具】……………… 113

第三十九条	【盗窃、损毁重要公共设施，妨碍国（边）境标志、界线走向管理】	116
第四十条	【妨害航空器飞行安全，妨害公共交通工具行驶安全】	119
第四十一条	【妨害铁路运行安全】	122
第四十二条	【妨害列车行车安全】	124
第四十三条	【擅自安装使用电网，道路施工妨碍行人安全，破坏道路施工安全设施，破坏公共设施，违反规定升放升空物体妨害消防安全，高空抛物】	126
第四十四条	【举办大型活动违反安全规定】	130
第四十五条	【公共活动场所违反安全规定】	133
第四十六条	【违规飞行民用无人驾驶航空器、航空运动器材或者升空物体妨害空域管理】	135

第三节　侵犯人身权利、财产权利的行为和处罚 …… 138

第四十七条	【组织、胁迫、诱骗进行恐怖表演，强迫劳动，非法限制人身自由，非法侵入住宅，非法搜查人身】	138
第四十八条	【组织、胁迫未成年人有偿陪侍】	142
第四十九条	【胁迫、诱骗、利用他人乞讨，以滋扰他人的方式乞讨】	145
第五十条	【恐吓、侮辱、诽谤、诬告陷害、打击报复证人、滋扰他人、侵犯隐私等侵犯人身权利行为】	147
第五十一条	【殴打他人，故意伤害他人身体】	152
第五十二条	【猥亵他人，公然裸露隐私部位】	154
第五十三条	【虐待家庭成员，虐待被监护人和被看护人，遗弃被抚养人】	156

第五十四条	【强迫交易】	159
第五十五条	【煽动民族仇恨、民族歧视，刊载民族歧视、侮辱内容】	161
第五十六条	【违反规定出售或者提供个人信息】	163
第五十七条	【侵犯通信自由】	165
第五十八条	【盗窃、诈骗、哄抢、抢夺、敲诈勒索】	167
第五十九条	【故意损毁公私财物】	170
第六十条	【对学生欺凌的处理】	172

第四节 妨害社会管理的行为和处罚 175

第六十一条	【阻碍依法执行公务】	175
第六十二条	【招摇撞骗】	178
第六十三条	【伪造、变造、买卖、出租、出借公文、证件、证明文件、印章，伪造、变造、倒卖有价票证、船舶户牌等】	181
第六十四条	【船舶擅自进入、停靠国家禁止、限制进入的水域或者岛屿】	184
第六十五条	【社会组织非法活动，擅自经营需公安许可行业】	185
第六十六条	【煽动、策划非法集会、游行、示威】	189
第六十七条	【旅馆业工作人员违反治安管理规定】	190
第六十八条	【房屋出租人违反治安管理规定】	194
第六十九条	【特定行业经营者未按照规定登记信息】	197
第七十条	【非法安装、使用、提供窃听、窃照专用器材】	198
第七十一条	【典当业、废旧物品收购业违反治安管理规定】	201
第七十二条	【妨害行政执法秩序，违反刑事监督管理规定】	203
第七十三条	【违反有关机关依法作出的禁止性决定】	207
第七十四条	【脱逃】	209
第七十五条	【故意损坏文物、名胜古迹】	211

目 录

第七十六条　【偷开他人车、船、航空器，无证驾驶航空器、船舶】 …………………………………………… 214

第七十七条　【破坏他人坟墓、尸骨、骨灰，违法停放尸体】 … 216

第七十八条　【卖淫、嫖娼，拉客招嫖】 ………………………… 218

第七十九条　【引诱、容留、介绍卖淫】 ………………………… 221

第八十条　【制作、运输、复制、出售、出租淫秽物品，传播淫秽信息】 …………………………………… 222

第八十一条　【组织播放淫秽音像，组织或者进行淫秽表演，参与聚众淫乱活动】 ……………………………… 225

第八十二条　【为赌博提供条件，赌博】 ………………………… 227

第八十三条　【违反毒品原植物规定的行为】 …………………… 229

第八十四条　【非法持有、向他人提供毒品，吸毒，胁迫、欺骗开具麻醉药品、精神药品】 ……………… 232

第八十五条　【引诱、教唆、欺骗、强迫、容留他人吸食、注射毒品，介绍买卖毒品】 ………………… 235

第八十六条　【非法生产、经营、购买、运输用于制造毒品的原料、配剂】 ……………………………… 237

第八十七条　【为吸毒、赌博、卖淫、嫖娼人员通风报信或者提供其他条件】 ………………………… 240

第八十八条　【社会生活噪声干扰他人】 ………………………… 242

第八十九条　【饲养动物干扰他人，违法出售、饲养危险动物，饲养动物致人伤害，驱使动物伤害他人】 … 244

第四章　处罚程序

第一节　调　查

第九十条　【立案调查】 …………………………………………… 249

第九十一条　【严禁非法收集证据】 ……………………………… 251

第九十二条　【收集、调取证据】 ………………………………… 254

第九十三条	【其他案件证据材料的使用】	256
第九十四条	【保密义务】	259
第九十五条	【人民警察的回避】	261
第九十六条	【传唤与强制传唤】	264
第九十七条	【询问查证时限和通知家属】	266
第九十八条	【制作询问笔录，询问未成年人】	269
第九十九条	【询问被侵害人和其他证人】	272
第一百条	【代为询问、远程视频询问】	275
第一百零一条	【询问聋哑人和不通晓当地通用的语言文字的人】	278
第一百零二条	【检查和提取、采集生物信息或样本】	280
第一百零三条	【对有关场所、物品及人身的检查】	283
第一百零四条	【检查笔录的制作】	286
第一百零五条	【对物品的扣押】	288
第一百零六条	【鉴定】	293
第一百零七条	【辨认】	295
第一百零八条	【两人执法、一人执法及录音录像】	297

第二节 决 定 …… 300

第一百零九条	【治安管理处罚的决定机关】	300
第一百一十条	【行政拘留的折抵】	303
第一百一十一条	【本人陈述的证据地位】	306
第一百一十二条	【告知义务、陈述与申辩权】	307
第一百一十三条	【治安案件调查结束后的处理】	310
第一百一十四条	【法制审核】	314
第一百一十五条	【处罚决定书的内容】	316
第一百一十六条	【处罚决定书的宣告、通知和送达】	319
第一百一十七条	【听证】	322
第一百一十八条	【办案期限】	326

第一百一十九条　【当场处罚】 ………………………………… 329

　　第一百二十条　【当场处罚的程序】 …………………………… 331

　　第一百二十一条　【行政复议和行政诉讼】 …………………… 335

第三节　执　　行 …………………………………………………… 338

　　第一百二十二条　【行政拘留处罚的执行】 …………………… 338

　　第一百二十三条　【罚款处罚的执行】 ………………………… 340

　　第一百二十四条　【上交当场收缴的罚款】 …………………… 345

　　第一百二十五条　【专用票据】 ………………………………… 348

　　第一百二十六条　【暂缓行政拘留和出所】 …………………… 350

　　第一百二十七条　【担保人的条件】 …………………………… 355

　　第一百二十八条　【担保人义务及法律责任】 ………………… 357

　　第一百二十九条　【保证金的没收】 …………………………… 359

　　第一百三十条　【保证金的退还】 ……………………………… 361

第五章　执法监督 …………………………………………………… 364

　　第一百三十一条　【执法原则】 ………………………………… 364

　　第一百三十二条　【禁止性规定】 ……………………………… 366

　　第一百三十三条　【社会监督】 ………………………………… 369

　　第一百三十四条　【治安处罚与政务处分衔接】 ……………… 371

　　第一百三十五条　【罚款决定与罚款收缴分离】 ……………… 374

　　第一百三十六条　【治安违法记录封存】 ……………………… 376

　　第一百三十七条　【同步录音录像运行安全管理】 …………… 377

　　第一百三十八条　【个人信息保护】 …………………………… 379

　　第一百三十九条　【违法行为及其处罚】 ……………………… 381

　　第一百四十条　【赔偿责任】 …………………………………… 384

第六章　附　　则 …………………………………………………… 388

　　第一百四十一条　【相关法律的衔接适用】 …………………… 388

　　第一百四十二条　【海警机构海上治安管理职责与职权】 …… 389

治安管理处罚法释义与执法实务

第一百四十三条 【"以上、以下、以内"的含义】 …… 390

第一百四十四条 【施行日期】 …… 390

《中华人民共和国治安管理处罚法》新旧对照表 …… 392

第一章　总　　则

第一条　【立法目的和根据】

为了维护社会治安秩序，保障公共安全，保护公民、法人和其他组织的合法权益，规范和保障公安机关及其人民警察依法履行治安管理职责，根据宪法，制定本法。

条文释义

本条将原《治安管理处罚法》[①] 第一条中的"制定本法"修改为"根据宪法，制定本法"，主要是考虑立法的基本依据是宪法。

《治安管理处罚法》第一条开宗明义明确了立法宗旨与任务。

第一，维护社会治安秩序。社会秩序是按照统治阶级利益的需要形成的一种规范的社会状态，包括政治、经济、生产、文化、生活等各方面的秩序。由不同的法律、法规、规章制度以及道德、纪律、习惯等对这些秩序进行调整和规范。而《治安管理处罚法》主要调整和规范涉及社会治安秩序、公共安全、公私财产以及公民的人身安全等。良好的社会治安秩序是我国进行社会主义市场经济建设的必要前提，是人们安居乐业的保障，也是治安管理的重要内容。因此，《治安管理处罚法》通过对尚不够刑事处罚的扰乱公共秩序、社会治安的行为给予处罚，以实现维护社会治安秩序的宗旨和任务。

[①] 编者注：本书中引用的《中华人民共和国治安管理处罚》统一简称为《治安管理处罚法》，全书其他法律法规采用同样的处理方式。

治安管理处罚法释义与执法实务

第二，保障公共安全。公共安全主要是指不特定多数人的生命、健康和财产的安全。保障公共安全是维护社会稳定的一个重要方面，破坏了公共安全，就会妨害正常的生产秩序、生活秩序、工作秩序以及教学科研秩序，就会给国家、社会、集体以及公民个人的利益带来直接的危害。公共安全一旦遭到破坏，所造成的危害后果不可预料、不可控制，《治安管理处罚法》通过对尚不够刑事处罚的妨害公共安全的行为给予处罚，立足防患于未然，防止危害结果的发生，以实现保障公共安全的目的和任务。

第三，保护公民、法人和其他组织的合法权益。《治安管理处罚法》保护公民、法人和其他组织合法权益的任务应当从以下几个方面来理解：首先，本法明确了保护对象，即保护公民、法人和其他组织的合法权益。其次，《治安管理处罚法》保护的是公民、法人和其他组织的合法权益，而不是非法的权益。例如：公众可自由观看体育比赛并就赛事进行评论，但在比赛场内展示侮辱性标语、条幅的行为，就是扰乱文化、体育大型群众性活动的违法行为，依法应当受到治安管理处罚。再次，《治安管理处罚法》通过规范处罚程序保障被处罚人的合法权益，《治安管理处罚法》集实体与程序于一体，专章设置处罚程序，设置若干条文规范公安机关实施处罚程序，保障被处罚人合法权益，如以非法手段收集的证据不得作为处罚的根据、规定回避制度、传唤及时通知家属等。

第四，规范和保障公安机关及其人民警察依法履行治安管理职责。法治中国建设下，通过一部部公安法律、法规建设，推动法治公安建设。《治安管理处罚法》正是通过规定什么是违法行为、对违法行为如何处罚来规范公安机关执法行为；公安机关发现违法行为应当依法实施治安管理处罚。《治安管理处罚法》为公安机关依法履行治安管理职责提供了执法依据，有助于推进公安机关职能、权限、程序、责任法定化，促进公安执法规范化建设，提升公安执法能力与执法公信力。

第五，根据宪法，制定本法。全面贯彻实施宪法，维护宪法权威，维护社会公平正义，完善以宪法为核心的中国特色社会主义法律体系、健全保障宪法全面实施的制度体系，是对每部法律的基本要求。同时，宪法的基本原则通过部门法律直接实现,如治安管理处罚的"尊重和保障人权"基本原则直接来源于宪法。所以,任何法律都必须根据宪法制定,确保符合宪法的规定、原则和基本精神,不得与宪法相违背、冲突。

实务中需要注意的问题

执法实务中,要深入理解本法的立法宗旨与任务,深刻理解《治安管理处罚法》的定位。一方面,《治安管理处罚法》是维护社会治安秩序,保障公共安全,保护公民、法人和其他组织的合法权益的一部法律;另一方面,本法也是规范和保障公安机关及其人民警察依法履行治安管理职责的一部法律。后者体现为,如通过处罚程序规范公安机关依法查处违反治安管理行为,给予行为人治安管理处罚。

案例评析

一、案情简介

近日,一女生从自家窗户看到窗外楼中共同连廊处有一男性来回走动,到其家窗户处一直往自己家中看,该女生通过物业调取监控后发现,此男性多次在此处晃荡,不时通过窗户向女生家窥探。女生立即报警。派出所接警后查获该男性。经调查:该男性并非居住在该小区,一次在小区外看到该女生后,尾随该女生到其住处,发现该女生家与其他几家共用连廊,便先后五次到该连廊从女生家窗户处向女生家室内窥探。派出所认定该男性构成侵犯隐私行为,依法对该男性作出治安管理处罚。

二、案例拆解

该案涉及行为人侵犯公民隐私权。对该案的处理凸显了《治安管理处罚法》"维护社会治安秩序,保障公共安全,保护公民、法人和其他组织的合法权益"的宗旨。公民权利范围非常广泛,任何侵犯公民权利的行为(尚不够刑事处罚的),依照《治安管理处罚法》相关规定,应当受到应有的处罚。

第二条 【党的领导和综合治理】

治安管理工作坚持中国共产党的领导,坚持综合治理。

各级人民政府应当加强社会治安综合治理,采取有效措施,预防和化解社会矛盾纠纷,增进社会和谐,维护社会稳定。

条文释义

这次修订对原治安管理处罚法第六条作了修改完善并前移作为第二条,增加"坚持中国共产党的领导,坚持综合治理";体现"枫桥经验",增加预防社会矛盾纠纷的规定。

主要作了以下修改:一是增加"治安管理工作坚持中国共产党的领导,坚持综合治理"规定作为第一款。贯彻落实坚持党的领导入法入规的要求,加强党对治安管理工作的领导。二是在第二款中增加预防社会矛盾纠纷的规定,将"化解社会矛盾"修改为"预防和化解社会矛盾纠纷"。在及时化解矛盾纠纷的同时,体现注重预防社会矛盾纠纷的理念,"防患于未然"、及早及小预防和化解矛盾纠纷。

一、治安管理工作坚持中国共产党领导

治安管理工作坚持中国共产党领导,确保党的各项重大决策部署通过法定程序成为国家意志、成为全社会一体遵循的法律规则。治安管理是维护社会治安秩序、保障公共安全、防范社会风险、维护社会稳定的重要工作,开展治安管理工作应当紧紧围绕社会稳定和长治久安的总目标,促进发展、保障社会善治。

治安管理工作坚持中国共产党领导,立意高远、格局宏大。党的二十大报告、党的二十届三中全会指出"完善社会治理体系",强调"健全共建共治共享的社会治理制度,提升社会治理效能";"在社会基层坚持和发展新时代'枫桥经验',完善正确处理新形势下人民内部矛盾机制";"健全城乡社区治理体系,及时把矛盾纠纷化解在基层、化解在萌芽状态";"发展壮大群防群治力量";"推进国家安全体系和能力现代化"等。治安管理工作要在推进国家安全体系和能力现代化的大背景下，强化党建引领基层治安治理。

治安管理工作坚持中国共产党领导，要走群众路线，坚持专门机关与依靠群众相结合，要在新形势下努力创造发动与组织群众的新方式、新方法。

二、《治安管理处罚法》基本政策

《治安管理处罚法》第二条第二款明确规定："各级人民政府应当加强社会治安综合治理，采取有效措施，预防和化解社会矛盾纠纷，增进社会和谐，维护社会稳定。"本条规定的是《治安管理处罚法》的基本政策，与第一条规定的"为了维护社会治安秩序，保障公共安全，保护公民、法人和其他组织的合法权益"立法宗旨与任务相辅相成。

社会治安问题是社会各种矛盾的综合反映。社会治安综合治理的主导者是各级人民政府，各级人民政府具有加强社会治安综合治理的责任，应当统一组织实施社会治安综合治理。社会治安综合治理手段多种多样，各级人民政府在加强社会治安综合治理的过程中，因地制宜地采取有效措施，以保证社会治安综合治理的各项工作得以有效开展。社会治安综合治理的根本目标是预防和化解社会矛盾纠纷，增进社会和谐，维护社会稳定，通过社会治安综合治理"打击、防范、教育、管理、建设、改造"等方面的工作，化解社会矛盾纠纷，减少和预防违法犯罪行为，维护社会秩序和稳定，为建设和谐社会作出贡献。

《治安管理处罚法》将预防和化解很好地结合起来。例如，本法中规范治安调解制度，在预防和化解社会矛盾纠纷方面将会起到重要的作用；再如"主动消除或者减轻违法后果，并取得被侵害人谅解的"，减轻处罚甚至不予处罚，便是化解社会矛盾纠纷、增进社会和谐的有力措施。

实务中需要注意的问题

执法实务中深刻领会治安管理是公安基础性工作，治安管理工作坚持中国共产党的领导，是公安工作坚持中国共产党领导在治安管理工作领域的具体体现。

治安管理处罚法释义与执法实务

深刻认识到治安管理处罚是治安管理、社会治安综合治理工作机制中重要的环节，通过惩罚严重违反治安管理行为、预防和化解矛盾纠纷、教育违法未成年人等，实现社会治安综合治理。但处罚只是其中的一种手段，更需要运用综合手段，增进社会和谐、维护社会稳定。

案例评析

一、案情简介

甲、乙系夫妻，二人因家庭琐事、经济问题经常争吵。一次争吵过程中，甲（丈夫）将乙（妻子）推倒在地殴打，致乙面部、身上多处淤青。乙报警。派出所接警后赶到现场，制止、批评甲的暴力行为，后征得乙的同意，派出所邀请社区工作人员一起对双方进行调解处理，甲认识到自己错误，当众向乙道歉并承诺：以后无论什么情况下，都不得再殴打乙，请社区工作人员监督。乙不再要求追究甲的法律责任。

二、案例拆解

甲的行为构成殴打他人的违反治安管理行为，由于是夫妻矛盾，属于民间纠纷引发的，可以依法治安调解。婚恋家庭矛盾纠纷是一种常见的矛盾纠纷，矛盾纠纷爆发时，有可能发生家暴甚至伤亡案件，化解婚恋家庭矛盾纠纷要使得行为者一方充分认识到错误，保证不再犯。本案中派出所民警邀请社区工作人员一同参与调解，并监督行为者以后的行为，遵循了"各级人民政府应当加强社会治安综合治理，采取有效措施，预防和化解社会矛盾纠纷，增进社会和谐，维护社会稳定"的规定。

第三条　【违反治安管理行为与犯罪行为的界分】

扰乱公共秩序，妨害公共安全，侵犯人身权利、财产权利，妨害社会管理，具有社会危害性，依照《中华人民共和国刑法》的规定构成犯罪的，依法追究刑事责任；尚不够刑事处罚的，由公安机关依照本法给予治安管理处罚。

条文释义

本条对应原《治安管理处罚法》第二条，2025 年修订《治安管理处罚法》时未对本条进行修改。

本条是对违反治安管理行为进行认定的依据。违反治安管理行为是指扰乱公共秩序，妨害公共安全，侵犯人身权利、财产权利，妨害社会管理，具有社会危害性，尚不够刑事处罚，由公安机关依照本法给予治安管理处罚的行为。

《治安管理处罚法》第三条规范的违反治安管理行为种类，包括扰乱公共秩序、妨害公共安全、侵犯人身权利、财产权利和妨害社会管理等共五类。具体行为由本法第三章专章设置，如扰乱单位秩序行为属于扰乱公共秩序类的违反治安管理行为，非法携带管制器具行为属于妨害公共安全类的违反治安管理行为，殴打他人行为属于侵犯人身权利类的违反治安管理行为，盗窃行为属于侵犯财产类的违反治安管理行为，阻碍执行职务行为属于妨害社会管理类的违反治安管理行为。

实务中需要注意的问题

一、如何理解"具有社会危害性"？

任何违反治安管理的行为都是具有社会危害性的行为，不具有一定社会危害性的行为，就不构成违反治安管理行为，也就不会为治安管理法律规范所禁止，并给予处罚。违反治安管理行为的具有社会危害性，就是将如正当防卫的行为排除在承担法律责任之外。如新法第十九条规定："为了免受正在进行的不法侵害而采取的制止行为，造成损害的，不属于违反治安管理行为，不受处罚；制止行为明显超过必要限度，造成较大损害的，依法给予处罚，但是应当减轻处罚；情节较轻的，不予处罚。"

二、如何理解"公安机关依照本法给予治安管理处罚"？

我国二元惩罚体系下，违法行为包括行政违法行为与犯罪，其中违反治安管理行为（行政违法）与诸多犯罪行为有衔接关系，从违法行为的事实、性质、情节以及社会危害程度判断，构成犯罪的，则应当受到刑事处罚；如果从违法行为的事实、性质、情节以及社会危害程度判断尚不够刑事处罚的，则依据《治安管理处罚法》对该行为进行认定是否构成违反治安管理行为，如果构成违反治安管理行为，"公安机关依照本法给予治安管理处罚"。

案例评析

一、案情简介

朱某在两月内多次盗窃他人多肉植物自养，被盗的多肉植物价值为98元。失主向社区民警报告，社区民警连同社区工作人员进行调查，查获朱某。事发后，朱某及时归还失主多肉植物。

二、案例拆解

"两高"司法解释明确规定"二年内盗窃三次以上"的，应当认定为"多次盗窃"，构成盗窃犯罪。刑法规定"多次盗窃"意在惩处惯犯惯偷，朱某的行为系偶尔贪图小利，盗窃多肉植物自养，事发后及时归还失主，没有造成失主经济损失，属于刑法的"情节显著轻微危害不大，不认为是犯罪"。综合考量朱某的客观行为、主观目的、财物价值、追赃挽损等情况，朱某的行为属于盗窃行为，应当依照本法处理。

第四条 【治安管理处罚的程序】

治安管理处罚的程序，适用本法的规定；本法没有规定的，适用《中华人民共和国行政处罚法》、《中华人民共和国行政强制法》的有关规定。

条文释义

本条在原《治安管理处罚法》第三条的基础上增加了"《中华人民共和国行政强制法》"作为处罚程序的依据之一。

本条是对治安管理处罚程序适用的规定。本法规范的治安管理处罚的程序包括调查、决定和执行，应当适用本法的规定，即无论《行政处罚法》、《行政强制法》是否有明确规定，也无论《治安管理处罚法》的规定是否与《行政处罚法》、《行政强制法》的规定一致，均适用《治安管理处罚法》的规定，如可以当场作出治安管理处罚的处罚种类是警告或五百元以下罚款；而《行政处罚法》第五十一条规定："违法事实确凿并有法定依据，对公民处以二百元以下、对法人或者其他组织处以三千元以下罚款或者警告的行政处罚的，可以当场作出行政处罚决定。法律另有规定的，从其规定。"因此，治安管理处罚的当场处罚适用《治安管理处罚法》第一百一十九条规定的"处警告或者五百元以下罚款"处罚种类的规定。

在查处违反治安管理行为、对行为人实施治安管理处罚中，一些必要的规范在《行政处罚法》、《行政强制法》中的行政处罚程序而《治安管理处罚法》没有规定的，则适用《行政处罚法》、《行政强制法》的有关规定，如《行政处罚法》第二十九条规定了"一事不再罚"，而《治安管理处罚法》并没有此规定，所以，在遇到此情形时，适用《行政处罚法》的规定。

实务中需要注意的问题

执法实务中要认真把握《治安管理处罚法》与《行政处罚法》、《行政强制法》之间的关系，治安管理处罚法的立法及其实施，不得与《行政处罚法》的立法精神、基本原则相违背，在适用强制措施时，要遵循《行政强制法》的规定。执法者要熟知《治安管理处罚法》内容及其与《行政处罚法》、《行政强制法》的联系与区别之处。

案例评析

一、案情简介

刘某与邻居张某因为琐事经常发生纠纷。一天在小区院里，二人又因旧事争吵过程中，刘某脾气大扇了张某一耳光，张某耳鸣多时，报警请求警察处理。属地派出所民警接警后到小区，经调查，认为：刘某的行为系因民间纠纷引起的殴打他人行为，依法可以调解处理。但双方不同意调

治安管理处罚法释义与执法实务

解。派出所民警依法认定刘某行为构成殴打他人行为，但因双方纠纷引发，情节较轻，根据《治安管理处罚法》规定，给予刘某五百元罚款处罚。处罚决定书送达刘某后，刘某不服，但既不申请行政复议、提起行政诉讼，也不按时缴纳罚款。对刘某罚款实施强制执行。

二、案例拆解

根据《治安管理处罚法》第一百零四条（对应2025年《治安管理处罚法》第一百二十三条①）规定，受到罚款处罚的人应当自收到处罚决定书之日起十五日以内，到指定的银行缴纳罚款。刘某不按时缴纳罚款，《治安管理处罚法》对不按时缴纳罚款的情形，没有明文规定如何处理。而《行政处罚法》第七十二条第一款规定，到期不缴纳罚款的，加处罚款，将查封、扣押的财物拍卖、依法处理或者将冻结的存款、汇款划拨抵缴罚款等强制执行或申请强制执行等。故根据《行政处罚法》规定对刘某的罚款进行强制执行，符合《治安管理处罚法》第四条规定的"治安管理处罚的程序，适用本法的规定；本法没有规定的，适用《中华人民共和国行政处罚法》的有关规定"。

第五条 【适用范围】

在中华人民共和国领域内发生的违反治安管理行为，除法律有特别规定的外，适用本法。

在中华人民共和国船舶和航空器内发生的违反治安管理行为，除法律有特别规定的外，适用本法。

在外国船舶和航空器内发生的违反治安管理行为，依照中华人民共和国缔结或者参加的国际条约，中华人民共和国行使管辖权的，适用本法。

---

① 编者注：本书中除少数自编案例外，其余案例均发生于2025年《治安管理处罚法》修订之前，为了既保持案例表述的统一性，又方便读者阅读，对案例中援引的旧法的条文序号不做修改，同时通过添加括号的方式标注旧法条文序号对应的新条文序号。

条文释义

本条在原《治安管理处罚法》第四条的基础上新增了第三款的规定。

本条是对《治安管理处罚法》空间效力的规定。本法的空间效力采用属地管辖原则，即以违反治安管理行为发生地为本法管辖地，与我国其他法律的空间效力是一致的。"中华人民共和国领域内"是指我国行使国家主权的地域，包括领陆、领水和领空。

"法律有特别规定的"，一是享有外交特权和豁免权的外国人在我国领域内违反治安管理的，通过外交途径解决。二是我国香港特别行政区、澳门特别行政区的基本法做出的例外规定，如根据《香港特别行政区基本法》第二条规定："全国人民代表大会授权香港特别行政区依照本法的规定实行高度自治，享有行政管理权、立法权、独立的司法权和终审权。"《澳门特别行政区基本法》第二条规定："全国人民代表大会授权澳门特别行政区依照本法的规定实行高度自治，享有行政管理权、立法权、独立的司法权和终审权。"

如果不属于"享有外交特权和豁免权"的外国人，在我国领域内违反治安管理的，根据属地管辖原则，适用《治安管理处罚法》。

"在中华人民共和国船舶和航空器内"，这里是指位于国外的我国的船舶和航空器。在我国登记注册，悬挂我国国旗、国徽、军徽等标志的船舶和航空器，都是我国的船舶和航空器。根据国际条约和惯例，位于国外的我国的船舶和航空器是我国领土的延伸，属于我国领域。因此，在中华人民共和国船舶和航空器内发生的违反治安管理行为，除法律有特别规定的外，适用《治安管理处罚法》。

第三款规定参照刑法的空间效力适用，其他国家没有对应的类似《治安管理处罚法》这样的法律，更多是以"轻罪"、"微罪"的形式规范在刑法中。这里我国"缔结或者参加的国际条约"中涉及在外国的船舶和航空器内发生违法犯罪活动，并由我国行使管辖权的，如果构成犯罪适用我国刑法；如果不构成犯罪的行为，属于《治安管理处罚法》调整以及构成违反治安管理行为的，适用《治安管理处罚法》。如我国加入的《关于在航空器内的犯罪和犯有某些其他行为的公约》、《关于制止危害民用航空安全的非法行为的公约》等，涉及发生在外国航空器内的违反治安管理行为，我国依法享有管辖权。

实务中需要注意的问题

执法实务中首先要明确违法行为人的身份状况属于哪种情形，如中国人、享有外交特权和豁免权的外国人、其他外国人；其次明确违法行为人的违法行为是违反治安管理行为、犯罪行为还是其他违法行为；最后要确定违法行为发生在何地、何处。

案例评析

一、案情简介

某国驻我国某地总领馆一名中国籍雇员陈某多次到某地嫖娼，被当地公安机关查获，陈某对自己违法事实供认不讳。当地公安机关根据《治安管理处罚法》依法对其处罚。

二、案例拆解

前述案例中的陈某系某国驻华某总领馆雇员，并非享有外交特权和豁免权的外交人员，其在某地的嫖娼行为，根据属地管辖原则，适用《治安管理处罚法》有关规定处罚。

第六条 【治安管理处罚的原则】

治安管理处罚必须以事实为依据，与违反治安管理的事实、性质、情节以及社会危害程度相当。

实施治安管理处罚，应当公开、公正，尊重和保障人权，保护公民的人格尊严。

办理治安案件应当坚持教育与处罚相结合的原则，充分释法说理，教育公民、法人或者其他组织自觉守法。

条文释义

本条在原《治安管理处罚法》第五条的基础上对第三款补充了"充分释法说理,教育公民、法人或者其他组织自觉守法"的规定。

本条是对治安管理处罚基本原则的规定。

一、处罚与违法行为相当原则

处罚与违法行为相当原则是指治安管理处罚以事实为依据,与违反治安管理行为的事实、性质、情节以及社会危害程度相当,体现了法治的统一性、严肃性和公平性。

由于违反治安管理行为具有社会危害性,因而国家通过法律惩罚违反治安管理行为,又由于各个违反治安管理行为的社会危害性不同,因而法律设定不同的处罚。违反治安管理行为的社会危害性是主客观统一,外在表现为违反治安管理行为的性质、情节以及对社会造成的危害程度,因此,治安管理处罚轻重应当与违反治安管理行为的性质、情节以及社会危害程度相当。

治安管理处罚法有关处罚的具体适用中,从轻处罚、减轻处罚、不予处罚与从重处罚的设定,均是针对主客观统一于外在表现的社会危害性程度进行的设定。治安管理处罚法第三章对违反治安管理行为设定的处罚中,不同性质的违反治安管理行为,处罚的种类和幅度不一样;相同性质的违反治安管理行为,由于情节不一样因而处罚的种类和幅度也不一样,都是处罚与违法行为相当原则的具体体现。

二、处罚公开、公正原则

所谓公正,是指公平正直,没有偏私。公正的含义包括三个方面:一是以事实为根据,违法事实是实施治安管理处罚的基础,查清违法事实是实施治安管理处罚的基本要求。二是合理,坚持合法基础上的合理,要合乎法理和情理,将法理和情理有机统一。三是正确行使裁量权,裁量权是指公安机关依法选择治安管理处罚及其种类和幅度的权力。

所谓公开,是指除法律规定情形外,实施治安管理处罚的事实、理由

 治安管理处罚法释义与执法实务

和依据等公开于被处罚人和社会。公开是公正的保障。行为人实施了违反治安管理行为，从受理案件、调查到处罚，均由公安机关管辖。治安管理处罚是行政处罚，又具有较强的国家强制性。实施治安管理处罚的公安机关是行政机关，但又不同于一般的行政机关。警察实施治安管理的权力是基于国家的授权，其权力的特殊性表现在不仅具有一般行政机关所拥有的许可、取缔、罚款、收缴非法财物等权力，而且具有其他行政机关所不具有的传唤、约束、拘留等限制、剥夺人身自由的权力，因此，权力公开行使，才能得以监督和控制。

三、尊重和保障人权原则

尊重和保障人权首先来源于宪法。《宪法》规定，"国家尊重和保障人权"。治安管理处罚中的尊重和保障人权原则是指认定违反治安管理行为，实施治安管理处罚，应当尊重和保障人权，保护公民的人格尊严。

尊重和保障人权原则具体落实在《治安管理处罚法》的实施中，如文明执法；禁止对违反治安管理行为人打骂、虐待或者侮辱；刑讯逼供、体罚、虐待、侮辱他人的，追究执法人员的刑事责任。

尊重和保障人权原则又在于保障公民的合法权益，如个人隐私保密，公民、法人或者其他组织对公安机关给予的治安管理处罚享有陈述权、申辩权；对治安管理处罚不服的，有权依法申请行政复议或者提起行政诉讼；因公安机关违法给予治安管理处罚受到损害的，有权依法要求赔偿等。

四、教育与处罚相结合原则

教育与处罚相结合原则有两层含义：一是在办理治安案件过程中，对违反治安管理行为实施治安管理处罚的同时，也要加强对行为人教育，使其不至再犯；二是通过办理治安案件，要充分释法说理，"谁执法谁普法"，教育、引导公民、法人或者其他组织自觉尊法、守法，不违法。

实务中需要注意的问题

执法实务中，坚持治安管理处罚的基本原则，在情节轻重、处理方式、处罚种类、幅度的选择等方面，要正确行使裁量权；坚持文明执法，

禁止对违反治安管理行为人打骂、虐待或者侮辱，禁止刑讯逼供、体罚、虐待、侮辱他人；保护公民个人隐私；保障公民、法人或者其他组织对公安机关给予的治安管理处罚享有并行使陈述权、申辩权，对治安管理处罚不服的，有权依法申请行政复议或者提起行政诉讼；因公安机关违法给予治安管理处罚受到损害的，有权依法要求赔偿；坚持教育与处罚相结合原则，要把握罚当其责，宽严适度，释法说理，教育引导，借助处罚增强教育和预防的有效性，使违反治安管理行为人充分认识其违法行为的危害，使被处罚者和其他公民增强法治观念。

案例评析

一、案情简介

周某与刘某因琐事发生纠纷并打架，周某一拳打在刘某鼻子上，刘某鼻子出血，周某见状立即将刘某送往医院，并主动承担了医疗费，照顾刘某。当地派出所接到群众报警赶到医院，询问周某、刘某。周某向刘某赔礼道歉，刘某表示二人系朋友，原谅周某，二人和解，不要求处罚周某。

二、案例拆解

教育与处罚相结合的原则在《治安管理处罚法》中多处体现，比如治安调解方面，《治安管理处罚法》第九条第三款规定："对属于第一款规定的调解范围的治安案件，公安机关作出处理决定前，当事人自行和解或者经人民调解委员会调解达成协议并履行，书面申请经公安机关认可的，不予处罚。"

本案属于治安调解范围的案件，当事人之间系朋友关系，行为者认识到自己行为违法，请求自行和解、谅解，并积极陪同受害者就医、垫付医疗费、照顾受害者等，自行化解了矛盾纠纷，依法应当予以支持。

第七条 【主管部门和管辖】

国务院公安部门负责全国的治安管理工作。县级以上地方各级人民政府公安机关负责本行政区域内的治安管理工作。

治安案件的管辖由国务院公安部门规定。

条文释义

本条对应原《治安管理处罚法》第七条，2025年修订《治安管理处罚法》时未对本条进行修改。

本条是对治安案件管辖的规定。第一款明确了公安部门负责治安管理工作，是治安管理的职能部门，与《人民警察法》所规范的警察职权一致。从职责划分来看，全国的治安管理工作由国务院公安部门负责，县级及其以上行政区域内的治安管理工作，由县级以上地方各级人民政府公安机关负责。国务院公安部门负责全国性的治安管理工作，如，从全国治安形势发展变化的全局，研究拟定公安工作的方针、政策，起草有关法律法规草案，制定相关规章，指导、监督、检查全国公安工作，制定公安机关人员培训、教育及宣传的方针和措施，掌握影响社会稳定、危害国内安全和社会治安的情况，指导、监督地方公安机关依法治安管理等。县级以上地方各级人民政府公安机关在负责的本行政区域内的落实治安管理工作方针、政策、规章，并结合负责行政区域内的治安状况特点，实施有效的治安管理工作。

第二款规定治安案件的管辖由国务院公安部门规定。查处治安案件是治安管理的一项重要工作，属于公安机关职权，管辖权只能由国务院公安部门规定，国务院公安部门依照《治安管理处罚法》进行管辖规定；各地公安机关依照国务院公安部门管辖规定行使管辖权。

实务中需要注意的问题

执法实务中严格遵循国务院公安部门有关治安案件管辖权的规定。

案例评析

一、案情简介

近期网民张某在网络上发布"某地政府通报其镇政府两名工作人员到超市购买两包方便面，属于铺张浪费"，瞬间引起网民大量评价致舆情。

当地公安机关经调查,发现此"事件"完全属于捏造,依法对张某处罚。

二、案例拆解

张某行为涉及管辖权,治安案件的管辖以属地原则为主,并规范专项管辖,包括网络上违法。国务院公安部门依法对治安案件管辖进行规定,一般来讲,通过《公安机关办理行政案件程序规定》和其他公安机关执法细则进行规范。

第八条 【民事责任、不得以罚代刑】

违反治安管理行为对他人造成损害的,除依照本法给予治安管理处罚外,行为人或者其监护人还应当依法承担民事责任。

违反治安管理行为构成犯罪,应当依法追究刑事责任的,不得以治安管理处罚代替刑事处罚。

条文释义

本条在原《治安管理处罚法》第八条的基础上增加了第一款的"除依照本法给予治安管理处罚外"和第二款"违反治安管理行为构成犯罪,应当依法追究刑事责任的,不得以治安管理处罚代替刑事处罚"的内容。

第一款规定,违反治安管理的行为可能常常对他人造成损害,使受害者在精神上、身体上、物质上等遭受损失,因此,违反治安管理的行为不仅应当受到治安管理处罚,还应当承担相应的民事责任,即行为人或者其监护人应当依法承担民事责任,明确了治安违法责任与民事责任的层次关系,民事责任主要是财产责任,但不限于财产责任。违反治安管理行为造成受害人损害的,其民事责任方式包括财产责任,如返还财产、恢复原状、赔偿损失等,也包括消除影响、恢复名誉、赔礼道歉等非财产责任方式。

第二款,这里的"违反治安管理行为构成犯罪"是指在查处违反治安管理的行为时,发现该行为已然构成犯罪,并应当被依法追究刑事责任的，不得以治安管理处罚代替刑事处罚。

违反治安管理行为与诸多犯罪行为相衔接，如果性质、情节、危害社会程度严重，构成犯罪的，对其依法追究刑事责任，给予刑事处罚，并不得以治安管理处罚代替刑事处罚。此条是禁止性规定，禁止将构成犯罪的违反治安管理的行为，使用行政处罚替代刑事处罚而从宽处理，导致罪错与处罚不相当。

实务中需要注意的问题

执法实务中重点把握违法行为罪与非罪、违法行为的定性、情节轻重等。正确认定违法行为是否构成犯罪行为，或属于其他违法行为，构成犯罪的，应当依法追究刑事责任的，不得以治安管理处罚代替刑事处罚。

案例评析

一、案情简介

刘某在 KTV 一个包间与朋友玩乐中，喝了不少酒，醉酒中拉扯送酒的女服务员要其陪酒。女服务员不愿意，正好看到从门口经过的经理袁某，向袁某求救。袁某阻止刘某拉扯女服务员，刘某怒骂袁某"多管闲事儿"，一边骂着一边拿起一个酒瓶子砸向袁某，袁某躲闪但左前额还是被砸流血，KTV 员工报警。辖区派出所民警到达现场后，经过调查，认定刘某行为属于寻衅滋事，将刘某带回派出所处理。袁某申请鉴定伤情，系轻伤。刘某构成犯罪，依法应当受到刑事处罚。

二、案例拆解

此案中，刘某行为系违法行为，但是否构成犯罪，从现场情况不易判断。经过对受害者伤情鉴定，系轻伤，遂依法认定刘某构成犯罪。应当依法追究刑事责任的，不得以治安管理处罚代替刑事处罚。

第九条 【治安案件的调解】

对于因民间纠纷引起的打架斗殴或者损毁他人财物等违反治安管理行为，情节较轻的，公安机关可以调解处理。

调解处理治安案件，应当查明事实，并遵循合法、公正、自愿、及时的原则，注重教育和疏导，促进化解矛盾纠纷。

经公安机关调解，当事人达成协议的，不予处罚。经调解未达成协议或者达成协议后不履行的，公安机关应当依照本法的规定对违反治安管理行为作出处理，并告知当事人可以就民事争议依法向人民法院提起民事诉讼。

对属于第一款规定的调解范围的治安案件，公安机关作出处理决定前，当事人自行和解或者经人民调解委员会调解达成协议并履行，书面申请经公安机关认可的，不予处罚。

条文释义

本条在原《治安管理处罚法》第九条的基础上增加了两款的内容，第二款"调解处理治安案件，应当查明事实，并遵循合法、公正、自愿、及时的原则，注重教育和疏导，促进化解矛盾纠纷"和第四款"对属于第一款规定的调解范围的治安案件，公安机关作出处理决定前，当事人自行和解或者经人民调解委员会调解达成协议并履行，书面申请经公安机关认可的，不予处罚"。

本条是对治安案件可以进行调解处理的规定。

一、治安调解观念

治安案件的调解（简称治安调解）是一种处理违反治安管理案件的行政法律活动，属于行政调解。治安调解中有当事人的参与，更利于消解冲突，化解矛盾纠纷，增进社会和谐。《治安管理处罚法》设定治安案件的调解，即当事人在涉及个人利益冲突时可以选择治安调解这种私力救济化解矛盾，同样可以增进社会和谐，维护社会稳定。

二、治安调解的适用与效力

（一）公安机关可以适用治安调解处理治安案件的条件

第一款规定了治安调解的适用。

（1）治安调解的对象是构成违反治安管理行为。这是适用治安调解的前提。如果行为人的行为属于民事违法、刑事违法、其他行政违法或违反道德规范，可以适用其他调解，但不属于治安调解的范围。

（2）治安调解的违反治安管理行为包括打架斗殴、损毁他人财物等，即殴打他人、故意伤害、故意损毁他人财物等行为。这些行为最直接侵犯的是当事人的权益，因此，可以依法适用治安调解。

（3）治安调解的违反治安管理行为是由民间纠纷引起的。民间纠纷是指公民之间、公民和单位之间，在生活、工作、生产经营等活动中产生的纠纷。这些纠纷引起的违反治安管理行为，通过在公安机关主持下，双方当事人互相协商，解决处理因民间纠纷引起的情节轻微的违反治安管理行为，从而教育行为人认识错误，化解矛盾，增进社会和谐。

（4）适用治安调解的违反治安管理行为，一般情节较轻。这里的"情节较轻"应当综合考虑违反治安管理行为的主、客观方面，诸如主观动机、目的，客观手段、方法等恶劣与否，而不仅仅看造成的后果。

（二）治安调解的原则与要求

第二款规定："调解处理治安案件，应当查明事实，并遵循合法、公正、自愿、及时的原则，注重教育和疏导，促进化解矛盾纠纷。"

（1）治安调解的"合法、公正、自愿、及时"原则。治安调解是依照治安管理处罚法处理治安案件的一种方式。由前述可知，适用治安调解的是违反治安管理行为，不是违反治安管理行为不能适用治安调解。首先应当查明事实，一是查明是否为违反治安管理行为，二是查明是否属于治安调解范围的违反治安管理行为。在开展治安调解过程中，坚持依法调解是基础，治安调解是公安机关主导的行政调解，有明确的法律规范，首先遵循合法原则；治安调解不是简单地"摆平"事情，坚持公正原则是其核心；遵循自愿原则，才能做到处理案件，化解矛盾纠纷；遵循及时原则，才能将矛盾纠纷化解在早期，减少冲突升级的可能性。

（2）治安调解"注重教育和疏导，促进化解矛盾纠纷"。治安管理处罚法律与社会公众联系最为密切的法律之一，直接影响社会公众日常生活。诸多违反治安管理行为的发生，都是矛盾纠纷引发，在处理治安案件时，加强调解，注重教育和疏导，促进化解矛盾纠纷，增进社会和谐，维护社会稳定，这也是《治安管理处罚法》的本质体现。同时，《人民警察法》第二十一条第一款规定："人民警察遇到公民人身、财产安全受到侵犯或者处于其他危难情形，应当立即救助；对公民提出解决纠纷的要求，应当给予帮助；对公民的报警案件，应当及时查处。"治安调解是"对公民提出解决纠纷的要求，应当给予帮助"在办理治安案件方面的具体实现，是有明确法律依据的。

（三）治安调解的效力

治安调解属于行政调解，调解在自愿的基础上进行，双方当事人同意调解是治安调解的基础和调解成功的保障。经公安机关治安调解，当事人达成协议并履行的，不予治安管理处罚。反之，经调解未达成协议或者达成协议后不履行的，说明当事人之间未形成调解合意，公安机关应当依照本法的规定对违反治安管理行为作出处理，涉及民事争议部分，告知当事人依法向人民法院提起民事诉讼。

（四）自行和解与其他调解

关于自行和解，尊重当事人意愿也是调解的核心，当事人自行和解的治安案件，更有利于矛盾纠纷问题的处理解决。关于人民调解委员会调解达成协议并履行的，是指当事人没有向公安机关报案，而是向人民调解委员会求助给予调解帮助，人民调解委员会予以调解。自行和解或者经人民调解委员会调解达成协议并履行，书面申请经公安机关认可的，不予处罚。

实务中需要注意的问题

执法实务中正确把握治安调解适用范围，不得一味扩大调解范围。一些常见的违法行为，如寻衅滋事常常表现为殴打他人、盗窃、诈骗少量财物等，不得适用治安调解。治安调解形式多样、方法多种，现场调解、自行和解、人民调解委员会调解等都是很好的方式方法，对自行和解、人民调解委员会调解的，要注意依法认可。遇有当事人不同意调解、经调解未达成协议或者达成协议后不履行的，公安机关应当依照本法的规定对违反治安管理行为作出处理，并告知当事人可以就民事争议依法向人民法院提起民事诉讼。

案例评析

一、案情简介

某市菜市场内，张三和李四都是长期经营鱼摊的商户，两家摊位相邻，平日里竞争激烈。某日早晨，因一位顾客同时在两家摊位前徘徊比较，张三和李四因为拉该顾客发生了口角，争执中，张三情绪激动，冲动之下，将李四水桶掀翻，导致李四的六条鱼死亡，直接经济损失约370元。李四随即报警，辖区派出所调查处理过程中，张三意识到自己冲动犯错，主动求得李四原谅，并提出赔偿李四500元，李四考虑到两家属于邻里商户，同意赔偿并谅解张三。双方向调查民警提出自行和解。

二、案例拆解

张三与李四因民间纠纷引起争吵，张三行为构成损毁他人财物行为，符合《治安管理处罚法》可以进行调解处理规定。调查过程中，双方自愿自行和解，符合《治安管理处罚法》的相关规定，化解了双方矛盾纠纷。双方当事人表示以后要和谐共处，不再起争端，实现了治安调解的目的。

第二章 处罚的种类和适用

> **第十条 【治安管理处罚的种类】**
> 治安管理处罚的种类分为：
> （一）警告；
> （二）罚款；
> （三）行政拘留；
> （四）吊销公安机关发放的许可证件。
> 对违反治安管理的外国人，可以附加适用限期出境或者驱逐出境。

条文释义

本条将原《治安管理处罚法》第十条中的"吊销公安机关发放的许可证"修改为"吊销公安机关发放的许可证件"。

本条分为两款，明确规定了治安管理处罚的种类，并对违反治安管理的外国人附加适用的特殊处罚措施进行了说明。

一、警告

警告是治安管理处罚中最轻微的一种处罚类型。它主要适用于违反治安管理行为情节轻微，或者违反治安管理行为人具有法定从轻、减轻处罚情节的情况。警告具有谴责和训诫两重含义：一方面，警告是公安机关对违反治安管理行为人的一种否定性评价，表明对其行为的违法性和社会危害性的认定；另一方面，警告也是对行为人的一种训诫，告诫其不得再实施违反治安管理的行为。警告的处罚决定可以由县级以上公安机关作出，也可以由公安派出所决定。

二、罚款

罚款是针对违反治安管理行为人处以支付一定金钱义务的处罚。罚款的作用在于通过经济上的损失，对行为人进行惩戒和教育。在《治安管理处罚法》中，对罚款的规定较为详细，根据不同的违反治安管理行为性质、危害程度以及罚款处罚的有效性等因素，设定了不同的罚款幅度。对于赌博、卖淫、嫖娼等特定违法行为，以及具有一定经营性质的违法活动，法律规定了较高的罚款幅度。罚款的处罚决定一般由县级以上人民政府公安机关作出，但对于一千元以下的罚款，可以由公安派出所决定。

三、行政拘留

行政拘留是短期内剥夺违反治安管理行为人的人身自由的一种处罚。它是治安管理处罚中较为严厉的一种。行政拘留的处罚决定只能由县级以上人民政府公安机关作出。对被决定给予行政拘留处罚的人，由作出决定的公安机关送拘留所执行。行政拘留的期限一般为一日以上十五日以下，但合并执行时最长不超过二十日。

四、吊销公安机关发放的许可证件

"许可证件"包含许可证、执照、资格证、资质证书等所有公安机关核发的准入类文件，而"许可证"仅指单一许可类型。

《行政处罚法》（2021修订）第九条明确将"吊销许可证件"列为法定处罚种类，本次《治安管理处罚法》修订，实现了法律体系内部的术语统一，确保规范一致性。

吊销公安机关发放的许可证件是公安机关依法对违反治安管理的行为人采取的一种资格罚，具体指剥夺行为人已获得的、由公安机关核发的从事特定活动或经营的法定资格，使其丧失继续从事该项行政许可事项资格的一种处罚。这种处罚主要适用于违反治安管理行为情节严重，不适宜继续享有特许权的情况。吊销许可证件的处罚决定应当由县级以上公安机关作出。

五、对违反治安管理的外国人附加适用的处罚措施

对于违反治安管理的外国人,除可以适用上述四种处罚种类外,还可以附加适用限期出境或者驱逐出境的处罚措施。限期出境是由公安机关责令违反治安管理的外国人在规定的时限内离开我国国(边)境,属于责令自行离境,但负责执行的公安机关可以监督其离开;驱逐出境则是强制违反治安管理的外国人离开我国国(边)境,是比限期出境更为严厉的一种手段,需要由负责执行的公安机关将其强制押解出境。限期出境和驱逐出境只适用于外国人,包括无国籍的人。这两种处罚措施都相对比较严厉,因此公安机关在办理涉外治安案件时,要根据我国国家利益和社会公共利益的需要,慎重决定适用。

实务中需要注意的问题

在执法实务中,必须明确各种处罚的适用条件,准确理解各种法定轻重情节,确保处罚种类的适用与违法行为的事实、性质、情节以及社会危害程度相当。需要注意特殊人群的处罚原则,对于特殊人群,如未成年人、精神病人、智力残疾人、盲人或聋哑人等,在实施处罚时应遵循特别原则。在实施治安管理处罚时,应避免过度处罚,确保处罚的公正性和合理性。对于情节轻微、社会危害不大的违法行为,可以考虑从轻或减轻处罚。处罚同时应加强教育与宣传,提高公众的法律意识和法治观念。通过普及法律知识,引导公众自觉遵守法律法规,减少违法行为的发生。

案例评析

一、案情简介

某日,甲因与邻居乙发生口角,情绪激动之下将乙家的窗户玻璃砸碎。乙报警后,公安机关开展调查。甲承认了自己的行为,并表示愿意赔偿损失。公安机关依法对甲的行为进行了处理。

二、案例拆解

本案例中,甲的行为构成了故意损毁他人财物的违法行为,依法应当

受到治安管理处罚。公安机关依法对甲进行处罚，体现了法律的适用性和权威性。甲虽然表示愿意赔偿，但赔偿并不能免除其违法行为应受到的治安管理处罚。此案例表明，即使当事人有赔偿意愿，也不能替代法律规定的处罚，确保了法律的严肃性和公正性。同时，也提醒公民在日常生活中应控制情绪，避免因一时冲动造成违法行为，从而受到法律的惩处。

当然本案是民间纠纷引起的损毁他人财物行为，依法可以调解处理，如果调解处理，可以依法不予处罚。

第十一条 【涉案财物的处理】

办理治安案件所查获的毒品、淫秽物品等违禁品，赌具、赌资，吸食、注射毒品的用具以及直接用于实施违反治安管理行为的本人所有的工具，应当收缴，按照规定处理。

违反治安管理所得的财物，追缴退还被侵害人；没有被侵害人的，登记造册，公开拍卖或者按照国家有关规定处理，所得款项上缴国库。

条文释义

本条对应原《治安管理处罚法》第十一条，2025年修订《治安管理处罚法》时未对本条进行修改。

本条分为两款：第一款规定了治安案件办理时查获的违禁品、违法用具以及直接实施违反治安管理行为的本人所有的工具等处理的法律措施；第二款规定了违法所得财物的处置。

一、违禁品的收缴

根据本条第一款的规定，办理治安案件所查获的毒品、淫秽物品等违禁品，应当予以收缴。这些违禁品是社会治安的隐患，一旦流入社会，将会对人民群众的生命财产安全造成严重威胁。因此，公安机关在办理治安案件时，必须严格依法收缴这些违禁品，以防其继续危害社会。

在实际操作中，公安机关在查获违禁品后，应立即进行核查并保存。同时，对于需要妥善处置的违禁品，公安机关还应依照相关规定妥善处置，如销毁、无害化处理等，以确保其不再对社会造成危害。

二、赌具、赌资的收缴

该条第一款还规定，赌具、赌资也应当予以收缴。赌博是违反治安管理的行为，赌具和赌资是赌博行为的物质基础。收缴赌具、赌资，可以切断赌博行为的经济来源，有效遏制赌博活动的蔓延。

在收缴赌具、赌资时，公安机关应依法进行详细的调查取证工作，以确保所收缴的物品与赌博行为直接相关。同时，公安机关还应对收缴的赌具、赌资进行登记、保存，并按照相关规定进行处置，如上缴国库等。

三、吸食、注射毒品的用具的收缴

公安机关对吸毒用具的收缴是法定强制措施，旨在消除违法用具的社会危害性。吸食、注射毒品者直接用于吸食、注射毒品的器具，包括吸食鸦片、注射吗啡、海洛因等毒品的吸管、托盘、注射器、容器等器具。这些器具是违反治安管理行为人实施吸毒违法行为的重要工具，必须予以收缴。在实施收缴过程中，公安机关应当向非法财物的持有人告知收缴的法律依据，并制作收缴物品的清单。清单上应详细列明收缴物品的名称、数量、特征等信息，并邀请见证人当场见证，并在收缴物品清单上签名。收缴物品清单制作完毕后，办案人员要按照清单上告知栏的内容告知物品持有人相关权利，如依法提起行政复议或行政诉讼等法律救济途径。收缴的吸食、注射毒品的用具，应由公安机关按照相关规定进行处理。一般来说，这些用具会被统一登记造册后予以销毁，以防止其再次被用于违法行为。销毁工作应由县级以上公安机关主管部门组织进行，以确保销毁的彻底性和安全性。

四、直接用于实施违反治安管理行为的本人所有的工具的收缴

根据该条第一款的规定，直接用于实施违反治安管理行为的本人所有的工具，同样应当收缴。这些工具往往是违法行为得以实施的关键，收缴这些工具可以防止其再次被用于违法行为，从而维护社会治安秩序。

在收缴这类工具时，公安机关应依法进行严格的审查，以确保所收缴的工具与违法行为直接相关。同时，公安机关还应对收缴的工具进行登记、保存，并按照相关规定进行处置，如销毁、没收等。

五、违反治安管理所得财物的处理

该条第二款规定，违反治安管理所得的财物，应当追缴退还被侵害人。这是为了保护被侵害人的合法权益，确保其因违法行为所遭受的损失能够得到弥补。同时，也体现了法律对于违法行为的惩罚性质，让违法者无法从违法行为中获利。

公安机关在追缴违反治安管理所得的财物时，应依法进行详细的调查取证工作，以确保所追缴的财物与违法行为直接相关。同时，公安机关还应积极寻找被侵害人，并依法将追缴的财物退还给被侵害人。若无法找到被侵害人或无法全部退还财物，公安机关应按照相关规定进行处置，如上缴国库等。

实务中需要注意的问题

在执法实务中，执行该条款需注意以下问题：

（1）准确识别违禁品和非法工具。执法人员需明确违禁品的范围，包括毒品、淫秽物品等，以及直接用于实施违法行为的工具，确保收缴工作的准确性。

（2）严格区分违法所得和合法财产。在追缴违法所得时，应仔细核查财产的来源和性质，确保将违法所得退还被侵害人，避免侵犯合法财产权益。

（3）规范收缴和处理程序。收缴的违禁品和非法工具应按照规定程序进行登记、保管和处理，确保整个过程的合法性和规范性。对于没有受害人的违法所得，应通过公开拍卖或国家有关规定进行处理。

（4）注意特殊情况的处理。对于哺乳期妇女、未成年人等特殊群体，在执行收缴和追缴时应考虑其特殊生理或法律状况，确保执法的人性化与合法性。

案例评析

一、案情简介

某日,警方在例行检查中发现张三持有少量毒品和赌具。张三承认自己吸食毒品,并在家中进行赌博活动。警方依法对张三进行了治安管理处罚,并收缴了毒品、赌具以及用于赌博的现金。

二、案例拆解

根据本条规定,警方有权对查获的毒品、赌具、赌资进行收缴。

本案例体现了法律对于违禁品和非法财物的处理原则,即通过收缴和追缴的方式,消除违法活动的物质基础,防止违法所得被违法者继续利用,同时也对其他潜在违法者起到震慑作用。

案例中警方的处理措施符合法律规定,既对张三进行了必要的治安管理处罚,又通过收缴赌资,切断其继续从事违法行为的经济来源。此举不仅维护了法律的严肃性,也保护了社会公共利益,具有积极的示范效应。

第十二条 【未成年人违反治安管理的处罚】

已满十四周岁不满十八周岁的人违反治安管理的,从轻或者减轻处罚;不满十四周岁的人违反治安管理的,不予处罚,但是应当责令其监护人严加管教。

条文释义

本条对应原《治安管理处罚法》第十二条,2025年修订《治安管理处罚法》时未对本条进行修改。

本条明确规定了未成年人违反治安管理的处罚原则,体现对未成年人的特殊保护和教育与处罚相结合的原则。未成年人作为未来社会主义事业的建设者,其身心健康和成长环境备受社会关注。因此,在法律制定上,国家对未成年人给予了更多的保护与关怀。

一、治安责任年龄的划分

根据本条法律条文，我国的治安责任年龄可分为三个阶段：

（一）完全责任年龄。违反治安管理行为时已满 18 周岁的人，应当对其违反治安管理行为负完全法律责任。因为这一年龄段的人已经具备分辨是非和善恶的能力，应当对自己的行为负责。

（二）限制责任年龄。违反治安管理行为时已满 14 周岁不满 18 周岁的人，属于限制或者不完全治安责任能力时期。这一年龄段的未成年人由于社会生活经验缺乏，容易受社会不良因素的影响，如被胁迫、诱骗或教唆而违法。因此，对于这一年龄段的未成年人违反治安管理的行为，既不能放任不管，也不能过于苛刻，而是重在教育，适当处罚。

（三）无责任年龄。违反治安管理行为时不满 14 周岁的人，属于无治安责任能力时期。这一年龄段的未成年人年纪尚小，生理机制尚不成熟，社会化尚未完成，对自己行为的社会影响和法律后果缺乏明确认识，自我控制能力差。因此，对于这一年龄段的未成年人违反治安管理的行为，不予处罚，但应责令其监护人严加管教。

二、对未成年人适用处罚的原则

（一）对已满 14 周岁不满 18 周岁的未成年人违反治安管理的，适用从轻或者减轻处罚的原则。这是因为这一年龄段的未成年人正处于成长过程中，对客观事物的认识能力和对自己行为的控制能力尚未达到成熟自如的程度，可塑性很大。如果同具有完全责任能力的成年人一样对他们进行处罚显然是不公正的，而且对未成年人的教育不利。因此，法律规定对这一年龄段的未成年人可以从轻或者减轻处罚，以引导和教育他们认识到自己的错误，避免再次违法。

（二）对不满 14 周岁的未成年人违反治安管理的，不予处罚，但应责令其监护人严加管教。这是因为这一年龄段的未成年人还不具备完全的认知和控制能力，无法对自己的行为承担完全的法律责任。因此，法律规定不予处罚，但为了防止他们再次犯错，应当责令其监护人严加管教，让监护人承担起教育和管理的责任。这一规定既体现了对未成年人的特殊保护，又有助于维护社会秩序和公共安全。

实务中需要注意的问题

执法实务中，在处理未成年人违反治安管理的案件时，首先要核实其年龄。这通常涉及查阅身份证件、户籍资料或进行骨龄鉴定等。确保年龄信息的准确无误，这是适用本条规定的前提。对于已满十四周岁不满十八周岁的违反治安管理行为人，依法应当从轻或者减轻处罚。

在实务中，公安机关应充分考虑未成年人的身心特点、违法行为的性质、情节及社会危害程度，确保处罚的公正性和合理性。在处理未成年人案件时，应坚持教育与处罚相结合的原则。通过批评教育、心理辅导等方式，帮助未成年人认识到自己的错误，增强其法治观念，预防再次违法。此外，公安机关应严格保护未成年人的隐私，避免泄露其个人信息。同时，在调查取证、处罚决定等环节，应充分考虑未成年人的心理承受能力，避免对其造成不必要的心理伤害。对于未成年人违反治安管理的案件，公安机关应加强与家庭、学校的沟通与合作，共同做好未成年人的教育挽救工作，形成社会、家庭、学校共同参与的未成年人保护体系。

案例评析

一、案情简介

小明（化名），16岁，因与同学小华（化名）发生争执，情绪失控下将小华的手机摔坏。小华报警后，警方开展调查。根据《治安管理处罚法》第十二条的规定，小明作为已满十四周岁不满十八周岁的未成年人，应当从轻或者减轻处罚。警方在了解情况后，决定对小明进行警告，并责令其监护人严加管教。

二、案例拆解

根据本条规定，对于已满十四周岁不满十八周岁的未成年人违反治安管理的行为，法律采取了从轻或减轻处罚的原则。小明的行为虽然违反了治安管理规定，但因其年龄符合上述规定，故警方依法对其从轻处罚，并要求其监护人加强教育和管理。

该案例体现了我国法律对未成年人的特殊保护原则，即在处理未成年人违反治安管理行为时，既要依法予以必要的惩戒，又要注重教育和挽救，避免简单粗暴的处罚方式，以促进未成年人的健康成长。

本案中，警方的处理方式符合法律规定，既体现了对未成年人的教育和挽救，又维护了社会治安秩序。通过责令监护人严加管教，强化了家庭在未成年人教育中的责任，有助于小明认识到自己的错误，并在未来避免类似行为的发生。同时，该案例也提醒社会公众，对于未成年人的教育和管理需要家庭、学校和社会三方面的共同努力。

第十三条 【精神病人、智力残疾人违反治安管理的处罚】

精神病人、智力残疾人在不能辨认或者不能控制自己行为的时候违反治安管理的，不予处罚，但是应当责令其监护人加强看护管理和治疗。间歇性的精神病人在精神正常的时候违反治安管理的，应当给予处罚。尚未完全丧失辨认或者控制自己行为能力的精神病人、智力残疾人违反治安管理的，应当给予处罚，但是可以从轻或者减轻处罚。

条文释义

精神病人、智力残疾人在不能辨认或者不能控制自己行为的时候违反治安管理的，不予处罚，但是应当责令其监护人加强看护管理和治疗。间歇性的精神病人在精神正常的时候违反治安管理的，应当给予处罚。尚未完全丧失辨认或者控制自己行为能力的精神病人、智力残疾人违反治安管理的，应当给予处罚，但是可以从轻或者减轻处罚。

本条在原《治安管理处罚法》第十三条的基础上作了修改，增加了"智力残疾人"群体；将原"严加看管"修改为"加强看护管理"；新增了"尚未完全丧失辨认或者控制自己行为能力的精神病人、智力残疾人违反治安管理的，应当给予处罚，但是可以从轻或者减轻处罚。"

原《治安管理处罚法》仅规定精神病人免责情形，未涵盖智力残疾人群体。智力残疾人同样存在认知和行为控制能力缺陷，属于法律应保护的弱势群体。而且，可能因认知受限而实施违反治安管理行为，但是旧法未明确其责任认定标准。2025年修订《治安管理处罚法》时，将适用对象扩展至智力残疾人，填补了法律漏洞，体现了对特殊群体的全面保护，为执法提供明确依据，避免因法律缺失导致执法不公或保护不足。

考虑到与《精神卫生法》第二十一条"家庭成员之间应当相互关爱，创造良好、和睦的家庭环境，提高精神障碍预防意识；发现家庭成员可能患有精神障碍的，应当帮助其及时就诊，照顾其生活，做好看护管理"中"看护管理"表述的规范衔接，2025年修订《治安管理处罚法》时，将原"严加看管"修改为"加强看护管理"。

借鉴刑法责任能力划分逻辑（如完全无能力、限制能力、完全能力），2025年修订《治安管理处罚法》区分了"完全丧失"与"部分丧失"行为能力的情形。对后者保留处罚必要性，但需根据辨认和控制能力缺损程度从宽处理，体现过罚相当原则。

部分丧失行为能力者仍有一定认知能力，需承担相应法律责任，避免因其特殊身份完全免责而纵容违法行为。但因其行为能力受限，处罚时给予从轻或减轻，符合人道主义精神和弱势群体特殊保护原则。本条款的修订也呼应了医学分类（医学上对精神疾病和智力残疾存在分级标准，如精神障碍0—5级分类等），要求执法中结合专业鉴定，精准评估行为人的责任能力，提升法律适用的科学性。

本条规定了对精神病人、智力残疾人违反治安管理进行处理时要遵循的原则。

一、精神病人、智力残疾人在无行为能力时的处理原则

本条首先明确了精神病人、智力残疾人在不能辨认或者不能控制自己行为时违反治安管理的处理原则，即不予处罚。这是因为，这类群体在丧失行为能力时，其违法行为是基于病理作用而非主观故意或过失，因此不具备承担法律责任的能力。这一规定体现了法律对特殊群体的宽容与理解，也符合法学理论和我国法律实践。

同时，本条还规定，对于这类群体应当责令其监护人加强看护管理和治疗。这一要求旨在确保精神病人、智力残疾人在无行为能力时不会对社会造成危害，同时也体现了法律对监护人责任的强调。监护人应当认真履行监护职责，对违反治安管理的被监护人加强看护管理和治疗，以防类似行为再次发生。

二、间歇性精神病人在有行为能力时的处理原则

对于间歇性的精神病人，条文规定其在精神正常时违反治安管理的，应当给予处罚。这是因为，间歇性的精神病人在精神正常时具备完全的行为能力，能够辨认和控制自己的行为，因此应当对自己的违法行为承担法律责任。这一规定体现了法律的公正性和严肃性，也确保了社会治安秩序的稳定。

三、部分丧失行为能力的精神病人、智力残疾人的处理原则

本条新增规定，尚未完全丧失辨认或者控制自己行为能力的精神病人、智力残疾人违反治安管理的，应当给予处罚，但是可以从轻或者减轻处罚。这一规定体现了法律对这类群体的特殊关怀与照顾。虽然这类群体具备一定的行为能力，但由于其精神状态的不稳定，可能在实施违法行为时存在一定的主观障碍。因此，法律在对其进行处罚时，应当考虑其特殊情况，从轻或者减轻处罚。

实务中需要注意的问题

在执法实务中，需要注意严格履行责任能力认定程序、把握处罚裁量标准。

对精神病人、智力残疾人的行为能力认定必须依据专业医疗机构出具的鉴定报告，避免主观判断；间歇性精神病人需结合案发时的精神状态判断，通过证人证言、监控等证据固定其违法行为发生时的认知能力。

对于完全丧失能力者，不予处罚，但需责令监护人履行看护管理和治疗义务，并记录备案；对于部分丧失能力者，依法处罚，但可以从轻或减轻处罚，裁量时需综合评估违法情节、危害后果及行为人认知水平。值得注意的是，对"可以从轻或者减轻处罚"的情形需审慎适用，防止以残疾为由完全免除责任，尤其是重复违法或造成严重危害的行为。

案例评析

一、案情简介

某日，社区居民报警称，一名间歇性精神病人张某在社区内无故打砸公共设施。民警赶到现场后，发现张某情绪激动，无法进行正常沟通，随即联系了其家属。张某的家属表示，张某在精神正常时能够正常生活和工作，但偶尔会发作。民警在确认张某当时处于精神异常状态后，要求张某的家属加强对张某的看护管理和治疗。

二、案例拆解

根据本条规定，对于精神病人、智力残疾人在不能辨认或控制自己行为时违反治安管理的行为，不予处罚，但应责令其监护人加强看护管理和治疗。张某作为间歇性精神病人，在精神异常时违反治安管理，民警依法处理，未对其进行处罚，而是要求其家属加强看护管理和治疗，符合法律规定。

此案例体现了法律对精神病人、智力残疾人的特殊保护原则，即在他们不能辨认或控制自己行为时，不承担法律责任。但同时强调了监护人的责任，要求其加强对患者的看护管理和治疗，以防止类似事件再次发生。

本案例中，民警的处理方式体现了对精神病人特殊情况的充分理解和尊重，既维护了社会公共秩序，又保护了精神病人及其家属的合法权益。同时，也提醒社会公众和执法机关，对于此类特殊群体，应采取更为人性化的管理措施，确保法律的公正与人道并重。

第十四条　【盲人、聋哑人违反治安管理的处罚】

盲人或者又聋又哑的人违反治安管理的，可以从轻、减轻或者不予处罚。

条文释义

本条对应原《治安管理处罚法》第十四条，2025年修订《治安管理处罚法》时未对本条进行修改。

本条规定了盲人、又聋又哑的人违反治安管理的处理原则。

一、主体界定

本条的主体是盲人或者又聋又哑的人。盲人，是指双目均丧失视力的人；又聋又哑的人，是指因听觉器官和发声器官存在疾患而没有听觉和语言能力的人。需要注意的是，只聋不哑或者只哑不聋的人并不适用本条的规定。

二、行为性质

一般包括扰乱公共秩序、妨害公共安全、侵犯人身权利、财产权利以及妨害社会管理等具有社会危害性的行为。然而，由于盲人或者又聋又哑的人在辨认和控制自己行为的能力上可能存在缺陷，因此法律对他们的处罚作出了特别规定。

三、处罚原则

对于盲人或者又聋又哑的人违反治安管理的行为，法律允许从轻、减轻或者不予处罚。这一处罚原则体现了法律的公平与正义，也考虑了这类人的特殊生理状况。需要注意的是，这里的"可以从轻、减轻或者不予处罚"并不是绝对的，而是需要公安机关根据违反治安管理的行为人的生理情况、违法行为的具体情况来酌定。

四、条文适用条件与限制

（一）生理缺陷的确认

在适用本条文时，首先需要确认行为人是否为盲人或者又聋又哑的人。这通常需要医学证明或者相关部门的鉴定。

（二）违法行为的认定

在确认行为人的生理缺陷后，还需要对违法行为进行认定。这包括确定行为是否构成违反治安管理、行为的性质以及危害程度等。

（三）处罚的酌定

在确定了行为人的生理缺陷和违法行为的性质后，公安机关需要根据具体情况来酌定处罚。这包括考虑行为人的年龄、智力状况、精神状况、违法行为的动机、手段、后果以及社会危害程度等因素。

（四）不予处罚的限制

虽然本条允许对盲人或者又聋又哑的人违反治安管理的行为不予处罚，但这并不意味着他们可以随意违反治安管理而不受任何法律制裁。如果他们的行为构成了犯罪或者具有严重的社会危害性，那么仍然需要依法追究刑事责任或者给予其他相应的法律制裁。

实务中需要注意的问题

在执法实务中，需要注意以下几点问题：

（1）准确识别身份。

必须准确识别违法者是否为盲人或者又聋又哑的人。这需要依靠专业的医疗鉴定或相关证明，以确保身份认定的准确性。同时，在办案过程中，应尊重其人格尊严，避免造成不必要的伤害。

（2）合理裁量处罚。

对于盲人或者又聋又哑的违法者，公安机关在裁量处罚时，应充分考虑其生理缺陷对行为认知能力的影响。根据违法行为的事实、性质、情节以及社会危害程度，依法从轻、减轻或者不予处罚。在决定不予处罚时，应明确说明理由，并依法处理违法所得和非法财物。

（3）保障合法权益。

在处理盲人或者又聋又哑人的治安案件时，公安机关应充分保障其合法权益。在调查取证、告知权利义务、作出处罚决定等环节，应采取适当的方式，确保其能够充分理解并表达自己的意见。同时，应加强对办案人员的培训，提高其处理此类案件的专业能力和水平。

（4）注重教育与引导。

对于盲人或者又聋又哑的违法者，除了依法给予处罚外，还应注重对其教育和引导。通过宣传法律法规、讲解违法行为的危害性等方式，增强其法治观念和法律意识，防止再次发生违法行为。

第十五条　【醉酒的人违反治安管理的处罚】

醉酒的人违反治安管理的，应当给予处罚。

醉酒的人在醉酒状态中，对本人有危险或者对他人的人身、财产或者公共安全有威胁的，应当对其采取保护性措施约束至酒醒。

条文释义

本条对应原《治安管理处罚法》第十五条，2025年修订《治安管理处罚法》时未对本条进行修改。

本条规定了醉酒人员违反治安管理的处理原则。

一、醉酒人违反治安管理的法律责任

该条文明确指出，醉酒的人如果违反了治安管理，应当给予处罚。这意味着，醉酒状态并不是逃避法律责任的借口。无论个体是否因饮酒而失去自控能力，只要其行为构成了违反治安管理的情形，都将受到法律的制裁。这一规定旨在强调法律的严肃性和公正性，不因个体的醉酒状态而有所减免。

二、对醉酒人的保护性措施

本条规定了醉酒状态下可能对本人或他人构成危险的人员，公安机关应当采取保护性措施约束至酒醒。这一措施体现了法律的人文关怀和社会责任。在醉酒状态下，个体可能无法正确判断自己的行为后果，从而对自己或他人构成潜在威胁。此时，公安机关的及时介入和约束不仅有助于防止意外事件的发生，还能保护醉酒者本身免受伤害。

具体来说，保护性措施包括将醉酒者带至安全地点进行看管，直至其酒醒。在此过程中，公安机关应确保醉酒者的基本生活需求得到满足，同时避免对其造成不必要的伤害。如果醉酒者表现出暴力倾向或对其他人员构成直接威胁，公安机关有权采取进一步的强制措施以确保公共安全。

该法律条文明确了醉酒状态下违反治安管理的法律责任，为公安机关依法处理此类案件提供了明确的法律依据。同时，也提醒公众，饮酒应适量，避免因醉酒而触犯法律或给他人带来困扰。

在实践应用中，该条文对于公安机关处理醉酒人员引发的治安案件具有重要的指导作用。一方面，它要求公安机关在处理此类案件时，必须严格依法办事，确保程序的合法性和处罚的公正性；另一方面，也要求公安机关在处理过程中注重人权保障和人文关怀，避免对醉酒者造成不必要的伤害或歧视。

实务中需要注意的问题

在执法实务中，需要注意以下几点问题：

（1）准确判断醉酒状态。

在处理醉酒人员违反治安管理的案件时，公安机关应首先准确判断醉酒人员的醉酒状态，包括其言语、行为、神志是否清醒等，以确保后续处理措施的合法性和合理性。

（2）保护醉酒人的权益。

在采取保护性措施约束醉酒人员时，公安机关应严格遵守法律规定，不得使用暴力或有虐待行为，应尊重醉酒人员的人格尊严，确保其合法权益不受侵犯。

（3）及时通知家属或监护人。

对于被约束的醉酒人员，公安机关应及时通知其家属或监护人到场，以便家属或监护人了解情况并协助处理后续事宜。这也有助于增强公安机关执法的透明度和公信力。

(4) 做好证据收集和记录。

在处理醉酒人员违反治安管理的案件过程中，公安机关应做好相关证据的收集和记录工作，包括现场视频、音频资料、证人证言等，以确保案件处理的公正性和准确性。

案例评析

一、案情简介

某日，一名男子在公共场合醉酒后情绪失控，开始大声喧哗并试图与过往行人发生冲突。路人报警后，警方到达现场。该男子在醉酒状态下无法控制自己的行为，对周围的人身和财产安全构成了威胁。警方为了防止事态进一步恶化，决定采取保护性措施，将其约束至酒醒。

二、案例拆解

根据本条规定，醉酒的人违反治安管理的，应当给予处罚。同时，如果醉酒的人在醉酒状态下对本人有危险或者对他人的人身、财产或公共安全构成威胁时，公安机关应当采取保护性措施，约束其至酒醒。

该案例体现了法律对醉酒状态下行为人的特殊处理原则。一方面，醉酒不是逃避法律责任的借口，醉酒者仍需对其违反治安管理的行为承担相应的法律责任。另一方面，法律也强调了对醉酒者本人及公共安全的保护，避免因醉酒行为导致的不可预见的危险。

本案例中，警方的处理方式符合法律规定，既维护了公共秩序，又保障了醉酒者及他人的安全。通过采取保护性措施，避免了可能发生的伤害，体现了法律的人文关怀和对公共安全的重视。同时，该案例也提醒公众，醉酒行为可能会导致法律责任，应自觉遵守社会公德，避免因醉酒而影响社会秩序和他人权益。

第十六条 【数种违法行为的并罚】

有两种以上违反治安管理行为的，分别决定，合并执行处罚。行政拘留处罚合并执行的，最长不超过二十日。

条文释义

本条对应原《治安管理处罚法》第十六条，2025 年修订《治安管理处罚法》时在原条文基础上增加了"合并执行处罚"的"处罚"二字，明确了合并执行的内容是公安机关作出的具体处罚种类（如行政拘留天数、罚款数额的累加等），而非对多个违反治安管理行为的笼统处理，修改后能够更加精准地强调执行的对象是已作出的处罚措施，避免产生歧义，表述为"合并执行处罚"更符合法律语言的严谨性。

本条规定了两种以上违反治安管理行为的处理原则。

该条文主要分为两部分内容：

第一部分是"有两种以上违反治安管理行为的，分别决定，合并执行处罚"。这部分内容明确了对于同一行为人实施的两个或两个以上的违反治安管理行为，公安机关应当分别作出处罚决定，然后将这些处罚合并执行。这里的"分别决定"是指对每个违法行为都要依法进行独立的判断和处理，确定其应受的处罚种类和幅度；"合并执行处罚"则是指将这些独立的处罚决定结合起来，形成一个总的处罚结果。

第二部分是"行政拘留处罚合并执行的，最长不超过二十日"。这部分内容是对行政拘留处罚合并执行时的特殊限制。由于行政拘留是对人身自由的限制，因此法律对其设定了上限，以防止处罚过重，侵犯人权。这一规定体现了法律对公民人身自由的尊重和保护。

该条文实质上规定了数过并罚的原则。数过并罚指公安机关对同一行为人所实施的数个违反治安管理行为分别决定后，按照法定的并罚原则，决定其执行的治安管理处罚的制度。这一原则包含以下几个方面的内涵：

第一，必须是一行为人实施数个违反治安管理行为。这是适用数过并罚原则的前提条件。数个违反治安管理行为，既可以是行为人单独实施的，也可以是行为人伙同他人共同实施的。

第二，公安机关必须是在对数个违反治安管理行为分别决定的基础上，依照法定并罚原则，决定执行的治安管理处罚。这是数过并罚的程序规则和实际操作准则。实行数过并罚的结果，是对数个违反治安管理行为产生一个决定结果、制作一份《治安管理处罚决定书》，而不是几个相互独立的决定结果、制作几份《治安管理处罚决定书》。

在对数个违反治安管理行为进行处罚时，还需注意并科原则与限制加重原则的应用。在数过并罚中，并科原则与限制加重原则是两种重要的合并处罚原则。并科原则，又称相加原则、累加原则或者合并原则等，是指将一人所实施的数个违反治安管理行为分别决定的处罚绝对相加、合并执行的合并处罚原则。该原则主要适用于罚款处罚。例如，当行为人实施了两个违法行为，分别被处以200元和300元的罚款时，按照并科原则，其应执行的罚款总额为500元。限制加重原则，又称限制并科原则，是指以一人所实施的数个违反治安管理行为中应当决定的最重的处罚为基础，再在一定限度之内对其予以加重作为执行处罚的合并处罚原则。该原则只适用于行政拘留处罚。由于行政拘留是对人身自由的限制，因此法律对其设定了上限，即最长不超过二十日。例如，当行为人实施了两个违法行为，分别被处以10日和15日的行政拘留时，按照限制加重原则，其应执行的行政拘留期限最长为20日。

实务中需要注意的问题

在执法实务中，需要注意以下几点问题：

（1）准确认定违法行为。

在处理案件时，公安机关应准确认定违法行为人的每一种违反治安管理行为，确保不遗漏、不重复。对于难以界定的行为，应依据相关法律法规和司法解释进行审慎判断。

(2) 分别决定与合并执行处罚。

对于认定的多种违法行为，公安机关应分别作出处罚决定，并在执行时合并。合并执行处罚时，应严格按照法条规定的上限执行行政拘留处罚，即最长不超过二十日。对于罚款等处罚，也应依法累加，确保处罚的公正性和合理性。

(3) 注意特殊人群的保护。

在合并执行处罚时，公安机关应注意保护特殊人群，如未成年人、老年人、孕妇等。对于这类人群，应依法从轻、减轻或不予处罚，确保法律的人性化执行。

(4) 确保程序合法。

在作出处罚决定和执行处罚时，公安机关应严格遵守法定程序，确保当事人的合法权益不受侵犯。同时，应加强对执法过程的监督和制约，防止滥用职权和违法办案现象的发生。

(5) 加强教育与宣传。

在执行处罚的同时，公安机关应加强对违法行为人的教育，使其认识到自己的错误，增强法治观念。同时，应加强对《治安管理处罚法》的宣传，提高公众的法治意识和守法自觉性。

案例评析

一、案情简介

某日，甲因与乙发生口角，继而升级为肢体冲突，甲将乙打伤，被公安机关以殴打他人的违反治安管理行为予以处罚。同时，甲在冲突后，为泄愤，故意损坏了乙的财物，又被公安机关以故意损毁他人财物的违反治安管理行为予以处罚。公安机关在处理此案时，根据《治安管理处罚法》第十六条的规定，对甲的两种违法行为分别作出处罚决定，合并执行处罚。

二、案例拆解

根据本条规定，甲的行为构成两种违反治安管理的行为，即殴打他人和故意损毁财物。公安机关对甲的每一种违法行为都作出了相应的处罚决定，然后将这些处罚合并执行。由于甲的违法行为中不涉及行政拘留，所以合并执行的处罚不适用最长不超过二十日的限制。

本案例体现了《治安管理处罚法》对于处理具有多个违法行为的个体时的处罚原则，即"分别决定，合并执行处罚"。该原则确保了对违法行为的全面评价和处罚，同时避免了对同一行为的重复处罚，体现了法律的公正性和合理性。

在实际执法过程中，公安机关应当准确识别违法行为的种类，并依法作出相应的处罚决定。合并执行处罚时，应确保处罚的合理性和法律的严肃性，避免过度处罚或轻纵违法。本案例中，公安机关的做法符合法律规定，既体现了对违法行为的惩处，也保障了法律的正确实施。

第十七条 【共同违反治安管理和教唆、胁迫、诱骗他人违反治安管理的处罚】

共同违反治安管理的，根据行为人在违反治安管理行为中所起的作用，分别处罚。

教唆、胁迫、诱骗他人违反治安管理的，按照其教唆、胁迫、诱骗的行为处罚。

条文释义

本条对应原《治安管理处罚法》第十七条，2025年修订《治安管理处罚法》时对本条进行了修改，将原《治安管理处罚法》"违反治安管理行为人"修改为"行为人"。主要是考虑为了法律术语的简洁化和规范化。原法"违反治安管理行为人"表述较长，与该表述前后的限定内容重复，可能造成冗余。

本条分为两款，第一款规定了共同违反治安管理的处罚原则；第二款规定了教唆、胁迫、诱骗他人违反治安管理的处罚原则。

一、共同违反治安管理的定义与构成要件

共同违反治安管理，是指两个或者两个以上行为人的行为指向同一违反治安管理行为，并相互联系、相互配合，形成一个有机联系的违反治安管理活动整体。每个人的行为都是违反治安管理有机体的一部分，在发生危害结果的情况下，每个人的行为都与危害结果之间具有因果关系。

构成共同违反治安管理行为，必须同时具备以下三个条件：

（一）主体条件

必须是由两个或者两个以上具有责任能力的人实施的。如果违反治安管理行为是由一个人实施的，无论是实施一次还是多次，都不构成共同违反治安管理行为。同时，如果违反治安管理行为是由两个或者两个以上的人实施的，但其中只有一个人具有责任能力，其他人是没有责任能力的不满14周岁的未成年人或者精神病人，也不能构成共同违反治安管理行为。

（二）客观条件

必须是两个或者两个以上行为人共同实施了违反治安管理的行为。尽管每个人在违反治安管理活动中所处的地位、作用不同，但都是为了相同的目的而实施违反治安管理行为。行为人共同实施违反治安管理行为，可能是一次，也可能是多次。

（三）主观条件

必须是两个或者两个以上的行为人具有共同违反治安管理的故意。也就是说，各行为人通过意思的传递、反馈而形成的，明知自己是和他人配合共同实施违反治安管理行为，并且明知会发生某种社会危害结果，而希望或者放任这种危害结果发生的心理态度。如果一部分人是故意，一部分是过失的，不构成共同违反治安管理行为。

二、共同违反治安管理的处罚原则

根据本条第一款的规定，共同违反治安管理的，根据行为人在违反治安管理行为中所起的作用，分别处罚。这一原则体现了法律的公正性和针对性，即根据行为人在共同违法行为中的实际作用大小，给予相应的处罚。

具体来说，处罚原则包括以下几种情况：

（一）对在违反治安管理行为中起主要作用的行为人的处罚

起主要作用，是指在共同违反治安管理行为中，起组织、策划、领导、指挥作用。这类行为人应当承担共同违反治安管理行为本身应负的法律责任，按照他所参与的全部违反治安管理行为进行处罚，通常会比起次要或者辅助作用的行为人处罚更重。

（二）对在违反治安管理行为中起次要作用的行为人的处罚

起次要作用，是指行为人虽然直接实施了共同违反治安管理行为，但在整个违反治安管理过程中，较之起主要作用的行为人所起的作用小。对这类行为人，应当在比照起主要作用的行为人对共同违反治安管理行为本身应负的法律责任的基础上，予以适当从轻、减轻处罚。

（三）对在违反治安管理行为中起辅助作用的行为人的处罚

起辅助作用，是指行为人不直接实施共同违反治安管理行为，而是为共同违反治安管理行为的实施创造条件，辅助实施违反治安管理。对这类行为人，应当在比照起主要作用的行为人对共同违反治安管理行为本身应负的法律责任的基础上，予以适当减轻处罚或者不予处罚。

（四）对在违反治安管理行为中所起作用相当的行为人的处罚

所起作用相当，是指行为人都直接实施了共同违反治安管理行为，且在整个违反治安管理过程中，行为人所起的作用旗鼓相当，难分伯仲。对这类行为人，应当基于共同违反治安管理行为本身应负的法律责任，给予行为人相同或者相似的处罚。

三、教唆、胁迫、诱骗他人违反治安管理的处罚

根据本条第二款的规定，对教唆、胁迫、诱骗他人违反治安管理的，按照其所教唆、胁迫、诱骗的行为处罚。这一规定旨在严厉打击那些通过不正当手段引诱、迫使他人违法的人，以维护社会治安的稳定。

教唆，是指采用授意、劝说、挑拨、怂恿或者其他方法，故意唆使他人违反治安管理的行为。教唆者应当对其教唆的行为承担法律责任。

胁迫，是指采用暴力、威胁、逼迫等方法，迫使他人违反治安管理的行为。胁迫者同样应当对其胁迫的行为承担法律责任。需要注意的是，胁迫包括暴力胁迫和非暴力胁迫两种。前者如以伤害他人身体相威胁，后者如对他人进行精神上的强制。

诱骗，是指采用引诱、欺骗等方法，使他人上当受骗而违反治安管理的行为。诱骗者应当对其诱骗的行为承担法律责任。

教唆、胁迫、诱骗他人违反治安管理的行为，不仅破坏了社会治安秩序，还损害了他人的合法权益。因此，法律对这类行为给予了严厉的处罚规定。同时，对出于他人胁迫或者诱骗而违反治安管理的，法律也规定了相应的减轻或者不予处罚的情形，以体现法律的公正性和人文关怀。

实务中需要注意的问题

在执法实务中，需要注意：必须精准识别共同违法行为中每个参与者的具体作用（如组织者、实行者、协助者），避免"一刀切"处罚。对起主要作用者从重处罚，对被动参与者可酌情减轻；对教唆、胁迫、诱骗行为直接按被教唆行为的性质处罚。例如：甲教唆乙殴打他人，甲应直接按"殴打他人"定性处罚，而非仅以"教唆"处理。

此外，注意需要通过笔录、监控、证人证言等证据固定各行为人的具体参与情节，尤其要重点收集教唆、胁迫的言语、金钱往来等间接证据；对共同违法人员应分别制作询问笔录，禁止合并询问；处罚决定书需明确列明各行为人责任及处罚依据，避免因程序瑕疵导致复议撤销；若涉及未成年人被胁迫参与违法，需同步追究胁迫者的责任，并对未成年人适用《预防未成年人犯罪法》的矫治措施。

案例评析

一、案情简介

在某市，甲、乙、丙三人共同参与了一起寻衅滋事案件。甲是主谋，乙在甲的教唆下参与，丙则是在甲的胁迫下参与。甲积极策划并直接参与了打斗，乙虽然参与了打斗，但主要是跟随甲的指示行动，而丙在打斗中表现消极，但因受到甲的威胁，不敢不参与，严重扰乱了公共秩序，群众报警。

二、案例拆解

根据本条规定，甲作为主谋，应当承担主要责任；乙因受到甲的教唆参与，应根据其在寻衅滋事中的具体行为受到相应的处罚；丙虽然在甲的胁迫下参与，但其行为也违反了治安管理，应承担相应的责任。

甲因其在案件中的主导作用，会受到较重的处罚；乙因教唆行为，处罚会轻于甲；丙因受到胁迫，处罚相对较轻，但依然需要为其行为负责。此案例体现了法律对共同违反治安管理行为的处罚原则，即根据各自在违反治安管理行为中所起的作用分别处罚，同时对于教唆、胁迫、诱骗他人违反治安管理的行为，也明确了相应的处罚标准。

第十八条　【单位违反治安管理的处罚】

单位违反治安管理的，对其直接负责的主管人员和其他直接责任人员依照本法的规定处罚。其他法律、行政法规对同一行为规定给予单位处罚的，依照其规定处罚。

条文释义

本条对应原《治安管理处罚法》第十八条，2025年修订《治安管理处罚法》时未对本条进行修改。

本条规定了单位违反治安管理的处罚原则和责任主体。

一、单位违反治安管理的界定

单位违反治安管理，是指机关、团体、公司、企业、事业单位等实施了依法应当给予治安管理处罚的危害社会的行为。这里的"单位"范围广泛，涵盖了各类企业、事业单位、机关、团体等组织，体现了法律对各类社会组织行为的全面监管。单位违反治安管理必须是在单位意志支配下，由单位成员实施的违反治安管理行为，即单位作为一个整体。这要求我们在认定单位违法行为时，要深入分析行为背后的决策过程和利益归属，确保处罚的准确性和公正性。

二、处罚对象与原则

根据本条的规定，单位违反治安管理的处罚对象，主要是直接负责的主管人员和其他直接责任人员。这一规定体现了法律对单位内部责任追究的严格性，要求单位在违法时必须承担相应的管理责任。同时，处罚原则依照本法关于对自然人违反治安管理行为的处罚规定执行，包括警告、罚款、行政拘留等处罚种类。这既保证了处罚的严厉性，也体现了法律面前人人平等的原则。

三、与其他法律、行政法规的衔接

本条还规定了当其他法律、行政法规对同一行为规定给予单位处罚时，应依照其规定处罚。这一规定体现了治安管理处罚法与其他法律、行政法规的衔接与协调，确保了法律体系的统一性和完整性。在实践中，这要求公安机关在处罚单位违法行为时，要充分考虑相关法律、行政法规的规定，确保处罚的合法性和合理性。

实务中需要注意的问题

在执法实务中，首先，应明确单位违反治安管理的处罚原则。根据该法条，单位违反治安管理时，对其直接负责的主管人员和其他直接责任人员依法处罚。若其他法律、行政法规对同一行为规定给予单位处罚，则依照其规定。实务中，首先需准确界定单位行为与个人行为，确保处罚对象无误。其次，注意区分单位内部组织机构的责任。对于具有决策自主权、能对外独立承担法律责任的分支机构或组织，其违法行为可视为单位行为。反之，则按个人行为处理。这要求公安机关在调查时，需深入了解单位内部组织架构及权责分配。再次，承包、租赁企业的违反治安管理行为，应以单位论处，但追究责任时，需以承包人、承租人为准。这体现了责任与权利相匹配的原则。此外，对于个体工商户的处罚，需根据其经营规模及雇用工人数判断。规模较小、雇工七人以下的，按个人处罚；规模较大、雇工七人以上的，则按单位处理。最后，在执行处罚时，公安机关需严格依照法律程序，确保处罚决定的合法性和公正性。同时，要加强对单位直接负责的主管人员和其他直接责任人员的法治教育，提高其遵纪守法意识，从源头上减少单位违反治安管理的行为发生。

---案例评析---

一、案情简介

某娱乐公司经营 KTV 期间，为提升营业额默许经理甲在包厢内提供"特殊服务"，经查实存在以下违法事实：（1）甲多次默许顾客在包厢吸毒未制止；（2）公司内部制度未规定禁毒巡查义务；（3）监控显示甲曾向公司法定代表人乙汇报可疑情况，乙未采取整改措施。公安机关依据《治安管理处罚法》对甲行政拘留 15 日，对乙罚款 500 元；同时根据《娱乐场所管理条例》对公司停业整顿 3 个月。

二、案例拆解

根据本条规定，乙作为法定代表人未履行监管责任，构成"直接负责的主管人员"，甲作为现场管理者属"其他直接责任人员"。对个人适用治安处罚，对单位适用特别法行政处罚，体现了"双罚制"的互补性。

本案揭示了单位违法的三个认定关键，即单位意志可通过默许行为推定（如长期不整改）、制度缺陷可作为单位过错的证据、对"直接责任人员"的认定应考察实际管理权限而非仅看职务。

第十九条 【为免受不法侵害而采取的制止行为】

为了免受正在进行的不法侵害而采取的制止行为，造成损害的，不属于违反治安管理行为，不受处罚；制止行为明显超过必要限度，造成较大损害的，依法给予处罚，但是应当减轻处罚；情节较轻的，不予处罚。

---条文释义---

本条是 2025 年修订《治安管理处罚法》时新增的规定。增加规定公

民在面临不法侵害时的防卫需求，避免因采取必要防卫措施而被错误认定为违法，从而保障公民的基本人身和财产权利，促进法律公平性。增加本条的主要考虑是在实践中，公安机关常将防卫行为简单定性为"互殴"或"各打五十大板"，导致"谁闹谁有理、谁伤谁有理"的偏差执法，新规定通过厘清防卫与违法界限，促使执法更精准，弘扬社会正气。

《刑法》已规定正当防卫不负刑事责任，但治安管理处罚领域此前缺乏明确条款。新增规定填补了这一空白，形成治安处罚与刑事处罚的规范衔接，为公民提供更完备的法律依据。明确防卫行为不属违法，可增强公民对抗不法侵害的底气，减少正当防卫顾虑，同时震慑潜在违法者，推动社会安全与法治建设。

一、正当防卫的界定与构成要件

正当防卫，是指为了使国家、公共利益、本人或者他人的人身、财产和其他权利免受正在进行的不法侵害，而采取对不法侵害人造成或者可能造成损害的方法，从而制止不法侵害的行为。根据这一定义，正当防卫的构成要件主要包括以下几个方面：

（一）起因条件

应存在现实的不法侵害，这种不法侵害必须是客观的、现实的，而非主观臆测的或假想的。

（二）时间条件

不法侵害正在进行，这意味着防卫行为必须是在不法侵害已经开始且尚未结束的阶段进行。

（三）主观条件

防卫意图，防卫人主观上必须是为了保护合法权益免受正在进行的不法侵害，而非出于其他非法目的。

（四）对象条件

针对不法侵害人，防卫行为必须针对实施不法侵害的人进行。

（五）限度条件

防卫行为不能明显超过必要限度造成不应有的损害，这是区分正当防卫与防卫过当的关键。

二、法律条文的具体解读

"为了免受正在进行的不法侵害而采取的制止行为，造成损害的，不属于违反治安管理行为，不受处罚"，这一规定实际上是对正当防卫在治安管理处罚中的法律确认。它明确表明，在面临正在进行的不法侵害时，为了保护自己或他人的合法权益，受害人或防卫人可以采取必要的制止行为，即使这种行为造成了不法侵害人的损害，也不属于违反治安管理行为。这一规定体现了法律对公民自卫权的尊重和保护。

同时，法律条文还规定了"制止行为明显超过必要限度，造成较大损害的，依法给予处罚，但是应当减轻处罚；情节较轻的，不予处罚"的情形。这是对防卫过当的法律规制。防卫过当是指正当防卫行为明显超过必要限度，造成较大损害的行为。在这种情况下，虽然防卫行为在主观上是为了保护合法权益，但客观上造成了不应有的损害，因此应当承担相应的法律责任。然而，由于防卫过当在主观上仍具有一定的正当性，因此法律对其处罚相对较轻，可以视具体情节予以减轻或者不予处罚。

实务中需要注意的问题

在执法实务中，公安机关应当综合考虑案件的具体情况和证据材料，准确判断防卫行为是否属于正当防卫以及是否超过必要限度。同时，公安机关还应当注重保护受害人的合法权益，避免将正当防卫行为误认为是违法犯罪行为而予以处罚。

此外，值得注意的是，正当防卫与相互斗殴在外观上具有一定的相似性，但二者在性质上截然不同。正当防卫是为了保护合法权益免受不法侵害而采取的制止行为，而相互斗殴则是双方出于非法目的而进行的互相攻击行为。因此，在区分正当防卫与相互斗殴时，应当注重考察行为人的主观意图和行为目的等因素。

第二十条　【从轻、减轻或者不予处罚的情形】

违反治安管理有下列情形之一的，从轻、减轻或者不予处罚：

（一）情节轻微的；

（二）主动消除或者减轻违法后果的；

（三）取得被侵害人谅解的；

（四）出于他人胁迫或者诱骗的；

（五）主动投案，向公安机关如实陈述自己的违法行为的；

（六）有立功表现的。

条文释义

本条将原《治安管理处罚法》第十九条中的"减轻处罚或者不予处罚"修改为"从轻、减轻或者不予处罚"；原"情节特别轻微的"修改为"情节轻微的"；原"主动消除或者减轻违法后果，并取得被侵害人谅解的"拆分为两项独立条款，即"（二）主动消除或者减轻违法后果的；（三）取得被侵害人谅解的"。

一、本条增设"从轻"处罚层级

（一）构建精细化裁量梯度，填补法律适用空白

（1）弥补原有制度断层。原《治安管理处罚法》仅规定"减轻处罚或者不予处罚"，缺乏中间层级的处罚裁量空间。实务中存在大量情节显著轻微但尚未达到"减轻"标准的行为（如小额盗窃后即时归还财物），新增"从轻"填补了处罚幅度的真空地带，避免执法陷入"要么轻罚、要么不罚"的两难境地。

（2）衔接刑事处罚梯度体系。刑法体系明确区分"从轻""减轻""免除"三级责任减免机制。治安管理领域新增"从轻"处罚，实现与刑法责任分层逻辑的贯通，形成阶梯式处置链条，强化法律体系协调性。

（二）强化行为修正激励，激活社会关系修复

2025年修订《治安管理处罚法》将原《治安管理处罚法》中"主动

消除后果+取得谅解"合并条款拆分为独立项(第二项、第三项)。新增"从轻"后,行为人仅需满足"主动消除或减轻违法后果"即可单独适用从轻处罚,无须捆绑谅解要件。此举显著降低了修复社会关系的成本,激励当事人及时止损。

(三)优化未成年人矫治与过罚相当原则落实

(1)未成年人处罚精准化。针对未成年违法者,2025年修订《治安管理处罚法》衔接《预防未成年人犯罪法》的矫治措施。新增"从轻"层级可使公安机关针对轻微越轨行为(如校园欺凌未造成实质伤害)选择警告、低额罚款等柔性惩戒,避免直接适用与"教育为主"原则相冲突的拘留等严厉处罚。

(2)回应执法实践需求。基层执法实践反馈显示,原《治安管理处罚法》对"有悔过表现但未完全补救"的情形缺乏规制依据。新增"从轻"规定赋予执法者在法定幅度内下调处罚的裁量权(如拘留10日改为拘留5日),有利于实现过罚相当。

(四)立法导向与制度协同

(1)贯彻"宽严相济"治理理念。与2025年修订《治安管理处罚法》延长再犯考察期至一年等严厉条款形成平衡,通过增设"从轻"规定体现"严惩恶性、宽宥初犯"的二元价值取向,避免处罚泛化。

(2)降低执法对抗性。为通过治安调解结案的案件提供更多程序出口。若当事人达成调解但未完全履行协议,可基于部分履约行为适用"从轻"处罚,避免机械启动处罚程序激化矛盾。

二、本条规定了从轻、减轻或者不予处罚的情形

(一)情节轻微的

将"情节特别轻微"改为"情节轻微",拓展了从宽适用范围,赋予执法者更大裁量空间。

"情节轻微"是判断违反治安管理行为是否可以从轻、减轻或者不予处罚的首要标准。这里的"情节轻微"通常指的是违法行为的社会危害性较小,没有造成严重的后果,且行为人的主观恶性不大。例如,行为人因一时冲动而发生的轻微打斗，如果未造成严重后果，且行为人事后积极悔过，那么可以视为情节轻微，从而给予从轻、减轻或者不予处罚的处理。

（二）主动消除或者减轻违法后果的

2025年《治安管理处罚法》修订后单独列项，强调了该行为独立于被侵害人谅解的法律价值。

当行为人意识到自己违反了治安管理法规后，如果在行政机关查处前，主动采取措施消除或者减轻违法后果，那么法律将给予积极的评价。这种行为体现了行为人的悔过态度和对法律的尊重，因此可以从轻、减轻或者不予处罚。例如，行为人在造成轻微损害后，立即采取措施进行赔偿和修复，有效减轻了违法后果，那么可以依法给予从轻处理。

（三）取得被侵害人谅解的

本款与第二款构成"行为—结果"双重修复机制，取得被侵害人谅解是判断违反治安管理行为是否可以从轻、减轻或者不予处罚的重要因素之一。如果行为人能够积极向被侵害人道歉、赔偿损失，并取得被侵害人的谅解，那么可以视为行为人已经认识到自己的错误，并采取了积极的补救措施。这种行为有助于化解社会矛盾，促进社会和谐，因此法律将给予从轻、减轻或者不予处罚的考虑。

（四）出于他人胁迫或者诱骗的

在某些情况下，行为人并非出于自己的意愿而违反治安管理法规，而是受到了他人的胁迫或者诱骗。对于这类行为人，法律将给予特殊的考虑。如果行为人能够证明自己是出于他人胁迫或者诱骗而违法的，那么可以从轻、减轻或者不予处罚。这一规定体现了法律对弱势群体的保护和对违法行为的客观判断。

（五）主动投案，向公安机关如实陈述自己的违法行为的

主动投案并如实陈述自己的违法行为，是行为人对自己错误行为的积极认识和悔过态度的体现。这种行为有助于公安机关及时查处违法行为，维护社会治安秩序。因此，法律将给予这类行为人从轻、减轻或者不予处

罚的考虑。这一规定鼓励行为人主动投案自首，有利于案件的查处和社会的稳定。

（六）有立功表现的

立功表现是指行为人在违法后，积极协助公安机关查处其他违法行为或者提供重要线索，有助于案件的侦破和社会的稳定。对于这类行为人，法律将给予从轻、减轻或者不予处罚的奖励，体现了法律对行为人积极改正错误、为社会做出贡献的肯定和鼓励。

实务中需要注意的问题

在执法实务中，公安机关应当将"情节轻微"结合违法行为的社会危害性、主观恶意等建立量化指标，避免主观随意性。实践中需注意通过执法记录仪固定当事人主动消除后果、投案等情节证据。对"胁迫、诱骗"情形需核查施压方证据（如通讯记录、证人证言），防止虚假脱责。需核实被侵害人谅解是否自愿，避免胁迫性或金钱交易式谅解。对提供立功线索的违法行为人，应及时通报刑侦部门核查，明确立功效力认定时效。从轻、减轻或者不予处罚决定需经办案部门集体讨论，并报法制部门备案，防范权力滥用。

案例评析

一、案情简介

某日，王五因琐事与邻居赵六发生口角，一时冲动将赵六家的大门损坏。王五意识到错误，主动前往公安机关自首，并详细陈述了事情经过。在警方调解下，王五赔偿了赵六的经济损失，并获得了赵六的谅解。

二、案例拆解

根据本条规定，王五的行为虽构成违反治安管理行为，但其主动投案并如实供述，符合从轻、减轻或不予处罚的条件之一。此外，王五积极赔偿损失并取得赵六谅解，进一步满足了不予处罚的标准。因此，公安机关综合考虑王五的表现和态度，决定对其不予治安管理处罚。此案彰显了法律对主动纠错和积极赔偿行为的肯定，突出了法律的教育和预防作用。

第二十一条 【认错认罚从宽处理】
违反治安管理行为人自愿向公安机关如实陈述自己的违法行为，承认违法事实，愿意接受处罚的，可以依法从宽处理。

条文释义

本条是2025年修订《治安管理处罚法》时新增的规定，即"认错认罚从宽"的处理原则。这主要是考虑借鉴《刑事诉讼法》中的"认罪认罚从宽"制度，在行政处罚领域建立同类规则，形成刑事与行政程序在"悔过从宽"理念上的统一，避免法律体系断层。明确公安机关对主动认错行为的裁量权，为"从宽处理"提供法定依据，减少执法随意性。对认错悔过者从宽处理，体现"惩前毖后、治病救人"的立法精神，引导行为人主动担责、改正错误，减少对抗性执法。

一、违反治安管理行为人自愿向公安机关如实陈述自己的违法行为

这部分是条文的核心内容之一，它要求违反治安管理行为人在未被公安机关发现或虽被发现但尚未受到传唤或询问时，主动、直接向公安机关投案，并如实陈述自己的违法行为。这里的"自愿"强调了行为人的主观意愿，即行为人是在没有外力强迫的情况下，出于内心的悔悟和对法律的敬畏，主动选择向公安机关投案并陈述违法行为。而"如实陈述"则要求行为人必须客观地、真实地描述自己的违法行为，不得隐瞒、歪曲事实或推卸责任。

二、承认违法事实

承认违法事实是行为人自愿向公安机关如实陈述违法行为的重要体现。它要求行为人不仅要陈述自己的行为，还要明确承认这些行为违反了治安管理法律法规，构成了违法行为。这一步骤是行为人表达悔过自新态度的重要一环，也是公安机关认定行为人是否构成自首、决定是否从宽处

理的重要依据。

三、愿意接受处罚

愿意接受处罚是行为人表达认错服法态度的进一步体现。它要求行为人在认识到自己违法行为的基础上，愿意接受公安机关依法作出的处罚决定。这一态度表明行为人已经认识到自己的错误，愿意承担由此产生的法律后果，并希望通过接受处罚来改正错误、回归社会。

四、可以依法从宽处理

可以依法从宽处理是条文对行为人自愿认罚、悔过自新态度的积极回应。它意味着在行为人满足上述条件的情况下，公安机关可以依法对其从轻、减轻处罚或者不予处罚。这一规定既体现了法律对于主动认罚者的宽宥态度，也体现了法律的教育矫治功能。通过从宽处理，可以激励更多的违法者主动投案、如实陈述，从而有利于社会治安的维护和社会秩序的稳定。

实务中需要注意的问题

虽然条文规定了"可以依法从宽处理"，但"可以"并非"必须"。这并不意味着所有自愿向公安机关如实陈述自己违法行为的违反治安管理行为人都能获得从宽处理，公安机关在决定是否从宽处理时具有一定的自由裁量权。在实践中，公安机关还需要根据案件的具体情况、行为人的主观恶性、违法行为的性质和情节以及社会危害程度等因素进行综合考量，以确定是否从宽处理以及从宽处理的幅度。

第二十二条　【从重处罚的情形】

违反治安管理有下列情形之一的，从重处罚：

（一）有较严重后果的；

（二）教唆、胁迫、诱骗他人违反治安管理的；

（三）对报案人、控告人、举报人、证人打击报复的；

（四）一年以内曾受过治安管理处罚的。

第二章　处罚的种类和适用

> **条文释义**

本条将原《治安管理处罚法》第二十条中的"六个月内曾受过治安管理处罚的"修改为"一年以内曾受过治安管理处罚的"。

本条规定了从重处罚的不同情形。

一、有较严重后果的

这一情形是指违反治安管理行为造成了较为严重的后果，包括人身伤害、财产损失、社会秩序混乱等。对于这类行为，从重处罚旨在强调法律的严肃性，以及对违法行为的严厉打击，从而维护社会稳定和公共安全。

二、教唆、胁迫、诱骗他人违反治安管理的

教唆、胁迫、诱骗是三种不同的行为方式，但都具有引起他人违法并加重违法后果的特点。教唆是以劝说、请求、刺激、挑拨、利诱等手段，引起他人产生违法意图并实施违法行为；胁迫是以威胁、逼迫的强制方式使他人违反治安管理；诱骗则是以诱惑、欺骗等手段致使他人违反治安管理。这些行为不仅直接违反了治安管理，而且还引发他人产生违法行为，进一步加剧了社会危害。因此，法律对此类行为从重处罚，以儆效尤。

三、对报案人、控告人、举报人、证人打击报复的

报案人、控告人、举报人、证人向公安机关报告违法犯罪行为或提供线索，他们是打击违法犯罪行为、维护社会治安秩序、维护社会稳定的重要力量。然而，一些违法行为人为逃避法律制裁，会对这些人员进行打击报复。这种行为不仅侵犯了他人的合法权益，而且妨害了公安机关的正常活动，具有严重的社会危害性。因此，法律对此类行为从重处罚，以保护报案人、控告人、举报人、证人的合法权益，维护司法公正和社会秩序。

四、一年以内曾受过治安管理处罚的

原《治安管理处罚法》规定六个月内再犯从重处罚，但实践中部分行为人利用时间差逃避严惩。将时限延长至一年以内，可以更加有效地遏制"罚后即犯"的投机行为，尤其针对盗窃、寻衅滋事、扰乱公共秩序等常发性违法行为。

此次《治安管理处罚法》对再犯期限的一年以内期限的设计，使得行政处罚领域建立了梯度化惩处体系，填补违法但不构成犯罪群体的治理空白。

"一年以内再受处罚"成为公安机关快速锁定需重点监管人群的法定依据，便于针对性开展动态管控。通过提高重复违法成本，扭转"违法代价低""屡罚屡犯"等恶性循环。

实务中需要注意的问题

在执法实务中，需要注意以下问题：

首先，对于造成较严重后果的违反治安管理行为，必须严格依法从重处罚，以儆效尤。在调查取证时，要全面收集证据，确保事实清楚、证据确凿，为从重处罚提供坚实依据。

其次，对于教唆、胁迫、诱骗他人违反治安管理的行为，不仅要对直接实施违法行为的人进行处罚，还要对教唆者、胁迫者、诱骗者从重处罚。这要求公安机关在办案过程中，要深入调查违法行为背后的策划者和组织者，切断违法行为的源头。

再次，对报案人、控告人、举报人、证人进行打击报复的行为，严重破坏了社会治安秩序和法治环境，必须从重处罚。公安机关要加强对这类案件的侦破力度，保护举报人和证人等的合法权益，确保他们不受威胁和伤害。

最后，对于一年以内曾受过治安管理处罚的再次违法者，要从重处罚。这要求公安机关建立和完善违法人员信息库，对多次违法者进行重点监控和管理，防止其再次危害社会。

案例评析

一、案情简介

张某在居民楼某麻将馆聚众赌博，他在半年前曾因相同行为被处以行政拘留十日。此次查获时，现场缴获赌资二万余元，参赌人员达八人。公安机关依据《治安管理处罚法》第七十条（对应2025年《治安管理处罚法》第八十二条）对张某处十五日拘留并处三千元罚款，收缴全部赌资。

二、案例拆解

根据本条规定，行为人半年内再犯同种违法行为，完全符合"一年以内曾受处罚"的从重条件，体现对赌博违法行为的特殊规制。从拘留十日提升至顶格拘留十五日并加重罚款，展现梯度化惩戒力度。通过提高职业赌博者的违法成本，有效遏制该类违法复发率高的问题。

第二十三条　【不执行行政拘留处罚的情形与例外】

违反治安管理行为人有下列情形之一，依照本法应当给予行政拘留处罚的，不执行行政拘留处罚：

（一）已满十四周岁不满十六周岁的；

（二）已满十六周岁不满十八周岁，初次违反治安管理的；

（三）七十周岁以上的；

（四）怀孕或者哺乳自己不满一周岁婴儿的。

前款第一项、第二项、第三项规定的行为人违反治安管理情节严重、影响恶劣的，或者第一项、第三项规定的行为人在一年以内二次以上违反治安管理的，不受前款规定的限制。

条文释义

本条在原《治安管理处罚法》第二十一条的基础上增加了第二款的规定内容，即"前款第一项、第二项、第三项规定的行为人违反治安管理情节严重、影响恶劣的，或者第一项、第三项规定的行为人在一年以内二次以上违反治安管理的，不受前款规定的限制"。

一、本条分为两款，规定了不执行行政拘留的情形，以及特殊情形下拘留处罚执行的情况

（一）已满十四周岁不满十六周岁的

对于这一年龄段的未成年人，由于他们尚未完全具备辨别是非和控制自己行为的能力，因此法律给予了特殊的保护。即使他们违反了治安管理规定，也不会被执行行政拘留处罚。这一规定体现了对未成年人教育和挽救为主、惩罚为辅的原则，旨在引导他们树立正确的价值观和行为习惯。

（二）已满十六周岁不满十八周岁，初次违反治安管理的

对于这一年龄段的未成年人，如果他们是初次违反治安管理规定，同样不会被执行行政拘留处罚。这一规定旨在给予他们改过自新的机会，避免因为一次轻微的违法行为而留下不良记录，影响他们未来的学习和就业。同时，这也体现了法律对未成年人的宽容和教育意义。

（三）七十周岁以上的

对于七十周岁以上的老年人，由于他们身体机能逐渐衰退，可能无法承受行政拘留带来的身体和心理压力。因此，法律规定对他们不执行行政拘留处罚。这一规定体现了对老年人的尊重和关怀，也符合社会伦理和道德要求。

（四）怀孕或者哺乳自己不满一周岁婴儿的

对于怀孕或者哺乳自己不满一周岁婴儿的妇女，由于她们在生理上处于特殊时期，需要更多的照顾和保护。因此，法律规定对她们不执行行政拘留处罚。这一规定旨在保障妇女和儿童的健康权益，体现了法律的人文关怀。

（五）执行拘留的特殊情形

第二款旨在平衡对特殊群体的保护与对社会秩序的维护，确保治安管理处罚的公正性和有效性，同时也体现了法律对重复违法行为的严厉态度。通过"原则豁免+例外惩戒"的二元结构，既落实《未成年人保护法》《老年人权益保障法》的特殊保护要求，又避免豁免权被滥用，体现"教育为主、惩罚为辅"与"过罚相当"原则的辩证统一。

该款仅适用于前三类主体，即十四至十六周岁、十六至十八周岁初次、七十周岁以上。第四项"怀孕或者哺乳自己不满一周岁婴儿的"属于无条件绝对保护，不适用例外规定。

二、第二款规定了两种例外情形

（一）违反治安管理情节严重、影响恶劣

即使行为人属于前三类主体，但若其违反治安管理情节严重，或造成

了恶劣的社会影响（如暴力伤人后果严重、聚众扰乱社会秩序造成严重后果、煽动仇恨等），此时"宽免"的正当性基础减弱。行政拘留的执行符合"罚当其错"的公平原则和回应社会关切的治理需要。

（二）一年以内二次以上违反治安管理（仅适用第一、第三类主体）

针对已满十四周岁不满十六周岁（第一款第一项）和七十周岁以上（第一款第三项）的行为人，如果在一年以内二次以上违反治安管理的，即使每次违法行为单独看可能不属于情节严重或影响恶劣，但反映出行为人可能缺乏悔改意愿，初次豁免未能达到预期教育效果以及可能存在主观恶性积累或不良行为倾向。因此，如一年以内第二次或更多次违反治安管理，且其违反治安管理行为适用行政拘留处罚的，不受前款规定的限制。

第二类行为人本身就以"初次违法"作为豁免执行的条件。如果该年龄段的行为人"非初次"违法，本身就不符合豁免条件，自然无须再适用"一年以内二次以上"的例外条款。

新增七十周岁以上老年群体一年以内二次以上违反治安管理的规定，旨在防止极少数七十周岁以上老年人利用年龄优势频繁违反法律、逃避处罚，这体现了权利保护与维护法治之间的平衡。

实务中需要注意的问题

在执法实务中，需要注意对未成年人年龄必须严格核验身份证件，避免因年龄误判导致错误执行拘留；对已满十六周岁不满十八周岁的行为人，需通过系统查询其违法记录，确认是否为"初次违反治安管理"；对"情节严重、影响恶劣"的认定需结合行为后果、社会影响等综合判断；对七十周岁以上或十四至十六周岁人员，需核查其一年以内是否二次以上违法，若有则执行行政拘留；询问不满十六周岁的未成年人时，监护人或其他合适成年人必须到场；对怀孕或哺乳期妇女，需查验医学证明材料；对不予拘留的未成年人，应责令监护人严加管教，必要时联动学校、社区开展矫治教育，避免"一放了之"。

案例评析

一、案情简介

未成年人甲（十五周岁）与乙（十七周岁，初次违法）在公共场所因琐事与丙发生争执，后甲、乙共同对丙实施殴打，致丙轻微伤。公安机关调查发现，甲曾于三个月前因盗窃被行政处罚，乙无违法记录。案发后，甲、乙家属积极赔偿并取得丙谅解。另查明，甲在殴打过程中持工具击打丙头部，情节恶劣。

二、案例拆解

甲虽属十四至十六周岁不执行拘留范围，但因一年以内二次违法且持工具伤人（情节恶劣），符合"不受前款规定的限制"例外情形；乙系十六至十八周岁初次违法，依法不执行拘留。

甲的"情节恶劣"体现在持工具攻击要害部位，区别于一般殴打行为；乙虽参与但手段较轻，未达严重标准。对乙责令监护人加强管教，并建议社区介入帮教；对甲执行拘留时需移送未成年人专门场所，避免与成年违法人员混押。

本案清晰界定了"情节严重"与"初次违法"的实务认定标准，凸显法律对未成年人"教育为主、惩罚为辅"的原则，同时警示重复违法者需承担更重后果。

第二十四条　【未成年人矫治教育等措施】

对依照本法第十二条规定不予处罚或者依照本法第二十三条规定不执行行政拘留处罚的未成年人，公安机关依照《中华人民共和国预防未成年人犯罪法》的规定采取相应矫治教育等措施。

条文释义

本条是2025年修订《治安管理处罚法》时新增的规定，增加对未满十四周岁违反治安管理而不予处罚的,以及对不执行行政拘留处罚的未成年人,需采取的相应矫治教育等措施。新增条款明确将《预防未成年人犯罪法》的矫治教育措施作为法定后续手段,实现"免罚不免责",通过矫治教育等措施替代处罚和拘留惩戒,既避免羁押环境对未成年人的负面影响,又防止因年龄特权滋生违法犯罪侥幸心理。

本条规定了公安机关对未成年人矫治教育等的相关要求。

依照本法第十二条规定不予处罚或者依照本法第二十三条规定不执行行政拘留处罚的未成年人,公安机关有权依照《预防未成年人犯罪法》的规定采取相应矫治教育等措施。这一条款将治安管理与预防未成年人犯罪紧密结合起来,形成了对未成年人违法行为的全方位干预和矫治。

矫治教育措施的具体内容,包括对未成年人进行法制教育,增强其法律意识;开展心理辅导和行为矫正,帮助其认识到错误并改正行为;组织参加社会公益活动,培养其社会责任感和公民意识等。这些措施旨在通过正面的引导和帮助,使未成年人能够在法律和社会规范的框架内健康成长。

矫治教育措施的实施对于预防未成年人犯罪、保护未成年人权益具有重要意义。它不仅能够避免未成年人因短期自由刑而受到的负面标签影响,还能够通过积极的干预和矫治,帮助未成年人树立正确的价值观和人生观。

然而,矫治教育措施的实施也面临着一些挑战。一方面,如何确保矫治教育措施的有效性和针对性是一个难题。不同的未成年人可能有不同的违法原因和心理特点,因此需要制定个性化的矫治方案。另一方面,如何协调公安机关、学校、家庭和社会各方面的力量,形成矫治教育的合力也是一个亟待解决的问题。只有各方共同努力,才能够确保矫治教育措施取得实效。

实务中需要注意的问题

在执法实务中,公安机关应当注意矫治教育多样化措施。根据《预防未成年人犯罪法》第四十一条,公安机关可采取训诫,责令赔礼道歉、赔偿损失,责令具结悔过,责令定期报告活动情况,责令遵守特定行为规范,责令接受心理辅导、行为矫治,责令参加社会服务活动等多种矫治教育措施,需根据未成年人的具体情况灵活选择;在执行矫治教育措施时,应确保措施的有效性和针对性,同时注重保护未成年人的合法权益,避免过度干预或不当处理;应注意加强与教育、民政、司法等部门的沟通协调,建立矫治教育措施的衔接机制,确保未成年人在接受矫治教育后能够得到有效的后续跟踪和帮助;公安机关内部应加强对矫治教育措施执行情况的监督和指导,确保各项措施依法、规范、有效执行,同时积极接受社会监督,提升工作透明度和公信力。

第二十五条 【追究时效】

违反治安管理行为在六个月以内没有被公安机关发现的,不再处罚。

前款规定的期限,从违反治安管理行为发生之日起计算;违反治安管理行为有连续或者继续状态的,从行为终了之日起计算。

条文释义

本条对应原《治安管理处罚法》第二十二条,2025年修订《治安管理处罚法》时将原法"六个月内"修改为"六个月以内"。主要是文字修改,考虑与《刑法》"追诉期限"、《民法典》等相关法律条文表述相一致。

本条规定了违反治安管理行为的追究时效,即公安机关对违反治安管理行为的处罚权在行为发生后六个月以内有效,超过此期限则不再处罚。

一、追究时效的界定与意义

追究时效,又称追溯期,是指对违法犯罪行为追究法律责任的有效期限。在《治安管理处罚法》中,这一时效被设定为六个月。这一规定的意义在于,一方面,它体现了法律的尊严和执法的严肃性。对于未过追究时效的违反治安管理行为，公安机关必须依法追究行为人的法律责任，给予治安管理处罚。这有助于维护社会治安秩序，保障公共安全。

另一方面，它也体现了治安管理处罚的教育与处罚相结合的原则。对于已过追究时效的违反治安管理行为，公安机关不再依法追究行为人的法律责任。这既有利于安定团结、稳定社会，也有利于公安机关集中力量同现实违反治安管理行为作斗争。同时，它还可以使一时违反治安管理但已改过自新的人放下包袱，过正常生活。

二、时效起算与计算方法

根据本条规定，追究时效的期限从违反治安管理行为发生之日起计算。这意味着，一旦违反治安管理行为发生，公安机关就有六个月的时间来发现并处理这一行为。如果在这六个月以内，公安机关没有发现或者没有接到报案、控告、举报，那么超过此期限后，即使公安机关再发现这一行为，也不能再对行为人进行处罚。

对于具有连续或者继续状态的违反治安管理行为，追究时效的起算方法有所不同。这类行为的追究时效从行为终了之日起计算。连续状态是指行为人连续实施数个相同的违反治安管理行为，而继续状态则是指违反治安管理行为及其所造成的不法状态在一定时间内处于持续状态。

实务中需要注意的问题

在执法实务中，本条的追究时效规定对公安机关的执法活动产生了重要影响。一方面，它要求公安机关在发现违反治安管理行为后，必须及时立案、调查取证，并在法定期限内作出处理决定。这有助于提高工作效率，确保执法的及时性和有效性。另一方面，它也要求公安机关在执法过程中要严格遵守法定程序，确保执法的合法性和公正性。对于已过追究时效的违反治安管理行为，公安机关不得再对行为人进行处罚，这既是对行为人合法权益的保护，也是对公安机关执法行为的监督和制约。

案例评析

一、案情简介

王某因邻里纠纷,多次在深夜故意敲打邻居李某家门并言语威胁。李某最初未报警,半年后因矛盾升级向公安机关举报。经查,王某的前三次滋扰行为发生于九个月前,最后一次行为在五个月前。公安机关认定:尽管前三次行为已超过六个月,但与最后一次行为系连续状态,属于追究时效内。

二、案例拆解

根据本条规定,对于连续状态的行为(如多次滋扰),时效应从最后一次行为终了之日起算。

本案明确了"连续或继续状态"行为的时效适用规则,既避免无限期追责,又保障了对新近违法行为的惩处。执法中需精准划分行为节点,防止因时效问题放纵违法或过度追责。该条款体现了行政处罚的效率原则和程序正义要求。

第三章 违反治安管理的行为和处罚

第一节 扰乱公共秩序的行为和处罚

第二十六条 【扰乱单位、公共场所、公共交通工具、选举等秩序】

有下列行为之一的,处警告或者五百元以下罚款;情节较重的,处五日以上十日以下拘留,可以并处一千元以下罚款:

(一)扰乱机关、团体、企业、事业单位秩序,致使工作、生产、营业、医疗、教学、科研不能正常进行,尚未造成严重损失的;

(二)扰乱车站、港口、码头、机场、商场、公园、展览馆或者其他公共场所秩序的;

(三)扰乱公共汽车、电车、城市轨道交通车辆、火车、船舶、航空器或者其他公共交通工具上的秩序的;

(四)非法拦截或者强登、扒乘机动车、船舶、航空器以及其他交通工具,影响交通工具正常行驶的;

(五)破坏依法进行的选举秩序的。

聚众实施前款行为的,对首要分子处十日以上十五日以下拘留,可以并处二千元以下罚款。

条文释义

本条对应原《治安管理处罚法》第二十三条，2025年修订《治安管理处罚法》时将一般情节处罚金额提高至五百元，情节较重处罚金额提高至一千元，聚众扰乱行为处罚金额提高至二千元，并在第一款第三项中增加"城市轨道交通车辆"这一公共交通工具。

本条分为两款，第一款规定了五类扰乱公共秩序的具体行为类型及处罚，包括扰乱单位秩序、扰乱公共场所秩序、扰乱公共交通工具上秩序、妨碍交通工具正常行驶和破坏选举秩序等行为。第二款规定了对聚众实施前款行为的首要分子加重处罚的规则。

该条以维护单位、公共场所、公共交通和选举秩序为核心，通过规制扰乱行为及处罚梯次，防范因个体失范引发群体性混乱，维护公共秩序。

一、扰乱单位秩序

扰乱单位秩序，是指在单位内暴力打砸办公设备、损毁文件材料、纠缠工作人员，或非暴力的静坐、辱骂、起哄、大声喧哗、堵门、封堵出入通道、占据工作场所等，导致机关、团体、企业、事业单位工作、生产、营业、医疗、教学、科研"不能正常进行"，但"尚未造成严重损失"。组织、纠集三人以上（含三人）共同实施前款行为构成聚众扰乱单位秩序，对首要分子处十日以上十五日以下拘留，可以并处二千元以下罚款。聚众扰乱单位秩序行为与《刑法》第二百九十条聚众扰乱社会秩序罪的界限：一是后者的主体包括聚众扰乱社会秩序的首要分子和积极参与者，前者仅限于首要分子。二是聚众扰乱社会秩序罪要求"情节严重"并"造成严重损失"，缺一则不应以犯罪论处。

二、扰乱公共场所秩序

扰乱公共场所秩序，是指在车站、港口、码头、机场、商场、公园、展览馆等公共场所起哄闹事、堵塞通道、霸占设施、拒不服从管理等，影响他人正常活动。组织、纠集三人以上（含三人）共同实施前款行为构成聚众扰乱公共场所秩序，对首要分子处十日以上十五日以下拘留，可以并处二千元以下罚款。聚众扰乱公共场所秩序行为与《刑法》第二百九十一条聚众扰乱公共场所秩序罪的界限：一是后者须达到情节严重，如人数多或时间长；造成人员伤亡、建筑物损坏、公私财物受到重大损失等严重后果；影响或者行为手段恶劣；等等。二是后者须同时满足"抗拒、阻碍国家治安管理工作人员依法执行职务"情节，指聚众实施扰乱公共场所秩序后，不听从现场执行治安管理职务的工作人员劝诫，抗拒、阻碍其依法维护公共场所秩序。

三、扰乱公共交通工具秩序

扰乱公共交通工具秩序，是指在公共汽车、电车、城市轨道交通车辆、火车、船舶、航空器等公共交通工具上大声喧哗、霸占座位、堵塞车门通道、不服从乘务管理、强行下车、辱骂、拉扯驾驶员，导致公共交通工具内秩序混乱，但"尚未危及公共安全"。组织、纠集三人以上（含三人）共同实施前款行为构成聚众扰乱公共交通工具上的秩序行为，对首要分子处十日以上十五日以下拘留，可以并处二千元以下罚款。聚众扰乱公共交通工具上的秩序行为与《刑法》第二百九十一条聚众扰乱交通秩序罪的界限：一是侵害的客体不完全相同，前者侵害的是公共交通工具上的秩序，后者侵害的是整个交通秩序。二是行为发生地不同，前者发生在公共交通工具上，后者主要发生在车站、码头、公路、铁路上。三是情节、后果不同，前者尚未造成严重后果，后者则是情节严重，致使交通秩序受到严重破坏。四是后者须同时满足"抗拒、阻碍国家治安管理工作人员依法执行职务"情节，指聚众实施扰乱交通秩序后，不听从现场执行治安管理职务的工作人员劝诫，抗拒、阻碍其依法维护交通秩序。

四、妨碍交通工具正常行驶

妨碍交通工具正常行驶，是指设置障碍物拦截机动车、船舶、航空器等交通工具，未经允许攀爬机动车、船舶、航空器等交通工具，影响其正常行驶或停靠。

相关行为辨析：（1）《道路交通安全法》第九十九条对非法拦截机动车行为可处二百至二千元罚款，与本条形成竞合，应注意区分以下两点：

一是侵犯对象不同，妨碍交通工具正常行驶行为侵犯的对象是交通工具，包括机动车、船舶、航空器及其他交通工具，非法拦截机动车行为仅限于机动车辆。二是构成要件不同，妨碍交通工具正常行驶是行为罚，非法拦截机动车必须具有"不听劝阻"情节。（2）扰乱公共交通工具秩序指在运行状态的公共交通工具内部实施破坏正常乘车秩序的行为，妨碍交通工具正常行驶指在交通工具（含私人使用的交通工具）外部实施干扰交通工具正常运行的行为。（3）若扰乱公共交通工具秩序行为，如辱骂驾驶员发展为殴打驾驶员、抢夺方向盘、强控操作装置等危及公共安全的，则涉嫌《刑法》第一百三十三条之二妨害安全驾驶罪。"危及公共安全"是罪与非罪的界限，主要指行为人的行为足以导致公共交通工具不能安全行驶，车辆失控，随时可能发生乘客、道路上的行人伤亡，车辆或财产损失的现实危险。最高人民法院、最高人民检察院、公安部《关于依法惩治妨害公共交通工具安全驾驶违法犯罪行为的指导意见》（公通字〔2019〕1号）明确"危及公共安全"需同时满足行为危险性、场景危险性和后果可能性。

组织、纠集三人以上（含三人）共同实施前款行为构成聚众妨碍交通工具正常行驶行为，对首要分子处十日以上十五日以下拘留，可以并处二千元以下罚款。聚众妨碍交通工具正常行驶行为除了应与妨害安全驾驶罪作出区别外，还应把握好与《刑法》第一百一十四条以危险方法危害公共安全罪的界限：2019年1月，最高人民法院、最高人民检察院、公安部联合发布《关于依法惩治妨害公共交通工具安全驾驶违法犯罪行为的指导意见》，进一步明确法律的适用，在办理案件过程中，要综合考虑公共交通工具的行驶速度、通行路段情况、载客情况、妨害安全驾驶行为的严重程度及对公共交通安全的危害大小。对于情节轻微、危害不大的行为，不宜按照犯罪处理。

五、破坏选举秩序

破坏选举秩序，是指在依法进行的选举活动中，殴打、捆绑选民、代表及有关工作人员；捣乱选举场所、砸毁选举设施；威胁、欺骗、贿赂选民、代表及有关工作人员；伪造选举文件、虚报选举票数、撕毁相关资料，在相关资料上涂写侮辱性词句等，扰乱选举秩序。本行为与《刑法》第二百五十六条破坏选举罪的界限：一是要注意区分范围不同，破坏选举罪破坏的选举仅限于各级人民代表大会代表和国家机关领导人员的选举活动。本行为除了包含以上两种选举活动，还包含依照法律规定进行的村（居）民委员会组成人员、工会委员会等的选举活动。二是要视情节是否严重，如果情节不恶劣，没有造成严重后果的，如没有造成选举活动彻底瘫痪，没有致使选举结果严重违背民意，没有造成重大不良社会、政治影响，则不构成破坏选举罪。

组织、纠集三人以上（含三人）共同实施前款行为构成聚众破坏选举秩序行为，对首要分子处十日以上十五日以下拘留，可以并处二千元以下罚款。聚众破坏选举秩序行为除了应与破坏选举罪作出区别外，还应注意把握对聚众破坏单位内部的自发性选举活动的认定：由于单位内部的自发性选举活动，如评选先进、选举单位内部的领导等，不属于依法进行的选举活动，其性质应属于单位内部的组织活动或工作，聚众破坏单位内部的自发性选举活动，应属于聚众扰乱单位秩序，应据此进行相应处罚。

以上五类行为处罚标准：（1）基础处罚：警告或五百元以下罚款（情节轻微）。（2）加重处罚：五日至十日拘留，可并处一千元以下罚款（情节较重）。（3）"情节较重"的认定考虑：行为持续时间长、涉及人数多；造成公共场所秩序严重混乱或交通工具大面积延误；使用暴力、威胁手段；曾因同类行为被处罚。

实务中需要注意的问题

一、地域差异与裁量基准

各地对"情节较重""公共场所"等概念的解释可能存在差异，如一线城市对交通枢纽秩序容忍度更低，需参考本地行政处罚裁量基准细化标准，避免同案不同罚。

二、执法对象特殊性

弱势群体，如残疾人、老年人，实施轻微扰乱行为时，应优先教育疏导，避免机械处罚激化矛盾。特殊职业者（如公职人员、学生）的违法行为可能引发舆情，需兼顾处罚效果与社会影响。

三、舆情风险防控

霸座、拦车维权、选举冲突等易引发网络传播，执法应同步做好现场记录与信息公开，避免片面信息发酵。对老人、残疾人等群体的处罚可能被舆论放大，需审慎评估必要性，必要时通报社区或家属协同处置。

案例评析

一、案情简介

某日，旅客李某在某高铁站乘车时，因同行人未能及时登车，在列车车门关闭警示灯亮起后，故意将腿部伸入车门缝隙强行阻挡车门关闭，要求等待同行人。列车工作人员多次警告其行为违法且危害安全，李某仍拒不撤离，持续以身体阻碍车门闭合，导致列车启动程序中断（未实际造成晚点）。公安机关调查认定，李某的行为构成《治安管理处罚法》第二十三条（对应2025年《治安管理处罚法》第二十六条）第一款第四项"妨碍交通工具正常行驶"，依法对其处以行政拘留。

二、案例拆解

行为人用肢体阻碍交通工具运行，主观上对抗管理指令，其行为符合《治安管理处罚法》第二十三条"非法拦截交通工具"的构成要件。该条款属行为犯，不以实际损害结果为必要，只要存在"影响正常行驶"即成立违法。本案中行为人拒不改正的故意情节，构成"情节较重"的认定基础。执法通过即时惩戒明确个人诉求不得凌驾于公共交通秩序；凸显法律对运输安全的前置性保护——妨害行为实施即违法；对高频发生的高铁阻门事件传递"零容忍"信号，强化公民敬畏规则。本案精准诠释第二十三条第一款第四项对"妨害行为即时危险性"的规制逻辑：将"肢体强行阻门"定性为"非法拦截"，拓展了拦截行为的解释边界；"情节较重"的认定紧扣主观恶性（明知故犯）与客观危险性（制造运行中断）双重标准；量罚时未机械依赖损害结果，彰显立法对公共安全法益的预防性保护立场。

第二十七条　【扰乱国家考试秩序】

在法律、行政法规规定的国家考试中，有下列行为之一，扰乱考试秩序的，处违法所得一倍以上五倍以下罚款，没有违法所得或者违法所得不足一千元的，处一千元以上三千元以下罚款；情节较重的，处五日以上十五日以下拘留：

（一）组织作弊的；

（二）为他人组织作弊提供作弊器材或者其他帮助的；

（三）为实施考试作弊行为，向他人非法出售、提供考试试题、答案的；

（四）代替他人或者让他人代替自己参加考试的。

条文释义

本条是2025年修订《治安管理处罚法》时新增的规定，旨在维护国家考试的严肃性、公平性，打击严重扰乱考试秩序的作弊行为。将特定的、情节严重的考试作弊行为纳入治安管理处罚的范畴，体现了国家对考试秩序的重视，是对现有教育考试管理规则和《刑法》相关规定的补充与衔接。本条适用于在法律、行政法规规定的国家考试中对组织作弊，提供作弊器材或其他帮助，非法出售或提供考试试题、答案，代替他人或让他人代替自己参加考试四种行为的处罚。首先需要注意本条所述考试范围大于《刑法》第二百八十四条之一的组织考试作弊罪，非法出售、提供试题、答案罪，代替考试罪的范围，上述罪名仅适用于"在法律规定的国家考试中"，本条除了法律规定的国家考试，还包括行政法规规定的国家考试。关于法律规定的国家考试范围，《最高人民法院、最高人民检察院关于办理组织考试作弊等刑事案件适用法律若干问题的解释》第一条有详细解释。行政法规规定的考试，是指由国务院制定并发布，通常以国务院令形式公布的条例、规定、办法、实施细则等行政法规中明确规定的考试。其次本条并不包括所有类别的考试，如不被授权的地方性考试或单位内部考试则不适用本条。关于考试作弊，在相关考试的规定中一般都有明确的规定，如《国家教育考试违规处理办法》明确规定了国家教育考试中的九类作弊行为。

一、组织作弊的

组织作弊，是指策划、召集、指挥、安排他人参与作弊的行为。文义解释的角度来看，在"组织作弊"一词中，"组织"的词性为动词，意为安排分散的人或事物使具有一定的系统性或整体性。组织作弊的方式可以是临时的、松散的、单人的、无明确内部分工的、手段简单的。基于《刑法》的谦抑性原则，组织一人或二人实施考试作弊行为，或组织单人实施一次或二次考试作弊行为，未达到组织型犯罪的社会危害程度，应认定为违法行为。

"情节较重"的认定可以从以下几个方面进行综合考虑：是否导致考试推迟、取消或者启用备用试题；是否存在考试工作人员组织考试作弊；是否组织考生跨省、自治区、直辖市作弊；组织考试作弊的次数、人数等。

二、为他人组织作弊提供作弊器材或者其他帮助的

为他人组织作弊提供作弊器材或者其他帮助，是指明知他人要组织作弊，仍为其提供用于作弊的工具，如隐形耳机、作弊笔、通讯设备等，或提供其他便利条件，如传递答案、望风、伪造证件等。这是对组织作弊行为的下游支持行为，可以独立于组织作弊行为存在。关于"作弊器材"的认定，可参照《最高人民法院、最高人民检察院关于办理组织考试作弊等刑事案件适用法律若干问题的解释》第三条的规定，将"具有避开或者突破考场防范作弊的安全管理措施，获取、记录、传递、接收、存储考试试题、答案等功能的程序、工具，以及专门设计用于作弊的程序、工具"，认定为"作弊器材"。

"情节较重"的认定可以从为他人组织作弊提供作弊器材或其他帮助的次数、提供作弊器材的件数等方面进行综合考虑。

三、为实施考试作弊行为，向他人非法出售或者提供考试试题、答案的

非法出售或者提供考试试题、答案，是指以营利为目的或出于其他不正当动机，将考试的试题或标准答案泄露给参加考试的人员或其亲友、组织作弊的团伙或个人。泄露的试题不完整或答案与标准答案不完全一致的，不影响该行为的定性。

"情节较重"的认定可以从以下几个方面进行综合考虑：非法出售或者提供考试试题、答案的人数、次数；是否导致考试推迟、取消或者启用备用试题；非法出售或者提供试题、答案的行为人是否为考试工作人员等。

四、代替他人或者让他人代替自己参加考试的

本项包括两种行为：一是行为人代替他人参加考试，如冒名顶替应试人去参加考试，或与应试人一同入场考试，但互填对方的考试信息等。二是行为人让他人代替自己参加考试，如指使他人冒名顶替自己去参加考试，或指使他人与自己一同入场考试，但互填对方的考试信息等。此行为的构成不要求以营利为目的。

"情节较重"的认定可以从以下几个方面进行综合考虑：代替他人参加考试的人数、次数；让他人代替自己参加考试的人数、次数；是否伪造、变造身份证、准考证及其他证明材料，代替他人或者让他人代替自己参加考试等。

本条明确规定上述行为必须是"扰乱考试秩序"的。这意味着，虽然列举了四种行为，但并非所有这四种行为在任何情况下都会被处罚，必须达到足以"扰乱秩序"的程度。

实务中需要注意的问题

新增的第二十七条通过明确列举四种扰乱国家考试秩序的作弊行为，并设定相应的罚款和拘留处罚，强化了对国家考试秩序的维护力度。填补了《治安管理处罚法》在打击此类行为上的空白，与教育法规和《刑法》

形成有效衔接，旨在通过行政处罚手段，对尚不构成犯罪的作弊行为进行惩戒，震慑潜在的作弊者，净化考试环境。

实务中应注意掌握罪与非罪的界限。《刑法》第二百八十四条之一对组织考试作弊罪，非法出售、提供试题、答案罪，代替考试罪等作了详细规定，其处罚更为严厉。本条处罚的对象，通常应理解为那些实施了上述四种行为，但情节尚未达到《刑法》规定追诉标准，或者虽已达到但依法不予刑事处罚（如情节显著轻微）的情况。两者是衔接关系，形成了对考试作弊行为的"行政处罚+刑事处罚"双层打击体系。同时，两者所适用的国家考试范围不同，应注意区分。

应注意本条款与《国家教育考试违规处理办法》的关系。该办法主要适用于教育系统内部的国家教育考试违规行为的认定和处理，其措施包括取消成绩、停考等。本条是行政法规层面的规定，适用于更广泛的"法律、行政法规规定的国家考试"，且提供了行政处罚手段，是对教育系统内部处理措施的补充和强化，尤其是在涉及社会人员参与、影响恶劣的作弊事件中，可以启动治安管理处罚程序。对此类违法行为的处理不能"择一"，即使行为人受到了取消成绩、停考等处理，也不影响对其进行治安处罚。

第二十八条　【扰乱大型群众性活动秩序】

有下列行为之一，扰乱体育、文化等大型群众性活动秩序的，处警告或者五百元以下罚款；情节严重的，处五日以上十日以下拘留，可以并处一千元以下罚款：

（一）强行进入场内的；

（二）违反规定，在场内燃放烟花爆竹或者其他物品的；

（三）展示侮辱性标语、条幅等物品的；

（四）围攻裁判员、运动员或者其他工作人员的；

（五）向场内投掷杂物，不听制止的；

（六）扰乱大型群众性活动秩序的其他行为。

第三章　违反治安管理的行为和处罚

> 因扰乱体育比赛、文艺演出活动秩序被处以拘留处罚的，可以同时责令其六个月至一年以内不得进入体育场馆、演出场馆观看同类比赛、演出；违反规定进入体育场馆、演出场馆的，强行带离现场，可以处五日以下拘留或者一千元以下罚款。

条文释义

本条在原《治安管理处罚法》第二十四条的基础上作了如下修改：一是罚款金额提高。对扰乱秩序的一般行为，最高罚款从二百元提高到五百元；对情节严重的行为，并处的最高罚款从五百元提高到一千元。这体现了对扰乱大型群众性活动秩序行为处罚力度的加大。二是禁止进入的适用范围扩大。适用范围从仅针对"体育比赛"扩大到"体育比赛、文艺演出活动"。场所范围从"体育场馆"扩大到"体育场馆、演出场馆"。这使得条款的适用性更强，覆盖了更多类型的活动。三是禁入时间从固定的"十二个月"变为"六个月至一年"。由执法机关根据具体情况决定禁入期限，更具灵活性。四是增加违反禁令进入的处罚。新条款增加了对违反禁令进入场所的行为的处罚措施，即"可以处五日以下拘留或者一千元以下罚款"。这进一步强化了禁令的约束力，增加了违法成本。总体来说，修订后的条款提高了经济处罚的上限，扩大了适用场所和行为的范围，使其更具普适性；增加了针对严重扰乱秩序者更灵活的禁入措施；对违反禁令的行为增加了处罚，增强了禁令的威慑力。

本条旨在规范和惩治扰乱文化、体育等大型群众性活动秩序的行为，维护活动正常进行和公共安全。本条适用范围包括：强行进入大型活动场内，违规在大型活动场内燃放物品，在大型活动场内展示侮辱性物品，围攻大型活动裁判员、运动员或者其他工作人员，向大型活动场内投掷杂物，其他扰乱大型活动秩序的行为。共分为两款，第一款规定了六种具体的扰乱秩序行为，并对处罚标准进行了区分。

一、强行进入场内的

强行进入场内，是指未经许可、不服从管理，使用暴力、威胁手段或强行突破安检、门禁等，进入活动场地的行为。这种行为破坏了活动的准入秩序和安全检查机制。

二、违反规定，在场内燃放烟花爆竹或者其他物品的

违反规定，在场内燃放烟花爆竹或者其他物品，是指违反活动组织者或场所管理方的规定，在禁放区域内燃放烟花爆竹，或燃放、释放其他可能造成危险或干扰的物品，如孔明灯、烟幕弹等。这种行为极易引发火灾、造成人员伤害或恐慌。

三、展示侮辱性标语、条幅等物品的

展示侮辱性标语、条幅等物品，是指在活动现场公开展示含有侮辱、诽谤、挑衅、歧视等内容的标语、条幅、旗帜或其他物品。这种行为不仅破坏活动氛围，还可能侵犯他人名誉、尊严，引发冲突。

四、围攻裁判员、运动员或者其他工作人员的

围攻裁判员、运动员或者其他工作人员，是指对活动现场的工作人员，包括但不限于裁判、运动员、演员、保安、志愿者等，进行围堵、谩骂、推搡、殴打等行为。这种行为严重干扰活动进行，威胁他人人身安全。

五、向场内投掷杂物，不听制止的

向场内投掷杂物，不听制止，是指向比赛场地、舞台或其他区域投掷矿泉水瓶、座椅、杂物等物品，并且在管理人员或工作人员制止后仍继续实施的行为。这种行为可能击中参与者或工作人员，造成伤害，或干扰比赛、演出。

六、扰乱大型群众性活动秩序的其他行为

这是一个兜底条款，用于涵盖前五项未能穷尽的其他扰乱活动秩序的行为，如大声喧哗、不听劝阻、起哄闹事、煽动观众不满情绪、非法滞留堵塞通道、用恶言恶语攻击运动员、裁判员等，确保法律适用的周延性。

第二款是针对因扰乱体育比赛或文艺演出秩序情节严重而被处以拘留处罚的违法者，进一步施加的一种附加性、限制性的管理措施。只有当违

法行为人因扰乱体育比赛或文艺演出秩序，被公安机关依法处以拘留处罚时，公安机关才可以（并非必须）同时责令其六个月至一年以内不得进入体育场馆、演出场馆观看同类比赛或演出。这意味着，适用禁令的前提是违法者已经接受了拘留这一处罚。这一规定体现了立法者对严重扰乱秩序行为的"惩防结合"思路。通过限制违法者进入相关场所，从源头上减少其再次扰乱秩序的可能性，从而维护大型活动的正常秩序和安全。本款还增加了违反禁令的法律后果"处五日以下拘留或者一千元以下罚款"，形成了完整的责任链条：不仅要在现场被带离，事后还要承担法律责任。这种设计增强了禁令的威慑力和执行力，使得禁令不仅仅是一个"纸面"上的要求。

总而言之，第二十八条第二款通过设立"责令禁入"及其违反后果，为处理严重扰乱体育比赛、文艺演出秩序的行为提供了一种更长效、更具针对性的管理手段，体现了法律在维护社会秩序方面的与时俱进和精细化管理要求。

实务中需要注意的问题

扰乱体育、文化等大型群众性活动秩序行为与《刑法》第二百九十一条聚众扰乱公共场所秩序罪的界限：聚众扰乱公共场所秩序罪的行为表现也有聚众扰乱影剧院、运动场，和扰乱体育、文化等大型群众性活动秩序行为有一定的交叉。区分二者，一是行为方式不同，前者不要求聚众，个人也能成为本条的主体。而后者则是对纠集多人扰乱秩序行为的首要分子进行处罚。二是后者须达到情节严重，如人数多或时间长；造成人员伤亡、建筑物损坏、公私财物受到重大损失等严重后果；影响或者行为手段恶劣的；等等。三是后者须同时满足"抗拒、阻碍国家治安管理工作人员依法执行职务"情节，是指聚众实施扰乱公共场所秩序后，不听从现场执行治安管理职务的工作人员劝诫，抗拒、阻碍其依法维护公共场所秩序。

本行为侵犯的是大型群众性活动秩序，所以适用本条的前提是体育、文化等活动是"大型群众性活动"。根据《大型群众性活动安全管理条例》第二条的规定，大型群众性活动，是指法人或者其他组织面向社会公众举办的每场次预计参加人数达到一千人以上的下列活动：（1）体育比赛活动；（2）演唱会、音乐会等文艺演出活动；（3）展览、展销等活动；（4）游园、灯会、庙会、花会、焰火晚会等活动；（5）人才招聘会、现场开奖的彩票销售等活动。需要注意影剧院、音乐厅、公园、娱乐场所等在其日常业务范围内举办的活动，不纳入大型群众性活动的管理。

案例评析

一、案情简介

某大型马拉松赛事进行期间，一名男子为寻求刺激，未向任何部门申请报备，擅自操控无人机在赛事起跑区域附近飞行。该无人机与赛事官方航拍直升机近距离接触，存在严重碰撞风险，对赛事安全构成威胁。执勤民警迅速反应，使用反制设备迫使无人机迫降。经查，该无人机飞行距离达数百米，时长十余分钟，严重干扰了赛事秩序。执法部门依据相关法律规定，对该男子实施了行政拘留五日的处罚。

二、案例拆解

本案例中，擅自操控无人机干扰马拉松比赛秩序的行为违反《治安管理处罚法》第二十四条（对应2025年《治安管理处罚法》第二十八条）第一款第六项"扰乱大型群众性活动秩序的其他行为"的规定，执法部门对行为人处以行政拘留，明确了此类"黑飞"行为的违法性及法律后果。此案作为首例因无人机"黑飞"被行政拘留的案例，具有标志性意义。它警示公众，无人机并非"想飞就飞"，在大型活动等敏感区域"黑飞"不仅危及公共安全，扰乱活动秩序，更将面临严厉的法律制裁。该处罚决定体现了执法部门对维护大型活动秩序、保障公共安全的决心。该男子在信号被干扰后仍强行争夺控制权的行为，不仅增加了安全风险，也显示了其主观恶意较大，是认定情节较重的重要依据。同时，也反映出对无人机管理需加强宣传引导，增强公众守法意识，共同营造安全有序的空域环境。

第二十九条 【以虚构事实、投放虚假危险物质，扬言危害公共安全方式扰乱公共秩序】

有下列行为之一的，处五日以上十日以下拘留，可以并处一千元以下罚款；情节较轻的，处五日以下拘留或者一千元以下罚款：

（一）故意散布谣言，谎报险情、疫情、灾情、警情或者以其他方法故意扰乱公共秩序的；

（二）投放虚假的爆炸性、毒害性、放射性、腐蚀性物质或者传染病病原体等危险物质扰乱公共秩序的；

（三）扬言实施放火、爆炸、投放危险物质等危害公共安全犯罪行为扰乱公共秩序的。

条文释义

本条在原《治安管理处罚法》第二十五条的基础上作了如下修改：一是罚款金额的提高。将罚款上限从五百元提高至一千元。体现了对扰乱公共秩序行为惩处力度的加大，适应了当前社会治安形势和违法成本考虑。二是行为描述的调整与完善。在第一项中增加了"故意"二字，明确了主观要件，将过失行为排除在外，使法律适用更加精准。增加了"灾情"的表述，与"疫情""险情"并列，使该条款涵盖的范围更全面，能够应对自然灾害等突发事件中可能出现的谣言散布行为。在第三项中将"放火、爆炸、投放危险物质扰乱公共秩序的"扩展为"放火、爆炸、投放危险物质等危害公共安全犯罪行为扰乱公共秩序的"，使该条款具有更强的开放性和适应性，能够涵盖除上述三种行为外其他可能被扬言实施、足以扰乱公共秩序的危害公共安全犯罪行为，提高了条款的兜底性和前瞻性。新修订的《治安管理处罚法》第二十九条相较于原第二十五条，主要在处罚力度和行为表述的精准性、周延性上进行了优化。通过提高罚款上限、明确主观故意、增加"灾情"类型以及扩展"危险行为"的范围，更有效地打击和预防各类扰乱公共秩序的行为，体现了立法与时俱进的考量。

本条旨在通过惩治故意散布谣言、投放虚假危险物质及扬言实施危害公共安全犯罪行为等扰乱公共秩序的行为，维护社会稳定与安全，保护公民和组织的合法权益不受侵害。适用范围包括：虚构事实扰乱公共秩序，投放虚假危险物质扰乱公共秩序，扬言实施放火、爆炸、投放危险物质等危害公共安全犯罪行为扰乱公共秩序。

一、故意散布谣言，谎报险情、疫情、灾情、警情或者以其他方法故意扰乱公共秩序的

本行为强调"故意"二字，即行为人明知自己散布的是虚假信息或谎报的是不存在的紧急情况，仍然故意为之，目的是制造社会恐慌、干扰正常的社会管理秩序。散布的谣言可以是行为人自己捏造的，也可以是行为人明知是没有事实根据的信息仍散布、传播。散布的方式可以是在现实空间中，也可以发生在信息网络空间中，包括通信网络和互联网等。例如，制造并在互联网上散布、传播将要发生地震、战争、商品短缺、传染病疫情等不实信息。谎报险情、疫情、灾情、警情，是指编造堤防渗水、山体滑坡、地震、塌方、传染病暴发、火灾、水灾、刑事、治安案（事）件等虚假信息，并向有关职能部门和行政管理机关报告的行为。

二、投放虚假的爆炸性、毒害性、放射性、腐蚀性物质或者传染病病原体等危险物质扰乱公共秩序的

本行为强调"虚假"二字，即行为人投放的物质本身并非真实的危险物质，但它们在外观上足以让他人误以为是真实的爆炸物、毒药等，从而引发公众恐慌，导致公共场所被封锁、人员疏散、安保力量介入等，扰乱了正常的公共秩序。投放的方式包括将虚假危险物质邮寄、放置、丢弃在他人或公众面前，或者他人生活、工作场所周围。

三、扬言实施放火、爆炸、投放危险物质等危害公共安全犯罪行为扰乱公共秩序的

指行为人通过言语、文字或其他方式，公开威胁要实施放火、爆炸、投放危险物质等扰乱公共秩序的行为。公开的方式可以是在公共场所宣称，或者向大众媒体宣称，或者向有关部门宣称，或者在信息网络上宣传等。扬言的内容包括但不限于放火、爆炸、投放危险物质。如故意纵火焚烧公私财物，故意引起爆炸物爆炸，向公共饮用水源、食品或者公共场所、设施投放能够致人死亡或者严重危害人体健康的毒害性、放射性、腐蚀性、传染病病原体等物质。即使这些行为并未实际发生，但其威胁本身就足以让公众感到恐惧，导致相关场所秩序混乱。

实务中需要注意的问题

（1）故意散布谣言，谎报险情、疫情、灾情、警情或者以其他方法故意扰乱公共秩序行为与《刑法》第二百九十一条之一第二款规定的编造、故意传播虚假信息罪的界限：一是虚构事实的内容不同。前者包括各种谣言、险情、疫情、灾情、警情等；后者仅限于虚假的险情、疫情、灾情、警情四种类型。二是后果不同。前者是行为犯，危害后果不是必要条件；后者要求必须达到严重扰乱社会秩序的后果。

（2）投放虚假的爆炸性、毒害性、放射性、腐蚀性物质或者传染病病原体等危险物质行为与《刑法》第二百九十一条之一第一款规定的投放虚假危险物质罪的界限：两者的主要区别在于造成后果的严重程度不同。如果行为严重扰乱社会秩序，如引发社会恐慌、公共秩序混乱，或者造成较大经济损失、人员伤亡的，则构成犯罪。否则，按违法行为处理。

（3）对道听途说的虚假险情、疫情、警情等信以为真而向有关单位、机关报告的，是否构成故意散布谣言，谎报险情、疫情、灾情、警情或者以其他方法故意扰乱公共秩序的行为？

行为人的主观故意是构成本行为的必要条件。对道听途说的虚假险情、疫情、警情等，如果行为人是由于认识有误、主观判断能力低下而信以为真，并向有关单位、机关报告的，即便影响了有关单位和机关的工作秩序，也不构成故意散布谣言，谎报险情、疫情、灾情、警情或者以其他方法故意扰乱公共秩序的行为。

> **案例评析**

一、案情简介

某地网民为博取流量和谋取非法利益，利用 AI 技术捏造"顶流明星豪赌输 10 亿"的虚假信息，并通过网络平台发布。该谣言迅速传播，引发大量网民关注和讨论，相关话题频繁登上热搜，导致网络空间秩序严重混乱。公安机关迅速查明真相，认定该行为符合《治安管理处罚法》第二十五条（对应 2025 年《治安管理处罚法》第二十九条）第一项的规定，对造谣者处以行政拘留八日的处罚。

二、案例拆解

公安机关认定，网民利用 AI 生成并传播虚假信息的行为，属于故意散布谣言扰乱公共秩序的行为，依据《治安管理处罚法》第二十五条（对应 2025 年《治安管理处罚法》第二十九条）第一项的规定，对其实施了行政拘留八日的处罚。这一决定体现了执法机关对网络谣言的零容忍态度。伴随着人工智能技术的快速迭代，虚假信息的制造与扩散呈现出前所未有的态势。本案是利用 AI 技术制造并传播谣言的典型案例，展示了现代技术被不法分子滥用的可能性。其典型意义在于提醒公众，网络空间并非法外之地，任何编造和传播虚假信息的行为都可能面临法律制裁。同时，这也对执法部门提出了更高要求，需加强技术手段，及时发现和打击网络谣言。AI 造谣"一键生成"，但辟谣需经历锁定信源、核查证据、多部门联动等复杂流程，当虚假内容被证伪时，往往已造成不可逆的社会影响。该案例警示我们，"虚假信息安全"唯有技术治理、法律规范与公众教育三者协同，才能让 AI 真正服务于信息传播的"清朗化"。

第三十条 【寻衅滋事】

有下列行为之一的，处五日以上十日以下拘留或者一千元以下罚款；情节较重的，处十日以上十五日以下拘留，可以并处二千元以下罚款：

> （一）结伙斗殴或者随意殴打他人的；
> （二）追逐、拦截他人的；
> （三）强拿硬要或者任意损毁、占用公私财物的；
> （四）其他无故侵扰他人、扰乱社会秩序的寻衅滋事行为。

条文释义

本条在原《治安管理处罚法》第二十六条的基础上作了如下修改：一是行为列举的调整。将"结伙斗殴"细化为"结伙斗殴或者随意殴打他人"，增加了"无故侵扰他人、扰乱社会秩序"的行为表述，替代了"其他寻衅滋事行为"。这一修改使条款内容更加具体，明确了执法中需要关注的行为类型，减少了模糊性，有助于执法的精准性。二是罚款金额的提高。对一般情节的可以并处罚款金额提高为一千元以下；对情节较重的行为，可以并处罚款金额提高为二千元以下。这一调整不仅强化了对违法行为的惩戒力度，也反映了立法者对社会秩序维护的重视。三是条款表述的优化。将"其他寻衅滋事行为"改为"其他无故侵扰他人、扰乱社会秩序的寻衅滋事行为"，明确了行为的违法性质，增强了条款的可操作性。同时，新增"随意殴打他人"这一具体行为，使得条款对斗殴类行为的规制更加全面。新修订的第三十条相较于原第二十六条，在行为列举上更加具体，处罚幅度上有所提高，条款表述上更加严谨。这些修改不仅提升了法律的可操作性，也进一步强化了对扰乱社会秩序行为的打击力度，体现了立法者对社会治安管理的精准化追求。

本条旨在通过明确对寻衅滋事行为的处罚，维护社会公共秩序，保障公民、法人和其他组织的合法权益，同时增强执法的精准性和威慑力，以适应社会治安形势的新变化。该条款适用于对结伙斗殴、随意殴打他人、追逐拦截、强拿硬要或损毁占用财物以及其他无故侵扰他人、扰乱社会秩序等寻衅滋事行为的治安管理处罚。

一、结伙斗殴或者随意殴打他人的

"结伙斗殴"指两人或两人以上出于私仇旧怨、争夺地盘、争风吃醋或者其他动机,与另一同类团伙互相殴打,扰乱公共秩序,尚不够刑事处罚的行为。"随意殴打他人"指行为人没有任何理由,无故地、无端地殴打不特定的人。

二、追逐、拦截他人的

指行为人出于取乐、挑衅、骚扰、威胁等不良动机,对他人进行跟踪追赶,或者在他人行进、停留时故意阻拦、不让其通过或离开的行为。

三、强拿硬要或者任意损毁、占用公私财物的

"强拿硬要"指行为人以蛮不讲理的手段,强行拿走、索要市场、店铺的商品或他人财物的行为。"任意损毁、占用公私财物"指没有目的和理由地破坏、损坏、占用公私财物的行为。

四、其他无故侵扰他人、扰乱社会秩序的寻衅滋事行为

这是一个兜底条款,用以涵盖前三项没有明确列举,但同样具有"寻衅滋事"特征的行为。即那些没有正当理由,故意骚扰、挑衅他人,或以各种方式破坏公共秩序,造成恶劣影响的行为。如在公共场所起哄闹事,造成公共场所秩序混乱;出于取乐、寻求精神刺激等目的,在公共场所无事生非,制造事端,扰乱公共秩序;利用信息网络辱骂、恐吓他人,破坏社会秩序,尚不够刑事处罚;编造虚假信息,或者明知是编造的虚假信息,在信息网络上散布,或者组织、指使人员在信息网络上散布,起哄闹事,造成公共秩序混乱,尚不够刑事处罚等行为。此条款的存在,是为了适应社会生活的复杂性和多样性,防止遗漏实践中出现的其他新型或不易归类的寻衅滋事行为。关键在于"无故侵扰他人"和"扰乱社会秩序"这两个核心要素,要求行为必须是无理由的、具有骚扰性和破坏性的。它为执法提供了必要的弹性空间,但也要求执法者严格把握标准,防止滥用。

实务中需要注意的问题

(1) 寻衅滋事行为与《刑法》第二百九十三条第一款规定的寻衅滋事罪的界限:两者的区别主要在于情节是否恶劣、后果是否严重。对于寻

衅滋事犯罪，且必须具有情节恶劣、情节严重或者造成公共场所秩序严重混乱的情形，才能构成犯罪。关于"情节恶劣""情节严重"等情形，2013年《最高人民法院、最高人民检察院关于办理寻衅滋事刑事案件适用法律若干问题的解释》第二条、第三条、第四条有详细规定。

（2）寻衅滋事中的结伙斗殴行为和殴打他人中结伙殴打行为的区别：一是对象不一致。结伙斗殴指二人及二人以上与另一二人及二人以上的团伙互相争斗殴打。结伙殴打是殴打他人行为中情节较重的情形之一，表现为二人及二人以上一起殴打他人，这里的"他人"并没有人数限制。二是侵犯的客体不同。结伙殴打他人侵犯的是他人的人身权利。结伙斗殴侵犯的是复杂客体，既侵犯了社会的公共秩序，又侵犯了他人的人身权利。

（3）寻衅滋事中的编造虚假信息在信息网络上发布行为与《治安管理处罚法》第二十九条第一项散布谣言的区别：编造虚假信息，或者明知是编造的虚假信息，在信息网络上散布，或者组织、指使人员在信息网络上散布，起哄闹事的被认定为寻衅滋事"情节较重"的情形之一。这与第二十九条第一项中的散布谣言有一定的交叉之处。二者的区别，一是从词性上看，"谣言"意为没有事实根据的消息。"虚假"意为跟实际不符。所以"谣言"往往是虚假的消息，而"虚假信息"则一定是与实际不符的信息。如中央网信办在"清朗·整治短视频领域恶意营销乱象"专项行动中将散布虚假信息问题归类为以"剪切拼凑""断章取义""故意模糊时间地点""冒用身份"等方式恶意制造不实信息。编造、夸大渲染家庭矛盾、职场冲突、暴力案（事）件，制造社会焦虑、网络戾气，挑动群体对立。利用"换脸""换声""P图"等手段编造不实内容。假借"科普""解读"名义，或假冒、"碰瓷"权威机构、专家学者，恶意编造、散布涉经济、法律、历史、医学等专业领域虚假信息。二是从主观恶性来看，散布谣言主要为了博取关注，私欲报复，"编造虚假信息并传播"意在挑起矛盾、起哄闹事。三是处罚力度不同，对于主观恶意不大的散布谣言，处罚较轻，而对主观恶意较大的寻衅滋事处罚力度较重。

案例评析

一、案情简介

某小区居民刘某，因长期怀疑邻居存在噪声干扰，多年以来多次采取用弹弓弹射窗户、砸墙、深夜敲门辱骂、丢垃圾等方式，骚扰该栋楼多名业主的正常生活。尽管社区和物业多次调解，刘某仍我行我素。最终，因其在短时间内多次用装满液体的瓶子砸邻居家门，严重影响他人休息，其行为被认定为无故侵扰他人、扰乱社会秩序的寻衅滋事行为，被处以行政拘留十五日的处罚。

二、案例拆解

本案中，刘某的行为符合第二十六条第四项（对应2025年《治安管理处罚法》第三十条第四项）规定。执法机关认定刘某并非因生活必需而制造噪声，而是出于报复心理，多次无故滋扰不特定业主，严重扰乱了公共秩序，情节较重，因此适用了更严厉的处罚标准。该案例体现了本条款在维护社会秩序方面的积极作用。刘某的行为起初被误认为简单的邻里纠纷，但通过全面调查发现其具有反复性、恶意性和社会危害性，最终被认定为寻衅滋事。这表明，执法机关在处理类似案件时，不能仅看表面，而应综合行为人的主观意图、行为模式和社会影响，准确适用法律，避免调解成为违法行为的"护身符"。刘某案例警示，邻里矛盾若以滋扰、报复方式处理，即使未直接伤人，亦可能构成寻衅滋事。第二十六条（对应2025年《治安管理处罚法》第三十条）明确将此类反复、恶意侵扰他人、扰乱公共秩序的行为纳入惩处范围，体现了法律的刚性与对公民安宁生活的保护。此案表明，执法需深入调查，准确把握行为性质，避免调解成为纵容违法的借口，从而有效维护社会和谐秩序。

第三十一条 【邪教、会道门及相关非法活动】

有下列行为之一的,处十日以上十五日以下拘留,可以并处二千元以下罚款;情节较轻的,处五日以上十日以下拘留,可以并处一千元以下罚款:

(一)组织、教唆、胁迫、诱骗、煽动他人从事邪教活动、会道门活动、非法的宗教活动或者利用邪教组织、会道门、迷信活动,扰乱社会秩序、损害他人身体健康的;

(二)冒用宗教、气功名义进行扰乱社会秩序、损害他人身体健康活动的;

(三)制作、传播宣扬邪教、会道门内容的物品、信息、资料的。

条文释义

本条在原《治安管理处罚法》第二十七条的基础上作了如下修改:一是罚款金额的提升。将罚款金额提高至"二千元以下",情节较轻的为"一千元以下"。表明立法者希望通过更严厉的经济处罚,强化对相关违法行为的震慑力,以遏制邪教、会道门等活动的传播,维护社会秩序。二是新增了"制作、传播宣扬邪教、会道门内容的物品、信息、资料"的行为。这一新增内容进一步明确了针对邪教、会道门等活动的管控范围,将制作和传播相关物品、信息、资料的行为纳入处罚范围,有助于从源头遏制邪教思想的传播,保护社会公众免受邪教思想的侵害。三是行为表述的细微调整。将原第二十七条中提到的"利用邪教、会道门、迷信活动"调整为"利用邪教组织、会道门、迷信活动",这一表述调整更具体地指向"邪教组织",使条款内容更加清晰,便于执法时准确适用。新修订的第三十一条在保留原条款核心内容的基础上,通过提高罚款金额、新增行为和优化表述,进一步完善了对邪教、会道门等活动的法律规制。这些修改不仅强化了法律的威慑力,也体现了立法者对社会治安形势变化的积极回应，有助于更好地维护社会秩序和公民合法权益。

本条旨在通过加大处罚力度和扩大管控范围，严厉打击邪教、会道门等非法活动，维护社会秩序和保护人身权利。适用范围包括组织、教唆、胁迫、诱骗、煽动从事邪教、会道门活动，利用邪教组织、会道门、迷信活动危害社会，冒用宗教、气功名义危害社会，制作、传播宣扬邪教、会道门内容的物品、信息、资料。处罚种类只有拘留，包括五至十日拘留，可以并处一千元以下罚款和十至十五日拘留，可以并处二千元以下罚款。

一、组织、教唆、胁迫、诱骗、煽动他人从事邪教活动、会道门活动、非法的宗教活动或者利用邪教组织、会道门、迷信活动，扰乱社会秩序、损害他人身体健康的

本条包含两个方面的行为，一是指行为人或召集、网罗他人，或通过劝说、请求等方式唆使他人，或通过暴力威胁、精神威胁迫使他人，或通过言语、文字鼓动他人从事邪教、会道门或者非法的宗教活动。二是指利用邪教组织、会道门、迷信活动传播迷信反动思想，攻击我国宪法确立的国家制度；蛊惑群众放弃工作、生产、学习，扰乱正常的社会秩序；制造、散布邪说，蒙骗其成员或者其他人实施绝食、自残、自虐等行为或阻止病人进行正常治疗，利用迷信、巫术等给他人治病，损害他人身体健康；等等。

二、冒用宗教、气功名义进行扰乱社会秩序、损害他人身体健康活动的

指行为人打着宗教、气功的幌子，以所谓教义、传教和教会之名，行迷信活动或者其他非法活动之实，扰乱社会秩序，损害他人身体健康。主要包括：冒用宗教、气功名义传播迷信反动思想，攻击我国宪法确立的国家制度；蛊惑群众放弃工作、生产、学习，扰乱正常的社会秩序；制造、散布邪说，蒙骗其成员或者其他人实施绝食、自残、自虐等行为或者阻止病人进行正常的治疗，利用迷信、巫术等给他人治病，损害他人身体健康；等等。

三、制作、传播宣扬邪教、会道门内容的物品、信息、资料的

本条包含两个方面的行为，一是指行为人制作宣扬邪教、会道门内容的传单、喷图、图片、标语、报纸、书籍、刊物、录音带、录像带、标识、标志物、横幅、条幅、光盘、U盘、储存卡、移动硬盘等，这些信息资料可以是传统的印刷品、书籍,也可以是电子设备中的文件、音视频等。二是指行为人明知所持物品、信息、资料是宣扬邪教、会道门内容的仍进行传播的行为。本条款通过明确禁止此类行为,填补了原条款在应对新兴传播渠道方面的空白,体现了法律的与时俱进。

实务中需要注意的问题

一、如何认定行为人所从事的是邪教或者会道门活动?

根据《最高人民法院、最高人民检察院关于办理组织、利用邪教组织破坏法律实施等刑事案件适用法律若干问题的解释》第一条的规定,邪教组织,是指冒用宗教、气功或者以其他名义建立,神化、鼓吹首要分子,利用制造、散布迷信邪说等手段蛊惑、蒙骗他人,发展、控制成员,危害社会的非法组织。会道门活动,是会道门组织操纵的非法活动。会道门是我国封建迷信活动组织的总称,如我国历史上曾经出现的一贯道、九宫道、哥老会、先天道、后天道等组织。《关于我国社会主义时期宗教问题的基本观点和基本政策》也强调坚决保障一切正常的宗教活动,已被取缔的一切反动会道门和神汉、巫婆,一律不准恢复活动。在实践中,认定行为人从事邪教或会道门活动,除参考以上法律规定和司法解释外,还需要结合其组织形式、行为方式、社会危害性及宣传内容等多方面因素进行考量。

二、本条第一项与《刑法》第三百条第一款规定的组织、利用会道门、邪教组织、利用迷信破坏法律实施罪的界限

一是行为方式不同。前者的行为方式是组织他人从事邪教、会道门、非法的宗教活动,或者以教唆、胁迫、诱骗、煽动方式使本来没有从事邪教、会道门、非法的宗教活动的人参加并从事邪教、会道门、非法的宗教活动,其行为重点是"从事邪教、会道门、非法的宗教活动"。而后者的行为方式是以组织和利用会道门、邪教组织或者利用迷信的方式破坏国家法律、行政法规的实施,其重点是"破坏法律实施"。二是危害后果不同。对于组织、教唆、胁迫、诱骗、煽动从事邪教、会道门、非法的宗教活动

情节恶劣，或者后果严重的，应依照《刑法》追究刑事责任。否则，应依照《治安管理处罚法》给予治安管理处罚。

案例评析

一、案情简介

某地村民甲以"信神祷告可治病"为由，向同村村民乙宣扬邪教"门徒会"教义。乙患有肠道疾病，甲称信奉该教即可痊愈，无需就医，并要求乙每日祷告。因其宣扬邪教时间较短，仅涉及一人，且未对乙的病情造成严重延误。经调查，当地公安机关依据《治安管理处罚法》第二十七条（对应2025年《治安管理处罚法》第三十一条）第一项，认定甲的行为情节较轻，遂对其处以五日行政拘留。

二、案例拆解

本案处罚决定准确适用了《治安管理处罚法》第二十七条（对应2025年《治安管理处罚法》第三十一条）第一项，充分考虑了行为人煽动他人从事邪教活动的具体情节，如涉及人数、持续时间以及对他人健康损害的程度。该案体现了执法机关在打击邪教活动时，并非"一刀切"，而是根据《治安管理处罚法》中"情节较轻"的规定，综合考量违法行为的实际危害后果，体现了过罚相当的原则。此案处理得当，既打击了邪教传播行为，又避免了过度处罚，有效维护了社会秩序和公民健康权益，为类似案件的处理提供了参考。

第三十二条　【扰乱无线电管理秩序】

违反国家规定，有下列行为之一的，处五日以上十日以下拘留；情节严重的，处十日以上十五日以下拘留：

（一）故意干扰无线电业务正常进行的；

（二）对正常运行的无线电台（站）产生有害干扰，经有关主管部门指出后，拒不采取有效措施消除的；

(三) 未经批准设置无线电广播电台、通信基站等无线电台（站）的，或者非法使用、占用无线电频率，从事违法活动的。

条文释义

本条在原《治安管理处罚法》第二十八条的基础上作了多个方面的修改：一是行为范围的扩展。新增了"未经批准设置无线电广播电台、通信基站等无线电台（站）的"和"非法使用、占用无线电频率"的行为，将行为范围扩展到无线电设备的非法设置和使用，以及无线电频率的违规使用。这种扩展使法律更全面地覆盖无线电管理领域的违法行为。二是取消处罚前置条件。原条款强调"经有关主管部门指出后，拒不采取有效措施消除干扰"，侧重于行为人的主观故意和拒不改正的态度。新条款直接针对"未经批准设置无线电广播电台、通信基站等无线电台（站）的"或"非法使用、占用无线电频率"等行为进行处罚，无须等待主管部门指出或要求改正。通过取消前置条件直接处罚，强化了"行为罚"的属性。这一修改不仅提高了对无线电违法行为的威慑力，也体现了立法者对无线电通讯秩序的更高要求，使处罚机制更加及时、有效。

本条旨在通过取消处罚前置条件和扩大适用范围，严厉打击擅自设置、使用无线电设备等违法行为，维护无线电通讯秩序和公共安全。该条款适用于未经国家规定擅自设置、使用无线电设备或频率，扰乱无线电通讯秩序的行为。

一、未经批准设置无线电广播电台、通信基站等无线电台（站）的

根据《无线电管理条例》规定，无线电频谱资源属国家所有。设置、使用无线电台需提出书面申请，经审批通过领取电台执照。此项规定明确禁止未经国家无线电管理机构批准，擅自设置、使用无线电台（站）的行为，目的是维护无线电通信秩序，保障公共通信的稳定性和安全性。未经批准设置无线电广播电台、通信基站等无线电台（站）可能对合法通信信号造成干扰，影响正常的社会秩序。

二、非法使用、占用无线电频率

无线电频率是稀缺资源，需由国家统一规划分配。非法使用、占用无线电频率不仅可能干扰其他合法用户的通信，还可能危害公共安全，如干扰航空、铁路等关键领域的通信信号。因此，法律禁止非法使用、占用无线电频率。

实务中需要注意的问题

一、如何认定扰乱无线电管理秩序"情节严重"？

有下列情形之一的，属于"情节严重"：（1）造成较重危害后果或者较大社会影响的；（2）对事关国家安全、公共安全、国计民生的无线电业务、无线电台（站）进行干扰的；（3）长时间故意干扰无线电业务正常进行，或者对正常运行的无线电台（站）产生有害干扰的；（4）违法所得达到有关司法解释认定构成刑法第二百八十八条第一款规定的"情节严重"标准百分之五十以上的；（5）其他情节严重的情形。

二、干扰无线电通讯秩序行为与《刑法》第二百八十八条规定的扰乱无线电通讯管理秩序罪的界限

一是根据《最高人民法院、最高人民检察院关于办理扰乱无线电通讯管理秩序等刑事案件适用法律若干问题的解释》第一条规定，具有下列情形之一的，应当认定为刑法第二百八十八条第一款规定的"擅自设置、使用无线电台（站），或者擅自使用无线电频率，干扰无线电通讯秩序"：（1）未经批准设置无线电广播电台（"黑广播"），非法使用广播电视专用频段的频率的；（2）未经批准设置通信基站（"伪基站"），强行向不特定用户发送信息，非法使用公众移动通信频率的；（3）未经批准使用卫星无线电频率的；（4）非法设置、使用无线电干扰器的；（5）其他擅自设置、使用无线电台（站），或者擅自使用无线电频率，干扰无线电通讯秩序的情形。二是必须达到情节严重。扰乱无线电通讯管理秩序罪属于结果犯。只有干扰无线电通讯秩序，情节严重的，才构成犯罪。未达到情节严重的，可以干扰无线电通讯秩序予以治安管理处罚。

第三十三条 【危害计算机信息系统安全】

有下列行为之一，造成危害的，处五日以下拘留；情节较重的，处五日以上十五日以下拘留：

（一）违反国家规定，侵入计算机信息系统或者采用其他技术手段，获取计算机信息系统中存储、处理或者传输的数据，或者对计算机信息系统实施非法控制的；

（二）违反国家规定，对计算机信息系统功能进行删除、修改、增加、干扰的；

（三）违反国家规定，对计算机信息系统中存储、处理、传输的数据和应用程序进行删除、修改、增加的；

（四）故意制作、传播计算机病毒等破坏性程序的；

（五）提供专门用于侵入、非法控制计算机信息系统的程序、工具，或者明知他人实施侵入、非法控制计算机信息系统的违法犯罪行为而为其提供程序、工具的。

条文释义

本条在原《治安管理处罚法》第二十九条的基础上作了如下修改：一是行为类型的扩展。新条款在原条款的基础上，新增了第五种行为类型，即"提供专门用于侵入、非法控制计算机信息系统的程序、工具，或者明知他人实施侵入、非法控制计算机信息系统的违法犯罪行为而为其提供程序、工具的"。这一新增内容明确将"工具提供者"纳入处罚范围，强化了对计算机信息系统安全保护链条的监管。二是表述的细化与调整。新条款对第一项进行了扩展，将"侵入计算机信息系统"的行为细化，增加了"采用其他技术手段，获取计算机信息系统中存储、处理或者传输的数据，或者对计算机信息系统实施非法控制"的表述。这一调整更全面地覆盖了当前网络环境下常见的非法侵入行为，如非法控制、数据窃取等。三是罚则的统一。旧条款的处罚规定中，明确要求行为"造成危害"才能处罚，而新条款将"造成危害"作为统一前提，避免了因行为是否"造成危害"而引发争议，使执法标准更加清晰。新条款相较于旧条款，不仅扩展了行为类型，还细化了行为表述，使法律适用更加明确。这一修订既反映了网络犯罪的新趋势，也体现了立法者对计算机信息系统安全的高度重视。对于执法机关而言，新条款提供了更清晰的执法依据；对于公众而言，则增强了法律意识，有助于共同维护网络空间的秩序与安全。

本条旨在维护计算机信息系统的安全与秩序，保护公民、法人和其他组织的合法权益，保障公共安全和社会秩序。本条适用于对计算机信息系统实施非法侵入、控制、破坏、数据篡改、病毒传播，以及提供相关非法工具或协助他人实施上述行为等危害计算机信息系统安全的活动。本条的处罚种类仅有拘留：五日以下和五至十日。

一、违反国家规定，侵入计算机信息系统或者采用其他技术手段，获取计算机信息系统中存储、处理或者传输的数据，或者对计算机信息系统实施非法控制的

"侵入计算机信息系统"指未经授权进入计算机系统，如黑客攻击、非法登录等。"获取数据"包括窃取、复制或篡改存储、处理或传输的数据。"非法控制"指对计算机信息系统进行远程操控，如植入木马、远程控制设备等。行为人主观上需具有非法侵入或获取数据的故意。

二、违反国家规定，对计算机信息系统功能进行删除、修改、增加、干扰的

包括对计算机系统功能进行删除（如删除系统文件）、修改（如篡改代码）、增加（如植入恶意程序）或干扰（如使系统无法正常运行）等行为。需明确行为对系统功能的具体影响，如是否导致系统崩溃、数据丢失等。

三、违反国家规定，对计算机信息系统中存储、处理、传输的数据和应用程序进行删除、修改、增加的

指对系统中的数据或应用程序进行非法操作，如删除重要文件、篡改应用程序代码、增加恶意程序等。需通过技术鉴定明确数据或应用程序被篡改的程度及对系统运行的影响。数据篡改可能涉及隐私泄露或重大经济损失，需结合情节轻重确定处罚。

四、故意制作、传播计算机病毒等破坏性程序的

指故意设计、制作或传播计算机病毒、木马、蠕虫等破坏性程序，影响计算机系统的正常运行。根据《最高人民法院、最高人民检察院关于办理危害计算机信息系统安全刑事案件应用法律若干问题的解释》第五条规定，具有下列情形之一的程序，应当认定为刑法第二百八十六条第三款规定的"计算机病毒等破坏性程序"：（1）能够通过网络、存储介质、文件等媒介，将自身的部分、全部或者变种进行复制、传播，并破坏计算机系统功能、数据或者应用程序的；（2）能够在预先设定条件下自动触发，并破坏计算机系统功能、数据或者应用程序的；（3）其他专门设计用于破坏计算机系统功能、数据或者应用程序的程序。

五、提供专门用于侵入、非法控制计算机信息系统的程序、工具，或者明知他人实施侵入、非法控制计算机信息系统的违法犯罪行为而为其提供程序、工具的

包括两个方面，一是提供侵入或控制计算机信息系统的程序、工具，这些程序、工具本身就是非法的。二是明知他人实施违法行为而为其提供支持。这里的支持可以是使用正当的程序和工具，但需明确行为人是否明知其提供的工具或程序会被用于非法目的。

实务中需要注意的问题

（1）本条款中的"违反国家规定"是指违反国家关于保护计算机安全的法律和行政法规。如《计算机信息系统安全保护条例》《计算机信息网络国际联网管理暂行规定》《互联网上网服务营业场所管理条例》《计算机信息网络国际联网安全保护管理办法》《计算机病毒防治管理办法》等。

（2）本条第一项和第五项的违法行为与《刑法》第二百八十五条的非法侵入计算机信息系统罪，非法获取计算机信息系统数据、非法控制计算机信息系统罪，提供侵入、非法控制计算机信息系统程序、工具罪的界限：一是行为对象不同。后者的犯罪对象仅限于国家事务、国防建设、尖端科学技术领域的计算机信息系统。前者的行为对象仅限于侵入国家事务、国防建设、尖端科学技术领域以外的其他计算机信息系统，如企业、社会团体等单位的不涉及尖端科学技术的计算机系统。二是行为"情节"不同。行为人的行为达到"情节严重"的，才构成犯罪。《最高人民法院、最高人民检察院关于办理危害计算机信息系统安全刑事案件应用法律若干问题的解释》中对"情节严重"的情形有具体解释。

（3）本条第二项、第三项、第四项的违法行为与《刑法》第二百八十六条的破坏计算机信息系统罪的界限：前者对行为后果的要求较为宽松，只要"造成危害"即可适用处罚。这里的"危害"可以包括对系统功能、数据或应用程序的轻微干扰或破坏，如系统暂时性无法使用或数据被篡改但未造成重大损失。后者则要求行为必须达到"后果严重"的程度。如根据《最高人民法院、最高人民检察院关于办理危害计算机信息系统安全刑事案件应用法律若干问题的解释》第四条第一款规定，破坏计算机信息系统功能、数据或者应用程序，具有下列情形之一的，应当认定为刑法第二百八十六条第一款和第二款规定的"后果严重"：①造成十台以上计算机信息系统的主要软件或者硬件不能正常运行的；②对二十台以上计算机信息系统中存储、处理或者传输的数据进行删除、修改、增加操作的；③违法所得五千元以上或者造成经济损失一万元以上的；④造成为一百台以上计算机信息系统提供域名解析、身份认证、计费等基础服务或者为一万以上用户提供服务的计算机信息系统不能正常运行累计一小时以上的；⑤造成其他严重后果的。

案例评析

一、案情简介

某高速交警辅警王某在执勤时发现货车因超重无法上高速，遂辞职意图利用这一"商机"。其伙同朋友张某，自行制作了过磅秤干扰器，并安装于某高速收费站过磅秤电箱内。二人在超重货车过磅过程中使用干扰器影响过磅秤的正常称重，干扰收费站对货车荷载的称重数据，破坏收费站信息系统数据接收，使超重货车显示重量合格，从而向货车司机收取费用。该干扰器在安装第二日即被收费站工作人员发现，其间二人干扰称重收费系统让一辆超重货车违规上高速，收取司机好处费共五百元。经调查，当地公安机关依据《治安管理处罚法》对二人处以五日行政拘留。

二、案例拆解

执法机关认定王某伙同他人违反国家规定，对计算机信息系统（过磅秤系统）功能进行干扰，破坏了称重数据的准确性，造成危害，其行为符合《治安管理处罚法》第二十九条第二项（对应2025年《治安管理处罚法》第三十三条第二项）第二项之规定，依法处以行政拘留五日。该案例是《治安管理处罚法》第二十九条（对应2025年《治安管理处罚法》第三十三条）关于"对计算机信息系统功能进行干扰"规定的一个具体应用。它表明，法律不仅惩罚直接破坏硬件或篡改数据的行为，也规制利用技术手段干扰系统正常运行、导致系统功能失常的行为，体现了对信息安全和公共秩序的全面保护。王某的行为虽源于个人私利，但其利用自制设备干扰官方计量设备，破坏了公平、规范的交通管理秩序，具有社会危害性。执法机关对其违法行为进行处罚，体现了对利用技术手段破坏公共秩序行为的零容忍态度，维护了法律的严肃性和权威性。

第三十四条 【组织、领导传销活动，胁迫、诱骗他人参加传销活动】

组织、领导传销活动的，处十日以上十五日以下拘留；情节较轻的，处五日以上十日以下拘留。

胁迫、诱骗他人参加传销活动的，处五日以上十日以下拘留；情节较重的，处十日以上十五日以下拘留。

条文释义

本条是 2025 年修订《治安管理处罚法》时新增的规定。旨在规范和惩治组织、领导以及胁迫、诱骗他人参加传销活动的行为，阻止传销活动对经济秩序和社会稳定的破坏，保护公民、法人和其他组织的合法权益，维护正常的社会经济秩序。传销活动曾一度猖獗，尽管 2005 年出台了《禁止传销条例》，并在 2009 年刑法修正案（七）中增设了"组织、领导传销活动罪"，但实践中，一些传销行为尚未达到刑事犯罪标准，或者公安机关在案件初期发现、情节较轻，无法直接适用刑法。因此，在《治安管理处罚法》中增设此条文，体现了"打早打小""露头就打"的立法思路，有利于及时制止传销活动，保护公民财产安全和维护社会秩序。本条规定了组织、领导传销活动和胁迫、诱骗他人参加传销活动两种违法行为及其处罚梯次。

一、组织、领导传销活动的

根据《禁止传销条例》第二条，传销是指组织者或者经营者发展人员，通过对被发展人员以其直接或者间接发展的人员数量或者销售业绩为依据计算和给付报酬，或者要求被发展人员以交纳一定费用为条件取得加入资格等方式牟取非法利益，扰乱经济秩序，影响社会稳定的行为。本行为的主体仅限于传销活动的组织者、领导者，不包括其他参与传销活动的人员。传销活动的组织者、领导者包括在传销活动中起组织、领导作用的发起人、决策人、操纵人，以及在传销活动中担负策划、指挥、布置、协调等重要职责，或者在传销活动实施中起到关键作用的人员。对组织、领导传销活动的，处十日以上十五日以下拘留；情节较轻的，处五日以上十日以下拘留。

二、胁迫、诱骗他人参加传销活动的

指以暴力、威胁、欺诈等手段，强迫或诱使他人加入传销组织的行为。这些行为虽未达到组织、领导传销活动的程度，但其社会危害性依然存在，需要予以处罚。"胁迫"指以威胁、恐吓等手段，迫使他人违背其意愿加入传销组织。具体表现包括人身威胁、揭发隐私威胁、精神控制与孤立等。如通过长时间的"洗脑"和灌输,使被胁迫者产生恐惧心理,认为不加入就会"错过发财机会"或"跟不上潮流";切断被胁迫者与家人、朋友的联系,使其在孤立无援的情况下被迫妥协等。"诱骗"指的是通过虚假宣传、隐瞒真相等手段,使他人误信传销活动,从而自愿加入。传销组织往往以"种植""养殖""网络倍增""消费联盟"等名义,编造虚假的高额回报承诺,吸引急于"发财致富"的群众加入。此行为的主体不仅包括传销组织的现有成员,也包括那些曾被胁迫、诱骗加入但后来转而主动胁迫、诱骗他人参加传销活动的"受害人"。对胁迫、诱骗他人参加传销活动的,处五日以上十日以下拘留;情节较重的,处十日以上十五日以下拘留。

实务中需要注意的问题

(1) 在打击传销活动中,应当注意区分不同行为人的角色及其法律责任,主要可以归纳为以下三类:一是组织、领导者。这类人员是指在传销活动中起组织、策划、指挥、协调等核心作用的人员,包括发起人、决策者、主要操纵者以及承担重要管理职责的骨干成员。他们的行为构成"组织、领导传销活动"。二是胁迫、诱骗他人参加者。这类人员本身可能曾是传销组织的参与者,甚至是被胁迫或诱骗加入的"受害者",但他们后来转变为主动实施胁迫、诱骗行为,促使他人加入传销组织。他们的行为构成"胁迫、诱骗他人参加传销活动"。三是尚未实施胁迫、诱骗行为的参与者("纯粹受害者")。这类人员通常是受他人胁迫、诱骗而加入,因加入时间尚短或其他原因尚未主动为传销活动的实施提供帮助。对于此类人员,根据《禁止传销条例》的规定,一般由工商行政管理部门或公安机关进行教育、劝返,不作为本条所述的违法行为人进行处罚。

(2) 本条与《刑法》第二百二十四条之一的组织、领导传销活动罪的界限:二者主要是情节后果的不同。根据 2013 年《最高人民法院、最高人民检察院、公安部关于办理组织领导传销活动刑事案件适用法律若干问题的意见》规定，以推销商品、提供服务等经营活动为名，要求参加者以交纳费用或者购买商品、服务等方式获得加入资格，并按照一定顺序组成层级，直接或者间接以发展人员的数量作为计酬或者返利依据，引诱、胁迫参加者继续发展他人参加，骗取财物，扰乱经济社会秩序的传销组织，其组织内部参与传销活动人员在三十人以上且层级在三级以上的，应当对组织者、领导者追究刑事责任。

(3) 在认定"情节轻重"时，可以从行为性质、参与程度、社会危害性等方面综合判断。主观意图方面是否具有组织、领导传销活动的故意，还是因受胁迫、诱骗而被动参与。客观行为方面是否实际发展下线、收取传销资金，或对传销活动的层级关系有推动作用。是否对传销活动的扩大或持续运行起到了关键作用。社会影响方面是否造成参与者的财产损失或精神伤害，是否引发社会舆论关注或群体性事件。情节较轻的行为多表现为被动参与，危害性较小；而情节较重的行为则可能涉及主动推动传销活动，对社会秩序造成较大破坏。

第三十五条　【扰乱国家重要活动，亵渎英雄烈士，宣扬美化侵略战争或行为】

有下列行为之一的，处五日以上十日以下拘留或者一千元以上三千元以下罚款；情节较重的，处十日以上十五日以下拘留，可以并处五千元以下罚款：

（一）在国家举行庆祝、纪念、缅怀、公祭等重要活动的场所及周边管控区域，故意从事与活动主题和氛围相违背的行为，不听劝阻，造成不良社会影响的；

（二）在英雄烈士纪念设施保护范围内从事有损纪念英雄烈士环境和氛围的活动，不听劝阻的，或者侵占、破坏、污损英雄烈士纪念设施的；

（三）以侮辱、诽谤或者其他方式侵害英雄烈士的姓名、肖像、名誉、荣誉，损害社会公共利益的；

（四）亵渎、否定英雄烈士事迹和精神，或者制作、传播、散布宣扬、美化侵略战争、侵略行为的言论或者图片、音视频等物品，扰乱公共秩序的；

（五）在公共场所或者强制他人在公共场所穿着、佩戴宣扬、美化侵略战争、侵略行为的服饰、标志，不听劝阻，造成不良社会影响的。

条文释义

本条是2025年修订《治安管理处罚法》时新增的规定，旨在加强对英雄烈士的尊崇和保护，维护社会公共利益和社会主义核心价值观。条文列举了五种行为，涵盖了从在特定场所故意从事违背活动主题的行为，到在公共场所强制他人穿着宣扬侵略战争服饰等行为。对于违反本条的行为，规定了拘留和罚款两种处罚方式，并根据情节轻重设置了不同的处罚幅度。

一、在国家举行庆祝、纪念、缅怀、公祭等重要活动的场所及周边管控区域，故意从事与活动主题和氛围相违背的行为，不听劝阻，造成不良社会影响的

国家举行的庆祝、纪念、缅怀、公祭等重要活动，通常具有庄重、肃穆或热烈、团结的特定主题和氛围。这些活动是国家和社会生活中的重要节点，承载着凝聚人心、传承文化、缅怀先烈、激励后人的重要功能。如果有人故意从事与活动主题和氛围相违背的行为，如在国家公祭日大声喧哗、嬉笑打闹，或在庆祝活动中散发反对性传单等，不仅会破坏现场秩序，干扰活动正常进行，还会严重损害活动的严肃性和感召力。本行为的构成有"不听劝阻"和"造成不良社会影响"的限定。"不听劝阻"表明了行为人主观上的故意性和对抗性。"造成不良社会影响"则限定了处罚的严重程度，不是所有与氛围不符的行为都会被处罚，而是要看其行为是

否达到了足以引起社会普遍关注和负面评价的程度。这避免了处罚的随意性，确保了法律的公正适用。

二、在英雄烈士纪念设施保护范围内从事有损纪念英雄烈士环境和氛围的活动，不听劝阻的，或者侵占、破坏、污损英雄烈士纪念设施的

根据《英雄烈士保护法》第二条的规定，英雄烈士是指近代以来，为了争取民族独立和人民解放，实现国家富强和人民幸福，促进世界和平和人类进步而毕生奋斗、英勇献身的英雄烈士。具体来说，英雄烈士包括已经牺牲、去世的烈士和英雄。"英雄烈士纪念设施"指用于纪念英雄烈士的各类设施，如烈士陵园、纪念碑、纪念馆等。本项分为两种违法行为，一是在纪念设施保护范围内从事有损纪念环境和氛围的活动，如在烈士陵园内大声喧哗、嬉笑打闹、进行与纪念无关的商业活动等。本行为的构成要求有"不听劝阻"情节，体现了行为人的主观恶意。二是侵占、破坏、污损英雄烈士纪念设施。如在烈士陵园内圈地、搭建临时建筑，破坏纪念碑、雕塑、墓碑，在纪念设施上涂鸦、刻字、张贴小广告等。

三、以侮辱、诽谤或者其他方式侵害英雄烈士的姓名、肖像、名誉、荣誉，损害社会公共利益的

根据《英雄烈士保护法》第二十二条规定，英雄烈士的姓名、肖像、名誉、荣誉受法律保护。"侮辱"主要是指通过语言、文字或者其他方式辱骂、贬低、嘲讽英雄烈士的行为。"诽谤"是指针对英雄烈士，捏造事实并进行散播，公然丑化、贬损英雄烈士，损害英雄烈士名誉、荣誉的行为。实践中比较常见的是通过网络、文学作品等形式侮辱、诽谤英雄烈士的情况。"以其他方式侵害英雄烈士的名誉、荣誉"，是指采用侮辱、诽谤以外的其他方式侵害英雄烈士的名誉、荣誉的行为，如虽未采用侮辱、诽谤方式，但以"还原历史""探究细节"等名义否定、贬损、丑化英雄烈士；非法披露涉及英雄烈士隐私的信息或者图片，侵害英雄烈士隐私等。本行为的构成还要求损害公共利益。英雄烈士及其精神，是中华民族共同记忆的一部分，是中华民族精神的内核之一，是社会主义核心价值观的重要内容。2020年《民法典》将英雄烈士的姓名、肖像、名誉、荣誉作为

社会公共利益予以保护。侮辱、诽谤或者以其他方式侵害英雄烈士的名誉、荣誉，会损害社会公共利益。

四、亵渎、否定英雄烈士事迹和精神，或者制作、传播、散布宣扬、美化侵略战争、侵略行为的言论或者图片、音视频等物品，扰乱公共秩序的

英雄烈士是为国家、为民族、为人民做出牺牲和贡献的英烈，是中华民族的骄傲，是民族精神的象征。亵渎、否定他们的精神和事迹，实质上是否定国家和民族的历史，损害国家利益和民族尊严。根据《英雄烈士保护法》第二十二条规定，禁止歪曲、丑化、亵渎、否定英雄烈士事迹和精神。"亵渎、否定"指通过言语或行为表达对英雄烈士事迹和精神的不敬或否定，如恶意调侃、嘲讽英雄烈士。侵略战争和侵略行为给国家和人民带来深重灾难，宣扬、美化这些行为（如制作、传播、散布宣扬日本侵华战争、法西斯主义等言论或者物品）是对历史的歪曲，是对国家和民族尊严的严重损害。本行为构成要求扰乱公共秩序，如在公共场所发表亵渎英雄烈士、宣扬美化侵略战争的言论，或者通过其他方式扰乱公共秩序。

五、在公共场所或者强制他人在公共场所穿着、佩戴宣扬、美化侵略战争、侵略行为的服饰、标志，不听劝阻，造成不良社会影响的

本项规定范围严格限制在公共场所，如广场、公园、街道、车站、学校、影剧院等。行为方式为将宣扬、美化侵略战争和侵略行为的服饰、标志穿戴在身上或佩戴在身上。宣扬、美化侵略战争、侵略行为指通过文字、图案、符号等方式，对侵略战争和侵略行为进行美化、粉饰，将其描绘成正义的行为，或者对侵略者进行歌颂，如佩戴美化侵略战争的徽章等。本行为可以是行为人自己穿戴宣扬、美化侵略战争、侵略行为的服饰、标志，也可以是通过暴力、胁迫或其他手段，强迫他人穿着、佩戴宣扬、美化侵略战争和侵略行为的服饰、标志。且以上行为对社会造成不良影响。

实务中需要注意的问题

（1）以侮辱、诽谤或者其他方式侵害英雄烈士的姓名、肖像、名誉、荣誉违法行为与《刑法》第二百九十九条之一侵害英雄烈士名誉、荣誉罪的界限：一是行为方式不同。前者包括以侮辱、诽谤或者其他方式侵害英雄烈士姓名、肖像、名誉、荣誉的行为。后者仅包括以侮辱、诽谤或者其他方式侵害英雄烈士的名誉、荣誉的行为，不包含姓名、肖像。二是后者要求情节严重。"情节严重的"是指侮辱、诽谤或者以其他方式侵害英雄烈士的名誉、荣誉，损害社会公共利益，造成严重的不良影响或者侵害行为持续时间长、范围广等情形。

（2）本条规定的"英雄烈士"都是已经牺牲、去世的，如果行为人侮辱、诽谤或者以其他方式侵害健在的英雄模范人物的名誉、荣誉，应当依照本法关于侮辱、诽谤的规定追究行为人的责任，不适用本条。对健在的英雄模范人物的褒奖、保护，适用《国家勋章和国家荣誉称号法》等相关法律法规。根据《英雄烈士保护法》和《民法典》，"英雄烈士"应当理解为一个整体名词，不能分开表述为"英雄、烈士"。本条适用对象涵盖所有自然人，无论其是否为英雄烈士的后代或其他关系人。

第二节 妨害公共安全的行为和处罚

第三十六条 【非法从事与危险物质相关活动】
违反国家规定，制造、买卖、储存、运输、邮寄、携带、使用、提供、处置爆炸性、毒害性、放射性、腐蚀性物质或者传染病病原体等危险物质的，处十日以上十五日以下拘留；情节较轻的，处五日以上十日以下拘留。

条文释义

本条对应原《治安管理处罚法》第三十条，2025年修订《治安管理处罚法》时未对本条进行修改。

本条规定了对制造、买卖、储存、运输、邮寄、携带、使用、提供、处置爆炸性、毒害性、放射性、腐蚀性物质或者传染病病原体等危险物质行为的认定与处罚。"违反国家规定"是指行为人违反了法律、行政法规关于制造、买卖、储存、运输、邮寄、携带、使用、提供、处置爆炸性、毒害性、放射性、腐蚀性物质或者传染病病原体等危险物质的管理性规定。相关规定包括《消防法》《枪支管理法》《传染病防治法》《民用爆炸物品安全管理条例》《烟花爆竹安全管理条例》《危险化学品安全管理条例》《放射性物品运输安全管理条例》等。"危险物质"是指爆炸性、毒害性、放射性、腐蚀性物质或者传染病病原体等不当管理会对公共安全造成妨害的物质。违反危险物质管理的行为是指违法违规制造、买卖、储存、运输、邮寄、携带、使用、提供、处置等的行为。由于危险物质的高度危险性，法律与行政法规对相关的管理行为有严格的规定，违反规定的行为存在高度危险性，会对公共安全造成妨害。对公共安全造成妨害是指对不特定多数人的生命、身体、财产安全造成威胁或损害，以及造成威胁或损害的抽象危险。本条规定的违反危险物质管理的行为是抽象危险行为，也即只要行为人实施了前述特定行为，不论其是否实际对不特定多数人的生命、身体、财产安全造成威胁或损害，都应受到惩罚。所以本条处罚的是违反危险物质管理的行为本身而不关注实际损害结果，行为人不能以其实施的行为没有现实的危险或未造成实际损害为由进行抗辩。如果行为人的行为对不特定多数人的生命、身体、财产安全造成实际的、具体的威胁或损害的，则要按照非法制造、买卖、运输、邮寄、储存枪支、弹药、爆炸物罪或非法制造、买卖、运输、储存危险物质罪等定罪处罚。如果非法制造、买卖、储存、运输、邮寄、携带、使用、提供、处置危险物质的数量较少或行为造成的后果轻微的，可认定为情节较轻。

根据最高人民检察院、公安部《关于公安机关管辖的刑事案件立案追诉标准的规定（一）》第二条的规定，非法制造、买卖、运输、储存毒害性、放射性、传染病病原体等物质，危害公共安全，涉嫌下列情形之一的，应予立案追诉：（1）造成人员重伤或者死亡的；（2）造成直接经济损

109

失十万元以上的；（3）非法制造、买卖、运输、储存毒鼠强、氟乙酰胺、氟乙酸钠、毒鼠硅、甘氟原粉、原液、制剂五十克以上，或者饵料二千克以上的；（4）造成急性中毒、放射性疾病或者造成传染病流行、暴发的；（5）造成严重环境污染的；（6）造成毒害性、放射性、传染病病原体等危险物质丢失、被盗、被抢或者被他人利用进行违法犯罪活动的；（7）其他危害公共安全的情形。

实务中需要注意的问题

需要注意，由于爆炸性、毒害性、放射性、腐蚀性物质或者传染病病原体等危险物质的规范管理的重要性，实践中往往涉及多头管理的问题，多个部门可能都有权对相关行为实施管理，行为人的一项违反危险物质管理的行为，也可能被多个部门处罚。根据一事不再罚的原理，其他管理部门对行为人实施的罚款等处罚不影响公安机关依据《治安管理处罚法》再给予拘留处罚，但行为人受到刑事处罚的，公安机关不得再给予拘留处罚。

案例评析

一、案情简介

某地公安分局在某科技有限公司院内，查获张三在其租用的办公室内非法储存的烟花十五箱、鞭炮八箱。经查明，这些烟花爆竹是张三为自己和亲人在政府允许的地点燃放而储存的，且其储存的地点不是人员聚集地。该公安分局以张三非法储存危险物质，依据《治安管理处罚法》第三十条（对应2025年《治安管理处罚法》第三十六条）、第十一条第一款之规定，决定给予张三行政拘留十五日的行政处罚，收缴涉案烟花十五箱、鞭炮八箱。

二、案例拆解

行为人非法储存烟花十五箱、鞭炮八箱的事实清楚，其行为已构成非法储存危险物质。本案的处罚结果表明，本条规定的违反危险物质管理的行为是抽象危险行为，行为人不能以其实施的行为没有现实的危险或未造成实际损害为由进行抗辩。虽经查明这些烟花爆竹是张三为自己和亲人在政府允许的地点燃放而储存的，储存的地点不是人员聚集地，其行为不具有严重的安全隐患，也并未造成社会危害及任何严重后果，但仍应对其进行处罚。

第三十七条　【危险物质被盗抢、丢失不报告】

爆炸性、毒害性、放射性、腐蚀性物质或者传染病病原体等危险物质被盗、被抢或者丢失，未按规定报告的，处五日以下拘留；故意隐瞒不报的，处五日以上十日以下拘留。

条文释义

本条对应原《治安管理处罚法》第三十一条，2025年修订《治安管理处罚法》时未对本条进行修改。

本条规定了对爆炸性、毒害性、放射性、腐蚀性物质或者传染病病原体等危险物质被盗、被抢或者丢失不报告和故意隐瞒不报行为的认定与处罚。危险物质是指爆炸性、毒害性、放射性、腐蚀性物质和传染病病原体等管理不当会妨害公共安全的物质。由于此类物质的危险特性，对其生产使用到最终处置的全流程，国家法律法规均规定了严格的管理制度。其中，就相关危险物质被盗、被抢或者丢失的情形，法律法规规定了严格的报告制度，相应情形出现时涉及的相关单位或者个人必须及时向有关部门报告，以便及时采取相应的处置措施。《危险化学品安全管理条例》第二十三条第一款后半段规定，"发现剧毒化学品、易制爆危险化学品丢失或者被盗的，应当立即向当地公安机关报告"。《中华人民共和国放射性污染防治法》第三十三条规定，"发生放射源丢失、被盗和放射性污染事故时，有关单位和个人必须立即采取应急措施，并向公安部门、卫生行政部门和环境保护行政主管部门报告。公安部门、卫生行政部门和环境保护行政主管部门接到放射源丢失、被盗和放射性污染事故报告后，应当报告本级人民政府，并按照各自的职责立即组织采取有效措施，防止放射性污染蔓延，减少事故损失。当地人民政府应当及时将有关情况告知公众，并做好事故的调查、处理工作"。可见，报告行为是后续处置行为的先导，对于保障公共安全十分重要，有必要规定严格的报告义务。

本规定实质上是对违反报告义务行为的处罚。其实行行为包括两种类型：其一，未按规定报告；其二，故意隐瞒不报。所谓未按规定报告是指报告行为不符合相关规定设定的报告流程，主要是指报告的时间、方式、程序违反相关规定。其认定涉及两个层面的问题：第一，违反规定的层级问题。这里的"规定"的外延相对宽泛，既包括国家层面的法律、行政法规、地方性法规、部门规章，也包括行业性规范或生产经营单位自身的安全生产规范等规章制度。不过，在认定相应报告义务时下位法不能违反上位法的规定，行业规范不能违反法律法规的规定。在依据生产经营单位自身的安全生产规范等规章制度认定报告义务时，相关部门应当对这类规范规定的报告义务进行实质性审查，其对报告行为合规或违规的认定不得与法律法规或行业规范冲突。第二，违反规定的内容应当是涉及安全性的实质性规定。也就是说，并非所有违反规定的行为都应受到处罚。有些管理性规定是出于管理部门事务性管理的便利，与相关危险物质本身的安全性无关的，即使违反也不应当实施处罚。所谓故意隐瞒不报是指发生应报告事项后，相关单位或者个人明知相关事项发生应当按规定报告，却通过毁灭证据、串通口供等方法不按规定报告的行为。故意隐瞒不报本质上是不作为行为，尽管应报告事项发生后行为人可能形式上实施了相关行为，但这些行为若不构成对报告义务的实质履行的，其仍属于故意隐瞒不报。本规定的处罚对象是抽象危险行为，即不以未按规定报告或故意隐瞒不报行为实际造成损害结果或产生现实危险作为处罚的条件或前提。

实务中需要注意的问题

未按规定报告或故意隐瞒不报行为分别处五日以下拘留或处五日以上

十日以下拘留。两类行为的法定处罚档次存在显著差异，实践中要注意区分。未按规定报告主要表现为未按规定的报告时间或报告程序及时报告。故意隐瞒不报则表现为相关单位或者个人明知相关事项发生应当按规定报告，却实施毁灭证据、串通口供等方法不报告的行为。两者有两项主要区别：一是未按规定报告的行为履行了一定报告义务且实施了相关报告行为，但是报告的时间、程序不符合规定，而故意隐瞒不报的行为则未履行任何报告义务，根本未实施报告行为；二是故意隐瞒不报的行为多采取毁灭证据、串通口供等行为，以积极动作实施不作为，未按规定报告多无此类行为表现。

第三十八条　【非法携带枪支、弹药或者管制器具】

非法携带枪支、弹药或者弩、匕首等国家规定的管制器具的，处五日以下拘留，可以并处一千元以下罚款；情节较轻的，处警告或者五百元以下罚款。

非法携带枪支、弹药或者弩、匕首等国家规定的管制器具进入公共场所或者公共交通工具的，处五日以上十日以下拘留，可以并处一千元以下罚款。

条文释义

本条将原《治安管理处罚法》第三十二条中的"非法携带枪支、弹药或者弩、匕首等国家规定的管制器具的，处五日以下拘留，可以并处五百元以下罚款"修改为"非法携带枪支、弹药或者弩、匕首等国家规定的管制器具的，处五日以下拘留，可以并处一千元以下罚款"；将"情节较轻的，处警告或者二百元以下罚款"修改为"情节较轻的，处警告或者五百元以下罚款"；将"非法携带枪支、弹药或者弩、匕首等国家规定的管制器具进入公共场所或者公共交通工具的，处五日以上十日以下拘留，可以并处五百元以下罚款"修改为"非法携带枪支、弹药或者弩、匕首等国家规定的管制器具进入公共场所或者公共交通工具的,处五日以上十日以下拘留,可以并处一千元以下罚款"。修改主要涉及对法定处罚幅度和处罚档次的调整。这主要是考虑到处罚体系整体的协调性与合理性,并根据经济社会发展水平适当提高罚款幅度。调整后法定处罚档次和幅度与行为人行为的违法程度和社会危害性更相适应。

本条分为两款,第一款规定了对非法携带枪支、弹药或者管制器具的处罚;第二款规定了对非法携带枪支、弹药或者管制器具危及公共安全的处罚。非法携带枪支、弹药或者管制器具的行为是指行为人违反相关法律法规规定的时间、地点以及佩带许可等,携带枪支、弹药或者管制器具。例如,《公安部对部分刀具实行管制的暂行规定》(〔83〕公发〔治〕31号)第三条第一款规定"匕首,除中国人民解放军和人民警察作为武器、警械配备的以外,专业狩猎人员和地质、勘探等野外作业人员必须持有的,须由县以上主管单位出具证明,经县以上公安机关批准,发给《匕首佩带证》,方准持有佩带。"如果行为人不属于其规定的佩戴人员或未经批准佩戴,则违反本条的规定。非法携带枪支、弹药或者管制器具危及公共安全的行为是指行为人违反相关法律法规的规定,携带枪支、弹药或者弩、匕首等国家规定的管制器具进入公共场所或者公共交通工具,对公共安全造成威胁的行为。与第一款行为的不同之处在于,本条第二款行为发生在特定场所,即公共场所或者公共交通工具。"公共场所"主要是指火车站、汽车站、机场、广场、公园、影剧院、医院、学校等供公众活动和出入的场所。"公共交通工具"是指火车、公共汽车、电车、轮船和航空器等用于公共交通运输的交通工具。本款行为对公共安全的威胁是一种抽象危险,即行为人违规携带国家规定的管制器具进入公共场所或者公共交通工具的,就认为其行为对公共安全造成了威胁。

此外,在本条第一款行为中,具体情节的不同是区分法定处罚档次的标志。所谓"情节较轻"是指在符合本款规定的构成要件的情况下,其行为实施前后的表现中具有相较一般情况应给予较轻评价的事实。具体认定情节时,应结合各地制定的行政处罚裁量基准予以认定。

第三章　违反治安管理的行为和处罚

实务中需要注意的问题

实践中，需注意本条行为与非法携带枪支、弹药、管制刀具、危险物品危及公共安全罪的区分。根据最高检、公安部《关于公安机关管辖的刑事案件立案追诉标准的规定（一）》第七条的规定，实施相关行为存在以下情形的，要追究刑事责任：（1）携带枪支一支以上或者手榴弹、炸弹、地雷、手雷等具有杀伤性弹药一枚以上的；（2）携带爆炸装置一套以上的；（3）携带炸药、发射药、黑火药五百克以上或者烟火药一千克以上、雷管二十枚以上或者导火索、导爆索二十米以上，或者虽未达到上述数量标准，但拒不交出的；（4）携带的弹药、爆炸物在公共场所或者公共交通工具上发生爆炸或者燃烧，尚未造成严重后果的；（5）携带管制刀具二十把以上，或者虽未达到上述数量标准，但拒不交出，或者用来进行违法活动尚未构成其他犯罪的；（6）携带的爆炸性、易燃性、放射性、毒害性、腐蚀性物品在公共场所或者公共交通工具上发生泄漏、遗洒，尚未造成严重后果的；（7）其他情节严重的情形。

案例评析

一、案情简介

陈某与李某系夫妻关系。某日，陈某驾车送李某上班时发现与李某曾发生过纠纷的王某在路边，陈某停车后直接上前动手打了王某脸部一拳，并从车内拿出一把管制刀具追赶王某，李某上前将丈夫陈某手中刀具夺下，王某跑开并打电话报警求助。该地公安分局对陈某殴打他人的违法行为处行政拘留十日并处罚款五百元，对其非法携带管制器具的违法行为处行政拘留五日并处罚款二百元，合并执行行政拘留十五日、罚款七百元，并对管制器具予以收缴。

二、案例拆解

本案中陈某非法携带并持有刀具追赶他人，其行为已经触犯《治安管理处罚法》对非法携带枪支、弹药或者管制器具和非法携带枪支、弹药或者管制器具危及公共安全的处罚规定。虽然案件发生的原因是当事人之间曾发生过纠纷，但行为人持管制刀具追赶他人的行为仍不能被认定为情节较轻。本案中，公安机关对李某非法携带管制器具的违法行为处行政拘留五日并处罚款二百元的处罚决定，认定事实清楚，适用法律正确。

> **第三十九条　【盗窃、损毁重要公共设施，妨碍国（边）境标志、界线走向管理】**
>
> 有下列行为之一的，处十日以上十五日以下拘留；情节较轻的，处五日以下拘留：
>
> （一）盗窃、损毁油气管道设施、电力电信设施、广播电视设施、水利工程设施、公共供水设施、公路及附属设施或者水文监测、测量、气象测报、生态环境监测、地质监测、地震监测等公共设施，危及公共安全的；
>
> （二）移动、损毁国家边境的界碑、界桩以及其他边境标志、边境设施或者领土、领海基点标志设施的；
>
> （三）非法进行影响国（边）界线走向的活动或者修建有碍国（边）境管理的设施的。

条文释义

本条在原《治安管理处罚法》第三十三条的基础上增加"情节较轻的，处五日以下拘留"的规定，使处罚梯度设置更加合理；将"水利防汛工程设施"修改为"水利工程设施"，以增强条文表述的规范性与简洁性；增加"公路及附属设施"的规定，增加了行为对象的外延，填补了处罚漏洞；并在第（一）项中增加"危及公共安全的"限制，适度限缩了本条的处罚范围。

本条规定了三项应受处罚的行为。其一，盗窃、损毁重要公共设施，危及公共安全的行为。本项规定的各类重要公共设施为公众的生产生活提供了重要便利，对社会生活的正常运转必不可少，具有重要的公共服务属性。而盗窃、损毁公共设施的行为严重影响了公共设施的正常运转并损害了公共安全，应当受到严厉处罚。"盗窃"是指行为人以非法占有为目的，秘密窃取重要公共设施及其组成部分的行为。这里盗窃的数额应未达到数额较大，且不属于多次盗窃，否则将按照《刑法》上的盗窃罪进行处罚。"损毁"是指行为人破坏物品、设施的完整性，使其丧失正常的功能或失去使用价值的行为。"油气管道设施"包括石油、天然气管道设施等。"电力设施"包括输发电与供变电设备、设施、线路等。"电信设施"包括电报、电话、互联网络设施等。"广播电视设施"是指广播电台、电视台等节目信号的发射、传输、监测设施等。"水利工程设施"包括防汛、供水、护堤等水利工程。"水文监测、测量、气象测报、生态环境监测、地质监测、地震监测等公共设施"包括水文监测站的各种设备、设施，气象探测、信息传输设施、装备等。

其二，移动、损毁国家（边）境标志设施的行为。国家边境的界碑、界桩以及其他边境标志、边境设施或者领土、领海基点标志设施是界定国家领土范围的重要标志，是国家领土与主权的重要象征。违法移动、损毁国家边境标志、边境设施或者领土、领海标志设施的行为，不仅损害国家的利益，也可能制造国际领土纠纷，因此要受到严厉处罚。移动、损毁是指将界碑、界桩等边境标志、设施改变位置、砸毁、拆除、挖掉、盗走或者改变其原样等，从而使其失去原有的分界意义和作用的行为。"国家边境的界碑、界桩"是指我国政府根据签订的国际条约规定或者历史形成的领土范围，在陆地接壤地区埋设的划定边境分界及走向的标志物。两者仅是形状不同并无实质区别。"其他边境标志、边境设施"是指指示边境的地名标志、指示标志、铁丝网、边境墙等。"领土、领海基点标志设施"是指标记、指示领土、领海范围的各种标志、设施。

其三，非法进行影响国（边）界线走向的活动或修建有碍国（边）境管理的设施的行为。"非法进行影响国（边）界线走向的活动"是指行为人违反国（边）境管理法规，使国（边）界线走向发生变化的行为，如行为人在界河非法采沙导致河流走向发生人为改变，从而影响领土边界的行为。"修建有碍国（边）境管理的设施"是指行为人违反国（边）境管理法规，在国（边）境界线附近修建设施，妨碍国（边）境管理设施的使用和管理。

本次修订增加了情节较轻的处罚档次。在认定情节较轻时，要根据行为人违法行为的客观危害性及行为人的主观恶性来综合认定。行为人是初犯、偶犯，行为的持续时间短，造成的危害轻微，并及时采取补救措施或赔偿，悔改态度好的，可以综合全案情况认定为情节较轻。

实务中需要注意的问题

实务中要注意第三项行为与破坏界碑、界桩罪与破坏永久性测量标志罪的区分。其区别主要在客观方面，破坏界碑、界桩罪与破坏永久性测量标志罪的情节与造成的后果更为严重。根据公安部《关于妨害国（边）境管理犯罪案件立案标准及有关问题的通知》（公通字〔2000〕30号）的规定，以下行为应当追究刑事责任：采取盗取、毁坏、拆除、掩埋、移动等手段破坏国家边境的界碑、界桩的；采取盗取、拆毁、损坏、改变、移动、掩埋等手段破坏永久性测量标志，使其失去原有作用的。也就是说，实施相关行为原则上要依据刑法定罪处罚，除非相关行为情节显著轻微不认为是犯罪的，则根据《治安管理处罚法》进行处罚。

案例评析

一、案情简介

黄某认为县水文站安装的浮标断面桩侵占了自己的土地，因此将该浮标断面桩移走拔出并丢下河里。该浮标断面桩系该县水文站设立，是用于进行水文监测和为测验提供参照的水文监测设备。该县公安局认定该浮标断面桩属于公共设施，黄某的行为构成损毁公共设施的违法行为，给予其行政拘留十天的处罚。

二、案例拆解

浮标断面桩系该县水文站设立,用于进行水文监测和为测验提供参照,属于本条第一项规定的水文监测、测量设施,公安机关的处罚决定依据的事实清楚,法律适用正确。本案的争议焦点在于黄某的行为是否属于自助行为。自助行为作为超法规的违法阻却事由,可以阻却行为的违法性。但本案中并不存在适用自助行为紧急情形,因此即使县水文站安装的浮标断面桩侵占了黄某土地的事实成立,也不影响其行为的违法性。

> **第四十条　【妨害航空器飞行安全,妨害公共交通工具行驶安全】**
>
> 　　盗窃、损坏、擅自移动使用中的航空设施,或者强行进入航空器驾驶舱的,处十日以上十五日以下拘留。
>
> 　　在使用中的航空器上使用可能影响导航系统正常功能的器具、工具,不听劝阻的,处五日以下拘留或者一千元以下罚款。
>
> 　　盗窃、损坏、擅自移动使用中的其他公共交通工具设施、设备,或者以抢控驾驶操纵装置、拉扯、殴打驾驶人员等方式,干扰公共交通工具正常行驶的,处五日以下拘留或者一千元以下罚款;情节较重的,处五日以上十日以下拘留。

条文释义

本条将原《治安管理处罚法》第三十四条中的"在使用中的航空器上使用可能影响导航系统正常功能的器具、工具,不听劝阻的,处五日以下拘留或者五百元以下罚款"修改为"在使用中的航空器上使用可能影响导航系统正常功能的器具、工具,不听劝阻的,处五日以下拘留或者一千元以下罚款",考虑到当前的经济社会发展水平适当提高了罚款幅度;增加第三款"盗窃、损坏、擅自移动使用中的其他公共交通工具设施、设备,或者以抢控驾驶操纵装置、拉扯、殴打驾驶人员等方式,干扰公共交通工具正常行驶的,处五日以下拘留或者一千元以下罚款;情节较重的,处五日以上十日以下拘留"的规定，对妨害其他公共交通工具设施、设备安全或妨碍公共交通工具驾驶的行为进行处罚，填补了处罚漏洞，增加了处罚的周延性。

本条分为三款，第一款规定了对盗窃、损坏、擅自移动使用中的航空设施，或者强行进入航空器驾驶舱行为的处罚；第二款规定了在使用中的航空器上使用可能影响导航系统正常功能的器具、工具行为的处罚；第三款规定了盗窃、损坏、擅自移动使用中的其他公共交通工具设施、设备，或者以抢控驾驶操纵装置、拉扯、殴打驾驶人员等方式，干扰公共交通工具正常行驶行为的处罚。首先，航空设施事关航空器飞行安全，行为人盗窃、损坏、擅自移动航空设施的行为严重威胁了航空器飞行安全，相关行为尚未达到刑事处罚门槛的，要受到治安管理处罚。"航空设施"是指正在使用中的飞行区设施、空中交通管理系统、货运区设施、航空器维修区设施、供油设施、公用设施等与飞行安全有关的各类设施。例如，飞机跑道、停机坪、导航设施、机场灯塔等。未处于正常使用状态的废弃航空设施，与航空器飞行安全无关，不受本条保护。其次，强行进入航空器驾驶舱是指行为人不听劝阻违规实施强力进入民用航空器驾驶舱的行为。航空器驾驶舱是航空器的核心区域，强行进入行为严重威胁了飞行安全。这里的航空器仅指使用中的民用航空器。再次，第二款行为是指行为人在使用中的航空器上不听乘务人员的劝阻，执意使用可能影响导航系统正常功能、威胁航空飞行安全的器具、工具的行为。"使用中的航空器"是指正在飞行或随时可飞行的民用航空器。最后，盗窃、损坏、擅自移动使用中的其他公共交通工具设施是指盗窃、损坏、擅自移动使用中的航空设施、航空器之外的其他公共交通工具设施、设备的行为，如破坏轨道、桥梁、隧道、公路、灯塔、标志等的行为。妨害安全驾驶行为与《刑法》上的妨害安全驾驶罪相衔接。公共交通工具司乘人员纠纷极易干扰公共交通工具的安全行驶，对所乘交通工具内外的公共安全都会造成危险。为此，刑法对乘客和司机妨害安全驾驶的行为一体处罚。与之不同，《治安管理处罚法》仅处罚乘客干扰公共交通工具正常行驶的行为。如果乘客在非行驶中的交通工具上实施本条规定的行为的，可按照寻衅滋事等行为处罚。

此外，第三款后半段规定了妨害安全驾驶行为情节较重的处罚。考虑到处罚档次、幅度的设定情况等，要做好不同条款间的适用衔接。如果殴打等行为按照本法第五十一条对殴打他人行为的处罚的规定等处罚更重的，要按照相应条款处罚，防止处罚过轻。

实务中需要注意的问题

实务中需明确区分本条规定的行为与相关犯罪。首先，明确区分盗窃、损坏、擅自移动航空设施行为与破坏交通设施罪：前者的对象仅限于航空设施，后者包括航空设施、道路交通设施、水上运输交通设施、铁路设施等；在行为后果上，前者是抽象危险行为，无需也不能造成使航空器发生倾覆、毁坏的事实或危险，否则将构成破坏交通设施罪，因为后者是具体危险犯，相关行为足以使交通工具发生倾覆、毁坏的才构成犯罪。其次，明确区分强行进入航空器驾驶舱行为与暴力危及飞行安全罪：前者的对象是使用中的航空器，后者的对象是飞行中的航空器；与后者不同，前者通常不涉及使用暴力；在行为结果上，前者是抽象危险行为，后者是具体危险犯。最后，明确区分妨碍公共交通工具驾驶行为与妨害安全驾驶罪：前者是抽象危险行为，实施相关行为即应受处罚，后者是具体危险犯，实施相关行为需危及公共安全才构成犯罪。

案例评析

一、案情简介

张某乘坐某航班的过程中，在飞机起飞后其未关闭手机，经该航班上的安保人员劝阻后仍未关闭手机，后经乘务长再次劝阻后才关闭手机。机场派出所接报警称：某航班上有一名旅客张某在飞行过程中使用手机，经机组人员多次劝阻才将手机关闭。该派出所根据《治安管理处罚法》第三十四条（对应2025年《治安管理处罚法》第四十条）给予张某行政罚款五百元的处罚。

二、案例拆解

张某在飞行过程中使用手机经机组人员多次劝阻才将手机关闭的行为，已构成本条第二项规定的"在使用中的航空器上使用可能影响导航系统正常功能的器具、工具，不听劝阻的"行为。构成本项行为客观上需满足两个条件：其一，在使用中的航空器上使用可能影响导航系统正常功能的器具、工具；其二，不听劝阻。显然，张某在飞机起飞后其未关闭手机，经该航班上的安保人员劝阻后仍未关闭手机的行为已满足前述两项条件。后经乘务长再次劝阻后才关闭手机的行为属于事后行为，不影响违法性的判断。

第四十一条 【妨害铁路运行安全】

有下列行为之一的，处五日以上十日以下拘留，可以并处一千元以下罚款；情节较轻的，处五日以下拘留或者一千元以下罚款：

（一）盗窃、损毁、擅自移动铁路、城市轨道交通设施、设备、机车车辆配件或者安全标志的；

（二）在铁路、城市轨道交通线路上放置障碍物，或者故意向列车投掷物品的；

（三）在铁路、城市轨道交通线路、桥梁、隧道、涵洞处挖掘坑穴、采石取沙的；

（四）在铁路、城市轨道交通线路上私设道口或者平交过道的。

条文释义

本条将原《治安管理处罚法》第三十五条中的"可以并处五百元以下罚款"修改为"可以并处一千元以下罚款"；将"情节较轻的，处五日以下拘留或者五百元以下罚款"修改为"情节较轻的，处五日以下拘留或者一千元以下罚款"；增加"城市轨道交通"的相关规定。前两处修改均提升了处罚幅度，优化了处罚体系，提高罚款数额限制也更适应社会经济的发展状况。增加的城市轨道交通内容则填补了处罚漏洞，增强了处罚的周延性。

本条规定了妨害铁路运行安全的四类行为及其处罚。第一，盗窃、损毁、擅自移动铁路、城市轨道交通设施、设备、机车车辆配件或者安全标志行为。本项行为是指盗窃、损毁或者违反规定擅自移动使用中的铁路线路、路基、站台、电缆、信号灯等铁路、城市轨道交通设施、设备、机车车辆配件或者安全标志，尚未构成犯罪的行为。第二，在铁路、城市轨道交通线路上放置障碍物或者故意向列车投掷物品的行为。列车运行需要高度的安全性，本项行为严重威胁了列车的运行安全，可能酿成重大列车安全事故。应当注意，本项行为是抽象危险行为，放置障碍物或者投掷物品的行为客观上不能达到足以使列车发生倾覆危险的程度，否则将构成破坏交通设施罪。第三，在铁路、城市轨道交通线路、桥梁、隧道、涵洞处挖掘坑穴、采石取沙的行为。在本项规定的禁止区域挖掘坑穴、采石取沙将会对铁路、城市轨道交通线路、桥梁、隧道、涵洞的安全性造成破坏，影响列车的运行安全。因此，相关行为受到《治安管理处罚法》的严格禁止。第四，在铁路、城市轨道交通线路上私设道口或者平交过道的行为。铁路、城市轨道交通线路的封闭运行管理有利于保障列车运行安全。但是，为了生产生活的便利，有必要依照规定的条件和程序设置道口或者平交过道。道口或者平交过道的设置要经过科学严格地规划、设计。私设行为未经过设计论证与申请审批，会对列车运行安全和过往车辆、人群的安全造成严重威胁，受到法律的严格禁止。

本条划分了轻重不同的两个处罚档次。在认定情节较轻时，要根据行为人违法行为的危害性及其客观行为体现的主观恶性来综合认定。行为人是初犯、偶犯，行为的持续时间短，造成的危害轻微，并及时采取补救措施或赔偿，悔改态度好的，可以综合全案情况认定为情节较轻。

实务中需要注意的问题

实务中要准确把握本条行为与破坏交通设施罪的界限。从保护的对象看，本条仅限于铁路、城市轨道交通的线路设施等，破坏交通设施罪的保护对象包括轨道、桥梁、隧道、公路、机场、航道、灯塔、标志等交通设施。从危害结果看，本条行为是抽象危险行为，即妨害铁路运行安全的行为不须具备现实危险；而破坏交通设施罪则是具体危险犯，相关破坏行为需要产生足以使火车、汽车、电车、船只、航空器发生倾覆、毁坏危险。

案例评析

一、案情简介

张某驾驶大中型拖拉机在某镇某队一小桥附近的河边采砂，被当地警方查获。当地公安机关根据《治安管理处罚法》第三十五条第三项（对应2025年《治安管理处罚法》第四十一条第三项），决定对原告处以行政拘留十日并处罚款五百元。同时公安机关将该案移交该市综合行政执法局，该执法局作出责令停止违法开采行为并作出两万元罚款的处罚决定。

二、案例拆解

本案有两大争议焦点：一是法律适用问题。案件并未明确说明涉案小桥是否为铁路交通桥梁还是普通桥梁。《治安管理处罚法》第三十五条第三项保护的是涉及铁路运行安全的桥梁，而非普通桥梁。二是一事不再罚问题。两次罚款是否违反一事不再罚，需要确定两项行为是否属于一事，即两项处罚是否针对的是一项行为。行为人实施的违法事实若同时属于妨害铁路运行安全的行为以及非法采砂行为，则处罚针对的行为不同，不违反一事不再罚原理。

第四十二条　【妨害列车行车安全】

擅自进入铁路、城市轨道交通防护网或者火车、城市轨道交通列车来临时在铁路、城市轨道交通线路上行走坐卧，抢越铁路、城市轨道，影响行车安全的，处警告或者五百元以下罚款。

第三章 违反治安管理的行为和处罚

条文释义

本条在原《治安管理处罚法》第三十六条的基础上增加了"城市轨道交通"的相关规定，增加了处罚的周延性；将原规定"处警告或者二百元以下罚款"修改为"处警告或者五百元以下罚款"，罚款数额限制的提高更加适应社会经济的发展状况。

本条规定了三种应受处罚的行为：一是擅自进入铁路、城市轨道交通防护网的行为；二是火车、城市轨道交通列车来临时在其线路上行走坐卧的行为；三是火车、城市轨道交通列车来临时抢越铁路、城市轨道的行为。第一，铁路、城市轨道交通防护网将铁路、城市轨道交通运行设施与外界隔离，以保障列车运行安全与来往群众的安全，列车的运行速度快、制动距离长，未经允许私自进入铁路、轨道交通防护网既会招致自身损害，也会给列车的运行安全带来严重威胁。第二，列车的运行速度快，在火车、城市轨道交通列车来临时在线路上行走坐卧，会给自身安全与行车安全造成严重威胁，而且也会导致列车运行秩序被打乱，造成列车晚点等情况。此类行为的发生既可能出于故意也可能出于过失，既可能是出于自杀、纠纷等目的，也可能是无目的的。但无论行为人出于何种主观过错和目的，只要其实施了相关行为，就要受到处罚。当然出于化解矛盾纠纷的需要，根据不同的主观过错与目的，可以分情况处理，可罚可不罚的可以不罚。第三，火车、城市轨道交通列车的运行速度极快，在列车来临时抢越铁路，既会给自身造成损害，也会影响行车安全。这种妨害火车、城市轨道交通行车安全的行为十分常见，行为人往往为了图一时便利，基于侥幸心理抢穿、强穿轨道。鉴于此种行为的危害性，其应受到严厉处罚。

实务中需要注意的问题

由于本条规定的部分行为较为常见，实务中要处理好罚与不罚、轻罚与重罚的关系问题。根据条文规范，此三种行为的可罚性均受"影响行车

125

安全的"条件限制。也就是说，即使行为人实施了上述三种行为，但其行为并不影响行车安全的，也不受处罚。在处理案件时，需结合"影响行车安全的"处罚条件限制，本着教育与惩罚相结合的原则，从而决定对行为人处罚与否以及处罚的轻重。

案例评析

一、案情简介

某日，一名闲杂人员张某在某地铁路护网内的列车线路上行走，影响铁路运输安全。该地火车站派出所查明，张某系外地来的打工人员，工厂放假闲来无事，便擅自翻越厂区附近铁路护网进入铁路玩耍。公安机关根据《治安管理处罚法》第三十六条（对应2025年《治安管理处罚法》第四十二条）的规定，给予行为人张某行政罚款一百元的处罚。

二、案例拆解

本案中，行为人张某擅自进入铁路防护网并在线路上行走，影响铁路运输安全。其行为显然已经触犯了《治安管理处罚法》第三十六条妨害火车行车安全的规定。考虑到行为人系工厂放假闲来无事，擅自翻越铁路护网进入铁路玩耍，其主观恶性较低，本着惩罚与教育相结合的原则，仅给予其数额较低的罚款处罚。

第四十三条　【擅自安装使用电网，道路施工妨碍行人安全，破坏道路施工安全设施，破坏公共设施，违反规定升放升空物体妨害消防安全，高空抛物】

有下列行为之一的，处五日以下拘留或者一千元以下罚款；情节严重的，处十日以上十五日以下拘留，可以并处一千元以下罚款：

（一）未经批准，安装、使用电网的，或者安装、使用电网不符合安全规定的；

（二）在车辆、行人通行的地方施工，对沟井坎穴不设覆盖物、防围和警示标志的，或者故意损毁、移动覆盖物、防围和警示标志的；

（三）盗窃、损毁路面井盖、照明等公共设施的；

（四）违反有关法律法规规定，升放携带明火的升空物体，有发生火灾事故危险，不听劝阻的；

（五）从建筑物或者其他高空抛掷物品，有危害他人人身安全、公私财产安全或者公共安全危险的。

条文释义

本条在原《治安管理处罚法》第三十七条的基础上将"处五日以下拘留或者五百元以下罚款"修改为"处五日以下拘留或者一千元以下罚款"；将"情节严重的，处五日以上十日以下拘留，可以并处五百元以下罚款"修改为"情节严重的，处十日以上十五日以下拘留，可以并处一千元以下罚款"。这两处修改均提升了拘留的处罚幅度与罚款的数额限制，使处罚的层次更加分明，也更适应经济社会的发展现状。另外，修订增加了"（四）违反有关法律法规规定，升放携带明火的升空物体，有发生火灾事故危险，不听劝阻的"，以及"（五）从建筑物或者其他高空抛掷物品，有危害他人人身安全、公私财产安全或者公共安全危险的"两项规定。前者针对实践中多发的违规升放携带明火的孔明灯的行为，回应了社会关切，扩大了处罚的覆盖面；后者与《刑法》规定的高空抛物罪相衔接，完善了我国法律对高空抛物行为的处罚体系。

本条规定了五项行为类型，分别是：第一，擅自安装、使用电网的行为；第二，道路施工妨碍行人安全或破坏道路施工安全设施的行为；第三，破坏公共设施的行为；第四，违规升放携带明火的升空物体的行为；第五，高空抛物行为。

首先，未经批准私自安装、使用电网的行为会对群众的人身安全产生极大威胁。实践中，在农村地区部分村民为了生产、生活需要，会在农田、林地、房舍周围私拉电网，该行为会对周围生活的群众的人身财产安全产生严重威胁。因此，《治安管理处罚法》规定了对此类行为的处罚。此项行为有两种表现形式：（1）未经批准，安装、使用电网；（2）安装、使用电网不符合安全规定。前者是指未依照法定程序向相关提出部门申请，未经相关部门批准私设电网的行为；后者是指虽经批准安装，但安装、使用不符合规范或超越批准内容权限安装、使用电网，如未按规定设置警示装置、保险设备、电压标准等。如果行为人实施前述行为造成人身伤害、致人死亡，则应以以危险方法危害公共安全罪等罪名追究刑事责任。

其次，道路施工妨碍行人安全或破坏道路施工安全设施的行为包括两类：一是道路施工单位、施工人员的不作为行为，车辆、行人通行的地方人流量大，施工过程中不对沟井坎穴设覆盖物、防围和警示标志，会严重威胁车辆行人的通行安全。因此，施工过程中，施工人员有义务采取相关措施保障车辆、行人的通行安全。此类人员违反该义务的，应受治安管理处罚。二是相关人员积极的作为行为。任何人损毁、移动施工单位、施工人员在道路施工中设置的覆盖物、防围和警示标志的，都应受到治安管理处罚。覆盖物、防围是指在道路施工中为了防止行人跌落或车辆损毁，用于遮拦沟井坎穴的木铁板、护栏等。警示标志是指道路施工中用于提示施工情况、警示行人注意安全的警示灯、警告牌等。

再次，盗窃、损毁路面井盖、照明等公共设施的行为本身属于盗窃和故意毁坏财物行为，但作为行为对象的路面井盖、照明等公共设施本身又关乎公共安全，因此盗窃、损毁路面井盖、照明等公共设施行为作为妨害公共安全的行为应当受到治安管理处罚。如果盗窃、毁坏财物的数额标准达到《刑法》处罚门槛的，则按盗窃罪等相关犯罪处理。

复次，违规升放携带明火的升空物体行为的认定需注意以下四个问题：一是其行为违反有关法律法规的规定；二是所放升空物体应属携带明火的孔明灯等升空物体；三是其违规升放行为有发生火灾事故危险；四是不听劝阻。具体而言，行为人升放孔明灯行为的时间、地点或方式等应当为相关规范性文件所禁止。例如,《高速铁路安全防护管理办法》第二十四条规定,"在高速铁路电力线路导线两侧各 500 米范围内,不得升放风筝、气球、孔明灯等飘浮物体"。另外,由于只有携带明火的孔明灯等升空物体才有发生火灾的危险,因此本条只禁止此类升空物体。再者,违规升放行为没有发生火灾事故危险的不受本条规制。发生火灾事故危险要结合具体燃放时间、地点、方式等推定认定。即使前述诸项条件成立,若经劝阻行为人中止升放行为的,也不予处罚。也即,不听劝阻是处罚的前置条件之一。

最后,高空抛物行为包括从建筑物或者其他高空抛掷物品的行为。此类行为有危害他人人身安全、公私财产安全或者公共安全危险的,才受处罚。高空抛物行为通常具有此种危险,除非有明确证据表明不具有此种危险的,才可阻却处罚。

实务中需要注意的问题

实务中,要做好高空抛物行为与高空抛物罪的区分。为了与《刑法》规定的高空抛物罪相衔接,本条第五项增加了对高空抛物行为的规定。两者行为方式基本一致,区别在于具体情节不同。行为情节达到情节严重程度的,才受刑事处罚。情节严重应从主客观两个层面综合认定。从客观方面看,要根据行为的方式、地点、结果、抛掷物品的类型等认定。例如,在人流较多的小区等地点抛掷,多次抛掷,抛掷造成他人轻微伤或抛掷菜刀等物品的,可以认定为情节较重。从主观方面看,行为人为发泄情绪、报复社会、不听劝阻多次抛掷等体现的主观恶性较深的,可以认定情节较重。

案例评析

一、案情简介

孟某在某县某村西深沟南边麦地内,擅自安装、使用电网电兔子。次日凌晨 1 时许,第三人李某带狗撵兔子过程中,狗被原告擅自安装、使用的电网击伤,李某上前拉狗时被电网击伤。当地公安机关认为,孟某擅自安装、使用电网的行为危及公共安全，且造成他人人身伤害，属情节严重。根据《治安管理处罚法》第三十七条第一项（对应2025年《治安管理处罚法》第四十三条第一项），决定对孟某处行政拘留十日，罚款五百元，并收缴电网工具一套。

二、案例拆解

行为人擅自安装、使用电网，导致第三人被电网击伤的行为，已然触犯了第三十七条第一项的规定，并且导致他人人身、财产遭受损害，可以认定为情节严重。因此，对行为人处以拘留十日，适用法律正确。私拉电网的危害极大，若达到与放火、决水、爆炸、投放毒害性、放射性、传染病病原体等物质同等程度的危险性，危害到公共安全的，则应依据《刑法》相关罪名予以处罚。

第四十四条 【举办大型活动违反安全规定】

举办体育、文化等大型群众性活动，违反有关规定，有发生安全事故危险，经公安机关责令改正而拒不改正或者无法改正的，责令停止活动，立即疏散；对其直接负责的主管人员和其他直接责任人员处五日以上十日以下拘留，并处一千元以上三千元以下罚款；情节较重的，处十日以上十五日以下拘留，并处三千元以上五千元以下罚款，可以同时责令六个月至一年以内不得举办大型群众性活动。

条文释义

本条在原《治安管理处罚法》第三十八条的基础上，在"责令停止活动，立即疏散"之前增加"经公安机关责令改正而拒不改正或者无法改正的"前置条件；将"对组织者处五日以上十日以下拘留，并处二百元以上五百元以下罚款"修改为"对其直接负责的主管人员和其他直接责任人员处五日以上十日以下拘留，并处一千元以上三千元以下罚款"；删除情节较轻的处罚规定,并增加"情节较重的,处十日以上十五日以下拘留,并处三千元以上五千元以下罚款,可以同时责令六个月至一年以内不得举办大型群众性活动"的规定。本条修改,对处罚结构进行了较大调整,增加了自由罚的严厉性,同时根据社会经济发展状况提升了罚款数额限制。

　　本条规定了对举办大型群众性活动违反有关规定的处罚。对本条的理解需注意以下几个方面。一是其规制的活动类型是文化、体育等大型群众性活动。根据《大型群众性活动安全管理条例》第二条的规定,大型群众性活动是指法人或者其他组织面向社会公众举办的每场次预计参加人数在一千人以上的活动,包括体育比赛活动,演唱会、音乐会等文艺演出活动,展览、展销等活动,游园、灯会、庙会、花会、焰火晚会等活动,人才招聘会、现场开奖的彩票销售等活动。该条例特别规定,影剧院、音乐厅、公园、娱乐场所等在其日常业务范围内举办的活动,不属于该条例意义上的大型群众性活动安全。二是违反有关规定。这是指群众性活动的举办场所、方式、规模等违反法律法规、其他规范性文件的相关安全管理规定。例如,活动超过规定、批准人数、场所及相关设施安全标准不达标、消防设施不合规、消防安全通道被占用等。三是大型活动有发生安全事故危险。这是指因举办场所违反安全规定、相关设施设备安全标准不达标,有发生重特大火灾等重大安全事故的风险,危及不特定的多数人的生命、健康和财产安全。通常而言,存在未经许可擅自举办大型群众性活动、参与活动人数超场所可容纳的核准人数、场地及其附属设施不符合安全标准、消防设施条件不符合要求等情形的,都可认定为有发生安全事故危险。四是存在前述情况后经公安机关责令改正而拒不改正或者无法改正。经公安机关责令改正而拒不改正是指举办大型群众性活动的法人或者其他组织及其工作人员接到公安机关的整改通知,能够改正而不改正。无法改正是指法人或者其他组织及其工作人员虽采取整改措施,但由于客观原因不能整改以符合要求。需要注意,责令改正一般应以书面形式进行。五是责令停止活动并立即疏散不是处罚的条件,而是消除危险、排除妨害的责任方式。六是对情节较重的理解。情节较重要从行为的主客观层面综合认定。具体可以从活动涉及的人数、造成的社会影响、拒不改正的主观恶性等方面进行认定。

此外，违反本条规定的行为可以同时适用禁止令的规定，责令行为人六个月至一年以内不得举办大型群众性活动。这种行为禁止令相较于罚款和行政拘留有更强的威慑力。禁止令针对的是未来危险的防范，在具体适用时，要结合行为人的认罚态度、整改情况确定是否有适用的必要性。

实务中需要注意的问题

实务中要注意区分本条行为与大型群众性活动重大安全事故罪的区分。两者在行为表现形式上基本相同。其主要区别如下：一是从处罚条件看，《治安管理处罚法》对本条行为的处罚进行了限制，经公安机关责令改正而拒不改正或者无法改正的才可以处罚，大型群众性活动重大安全事故罪则无此处罚限制；二是从危害结果看，只有导致重大伤亡事故或者造成其他严重后果的，才能以大型群众性活动重大安全事故罪定罪处罚。

案例评析

一、案情简介

某文化传媒公司作为某歌星巡回演唱会的主办方，其向某公安分局递交巡回演唱会申请材料后，该公安分局作出不予行政许可决定。该文化传媒公司在公安机关不予许可的情况下，仍如期举办演唱会，经责令拒不改正。该公安分局依据《治安管理处罚法》第三十八条（对应2025年《治安管理处罚法》第四十四条）决定对主办方法人代表及现场组织者张某处以行政拘留五日的处罚。

二、案例拆解

该案中的巡回演唱会属于大型群众性活动，依照规定应当经行政许可后才可举办。主办方在该公安分局作出不予行政许可决定的情况下，仍然举办演唱会，违反了公安机关对大型群众性活动实行安全许可制度的规定，存在发生安全事故的危险，且经责令拒不改正，已然违反《治安管理处罚法》第三十八条的规定。

第四十五条 【公共活动场所违反安全规定】

旅馆、饭店、影剧院、娱乐场、体育场馆、展览馆或者其他供社会公众活动的场所违反安全规定，致使该场所有发生安全事故危险，经公安机关责令改正而拒不改正的，对其直接负责的主管人员和其他直接责任人员处五日以下拘留；情节较重的，处五日以上十日以下拘留。

条文释义

本条在原《治安管理处罚法》第三十九条的基础上，将"旅馆、饭店、影剧院、娱乐场、运动场、展览馆或者其他供社会公众活动的场所的经营管理人员，违反安全规定"修改为"旅馆、饭店、影剧院、娱乐场、体育场馆、展览馆或者其他供社会公众活动的场所违反安全规定"，使条文表述更加清晰化、规范化；并增加"情节较重的，处五日以上十日以下拘留"的规定，使处罚梯度的区分更加明显。

本条规定了对公共活动场所违反规定妨害公共安全的处罚，其相关构成要素如下：其一，其空间限定是旅馆、饭店、影剧院、娱乐场、体育场馆、展览馆或者其他供社会公众活动的场所。其他供社会公众活动的场所是指包括酒吧、网吧等供不特定人出入的场所。其二，违反安全规定是指违反法律、行政法规、地方性法规、规章以及其他规范性文件中有关公共场所安全管理的规定。例如，《娱乐场所管理条例》第二十一条规定，"营业期间，娱乐场所应当保证疏散通道和安全出口畅通，不得封堵、锁闭疏散通道和安全出口，不得在疏散通道和安全出口设置栅栏等影响疏散的障碍物。娱乐场所应当在疏散通道和安全出口设置明显指示标志，不得遮挡、覆盖指示标志"。此规定即属安全规定。其三，有发生安全事故危险是指根据违反安全规定的情况认定相关场所存在发生安全事故的可能性。这种可能性的认定主要是根据违反安全规定的客观情况进行认定。一般来说，特定场所违反了相关安全规定，就认为其具有发生安全事故的危险，除非有相反证据证明可以排除相关危险的可能性。其四，经公安机关责令改正而拒不改正的是处罚的前置条件。即使相关场所违反安全规定，致使该场所有发生安全事故危险的，若未经公安机关责令改正且拒不改正的，也不得处罚。其五，对直接负责的主管人员和其他直接责任人员的理解。直接负责的主管人员是指相关场所活动的策划者、组织者等对活动的开展具有管理、支配、控制力的人员。其他直接责任人员，是指对场所活动的具体工作具体落实、执行职责的人员，对场所活动的正常开展也起到重要推动作用。

此外，本次修订增加了情节较重的规定。情节较重的认定应当结合行为的主客观情况综合认定。相关场所违反重大安全规定，致使该场所有发生安全事故的高度危险的，经公安机关屡次责令改正而拒不改正，态度恶劣的，可认定为情节恶劣。

实务中需要注意的问题

本条行为的处罚前提是相关场所违反安全规定。因此，场所的设施、设备等违反具体的前置法义务，才能对行为人进行处罚。从实践中多发案件的案情分析可以看出，本条涉及的前置法义务主要包括以下几个方面：一是消防安全义务。《消防法》第二十八条规定："任何单位、个人不得损坏、挪用或者擅自拆除、停用消防设施、器材，不得埋压、圈占、遮挡消火栓或者占用防火间距，不得占用、堵塞、封闭疏散通道、安全出口、消防车通道。人员密集场所的门窗不得设置影响逃生和灭火救援的障碍物。"如果相关场所及其工作人员实施相关行为，或有发生相关情况时不履行管理义务及时予以消除相关情况，均构成对消防安全义务的违反。二是安全保护义务。《旅馆业治安管理办法》第三条规定："开办旅馆，要具备必要的防盗等安全设施。"旅馆不安装防盗等安全设施的，构成对安全保护义务的违反。《娱乐场所管理条例》第二十条第一款规定，"娱乐场所的法定代表人或者主要负责人应当对娱乐场所的消防安全和其他安全负责"。这里的其他安全就包括安全保护义务。

案例评析

一、案情简介

某地公安分局会同当地公安消防支队某大队在对该地某处出租房进行日常消防监督检查的过程中，发现该出租房有居室十余间出租给二十户四十多人居住，存在一屋多人、不符合消防安全要求等诸多安全隐患。该公安分局于当日书面责令经营管理人王某限期改正，整改期限经过后，再次对该出租房现场勘验，发现上述问题几乎均未整改。鉴于王某拒不改正的情况，当地公安机关根据《治安管理处罚法》第三十九条（对应2025年《治安管理处罚法》第四十五条）决定给予王某行政拘留五日的行政处罚。

二、案例拆解

本案中，经营管理者王某的出租房居室十余间且存在一屋多人、不符合消防要求等违反安全规定的情况，致使该场所存在发生安全事故危险，且经公安机关责令改正，拒不改正，不能及时消除安全隐患。本案争议焦点是出租房是否属于供社会公众活动的场所。供社会公众活动的场所应指供不特定人出入的场所。出租房有居室十余间出租给二十户四十多人居住，已然具有供社会公众活动的场所的属性。因此，根据《治安管理处罚法》第三十九条的规定对王某作出行政拘留五日的行政处罚，适用法律正确。

第四十六条　【违规飞行民用无人驾驶航空器、航空运动器材或者升空物体妨害空域管理】

违反有关法律法规关于飞行空域管理规定，飞行民用无人驾驶航空器、航空运动器材，或者升放无人驾驶自由气球、系留气球等升空物体，情节较重的，处五日以上十日以下拘留。

飞行、升放前款规定的物体非法穿越国（边）境的，处十日以上十五日以下拘留。

条文释义

本条是2025年修订《治安管理处罚法》时新增的规定，主要考虑到日常生活中违规飞行民用无人驾驶航空器、升放无人驾驶自由气球等升空物体的现象时有发生并造成危害，因此有必要对此类行为进行处罚。

本条规定了对违规飞行民用无人驾驶航空器、升放升空物等造成危害的处罚。应当注意以下几个层面的问题：第一，相关行为应违反有关法律法规关于飞行空域管理的规定。《无人驾驶航空器飞行管理暂行条例》对无人驾驶航空器飞行活动的无人驾驶航空器的类型、数量、飞行性质、飞行方式、预计飞行开始、结束时刻等都有严格的限定，违反相关规定是行为受处罚的前提。《升放气球管理办法》对升放无人驾驶自由气球、系留气球的管理、条件、申请等进行了规定。

第二，民用无人驾驶航空器、航空运动器材的含义。根据《民用无人驾驶航空器生产管理若干规定》第二条第二款的规定，民用无人驾驶航空器，是指没有机载驾驶员、自备动力系统的民用航空器。根据《航空体育运动管理办法》规定，航空体育运动器材，是指开展航空体育运动使用的降落伞、滑翔伞、动力伞、牵引伞、悬挂滑翔翼、动力悬挂滑翔机、航空航天模型（无人机）等，以及飞行模拟舱（器）、牵引绞盘设备收索机等相关配套设备。模型航空器，也称航空模型，是指有尺寸和重量限制，不能载人，不具有高度保持和位置保持飞行功能的无人驾驶航空器，包括自由飞、线控、直接目视视距内人工不间断遥控、借助第一视角人工不间断遥控的模型航空器等。

第三，飞行空域的含义。根据《无人驾驶航空器飞行管理暂行条例》第十九条第二款的规定，管制空域是指真高一百二十米以上空域，空中禁区、空中限制区以及周边空域，军用航空超低空飞行空域，以及下列区域上方的空域，具体包括八类区域：一是机场以及周边一定范围的区域；二是国界线、实际控制线、边境线向我方一侧一定范围的区域；三是军事禁区、军事管理区、监管场所等涉密单位以及周边一定范围的区域；四是重要军工设施保护区域、核设施控制区域、易燃易爆等危险品的生产和仓储区域，以及可燃重要物资的大型仓储区域；五是发电厂、变电站、加油（气）站、供水厂、公共交通枢纽、航电枢纽、重大水利设施、港口、高速公路、铁路电气化线路等公共基础设施以及周边一定范围的区域和饮用水水源保护区；六是射电天文台、卫星测控（导航）站、航空无线电导航台、雷达站等需要电磁环境特殊保护的设施以及周边一定范围的区域；七是重要革命纪念地、重要不可移动文物以及周边一定范围的区域；八是国家空中交通管理领导机构规定的其他区域。管制空域范围以外的空域为微型、轻型、小型无人驾驶航空器的适飞空域。

第四，无人驾驶自由气球、系留气球等升空物体的含义。根据《升放气球管理办法》第二条的规定，该法规定的气球包括无人驾驶自由气球和系留气球。其中，无人驾驶自由气球，是指无动力驱动、无人操纵、轻于空气、总质量大于4千克自由漂移的充气物体。系留气球是指系留于地面物体上、直径大于1.8米或者体积容量大于3.2立方米、轻于空气的充气物体。热气球、系留式观光气球等载人气球不属于此处规定的气球。

第五，对情节较重的认定需要结合行为的主客观方面综合认定：（1）主观恶性较深，如明知禁飞不听劝阻仍故意"黑飞"或多次"黑飞"的；（2）造成较重后果的，如"黑飞"等行为致使他人受伤或财物遭受损害的；（3）行为手段较为恶劣，如利用技术手段破解无人机飞行限制等进行"黑飞"的情况等。

实务中需要注意的问题

实务中，要处理好本条行为适用法律的衔接问题。《升放气球管理办法》第五章罚则规定了违法升放气球可能面临警告、罚款等行政处罚。气象主管机构、飞行管制部门都有相应管理职责，可以实施相应处罚。《无人驾驶航空器飞行管理暂行条例》第五章也规定了违规飞行无人驾驶航空器的相关法律责任。公安机关依据《治安管理处罚法》也有相应处罚权限，实践中需要根据一事不再罚原理，协调好不同部门实施的处罚之间的关系。

案例评析

一、案情简介

某品牌无人机内载限高、限飞禁区程序，以保障飞行安全、合规。李某通过购买非法解禁证书破解了其所有的该品牌无人机的限高、限飞禁区程序。其后，李某使用该破解的无人机超限飞行。公安机关认为，根据《治安管理处罚法》第二十九条（对应2025年《治安管理处罚法》第三十三条）的规定，李某的行为构成非法改变计算机信息系统功能的违法行为，对李某作出行政处罚决定。

二、案例拆解

本案中违反有关法律法规规定飞行民用无人驾驶航空器的行为，与2025年《治安管理处罚法》第四十六条的行为近似。本案件事实中并未出现造成危害的情况，因而依照《治安管理处罚法》第二十九条进行处罚。如果在类似案件中相关行为造成危害的，要注意处理好两个条文之间想象竞合问题，一般按照从重的原理进行处罚。

第三节　侵犯人身权利、财产权利的行为和处罚

第四十七条　【组织、胁迫、诱骗进行恐怖表演，强迫劳动，非法限制人身自由，非法侵入住宅，非法搜查人身】

有下列行为之一的，处十日以上十五日以下拘留，并处一千元以上二千元以下罚款；情节较轻的，处五日以上十日以下拘留，并处一千元以下罚款：

（一）组织、胁迫、诱骗不满十六周岁的人或者残疾人进行恐怖、残忍表演的；

> （二）以暴力、威胁或者其他手段强迫他人劳动的；
> （三）非法限制他人人身自由、非法侵入他人住宅或者非法搜查他人身体的。

条文释义

本条在原《治安管理处罚法》第四十条的基础上，将基本罚中的"并处五百元以上一千元以下罚款"修改为"并处一千元以上二千元以下罚款"；将较轻处罚档次中的"并处二百元以上五百元以下罚款"修改为"并处一千元以下罚款"。这两处修订均提高了罚款的数额限制，符合当前经济社会的发展状况。本条规定了以下五类违反治安管理的行为及处罚标准。

第一类：组织、胁迫、诱骗不满十六周岁的人或者残疾人进行恐怖、残忍表演的行为。行为人实施的行为构成该违法行为需满足以下几项构成要素：第一，行为人实施了组织、胁迫、诱骗行为。"组织"是指纠集、控制行为或雇佣、招募等行为；"胁迫"是指以暴力或其他有损身体健康的行为相要挟，如冻饿、烤晒、罚跪等；诱骗是指利用被害人的自身弱点等，进行许愿、诱惑、欺骗。第二，行为对象是不满十六周岁的人或者残疾人。不满十六周岁的人往往心智不成熟或有人身依附关系，身心健康脆弱，容易成为被害对象，需被特殊保护。残疾人在社会中处于不利地位，容易成为被害对象，也需要特殊保护。残疾人是指生理或心理上有缺陷的人，包括有视力残疾、听力残疾、语言残疾、肢体残疾、智力精神残疾、多重残疾或其他残疾的人。第三，恐怖、残忍表演是指具有暴力、凶杀、血腥等恐怖要素或对人身心进行残忍折磨等追求感官刺激的不良表演节目，如胸口碎大石、拆卸肢体、口吞刀剑等节目。

第二类：以暴力、威胁或者其他手段强迫他人劳动的行为。行为人实施的行为构成该违法行为需满足以下诸项构成要素：第一，行为人实施了暴力、胁迫或其他手段行为。暴力是指殴打、捆绑等强制手段；威胁是指以恶害相通告，使被害人产生心理恐惧或形成精神强制的恐吓、要挟行为；其他手段是指拘禁等和暴力、威胁手段相类似，使被害人不能或不敢反抗的强制手段。第二，行为人通过前述手段实施了强迫劳动行为。强迫劳动是指被害人由于不能或不敢反抗，而违背自己真实意愿进行劳动的行为。这里的劳动既可以是正常的合法劳动，也可以是违法劳动。

第三类：非法限制他人人身自由的行为。行为人实施的行为构成该违法行为需齐备以下诸项构成要素：第一，行为人实施了限制他人人身自由的行为。限制人身自由的手段多种多样，包括但不限制于捆绑、拘禁、扣押身份证件等行为。第二，行为人应当实际限制了他人的人身自由。人身自由法益应当是现实的，即实际限制了他人的行动自由。例如，将睡梦中的人锁在房间内，待睡醒时再开锁的行为，便未现实地限制他人人身自由。第三，限制他人人身自由的行为应当具有非法性。例如，公安机关拘留违法人员，或公民捆绑扭送违法犯罪嫌疑人等行为，便不具有违法性。

第四类，非法侵入住宅的行为。行为人实施的行为构成该违法行为需齐备以下几项构成要素：第一，行为人实施了侵入他人住宅的行为。其具体包括两种行为类型：一是行为人未经允许强行闯入他人住宅。二是行为人在合法进入住宅后，经主人要求退出而拒不退出。第二，行为人侵入他人住宅的行为违背了住宅主人的意愿，具体表现为未经主人事先同意侵入或经请求退出而拒不退出违背主人意愿。侵入他人住宅的行为侵犯了他人隐私权中的住宅安宁不受打扰的权利。对于行为人未经允许强行闯入他人住宅的行为类型，实践中需要准确把握住宅主人同意的时点：同意应当事先做出，且可以随时改变意愿。事前经同意进入，进入后主人反悔要求退出的，行为人拒不退出的行为同样违背了主人的意愿。第三，行为人未经同意侵入住宅的行为无正当理由。在有正当理由的情况下，即使未经住宅主人同意也可以强行进入住宅。典型的如公安机关及其工作人员为查获违法犯罪嫌疑人或收集违法犯罪证据，根据法定程序，可不经住宅主人同意进行强行搜查。第四，所谓住宅是指他人用于生活的与外界相对隔离的住所，包括封闭的院落、牧民的帐篷、渔民作为家庭生活场所的渔船、为生活租用的房屋等。

第五类，非法搜查他人身体的行为。搜查行为是刑事诉讼程序中一种证据收集措施。搜查行为必须遵守法定权限并符合法定程序。搜查公民身体只能由公安机关、国家安全机关、人民检察院等国家机关依照法定权限与法定程序进行。根据搜查主体是否有搜查权，非法搜查行为可以具体区分为两种行为类型：一是无权进行搜查的单位的工作人员或个人，非法对他人人身进行搜查。二是有搜查权的国家机关工作人员，滥用职权对他人身体进行搜查，或者搜查的手续或程序不合法。此外，情节轻重是区分本行为法定处罚档次的标准，实践中需要结合行为的手段、危害后果等因素综合判断。

实务中需要注意的问题

本条涉及的部分行为和《刑法》中的相关犯罪容易发生混淆，实务中要注意区分。首先，非法限制人身自由行为与非法拘禁罪区别是，存在如下几种情形的，要以非法拘禁罪定罪处罚：一是非法剥夺他人人身自由二十四小时以上的；二是非法剥夺他人人身自由，并使用械具或者捆绑等恶劣手段，或者实施殴打、侮辱、虐待行为的；三是非法拘禁，造成被拘禁人轻伤、重伤、死亡的；四是非法拘禁，情节严重，导致被拘禁人自杀、自残造成重伤、死亡，或者精神失常的；五是非法拘禁三人次以上的；六是司法工作人员对明知是没有违法犯罪事实的人而非法拘禁的。

其次，强迫劳动行为与强迫劳动罪的区别是，如果行为人实施强迫劳动行为具有以下情形的，以强迫劳动罪立案处罚，否则由公安机关给予治安管理处罚：一是强迫他人劳动，造成人员伤亡或者患职业病的；二是采用殴打、胁迫、扣发工资、扣留身份证件等手段限制人身自由，强迫他人劳动的；三是强迫妇女从事井下劳动、国家规定的第四级体力劳动强度的劳动或者其他禁忌从事的劳动，或者强迫处于经期、孕期和哺乳期妇女从事国家规定的第三级体力劳动强度以上的劳动或者其他禁忌从事的劳动的；四是强迫已满十六周岁未满十八周岁的未成年人从事国家规定的第四级体力劳动强度的劳动,或者从事高空、井下劳动,或者在爆炸性、易燃性、放射性、毒害性等危险环境下从事劳动的;五是其他情节严重的情形。

最后,非法侵入住宅行为与非法侵入住宅罪在行为方式上基本相同,一般来说,行为人非法侵入他人住宅,拒不退出严重影响他人正常生活,或者毁坏、拿走他人生活用品严重影响他人正常生活,或者封闭他人住宅使他人无法正常居住的,通常应按照非法侵入住宅罪定罪处罚。

案例评析

一、案情简介

某演艺公司负责人王某为吸引客源,以"包食宿"为诱饵,招募多名15周岁未成年人,通过言语威胁使其在景区进行带有恐怖元素的魔术表演。群众举报后,公安机关调查发现,王某未取得相关演出许可,且表演内容对未成年人心理造成不良影响,不属于情节较轻,依据《治安管理处罚法》第四十条(对应2025年《治安管理处罚法》第四十七条),对其处以行政拘留十二日,并处罚款一千元。

二、案例拆解

王某的行为符合第四十条第一项"组织……不满十六周岁的人进行恐怖……表演"的构成要件,且不属于情节较轻,处罚适用法律正确。本案凸显了对未成年人权益的保护,明确了利用未成年人从事违法表演的法律后果,警示相关主体需遵守法律底线,同时提示执法机关在查处此类案件时,应同步做好未成年人心理疏导与安置工作。

第四十八条 【组织、胁迫未成年人有偿陪侍】

组织、胁迫未成年人在不适宜未成年人活动的经营场所从事陪酒、陪唱等有偿陪侍活动的,处十日以上十五日以下拘留,并处五千元以下罚款;情节较轻的,处五日以下拘留或者五千元以下罚款。

条文释义

本条是 2025 年修订《治安管理处罚法》时新增的规定，主要考虑到当前一些不法分子组织、胁迫未成年人在不适宜未成年人活动的经营场所从事有偿陪侍活动行为时有发生，严重侵害未成年人的合法权益，影响未成年人的身心健康，因此有必要对此类行为进行处罚。

本条规定了对组织、胁迫未成年人在不适宜未成年人活动的经营场所从事陪酒、陪唱等有偿陪侍活动的行为的处罚。对本条构成要件要素理解需注意以下几个要点：

"组织、胁迫"行为的含义。组织通常是指召集、招募、雇佣、拉拢、鼓动多人、筹集物资场所等行为。胁迫是指以伤害身体、毁坏财物、揭露隐私等恶害相通告，对被害人实施精神强制，使之不敢反抗，从而实施相关行为。实践中，还有引诱、教唆、容留未成年人实施相关行为的情况。在具体认定行为的性质时不能过于机械地理解组织、胁迫行为，引诱、教唆、容留行为要根据实际案情尽可能地解释到组织、胁迫行为之中，以提升处罚的周延性。

"未成年人"的含义。未成年人是指未满十八周岁的男性和女性。未成年人尚处在生长发育阶段，身心发育尚未完全成熟，对许多事物的判断能力尚未健全，法律有必要对其特别保护。组织、胁迫未成年人在不适宜未成年人活动的经营场所从事陪酒、陪唱等有偿陪侍活动，对于未成年人的身心健康及价值观的塑造极为不利，有必要予以处罚。

"不适宜未成年人活动的经营场所"的含义。《未成年人保护法》第五十八条规定："学校、幼儿园周边不得设置营业性娱乐场所、酒吧、互联网上网服务营业场所等不适宜未成年人活动的场所。营业性歌舞娱乐场所、酒吧、互联网上网服务营业场所等不适宜未成年人活动场所的经营者，不得允许未成年人进入；游艺娱乐场所设置的电子游戏设备，除国家法定节假日外，不得向未成年人提供。经营者应当在显著位置设置未成年人禁入、限入标志；对难以判明是否是未成年人的，应当要求其出示身份证件。"这条中的营业性歌舞娱乐场所、酒吧、互联网上网服务营业场所等均属不适宜未成年人活动场所。这些场所的管理者有义务对进入者是否属于未成年人进行审查。

"从事陪酒、陪唱等有偿陪侍活动"的含义。实践中，一些不法分子故意组织未成年人进行有偿陪侍活动，严重损害未成年人的身心健康，歪曲了未成年人的价值观，导致一些义务教育阶段的学生因被金钱诱惑等而辍学，甚至走上违法犯罪道路。本条重点打击的是组织、胁迫未成年人在酒吧、夜总会等不适宜未成年人活动的营业性场所提供陪唱、陪酒等行为。陪侍活动的范围应当慎重解释，既不能过宽也不能过窄。从保护未成年人身心健康法益的角度看，有偿陪侍行为应当是指不适宜未满十八周岁的年龄阶段的未成年人接触，有损其身心健康，以获取报酬为目的的陪酒、陪唱等陪伴服侍行为。无论相关陪侍行为在成年阶段接触是否合法，只要其对未成年人而言不利于身心健康，即应认定为本条规定的不得从事的有偿陪侍行为。应当注意，这里的有偿陪侍不限于色情或软色情陪侍，关键在于其是否会损害未成年人身心健康。

实务中需要注意的问题

实务中，要准确适用本条关于"情节较轻"的处罚规定。实践中要根据行为性质、造成的后果、行为人的主观恶性等来综合认定行为人的行为是否属于情节较轻。行为人组织未成年人三人以上，即被害人为多人，通过胁迫手段实施，或实施行为的持续时间较长的，一般不得认定为情节较轻。如果行为人造成未成年人辍学或者给未成年人身心健康造成损害的，也不得认定为情节较轻。如果行为人组织、胁迫未成年人的人数少、未造成实际损害后果，且案发后积极赔偿，取得未成年人及其家属谅解，认罚悔错态度好的，可以视情况适用情节较轻的规定。

案例评析

一、案情简介

张某为获取非法利益，采用殴打、言语威胁等暴力手段，以及专人看管、"打欠条"经济控制、扣押身份证等限制人身自由的手段,控制17名未成年女性在其经营的KTV内提供有偿陪侍服务。张某要求未成年女性着装暴露,提供陪酒以及让客人搂抱等色情陪侍服务。17名未成年被害人因被组织有偿陪侍而沾染吸烟、酗酒、夜不归宿等不良习惯,其中吴某等因被组织有偿陪侍而辍学,杜某某等出现性格孤僻、自暴自弃等情形。司法机关根据我国《刑法》第二百六十二条之二,判处张某有期徒刑五年,并处罚金三十万元。

二、案例拆解

本案确定了以下要旨:对组织未成年人在KTV等娱乐场所进行有偿陪侍的,司法机关应当以组织未成年人进行违反治安管理活动罪追究刑事责任,并可以从被组织人数、持续时间、组织手段、陪侍情节、危害后果等方面综合认定犯罪行为是否构成"情节严重"。本案判决界分了组织未成年人进行违反治安管理活动罪与组织、胁迫未成年人从事有偿陪侍活动行为。《娱乐场所管理条例》禁止以营利为目的的陪侍,因此本案中的有偿陪侍行为属于违反治安管理活动的行为,张某的行为符合组织未成年人进行违反治安管理活动罪的构成要件。实践中,要具体结合陪侍行为的性质、组织未成年人的人数、造成的损害结果等来区分组织未成年人进行违反治安管理活动罪与组织、胁迫未成年人从事有偿陪侍活动行为。如果行为人组织的未成年人人数较多、造成未成年人身心健康受损的,可以将其按照组织未成年人进行违反治安管理活动罪定罪处罚,否则按照组织、胁迫未成年人从事有偿陪侍活动行为进行治安管理处罚即可。

第四十九条 【胁迫、诱骗、利用他人乞讨,以滋扰他人的方式乞讨】

胁迫、诱骗或者利用他人乞讨的,处十日以上十五日以下拘留,可以并处二千元以下罚款。

反复纠缠、强行讨要或者以其他滋扰他人的方式乞讨的,处五日以下拘留或者警告。

条文释义

本条在原《治安管理处罚法》第四十一条的基础上,将第一款中的"可以并处一千元以下罚款"修改为"可以并处二千元以下罚款",提升了罚款的数额限制,更符合社会经济的发展状况。本条分为两款,规定了两种违法乞讨行为及其处罚。

第一款规定了胁迫、诱骗或者利用他人乞讨的行为。胁迫、诱骗或者利用他人乞讨主要是指行为人通过暴力、威胁手段强迫他人乞讨;或者利用他人弱点通过许愿、诱惑、欺骗等方式引诱他人进行乞讨;或者通过雇佣等方式使他人实施乞讨行为为行为人自身牟利的行为。一般的乞讨行为并不违法。实践中,许多人因为生活变故沦落为无家可归的流浪人员。这些生活无着的人员往往依靠乞讨生活。被迫以乞讨为生且乞讨行为未滋扰他人的,并不违反《治安管理处罚法》。对于这些流浪乞讨人员,公安机关可依据国务院《城市生活无着的流浪乞讨人员救助管理办法》,协调救助站等相关部门对其实施救助。

第二款规定了反复纠缠、强行讨要或者以其他滋扰他人的方式乞讨的行为。反复纠缠行为表现为他人拒绝施舍后,乞讨人员仍然不休不饶地采用阻拦或尾随等令人反感的方式讨要钱物。强行讨要是指行为人通过拉拽、辱骂、抱腿、拦车、干扰他人正常工作或营业等蛮不讲理的行为,迫使他人违背意愿进行施舍的行为。其他滋扰他人的乞讨方式是指,采用类似反复纠缠、强行讨要的手段,实施乞讨的行为,如通过强行卖花、强迫接受擦车玻璃等实施变相乞讨。

本条的立法目的在于维护社会秩序和公民合法权益,打击利用弱势群体或滋扰他人的违法乞讨行为。

实务中需要注意的问题

由于乞讨人员是弱势群体,在处理过程中要注意方式方法。对残疾人、未成年人乞讨需优先核查是否存在被胁迫情况,避免简单处罚。对生活无着的乞讨者，应结合《社会救助暂行办法》同步启动救助程序，避免"一罚了之"。另外，实践中，一些乞讨人员被迫以乞讨为生且乞讨行为未滋扰他人的，并不违反《治安管理处罚法》。对于这些流浪乞讨人员的处罚应当慎之又慎，公安机关可依据国务院《城市生活无着的流浪乞讨人员救助管理办法》，协调救助站等相关部门对其实施救助。

案例评析

一、案情简介

王某以暴力威胁手段控制一名智障人员在地铁站乞讨，所得钱财全部据为己有。同期，李某在步行街多次对过往行人强行抱腿讨要现金，导致多人绕道而行。公安机关认定，王某的行为符合《治安管理处罚法》第四十一条第一款（对应2025年《治安管理处罚法》第四十九条第一款）"胁迫他人乞讨"，其利用智障人员牟利且手段恶劣，被处以行政拘留十四日并处罚款一千元；李某的行为属于该条第二款"以滋扰方式乞讨"，其在公共场所反复纠缠已构成秩序妨害，被处以行政拘留三日。

二、案例拆解

本案中，王某行为属于利用暴力手段胁迫他人乞讨，且其胁迫的对象为智障人员，行为较为恶劣，公安机关对其在法定处罚档次内从重处罚，适用法律正确。李某通过抱腿的滋扰方式进行乞讨，且多次实施该行为，属于以滋扰方式乞讨行为，对其处罚适用法律正确。

第五十条 【恐吓、侮辱、诽谤、诬告陷害、打击报复证人、滋扰他人、侵犯隐私等侵犯人身权利行为】

有下列行为之一的，处五日以下拘留或者一千元以下罚款；情节较重的，处五日以上十日以下拘留，可以并处一千元以下罚款：

（一）写恐吓信或者以其他方法威胁他人人身安全的；

（二）公然侮辱他人或者捏造事实诽谤他人的；

（三）捏造事实诬告陷害他人，企图使他人受到刑事追究或者受到治安管理处罚的；

（四）对证人及其近亲属进行威胁、侮辱、殴打或者打击报复的；

（五）多次发送淫秽、侮辱、恐吓等信息或者采取滋扰、纠缠、跟踪等方法，干扰他人正常生活的；

（六）偷窥、偷拍、窃听、散布他人隐私的。

有前款第五项规定的滋扰、纠缠、跟踪行为的，除依照前款规定给予处罚外，经公安机关负责人批准，可以责令其一定期限内禁止接触被侵害人。对违反禁止接触规定的，处五日以上十日以下拘留，可以并处一千元以下罚款。

条文释义

本条为2025年修订《治安管理处罚法》时修改的条款，在原法第四十二条的基础上作以下调整：将"五百元以下罚款"修改为"一千元以下罚款"；在原第五项中增加"采取滋扰、纠缠、跟踪等方法"；并增加第二款"有前款第五项规定的滋扰、纠缠、跟踪行为的，除依照前款规定给予处罚外，经公安机关负责人批准，可以责令其一定期限内禁止接触被侵害人。对违反禁止接触规定的，处五日以上十日以下拘留，可以并处一千元以下罚款"的规定，以强化对"持续性骚扰"行为的规制，适应近年来因跟踪、滋扰引发的人身安全事件的社会治理需求。

本条包括以下几种行为：第一，写恐吓信或者以其他方法威胁他人人身安全的行为。写恐吓信的行为符合威胁他人人身安全的行为的构成要件。一方面，从行为客体来看，写恐吓信威胁了公民的人身安全。另一方面，从客观方面来看，威胁他人人身安全的行为表现为写恐吓信或者以其他方法威胁他人人身安全的行为。因此，写恐吓信的行为构成威胁他人人身安全的行为，公安机关应对行为人处五日以下拘留或者一千元以下罚款；

情节较重的，处五日以上十日以下拘留，同时可以并处一千元以下罚款。

第二，公然侮辱他人或者捏造事实诽谤他人的行为。侮辱行为是指以暴力或其他方式公开贬损、损害他人人格和名誉的行为。侮辱行为必须具有公然性。公然性指的是行为本身的公开性，而非结果的公开性，一般是指在不特定人或多数人面前，或通过使其感知的方式公开侮辱他人。侮辱行为的对象为自然人，不包括法人。应当注意的是，被侮辱的自然人需为具体且特定的个人，或虽未明确指名但可推知的人。针对不特定或无法推知的对象实施侮辱，不属于这里所说的侮辱行为。此外，实施侮辱行为时，被害人是否在场或行为是否发生在被害人可感知的场所，并无影响。捏造事实诽谤他人是指行为人故意捏造并散布虚构的事实，以损害他人的人格和名誉的行为。诽谤行为所指向的"事实"应当是虚构的，即完全不存在的事实。如果散布的是客观存在的事实，即使有损于他人的人格和名誉，也不构成诽谤。如果这些事实属于隐私，相关行为可能侵犯隐私权。

第三，捏造事实诬告陷害他人，企图使他人受到刑事追究或者受到治安管理处罚的行为。诬告陷害是指捏造他人的违法犯罪事实，以使他人受到治安管理处罚或刑事处罚的行为。在认定诬告陷害他人的行为时，要注意对以下几项构成要素的把握：一是行为人捏造了他人违法犯罪事实。所谓捏造事实，是指无中生有地虚构他人的违法犯罪事实。如果主要事实无误，只是细节上有所出入，则不属于捏造事实。二是行为人捏造的是他人的违法犯罪事实。对此，需要注意两点：其一，捏造的是应受治安管理处罚或刑事处罚的事实，而非一般违法事实。其二，捏造的违法犯罪事实应当具有明确指向，指向特定的人。其虽然不要求指名道姓地捏造违法犯罪事实，但要求办案机关能够确定违法犯罪事实所涉人员的身份。三是行为人捏造他人违法犯罪事实的目的在于使他人受到治安管理处罚或刑事处罚。

第四，对证人及其近亲属进行威胁、侮辱、殴打或者打击报复的行为。打击报复证人行为是指行为人损害证人及其亲属的合法权益，对证人实施打击报复的行为。认定打击报复证人的行为，应重点把握以下几项构成要素：一是打击报复行为的侵害对象是证人及其近亲属。所谓证人是指，在民事、行政或刑事诉讼中，向司法机关证明案件事实情况的人。证人的近亲属是指证人配偶、父母、子女、祖父母、外祖父母、孙子女、外孙子女、兄弟姐妹。二是打击报复的行为方式多样。例如，可以直接采用暴力、恐吓、行凶、拘禁等手段对证人公然实施打击报复，也可以非法克扣证人的工资、奖金或违法解雇等。三是行为人实施前述损害证人利益的行为时，应当具有打击报复意图。

第五，多次发送淫秽、侮辱、恐吓等信息或者采取滋扰、纠缠、跟踪等方法，干扰他人正常生活的行为。该行为构成要素如下：一是行为人多次发送淫秽、侮辱、恐吓等信息，或者采取滋扰、纠缠、跟踪等方法。多次是指三次以上。淫秽信息是指描绘性行为或进行性暗示的色情图片、文字、音视频等信息。侮辱信息是指辱骂、羞辱他人，贬损他人人格尊严的信息。恐吓信息是指威胁他人，使他人产生精神恐慌的信息。滋扰、纠缠、跟踪等方法是指寻衅滋事、纠缠、跟踪扰乱他人生活安宁的行为。二是前述行为应干扰了他人的正常生活。

第六，偷窥、偷拍、窃听、散布他人隐私的行为。偷窥是指在他人不知情的情况下，暗中窥视他人身体隐私及隐私活动的行为。偷拍是指在他人不知情的情况下，对他人隐私活动进行秘密拍摄的行为。窃听是指在他人不知情的情况下偷听他人的私密谈话，或使用技术设备对他人私密谈话进行监听或录音的行为。散布是指通过口头方式或各类媒体对他人隐私进行传播的行为。

此外，本条第二款专门规定了涉及本条第一款第五项行为的禁止令。行为人实施滋扰、纠缠、跟踪行为，满足特定条件的，可以适用禁止令，禁止行为人在一定期限内接触被害人。禁止令的适用条件如下：行为人实施了滋扰、纠缠、跟踪行为；禁止令须经公安机关负责人批准；禁止令的内容是禁止行为人在一定期限内接触被侵害人。违反禁止令的行为应受治安管理处罚。

实务中需要注意的问题

本条行为涉及与相关犯罪的区分，实践中要注意两者之间的界限：一是打击报复证人的行为与打击报复证人罪的区别。打击报复证人的行为与打击报复证人罪在行为方式上基本相同，但是后者相较于前者情节上更为恶劣，造成的结果更为严重。行为人的打击报复行为造成证人或其近亲属身体伤害、严重干扰其正常生活或造成其他严重后果的，应当按照打击报复证人罪定罪处罚。二是公然侮辱他人或者捏造事实诽谤他人行为的区别在于是否达到情节严重。实务中，要根据行为的内容、次数、造成的结果等，综合认定。三是捏造事实诬告陷害他人，企图使他人受到刑事追究或者受到治安管理处罚的行为与诬告陷害罪的区分在于是否达到情节严重。这里的情节严重是指多次诬陷他人或诬陷多人的或故意捏造足以使他人受处罚较重的刑事追究的犯罪事实，以及手段恶劣、严重影响司法机关的正常活动，造成恶劣的社会影响等情况。

案例评析

一、案情简介

2024年，李某因情感纠纷，持续一个月通过微信发送侮辱性信息，并在下班途中多次尾随前女友王某，甚至在其居住小区附近蹲守。王某报警后，公安机关调查证实李某行为已干扰王某正常生活。公安机关对李某作出行政拘留五日的处罚，并责令其三个月内禁止接触王某。后李某违反禁止令，再次前往王某住所附近，被警方查获。

二、案例拆解

本案中，李某实施了《治安管理处罚法》第四十二条第五项（对应2025年《治安管理处罚法》第五十条第一款第五项）中多次发送侮辱等信息的行为，并在下班途中多次尾随的滋扰、纠缠、跟踪行为，威胁被害人的人身安全。其行为构成第四十二条第五项行为，且满足禁止令的适用条件。禁止令的设置为高风险骚扰行为提供了预防性执法手段，体现了治安管理"惩戒与预防并重"的原则。

第五十一条　【殴打他人，故意伤害他人身体】

殴打他人的，或者故意伤害他人身体的，处五日以上十日以下拘留，并处五百元以上一千元以下罚款；情节较轻的，处五日以下拘留或者一千元以下罚款。

有下列情形之一的，处十日以上十五日以下拘留，并处一千元以上二千元以下罚款：

（一）结伙殴打、伤害他人的；

（二）殴打、伤害残疾人、孕妇、不满十四周岁的人或者七十周岁以上的人的；

（三）多次殴打、伤害他人或者一次殴打、伤害多人的。

条文释义

本条在原《治安管理处罚法》第四十三条的基础上，将"并处二百元以上五百元以下罚款"修改为"并处五百元以上一千元以下罚款"；将情节较轻的，"处五日以下拘留或者五百元以下罚款"修改为"处五日以下拘留或者一千元以下罚款"，更适应社会经济的发展水平。

本条规定了对殴打或故意伤害他人身体的行为的处罚。对本条应从以下几个方面进行理解：首先，殴打他人是指行为人使用棍棒等工具或采用拳打脚踢的方式，侵害他人身体权或健康权的行为，殴打行为通常仅会使被害人遭受皮肉之苦，而不会造成实质的身体伤害。故意伤害他人身体行为是指使用棍棒或拳打脚踢的方式，给他人造成轻微身体伤害的行为。与殴打行为相比，故意伤害他人身体行为给他人身体造成了实质伤害。其次，加重处罚情形。《治安管理处罚法》第五十一条第二款规定了三类殴打或故意伤害他人身体行为的加重处罚情形，分别是：第一，结伙殴打、伤害他人的；第二，殴打、伤害残疾人、孕妇、不满十四周岁的人或者七十周岁以上的人的；第三，多次殴打、伤害他人或者一次殴打、伤害多人的。第一种情形与第三种情形分别从行为人结伙实施违法行为的形式，以及实施违法行为的次数和人数等方面，规定了加重处罚的情形。第二种情形则是从被害人的身份方面规定了加重处罚情形。应当注意的是，一般认为殴打、伤害的对象为残疾人、孕妇、不满十四周岁的人或者七十周岁以上的人，属于客观的加重处罚要素，无须行为人对其存在认识。也即，即使行为人不知其殴打的是上述特定人群的，也需对之适用加重处罚的规定。

实务中需要注意的问题

实务中要注意殴打或故意伤害他人身体行为与故意伤害罪的区分。两者在行为方式上基本类似，需要对两者进行明确界分。一般来说，前者的行为方式表现的情节较轻，而后者的行为方式往往表现的情节更为严重，如使用刀具伤害等。不过，在实践中，两者主要的区分依据是行为造成的伤害结果的轻重。如果殴打、伤害行为造成的客观损害结果经伤情鉴定是轻微伤，则按照《治安管理处罚法》进行处罚。如果殴打、伤害行为造成的客观损害结果经伤情鉴定是轻伤以上伤情的，则要按照故意伤害罪定罪处罚。2013年《人体损伤程度鉴定标准》对重伤、轻伤、轻微伤的定义如下：第一，重伤使人肢体残废、毁人容貌、丧失听觉、丧失视觉、丧失其他器官功能或者其他对于人身健康有重大伤害的损伤，包括重伤一级和重伤二级；第二，轻伤使人肢体或者容貌损害，听觉、视觉或者其他器官功能部分障碍或者其他对于人身健康有中度伤害的损伤，包括轻伤一级和轻伤二级；第三，轻微伤各种致伤因素所致的原发性损伤，造成组织器官结构轻微损害或者轻微功能障碍。

案例评析

一、案情简介

李某因琐事与邻居王某发生争执，随后纠集两名朋友共同殴打王某，致其面部轻微挫伤。王某报警后，公安机关查明李某曾多次与他人发生冲突并有殴打记录，依法对其处以十五日拘留，并处一千元罚款。

二、案例拆解

李某纠集两名朋友共同殴打王某的行为构成"结伙殴打他人";李某曾多次与他人发生冲突并有殴打记录,属于"多次殴打他人"。符合《治安管理处罚法》第四十三条第二款(对应 2025 年《治安管理处罚法》第五十一条第二款)规定的加重处罚情形。公安机关的处罚适用法律正确。

第五十二条　【猥亵他人,公然裸露隐私部位】

猥亵他人的,处五日以上十日以下拘留;猥亵精神病人、智力残疾人、不满十四周岁的人或者有其他严重情节的,处十日以上十五日以下拘留。

在公共场所故意裸露身体隐私部位的,处警告或者五百元以下罚款;情节恶劣的,处五日以上十日以下拘留。

条文释义

本条为在原《治安管理处罚法》第四十四条的基础上,调整了部分语序,使行文逻辑更加合理;并将原"在公共场所故意裸露身体"的规定,单独设置为第二款,并调整处罚的种类与幅度,明确规定"在公共场所故意裸露身体隐私部位的,处警告或者五百元以下罚款;情节恶劣的,处五日以上十日以下拘留"。两处修改使不同行为类型的处罚更加合理,层次更加分明。

本条有两款规定,具体理解需注意以下两点:第一,猥亵他人的一般处五日以上十日以下拘留。如果猥亵的对象较为特殊,是猥亵精神病人、智力残疾人、不满十四周岁的人,或者有其他严重情节的,处十日以上十五日以下拘留。其他严重情节,一般是指行为的手段方式较为恶劣,或造成的结果较为严重等情况。猥亵他人是指行为人以强制或非强制的手段,违背对方意愿,实施强奸行为以外的能够满足其性欲望的行为。

第二,在公共场所故意裸露身体隐私部位的,处警告或者五百元以下罚款；情节恶劣的，处五日以上十日以下拘留。公共场所是指不特定多数人出现与活动的场所，如商场、剧院、街道等。故意裸露身体隐私部位是指行为人故意裸露身体的全部或隐私部位的行为。虽未全裸但裸露了生殖器等身体隐私部位的，也属于本条禁止的行为。情节恶劣主要是指行为人裸露身体时伴随着下流行为或骚扰、伤害他人，或者大规模裸体等情形。

实务中需要注意的问题

实务中，要注意强制猥亵、侮辱罪与本条第一款行为的区分。前者是指以暴力、胁迫或者其他方法强制猥亵他人或者侮辱妇女的犯罪行为。猥亵他人的行为与强制猥亵、侮辱罪在行为方式上基本类似，其主要区别如下：其一，在行为方式上，猥亵他人的行为可以强制或非强制的方式实施，而强制猥亵、侮辱罪中的猥亵、侮辱行为以暴力、胁迫或者其他强制方法实施。其二，在行为的对象上，猥亵他人的行为对象包括不满十四周岁的儿童，而强制猥亵、侮辱罪的行为对象则不包括未满十四周岁的儿童。其三，在行为情节上，强制猥亵、侮辱罪的行为情节更为严重。一般而言，强制猥亵、侮辱罪表现为多次实施强制猥亵、侮辱行为，或者强制猥亵、侮辱多人等。

另外，应注意对猥亵儿童行为的处理。根据猥亵行为具体实施情况或造成结果的不同，猥亵不满十四周岁的人的行为可能依据《治安管理处罚法》进行处罚，或者根据猥亵儿童罪定罪处罚。存在以下情形的，行为人构成猥亵儿童罪，处五年以上有期徒刑：第一，猥亵儿童多人或者多次的；第二，聚众猥亵儿童的，或者在公共场所当众猥亵儿童，情节恶劣的；第三，造成儿童伤害或者其他严重后果的；第四，猥亵手段恶劣或者有其他恶劣情节的。不犯罪的，根据本条第一款的规定，处十日以上十五日以下拘留。

案例评析

一、案情简介

2025年，某市居民张某在市中心广场游玩时，为博取眼球故意裸露身体,引发群众围观报警。另查明,张某曾于两个月前在某特殊教育学校附近,对一名智力残疾的未成年人实施猥亵。公安机关经调查后,认定张某的裸露行为违反《治安管理处罚法》第四十四条(对应 2025 年《治安管理处罚法》第五十二条)的规定,最终作出处治安拘留十日的处罚。

二、案例拆解

本案中,张某在市中心广场裸露身体的行为,属于 2025 年《治安管理处罚法》第五十二条第二款规定的在公共场所故意裸露身体隐私部位的行为;其猥亵智力残疾人的行为,属于该条第一款的加重处罚情节。

第五十三条 【虐待家庭成员,虐待被监护人和被看护人,遗弃被抚养人】

有下列行为之一的,处五日以下拘留或者警告;情节较重的,处五日以上十日以下拘留,可以并处一千元以下罚款:

(一)虐待家庭成员,被虐待人或者其监护人要求处理的;

(二)对未成年人、老年人、患病的人、残疾人等负有监护、看护职责的人虐待被监护、看护的人的;

(三)遗弃没有独立生活能力的被扶养人的。

条文释义

本条在原《治安管理处罚法》第四十五条的基础上,增加了"情节较重的,处五日以上十日以下拘留,可以并处一千元以下罚款"的规定,使处罚层次更加合理;并增加了第二项"(二)对未成年人、老年人、患病的人、残疾人等负有监护、看护职责的人虐待被监护、看护的人的"规定,使处罚范围更加周延。

本条规定了以下三项行为:第一,虐待家庭成员的行为。虐待家庭成员是指经常用打骂、冻饿、禁闭、强迫过度劳动、有病不给治疗等方法,摧残折磨家庭成员,尚未构成犯罪的行为。对虐待家庭成员进行处罚的前提是，被虐待人或其监护人要求进行处理。这主要是考虑到家庭关系较为特殊，法律的过度干预不利于家庭关系的和谐稳定。同时，被害人与虐待行为的利害关系最为密切，由其决定是否要求对行为人进行处理，也能更好地保护被虐待人的合法权益。此外，考虑到可能存在被虐待人不能或不敢要求处理的情况，因此规定被虐待人的监护人也有权利要求处理。这一规定考虑了现实情况，使对被虐待人权益的保护更加周密。

第二，对未成年人、老年人、患病的人、残疾人等负有监护、看护职责的人虐待被监护、看护的人的行为。这类人员因其负有监护、看护职责，对上述人员有照护义务，不履行义务的行为应当受到处罚。根据我国《刑法》第二百六十条之一第一款的规定，对未成年人、老年人、患病的人、残疾人等负有监护、看护职责的人虐待被监护、看护的人，情节恶劣的，处三年以下有期徒刑或者拘役。

第三，遗弃没有独立生活能力的被扶养人的行为。遗弃行为是指对于年老、年幼、患病或者其他没有独立生活能力的人，负有扶养义务而拒绝扶养的行为。这里的扶养义务，既可以依婚姻家庭法规或者血缘、亲属关系产生，也可以依据其他法律规定、职务或业务要求等而产生。也就是说，被遗弃的对象不限于家庭成员。

根据本法的规定，构成本条行为，处五日以下拘留或者警告；情节较重的，处五日以上十日以下拘留或者一千元以下罚款。

实务中需要注意的问题

实务中，要注意本条行为与相关犯罪的区分。一是《治安管理处罚法》中的虐待行为与刑法中虐待罪，在行为方式上基本相同，两者的区别在于行为的情节存在差异。从行为情节上看，构成虐待罪的虐待行为，需达到情节恶劣的程度。所谓情节恶劣通常是指虐待行为持续的时间较长、次数较多，虐待行为的手段恶劣卑鄙，或者虐待行为造成被害人的身体或精神伤害。当然，《治安管理处罚法》中的虐待行为也需要达到情节较重的程度。如果仅是偶尔一两次的打骂、冻饿、禁闭也不属于《治安管理处罚法》中的虐待行为。

二是对未成年人、老年人、患病的人、残疾人等负有监护、看护职责的人虐待被监护、看护的人的,要视行为情节的不同,对行为人进行治安管理处罚或刑事处罚。如果行为达到情节恶劣程度的,根据我国《刑法》第二百六十条之一虐待被监护、看护人罪的规定处罚。情节恶劣要根据造成的结果、行为恶劣程度加以认定。

三是遗弃行为与遗弃罪。二者均表现为,行为人对年老、年幼、患病或者其他没有独立生活能力的人,负有扶养义务而拒绝扶养的行为。两者的区别在于行为情节的严重程度不一样。遗弃行为达到情节恶劣的程度的,要按照遗弃罪定罪处罚。根据司法实践,一般下列情况属于情节恶劣的情形:(1)对被害人长期不予照顾、不提供生活来源;(2)驱赶、逼迫被害人离家,致使被害人流离失所或者生存困难;(3)遗弃患严重疾病或者生活不能自理的被害人;(4)遗弃致使被害人身体严重损害或者造成其他严重后果等情形。

案例评析

一、案情简介

张某长期对七十岁母亲李某实施言语侮辱及限制饮食的虐待行为,李某不堪忍受向社区求助。社区工作人员报警后,公安机关调查证实张某多次在母亲患病期间故意减少其药物供应,导致李某病情加重,李某要求民警主持公道,对张某进行处理。公安机关认定李某行为情节较重,依据《治安管理处罚法》第四十五条(对应2025年《治安管理处罚法》第五十三条),对张某作出行政拘留五日的处罚。

二、案例拆解

本案中,张某对七十岁母亲李某实施言语侮辱及限制饮食的虐待行为,属于《治安管理处罚法》第四十五条的虐待行为,且李某要求民警对张某进行处理,满足了"被虐待人要求处理"的限制处罚条件。

第五十四条 【强迫交易】

强买强卖商品，强迫他人提供服务或者强迫他人接受服务的，处五日以上十日以下拘留，并处三千元以上五千元以下罚款；情节较轻的，处五日以下拘留或者一千元以下罚款。

条文释义

本条在原《治安管理处罚法》第四十六条的基础上，将"并处二百元以上五百元以下罚款"修改为"并处三千元以上五千元以下罚款"；将"情节较轻的，处五日以下拘留或者五百元以下罚款"修改为"情节较轻的，处五日以下拘留或者一千元以下罚款"。两处修订均提高了罚款数额限制，以适应社会经济的发展状况。

本条规定了对强买强卖商品、强迫他人提供或接受服务的行为的处罚。本条的理解需注意：强买强卖商品，强迫他人提供服务或者强迫他人接受服务是指行为人以暴力、威胁手段实施的强迫交易行为。暴力是指殴打、捆绑等手段；威胁是指以毁坏财物、毁损名誉等恶害相通告，使被害人违背意愿从事商品交易。强迫交易行为违背了自愿、平等、公平、诚实信用的民事活动的基本原则，扰乱了正常的市场交易秩序。

实务中需要注意的问题

实践中，需要根据强迫交易行为情节的不同，确定行为适用的具体法定处罚档次。在一般情形中，处五日以上十日以下拘留，并处三千元以上五千元以下罚款；属于情节较轻的情形的，处五日以下拘留或者一千元以下罚款。因此，强迫他人购买商品的行为要视具体的行为情节，在以上两个处罚档次中择一适用。

注意强迫交易行为与强迫交易罪的区分。强迫交易行为与强迫交易罪在行为方式与行为情节方面均存在差异。一方面，两者的行为方式存在差别。强迫交易罪还包括强迫他人参与或者退出投标、拍卖，强迫他人转让或者收购公司、企业的股份、债券或者其他资产以及强迫他人参与或者退出特定的经营活动三种行为方式。另一方面，强迫交易罪的行为情节更为严重。根据最高人民检察院、公安部《关于公安机关管辖的刑事案件立案追诉标准的规定（一）的补充规定》第五条的规定，具有以下情形之一的，应按照强迫交易罪立案追诉：第一，造成被害人轻微伤的；第二，造成直接经济损失两千元以上的；第三，强迫交易三次以上或者强迫三人以上交易的；第四，强迫交易数额一万元以上，或者违法所得数额二千元以上的；第五，强迫他人购买伪劣商品数额五千元以上，或者违法所得数额一千元以上的；第六，其他情节严重的情形。

案例评析

一、案情简介

某城市商业街商户王某，以威胁拒绝供货为由，强迫周边小吃店长期从其店内高价采购食材，持续三个月后被举报。公安机关调查发现，王某通过言语恐吓、中断正常供货等方式迫使四家店铺接受交易，涉案金额达两万元，从而认定王某行为构成强买强卖商品，依据《治安管理处罚法》第四十六条（对应2025年《治安管理处罚法》第五十四条），处八日拘留，并处五百元罚款。

二、案例拆解

强买强卖商品，强迫他人提供服务或者强迫他人接受服务是指行为人以暴力、威胁手段实施的强迫交易行为。其中，威胁是指以毁坏财物、毁损名誉等恶害相通告，使被害人违背意愿从事商品交易。本案中，王某威胁中断正常供货，属于商业行为范畴，不受《治安管理处罚法》规制，但其通过言语恐吓迫使四家店铺接受交易的行为属于以威胁手段实施交易。且其行为持续时间较长、涉及多家商户，不属于"情节较轻"。

第五十五条 【煽动民族仇恨、民族歧视，刊载民族歧视、侮辱内容】

煽动民族仇恨、民族歧视，或者在出版物、信息网络中刊载民族歧视、侮辱内容的，处十日以上十五日以下拘留，可以并处三千元以下罚款；情节较轻的，处五日以下拘留或者三千元以下罚款。

条文释义

本条在原《治安管理处罚法》第四十七条的基础上，将"可以并处一千元以下罚款"修改为"可以并处三千元以下罚款"，提高了罚款的数额限制；并增加"情节较轻的，处五日以下拘留或者三千元以下罚款"的规定，使处罚档次的设置更加合理、梯度更加明显。

本法规定了对煽动民族仇恨、民族歧视，刊载民族歧视、侮辱内容的行为的处罚。煽动是指行为人对不特定或者多数人进行鼓动、宣扬，以激起民族间的仇恨、歧视。民族仇恨与民族歧视是指民族之间的互相敌视与蔑视、贬损。煽动行为只有情节严重的，才构成犯罪。煽动民族仇恨是指利用各民族风俗习惯等的不同，通过语言、文字等激起民族间相互敌对、仇恨的行为。煽动民族歧视是指利用各民族风俗习惯等的不同，通过语言、文字等激起民族间相互排斥、损害民族平等地位的行为。此外，其具体还包括在出版物、信息网络中刊载民族歧视、侮辱内容的行为。这主要是指行为人在报纸、期刊、图书、音像制品和电子出版物等出版物，或者局域网和互联网中，对一些民族在生产、工作、居住、饮食、服饰等物质生活和精神生活领域的喜好、崇尚和禁忌，或者民族的来源、历史、文化进行贬低、诬蔑等。

实务中需要注意的问题

实践中，要注意煽动民族仇恨、民族歧视的行为与煽动民族仇恨、民族歧视罪的区分。两者在煽动民族仇恨、民族歧视行为表现方式上基本相同，其区别在于行为是否达到情节严重的程度。

根据本条的规定，煽动民族仇恨、民族歧视，或者在出版物、信息网络中刊载民族歧视、侮辱内容的，处十日以上十五日以下拘留，可以并处三千元以下罚款；情节较轻的，处五日以下拘留或者三千元以下罚款。此外，根据我国《刑法》第二百四十九条的规定，煽动民族仇恨、民族歧视，情节严重的，处三年以下有期徒刑、拘役、管制或者剥夺政治权利；情节特别严重的，处三年以上十年以下有期徒刑。

煽动民族仇恨、民族歧视的行为，情节严重的，按照煽动民族仇恨、民族歧视罪定罪处罚。否则，根据《治安管理处罚法》第五十五条进行处罚。情节严重具体是指，煽动群众人数众多、范围较大，煽动内容污秽恶毒，影响较大；多次实施煽动行为；煽动行为造成恶劣的政治影响，引起民族骚乱、纠纷等严重后果。

案例评析

一、案情简介

网民"某某风"在某论坛发布文章，歪曲历史事实并散布"某民族群体劣等论"，文章被转发超五百次，引发多个民族群体投诉。公安机关调查发现，该网民系某自媒体运营者，为博取流量故意炮制歧视内容。鉴于其行为已造成恶劣社会影响，警方依据《治安管理处罚法》第四十七条（对应2025年《治安管理处罚法》第五十五条），对其作出行政拘留十二日并处罚款一千元的处罚。

二、案例拆解

本案中，行为人利用网络平台刊载民族歧视内容，构成信息网络中刊载民族歧视、侮辱内容的行为，其转发量超五百次的传播后果，引发多个民族群体投诉，本案适用法律正确。

第五十六条 【违反规定出售或者提供个人信息】

违反国家有关规定，向他人出售或者提供个人信息的，处十日以上十五日以下拘留；情节较轻的，处五日以下拘留。

窃取或者以其他方法非法获取个人信息的，依照前款的规定处罚。

条文释义

本条是《治安管理处罚法》的新增内容，主要考虑到当前侵犯个人信息行为多发的现状，对此行为进行打击，与《刑法》上的侵犯公民个人信息罪衔接，完善了侵犯个人信息行为的处罚体系。本条包括两款行为：第一款规定了违反国家有关规定，向他人出售或者提供个人信息的行为；第二款规定了窃取或者以其他方法非法获取个人信息的行为。

对本条行为，要从以下几个方面进行理解。第一，违反国家有关规定是指违反了法律、行政法规、规章等涉及个人信息管理方面的规定。第二，个人信息，根据《个人信息保护法》第四条第一款的规定，个人信息是以电子或者其他方式记录的与已识别或者可识别的自然人有关的各种信息，不包括匿名化处理后的信息。据此，个人信息应当符合以下特征：（1）个人信息应当以特定形式固定到特定介质上，即以电子或者其他方式记录。（2）个人信息应当具有可识别性。即个人信息能够单独或者与其他信息结合识别特定自然人身份或者反映特定自然人活动情况。（3）对不同行为类型的理解。出售是指有偿将自己合法或非法掌握的个人信息卖给他人的牟利行为；非法提供是指将自己掌握的个人信息非法提供给他人的行为；窃取个人信息，是指以平和手段非法获取他人信息的行为；其他方法是指以收买等方式非法获取个人信息的行为。

实务中需要注意的问题

实务中，要注意侵犯个人信息行为与侵犯公民个人信息罪的区分。两者在行为表现形式上基本相同，两者的区别在于行为是否达到情节严重的程度。根据《最高人民法院、最高人民检察院关于办理侵犯公民个人信息刑事案件适用法律若干问题的解释》第五条的规定，以下情形属于"情节严重"：第一，出售或者提供行踪轨迹信息，被他人用于犯罪的；第二，知道或者应当知道他人利用公民个人信息实施犯罪，向其出售或者提供的；第三，非法获取、出售或者提供行踪轨迹信息、通信内容、征信信息、财产信息五十条以上的；第四，非法获取、出售或者提供住宿信息、通信记录、健康生理信息、交易信息等其他可能影响人身、财产安全的公民个人信息五百条以上的；第五，非法获取、出售或者提供第三项、第四项规定以外的公民个人信息五千条以上的；第六，数量未达到第三项至第五项规定标准，但是按相应比例合计达到有关数量标准的；第七，违法所得五千元以上的；第八，将在履行职责或者提供服务过程中获得的公民个人信息出售或者提供给他人，数量或者数额达到第三项至第七项规定标准一半以上的；第九，曾因侵犯公民个人信息受过刑事处罚或者二年内受过行政处罚，又非法获取、出售或者提供公民个人信息的；第十，其他情节严重的情形。不属于前述情形的侵犯公民个人信息的行为，按照《治安管理处罚法》处罚即可。

另外需要注意的是，要对在网上违法发布个人信息的行为进行准确定性。在网上违法发布个人信息，可以使不特定的多数人通过网络途径获取被发布的个人信息，因此在网上违法发布公民个人信息的行为本质上是一种提供个人信息的行为。例如，根据《最高人民法院、最高人民检察院关于办理侵犯公民个人信息刑事案件适用法律若干问题的解释》第三条第一款的规定，通过信息网络或者其他途径发布公民个人信息的，应当认定为"提供公民个人信息"。对此行为，需要根据《治安管理处罚法》第五十六条第一款的规定，处十日以上十五日以下拘留；情节较轻的，处五日以下拘留。

案例评析

一、案情简介

某网络公司员工李某利用职务之便获取平台注册用户的姓名、手机号

第三章　违反治安管理的行为和处罚

等信息共八百余条，通过即时通讯软件以每条两元的价格出售给某培训机构，获利一千六百元。

二、案例拆解

李某利用职务之便获取平台注册用户的姓名、手机号等信息共八百余条的行为，属于以其他方法非法获取个人信息的行为。其将非法获取的信息以每条两元的价格出售给某培训机构的行为，属于不可罚的事后行为。其获取的八百条信息不属于"住宿信息、通信记录、健康生理信息、交易信息等其他可能影响人身、财产安全的公民个人信息"，不构成犯罪，故可依据《治安管理处罚法》处罚。

第五十七条　【侵犯通信自由】

　　冒领、隐匿、毁弃、倒卖、私自开拆或者非法检查他人邮件、快件的，处警告或者一千元以下罚款；情节较重的，处五日以上十日以下拘留。

条文释义

本条在原《治安管理处罚法》第四十八条的基础上，将"快件"增加为行为对象，适应快递行业的发展，增强了处罚范围的周延性；将基本罚的"处五日以下拘留或者五百元以下罚款"修改为"处警告或者一千元以下罚款"，将拘留变为警告并提升处罚数额限制，轻罚化的同时增强财产罚的力度，使处罚的设置更加合理；增加"情节较重的，处五日以上十日以下拘留"的规定，使处罚梯度更加明显，体现了"轻轻重重"的处罚改革思路。

本条规定了对冒领、隐匿、毁弃、倒卖、私自开拆、非法检查他人邮件、快件的行为的处罚，即对侵犯通信自由、通信秘密行为的处罚。侵犯通信自由是指冒领、隐匿、毁弃、倒卖、私自开拆或者非法检查他人邮件、快件，尚未构成犯罪的行为。本条行为的构成要件要从以下几个方面把握：第一，本行为侵犯的客体是公民的通信自由。第二，本行为的客观方面表现为行为人实施了冒领、隐匿、毁弃、倒卖、私自开拆或者非法检查他人邮件、快件的行为。"冒领"是指假冒收件人名义领取邮件、快件的行为。"隐匿"是指将他人邮件、快件藏匿使他人无法收取的行为。"毁弃"是指将他人的邮件、快件予毁损、丢弃使他人无法收取的行为。"倒卖"是指以出售牟利为目的非法出售邮件、快件的行为。"非法开拆"是指违反法律法规的规定未经许可、同意，私自开拆他人邮件、快件的行为。"非法检查"是指违反法律法规的规定，未经批准同意擅自检查他人邮件、快件的行为。第三，本行为的主观方面是故意。如果行为人误将他人的邮件、快件当作自己的拿走、开拆的，不属于本条规定的行为。

从处罚结果上看，一般情况下处警告或者一千元以下罚款；存在情节较重的情形的，处五日以上十日以下拘留。情节较重主要从行为手段、结果、主观恶性等方面予以认定。

实务中需要注意的问题

实务中，要注意侵犯公民通信自由行为与侵犯公民通信自由罪的区分。侵犯公民通信自由的行为与侵犯公民通信自由罪在行为方式上基本相同。《治安管理处罚法》第五十七条规定了冒领、隐匿、毁弃、倒卖、私自开拆或者非法检查他人邮件、快件的行为。我国《刑法》第二百五十二条规定了隐匿、毁弃或者非法开拆他人信件的行为。虽然两者规定的行为方式有所差异，但基本可以通过法律解释，将两者的行为方式相统一。两者最主要的区别是，情节严重程度不同。侵犯公民通信自由行为达到情节严重的，按照侵犯公民通信自由罪定罪处罚。一般认为，以下情形属于情节严重：第一，侵犯公民通信自由行为的次数多，或涉及的邮件数量大；第二，侵犯公民通信自由的行为造成他人生活、工作受到严重影响，或遭受较大经济损失；第三，非法篡改邮件内容信息，或公开他人隐私、损害他人名誉；第四，其他行为手段恶劣，或造成严重后果的情形。

案例评析

一、案情简介

李某冒领收件人杨某的网购快件,将其中价值约八百元的电子产品拆出倒卖。杨某发现后报警,该地公安机关查明,李某冒领快件累计造成杨某直接经济损失一千元,依据《治安管理处罚法》第四十八条(对应2025年《治安管理处罚法》第五十七条),对李某处七日治安拘留的处罚。

二、案例拆解

李某冒领收件人杨某的网购快件,将其中价值约八百元的电子产品拆出倒卖的行为符合本条规定的冒领、倒卖、私自开拆他人快件行为的构成要件。本条规定的不同行为类型之间具有选择关系,且冒领、倒卖、私自开拆的对象是同一邮件,后续行为属于事后不可罚行为,只作为一项违法行为处理即可。考虑到其行为造成直接经济损失一千元,根据2025年修订的《治安管理处罚法》可认定为情节较重。

第五十八条 【盗窃、诈骗、哄抢、抢夺、敲诈勒索】

盗窃、诈骗、哄抢、抢夺或者敲诈勒索的,处五日以上十日以下拘留或者二千元以下罚款;情节较重的,处十日以上十五日以下拘留,可以并处三千元以下罚款。

条文释义

本条在原《治安管理处罚法》第四十九条的基础上删除了"故意损毁公私财物"的规定,并在后续单独成条,使行为性质的轻重排列更为合理;将基本罚中的"处五日以上十日以下拘留,可以并处五百元以下罚款"修改为"处五日以上十日以下拘留或者二千元以下罚款",同时将加重处罚中的"可以并处一千元以下罚款"修改为"可以并处三千元以下罚款",提高了罚款数额的限制。

本条规定了对盗窃、诈骗、哄抢、抢夺或者敲诈勒索行为的处罚。第一,盗窃是指以非法占有为目的,以平和手段非法剥夺他人占有的公私财物的行为。盗窃行为可能触犯《治安管理处罚法》或《刑法》。实践中,需要根据盗窃行为的情节或造成结果的不同,来确定适用何种处罚。根据《刑法》第二百六十四条对盗窃罪基本刑的规定,盗窃公私财物,数额较大的,或者多次盗窃、入户盗窃、携带凶器盗窃、扒窃的,处三年以下有期徒刑、拘役或者管制,并处或者单处罚金。其中,盗窃公私财物价值一千元至三千元以上的,应当认定为这里的"数额较大"。尚未达到前述盗窃罪入罪门槛的盗窃行为,则根据《治安管理处罚法》第五十八条处罚。

第二,诈骗行为是指以非法占有为目的,用虚构事实或者隐瞒真相的方法,骗取公私财物的行为。对于诈骗行为,司法行政机关可以根据诈骗数额的不同,视情况给予治安管理处罚或刑事处罚。根据《刑法》第二百六十六条对诈骗罪基本刑的规定,诈骗公私财物,数额较大的,处三年以下有期徒刑、拘役或者管制,并处或者单处罚金。诈骗公私财物价值三千元至一万元以上,应当认定为这里的"数额较大"。诈骗数额未达到数额较大标准的,则根据《治安管理处罚法》第五十八条处罚。

第三,哄抢行为是指以非法占有为目的,乘乱乘危公然夺取少量公私财物的行为。哄抢行为与聚众哄抢罪的行为方式类似,实践中应注意区分。两者的区别如下:(1)处罚范围不同。《治安管理处罚法》规定的哄抢行为处罚所有参与者,聚众哄抢罪仅处罚首要分子和积极参加者。(2)行为结果与行为情节不同。聚众哄抢公私财物行为,达到数额较大或者有其他严重情节的,才予以刑事处罚。(3)行为方式上存在差异。聚众哄抢行为是指聚集多人,非法哄抢公私财物,其包括聚众行为与哄抢行为。

第四,抢夺行为是指在未抑制占有人自由意思的情况下,对物实施有形力,公然夺取被害人紧密占有的财物的行为。行为人实施抢夺行为,可根据其具体的行为结果或行为情节,给予其治安管理处罚或刑事处罚。根据《刑法》第二百六十七条对抢夺罪基本刑的规定,抢夺公私财物,数额较大的,或者多次抢夺的，处三年以下有期徒刑、拘役或者管制，并处或者单处罚金。因此，对于具有多次抢夺情节或抢夺数额较大的抢夺行为，需予以刑事处罚。其中，抢夺数额较大是指抢夺公私财物价值一千元至三千元以上。

第五，敲诈勒索是指以非法占有为目的，对财物所有人、占有人使用恐吓或要挟的方法，索取公私财物的行为。敲诈勒索行为视其行为情节或行为结果的不同，可能违反《治安管理处罚法》或触犯《刑法》。根据《刑法》第二百七十四条对敲诈勒索罪基本刑的规定，敲诈勒索公私财物，数额较大或者多次敲诈勒索的，处三年以下有期徒刑、拘役或者管制，并处或者单处罚金。因此，敲诈勒索的财物数额较大或多次敲诈勒索的，根据敲诈勒索罪定罪处罚。否则，根据《治安管理处罚法》对之给予治安管理处罚。前述"数额较大"是指敲诈勒索公私财物价值达二千元至五千元以上。敲诈勒索行为未达到前述入罪标准的，根据《治安管理处罚法》第五十八条的规定处罚。

实务中需要注意的问题

对于实践中常见的商品打假行为，要注意根据行为的具体表现认定行为性质。在商品打假索赔行为中，可能存在索赔数额巨大或为获取赔偿以举报相威胁等情形。这可能导致商品打假索赔行为与敲诈勒索行为发生混淆。为此，需要严格把握敲诈勒索的构成要件，准确区分二者。敲诈勒索行为包括目的不当与行为不当两项要素。因此，在实践中，要从以下两个层次对行为进行考察。第一步，考察权利主张是否具有正当性。如果行为人享有的权利无可争议，则不属于敲诈勒索行为。如果权利主张有争议，但属于具有可诉性的权利主张，则还需考虑手段是否具有正当性。第二步，考察手段的正当性。主张权利的手段虽欠妥，但其目的是实现自身权利诉求，且行为手段尚为社会常理常情所能容忍接受的行为，不属于敲诈勒索行为。若主张权利的手段超过社会的容忍度，则属于敲诈勒索行为。

案例评析

一、案情简介

张某以"低价代购稀缺商品"为由,通过社交平台骗取三名被害人共计四百八十元。张某虚构商品信息、伪造交易凭证,在收到款项后立即拉黑被害人。案发后,张某退赔全部赃款,且无违法前科。公安机关认定,张某行为属于诈骗行为,根据《治安管理处罚法》第四十九条(对应2025年《治安管理处罚法》第五十八条),对其处十二日治安拘留,并处一千元罚款。

二、案例拆解

本案中,张某的行为构成诈骗,涉案金额四百八十元尚未达到构成诈骗罪的数额较大的标准,应根据《治安管理处罚法》进行处罚。并且,其诈骗数额虽不多,但三次实施诈骗,应属情节较重的情形。

第五十九条 【故意损毁公私财物】

故意损毁公私财物的,处五日以下拘留或者一千元以下罚款;情节较重的,处五日以上十日以下拘留,可以并处三千元以下罚款。

条文释义

本条将原《治安管理处罚法》第四十九条中"故意损毁公私财物"行为剥离出来单独成条,重新设定了该行为的处罚档次和幅度。

本条规定了对故意损毁财物行为的处罚。故意损毁公私财物行为是指故意非法采用砸毁、撕毁、压毁等方式,使财物的实体遭受破坏或功能遭受妨害。需要从以下几个方面对本条进行理解。第一,本行为侵犯的客体是公私财物的所有权或者对所有物功能的妨害。实体遭受破坏是指实物被毁坏,被害人的所有权被侵害。功能遭受妨害是指实物虽未被毁坏,但物无法发挥其正常功能,如放走他人笼中鸟。第二,本行为的客观方面表现为用砸毁、撕毁、压毁等方式损毁公私财物的完整性，使公私财物丧失或部分丧失价值。第三，本行为的主观方面是故意，即行为人明知自己的行为会或可能会使公私财物发生毁坏的结果，仍放任或追求这种结果发生的主观心理态度。

本条规定了两个处罚档次：一般情况下，故意损毁公私财物的，处五日以下拘留或者一千元以下罚款；存在情节较重情形的，处五日以上十日以下拘留，可以并处三千元以下罚款。情节较重一般是指行为人行为的主观恶性较大，如出于泄愤报复等卑劣动机的；手段较为恶劣，如多次实施或在公共场所实施行为的；或造成结果较严重，如造成损失的数额较大或毁坏的是对被害人有特殊意义的物品。

实务中需要注意的问题

实务中，要注意故意毁坏财物行为与故意毁坏财物罪的区分。故意毁坏财物的，视毁坏财物的数额与行为情节的不同，可予以治安管理处罚或刑事处罚。根据《刑法》第二百七十五条对故意毁坏财物罪基本刑的规定，故意毁坏公私财物，数额较大或者有其他严重情节的，处三年以下有期徒刑、拘役或者罚金。对不属于前述情形的故意毁坏公私财物行为，予以治安管理处罚，处五日以下拘留或者一千元以下罚款；情节较重的，处五日以上十日以下拘留，可以并处三千元以下罚款。根据《最高人民检察院、公安部关于公安机关管辖的刑事案件立案追诉标准的规定（一）》第三十三条，故意毁坏公私财物，涉嫌下列情形之一的，应予立案追诉：（1）造成公私财物损失五千元以上的；（2）毁坏公私财物三次以上的；（3）纠集三人以上公然毁坏公私财物的；（4）其他情节严重的情形。

案例评析

一、案情简介

王某因与邻居李某发生口角，深夜持铁棍砸毁李某停放在楼下的轿车，造成车灯、挡风玻璃等部件损坏，经鉴定损毁财物价值三千二百元。

王某无违法前科，案发后主动赔偿李某损失并取得谅解。公安机关依据《治安管理处罚法》第四十九条（对应2025年《治安管理处罚法》第五十九条）对王某处十日治安拘留，并处五百元罚款。

二、案例拆解

王某因邻里纠纷泄愤持铁棍砸毁邻居李某的轿车，构成故意损毁财物的行为。其行为造成的财产损失数额为三千二百元，尚不构成故意毁坏财物罪，但已达到本条规定的情节较重标准，鉴于其案发后主动赔偿李某损失并取得谅解，可在较重处罚档次内从轻处罚，故处十日治安拘留，并处五百元罚款。

第六十条 【对学生欺凌的处理】

以殴打、侮辱、恐吓等方式实施学生欺凌，违反治安管理的，公安机关应当依照本法、《中华人民共和国预防未成年人犯罪法》的规定，给予治安管理处罚、采取相应矫治教育等措施。

学校违反有关法律法规规定，明知发生严重的学生欺凌或者明知发生其他侵害未成年学生的犯罪，不按规定报告或者处置的，责令改正，对其直接负责的主管人员和其他直接责任人员，建议有关部门依法予以处分。

条文释义

本条是2025年修订《治安管理处罚法》时新增的规定，主要考虑到目前校园霸凌等侵害未成年人的校园违法犯罪行为时有发生，通过在法律层面规定处罚、教育机制，对实施学生欺凌的人员进行处罚或矫治教育，并对学校管理人员等不按规定履行对相关案件的报告或者处置义务的行为进行处罚，引导学校合法合规进行处置与报告。

本条规定了对学生欺凌行为、学校不按规定报告或者处置学生欺凌或者侵害犯罪的行为的处罚，其立法目的在于保护未成年在校学生的人身安全等合法权益。本条的理解需要注意以下几个方面：第一，本条第一款是注意性条款、宣示性条款、引致性条款。即本款未就以殴打、侮辱、恐吓等方式实施学生欺凌的行为规定新的处罚内容，而是宣示立法者严厉谴责该行为的立场，强调此类行为应受处罚，并衔接了本款行为与《治安管理处罚法》及《预防未成年人犯罪法》中的相关规定。也就是说，本款并未实质赋予公安机关对以殴打、侮辱、恐吓等方式实施学生欺凌的行为的处罚权限，相关行为应否受到处罚或采取相应矫治教育等措施，应根据《治安管理处罚法》与《预防未成年人犯罪法》中的既有规定来确定。其作用在于指引、提示公安机关，此类行为如符合《治安管理处罚法》相关条款规定的，要依法处罚，不能简单作为普通纠纷处理。

第二，对第二款"违反有关法律法规规定"的理解需注意规范层级与规范内容两个方面。从规范层级看，其对规范层级有一定要求，具体包括法律、行政法规、地方性法规和规章。从规范内容看，相关法规内容应是对学生欺凌或者其他侵害未成年学生的犯罪的报告或者处置义务的规定，对不涉及此类义务的一般性规定的违反，不属于这里的"违反有关法律法规规定"。

第三，第二款针对的案件类型是学生欺凌或者其他侵害未成年学生的犯罪。此类案件严重侵害了未成年在校学生的人身权益，社会关注度高，为此法律对其报告或处置设置了严格的义务性规定。

第四，第二款规定的不按规定报告或者处置应构成对法律义务的实质违反。为了相关案件的妥善处理，法律法规严格设置了报告或者处置的程序性与实体性规定。其中部分规定是为了管理的便利性，如果仅违反此类规定，未对案件报告与处置产生实质影响的，一般也不能直接认定为不按规定报告或者处置。其具体行为类型包括隐瞒不报、处置失当、时间拖延等。

第五，构成第二款规定行为，学校对发生学生欺凌或者其他侵害未成年学生的犯罪应存在明知。对明知的认定应结合相关案件的具体情况和学校相关行为表现综合判定，如果学校存在违规封锁消息，以及掩盖事实、毁灭证据等行为的，可直接认定为存在明知。

第六，第二款规定行为的相应处理措施是责令改正，对其直接负责的主管人员和其他直接责任人员建议有关部门依法予以处分。责令改正，根据公安机关对具体事项的管理（辖）权限不同，是一种行政指导或行政命令。建议有关部门依法予以处分属于行政建议，属于非处罚处理方法。

实务中需要注意的问题

实务中需要谨慎处理合法与违法的界限。学校的类型比较复杂，有义务教育阶段的各类学校，也有高等教育、职业教育阶段的各类院校。一些学校除负责教育教学活动等教学服务工作外，还有一定的行政管理职能，职责义务较为复杂。其对学生欺凌或者其他侵害未成年学生的犯罪的报告和处置，可能涉及其本身的职责义务以及其主管机关的职责权限。因此，在认定该行为时，公安机关需要审慎查明行为性质，对违法与否的认定应结合学校主管机关出具的相关说明等专业意见审慎得出结论。

案例评析

一、案情简介

中学生小伟在本校遭到同学殴打，并被拍成视频上传网络。事后查明，此校园欺凌事件参与者九人，且网络传播的另外一段校园欺凌视频也发生在该校。事件发生后，该中学隐瞒消息和真相，没有及时向当地教育局和公安部门汇报，使此事没有得到及时迅速处理，在社会造成不良影响。当地教育主管部门免去该校校长陈某职务，给予学校教导主任高某降级处分，其他有关人员也受到相应处分。

二、案例拆解

在本案中，发生学生欺凌事件后，学校不及时向当地教育局和公安部门履行报告义务，而是隐瞒消息和真相。其行为属于2025年《治安管理处罚法》规定的应受处理的行为：学校违反有关法律法规规定，明知发生学生欺凌，不按规定报告。此案发生在2025年《治安管理处罚法》修订前，若后续发生此类案件，公安机关可以建议当地教育主管部门作出本案中的相关处分。

第四节　妨害社会管理的行为和处罚

第六十一条　【阻碍依法执行公务】

有下列行为之一的，处警告或者五百元以下罚款；情节严重的，处五日以上十日以下拘留，可以并处一千元以下罚款：

（一）拒不执行人民政府在紧急状态情况下依法发布的决定、命令的；

（二）阻碍国家机关工作人员依法执行职务的；

（三）阻碍执行紧急任务的消防车、救护车、工程抢险车、警车或者执行上述紧急任务的专用船舶通行的；

（四）强行冲闯公安机关设置的警戒带、警戒区或者检查点的。

阻碍人民警察依法执行职务的，从重处罚。

条文释义

本条在原《治安管理处罚法》第五十条的基础上作了修改。一是对"阻碍执行紧急任务的消防车、救护车、工程抢险车、警车等车辆通行的"，增加了"执行上述紧急任务的专用船舶"这一水上交通工具；二是对"强行冲闯公安机关设置的警戒带、警戒区的"，增加了"检查点"；三是提高了罚款的幅度，基本罚由"二百元以下罚款"提升至"五百元以下罚款"，加重处罚中"可以并处五百元以下罚款"提升至"可以并处一千元以下罚款"。

本条规定了对拒不执行紧急状态决定、命令和阻碍执行职务行为的处罚。对本条的理解需注意以下几项要点：第一，拒不执行人民政府在紧急状态情况下依法发布的决定、命令。该行为须具备以下两个条件：（1）采取了拒不执行的行为方式，指在紧急状态下明知人民政府依法发布的决定、命令的内容，而执意不履行其法定义务，一般表现为经劝说、警告或者处罚后仍不履行法定义务。（2）拒不执行的是人民政府在紧急状态情况下依法发布的决定、命令。所谓"紧急状态"是指危及国家和社会正常的法律秩序、对广大人民群众的生命和财产安全构成严重威胁的正在发生的或者迫在眉睫的危险事态。第二，阻碍国家机关工作人员依法执行职务。该行为在客观上必须具备以下三个要件：（1）实施了阻碍行为。（2）阻碍的行为对象必须是国家机关工作人员。所谓"国家机关工作人员"，是指中央及地方各级权力机关、党政机关、司法机关和军事机关以及在依照法律法规规定行使国家行政管理职权的组织中从事公务的人员，或者在受国家机关委托代表国家机关行使职权的组织中从事公务的人员，或者虽未列入国家机关人员编制但在国家机关中从事公务的人员。（3）阻碍的必须是依法执行职务的行为。应当强调的是，本项对阻碍国家机关工作人员依法执行职务行为的方式，没有作出限定，即不要求以暴力、威胁方法为条件，这也是本项规定与《刑法》第二百七十七条妨害公务罪的规定的主要区别。第三，阻碍执行紧急任务的消防车、救护车、工程抢险车、警车或者执行上述紧急任务的专用船舶。该行为必须具备以下三个构成要件：（1）实施了阻碍通行的行为。（2）阻碍通行的对象是消防车、救护车、工程抢险车、警车或者专用船舶。（3）上述交通工具正在执行紧急任务。第四，强行冲闯公安机关设置的警戒带、警戒区或者检查点。该行为必须具备以下两个构成要件：（1）实施了强行冲闯行为。也就是行为人明知道路上设置了警戒带、警戒区、检查点，不准非执行任务的交通工具通行，却不听劝阻，强行通过。（2）冲闯的对象是由公安机关设置的警戒带、警戒区或者检查点。"警戒带"，是指公安机关按照规定装备，用于依法履行职责的在特定场所设置进入范围的专用标志物。"警戒区"，是指公安机关按照规定，在一些特定地方，划定一定的区域限定部分人员出入的地区。

"检查点",是指公安机关统一规划设置、统一标准建设、有固定场所设施,承担安全检查、应急处置、交通管理、服务群众等职能的综合执法勤务机构,包括常设公安检查站和临时公安检查站。

本条划分了两个处罚档次:一般情节,处警告或者五百元以下罚款;情节严重的,处五日以上十日以下拘留,可以并处一千元以下罚款。第二款是对阻碍人民警察依法执行职务的行为从重处罚的规定。适用从重处罚的规定必须符合以下条件:一是行为人阻碍的对象必须是人民警察。阻碍其他执行机关执行职务的行为,适用其他相应条款的规定。二是人民警察必须是在依法执行职务。如果人民警察的行为违反了法律的规定,或者其行为根本就不是执行职务的活动,则不受本款的保护。

实务中需要注意的问题

实践中需注意以下问题:一是"检查点"的法律效力边界。检查点的空间范围包括检查站本体及前方设置的拦截区、引导区(如停车示意牌至站点的路段)。时间效力方面,临时检查点仅在批准时段内有效,超时未撤除的站点不再具备强制检查权。二是民警的明示义务,须着警服或出示警察证,明确告知"依法检查,请配合"。三是强制措施层级,对于一般冲闯,可采取警告、追截措施;对于持械冲闯,可使用警械、武器。四是证据固定,应注意全程录音录像,记录冲闯行为及后果。

案例评析

一、案情简介

×年×月×日 16 时,民警宋某、张某到某小学执勤。16 时 25 分学校放学,学生按照顺序开始离校。当时学校老师高某和副校长王某站在校门中间疏导学生离校,民警宋某、张某和保安周某并排站在学校大门西侧。16 时 35 分左右,有一名男子欲强行进入学校,受到副校长王某和保安周某的劝说与阻拦,该男子不顾劝说与阻拦,对值班人员进行谩骂并用手去推劝阻人员,继续强行向校内闯,民警宋某、张某上前对该男子进行阻拦与劝说，该名男子不听劝说，并对二名民警进行谩骂与踢打。民警将其强行带离现场。经对当时在场人员进行调查取证，在查清事实后，以阻碍国家机关工作人员依法执行职务为由对该名男子作出了行政拘留十日的处罚。

二、案例拆解

本案涉及阻碍执行职务行为的认定与处罚。阻碍执行职务，是指行为人以各种方法和手段，阻挠、妨碍国家机关工作人员依照法律法规规定执行职务的行为。本案中，李某辱骂人民警察，其行为已经构成阻碍公安机关执行职务的违法行为，且属于本法规定的从重处罚情形。故此，公安机关对李某从重处罚是正确的。

第六十二条 【招摇撞骗】

冒充国家机关工作人员招摇撞骗的，处十日以上十五日以下拘留，可以并处一千元以下罚款；情节较轻的，处五日以上十日以下拘留。

冒充军警人员招摇撞骗的，从重处罚。

盗用、冒用个人、组织的身份、名义或者以其他虚假身份招摇撞骗的，处五日以下拘留或者一千元以下罚款；情节较重的，处五日以上十日以下拘留，可以并处一千元以下罚款。

条文释义

本条在原《治安管理处罚法》第五十一条的基础上作了修改。一是提高了处罚力度。将原第一款冒充国家机关工作人员招摇撞骗的，"处五日以上十日以下拘留，可以并处五百元以下罚款"修改为"处十日以上十五日以下拘留，可以并处一千元以下罚款"，将"情节较轻的，处五日以下拘留或者五百元以下罚款"修改为"情节较轻的，处五日以上十日以下拘留"。二是将原第一款中"以其他虚假身份招摇撞骗的"行为单列出来，与"盗用、冒用个人、组织的身份、名义"的行为合并在一起形成新增的第三款内容。即"盗用、冒用个人、组织的身份、名义或者以其他虚假身份招摇撞骗的,处五日以下拘留或者一千元以下罚款;情节较重的,处五日以上十日以下拘留,可以并处一千元以下罚款"。

  本条规定了对招摇撞骗行为的处罚。对本条第一款的理解需注意以下几项要点:第一,必须有"冒充国家机关工作人员"的行为。"冒充国家机关工作人员"是指非国家机关工作人员假冒国家机关工作人员的身份、地位,或者某一国家机关工作人员冒用其他国家机关工作人员的身份、地位的行为。如果行为人既有冒充国家机关工作人员或者其他虚假身份的行为,又有骗取非法利益的行为,但骗取非法利益的行为未以冒充国家机关工作人员或者其他虚假身份为手段的,两行为之间不存在联系,不构成本行为。第二,行为人必须实施了招摇撞骗行为。招摇撞骗行为是指为了谋取非法利益,以假冒的国家机关工作人员身份,利用人们对国家机关工作人员的信任,骗取地位、荣誉、待遇以及玩弄女性等违法活动。这一行为侵犯的是国家机关的威信和公信力以及社会的正常秩序。第三,其违法行为的目的是谋取非法利益。谋取的非法利益既包括物质利益,也包括非物质利益,如政治待遇、经济利益或者荣誉称号等。如果行为人只是出于虚荣心,冒充国家机关工作人员身份,但没有利用国家机关工作人员身份骗取非法利益的,不构成本行为。当然,冒充国家机关工作人员招摇撞骗的行为,只有情节轻微,危害不大的才构成违反治安管理的行为,这也是与《刑法》规定的招摇撞骗罪的区分标准。

  关于本条第三款新增的关于盗用、冒用个人、组织的身份、名义或者以其他虚假身份招摇撞骗行为的规定。"盗用个人、组织的身份",指在需要提供身份证明的活动中,未经个人、组织的允许,擅自以个人身份或组织的名义证明相关信息的行为。"冒用个人、组织的身份",是指在应当提供身份证明的场合,假冒个人、组织的身份进行活动。该行为需发生在"依照国家规定应提供身份证明的活动"中,如乘坐火车、飞机等交通工具,银行开户、签订合同,旅馆登记、网吧上网等。"以其他虚假身份"是指假冒除国家机关工作人员以外的人员的身份,如冒充在社会上具有一定影响力的律师、记者、教授、企业家等身份和头衔进行炫耀。

本条第三款划分了两个处罚档次：一般情节，处五日以下拘留或一千元以下罚款，如初次冒用身份住宿、骗吃骗喝未造成损失；情节较重，处五日至十日拘留，可并处一千元以下罚款。"情节较重"的认定可以从物质利益的价值或骗取的荣誉、职务等非物质利益，行为的频次，危害后果及身份敏感性等方面考量。关于冒充军警人员招摇撞骗，从重给予治安管理处罚的规定，主要是考虑到人民警察、人民解放军都肩负着保卫、维护国家安全，维护社会稳定，保护公民的人身、财产安全的职责，与人民群众的生活和社会治安秩序有着密切的关系，有必要对人民警察和人民解放军的形象和威信给予特别保护，这与《刑法》规定的精神也是相一致的。

实务中需要注意的问题

实践中，本条规定行为罪与非罪的区别主要看行为情节是否显著轻微，具体可从如下几个方面考量：（1）次数。如果多次进行招摇撞骗，可以作为情节严重的事实依据；如果只是偶尔为之，并且后果不严重的，可以不认为是犯罪。（2）结果。不仅要看行为有形的结果，如骗取财物的多少，骗吃骗喝的总价金，骗取娱乐消费的总价款等，还要看无形的结果，如对国家机关的威信和正常活动的影响、破坏程度，冒充的领导的地位高低、社会影响大小等。（3）手段。看只具有单纯的哄骗、蒙蔽行为，还是利用了伪造、变造、盗窃而来的工作证件、公信证明、制服、徽章等工具。行为人采取的手段越复杂，其主观恶性越大，社会危害性就越大。（4）骗取利益的性质。骗取某种政治待遇、荣誉待遇的社会危害性应严重于骗取物质利益，因为前种行为对国家机关正常活动的破坏性更大；骗取"爱情"，玩弄异性的社会危害性应严重于骗取物质利益，因为前者行为对被骗者的名誉、心理可能造成很大损害，不是一般的物质利益可以弥补的。（5）是否有冒用职权的行为。招摇撞骗中，行为人除有冒充身份行为，还冒用职权的，其社会危害性严重于仅冒充身份行为的。

案例评析

一、案情简介

×年×月×日,陈某提前从淘宝购买了城管制服,到某市场准备招摇撞骗,被正在执法的城管队员及时发现并报警。民警通过查看陈某手机,发现其曾通过各类短视频平台发布自己身穿城管制服录制的视频。经民警询问,陈某承认自己以前只是发布了视频,这次来到市场打算招摇撞骗,但是还没骗到钱就遇到了真城管。公安机关根据原《治安管理处罚法》第五十一条第一款(对应2025年《治安管理处罚法》第六十二条第一款)的规定,给予陈某五百元罚款的处罚。

二、案例拆解

本案涉及招摇撞骗违反治安管理行为的认定与处罚。招摇撞骗,是指为谋取非法利益,冒充国家机关工作人员或者以其他虚假身份招摇撞骗,尚不够刑事处罚的行为。本案中,陈某冒充城管执法人员在市场进行招摇撞骗,欲获得不法利益,因其未取得实际收益,也未造成他人财物损失或者其他危害后果,属于招摇撞骗情节较轻的情形。根据原《治安管理处罚法》的规定,"情节较轻的,处五日以下拘留或者五百元以下罚款",该处罚合情合理。2025年修订的《治安管理处罚法》实施后,此种情形将会在五日以上十日以下拘留幅度内量罚。

第六十三条 【伪造、变造、买卖、出租、出借公文、证件、证明文件、印章,伪造、变造、倒卖有价票证、船舶户牌等】

有下列行为之一的,处十日以上十五日以下拘留,可以并处五千元以下罚款;情节较轻的,处五日以上十日以下拘留,可以并处三千元以下罚款:

(一)伪造、变造或者买卖国家机关、人民团体、企业、事业单位或者其他组织的公文、证件、证明文件、印章的;

（二）出租、出借国家机关、人民团体、企业、事业单位或者其他组织的公文、证件、证明文件、印章供他人非法使用的；

（三）买卖或者使用伪造、变造的国家机关、人民团体、企业、事业单位或者其他组织的公文、证件、证明文件、印章的；

（四）伪造、变造或者倒卖车票、船票、航空客票、文艺演出票、体育比赛入场券或者其他有价票证、凭证的；

（五）伪造、变造船舶户牌，买卖或者使用伪造、变造的船舶户牌，或者涂改船舶发动机号码的。

条文释义

本条在原《治安管理处罚法》第五十二条的基础上作了修改。一是提高了罚款的幅度；二是新增了"出租、出借国家机关、人民团体、企业、事业单位或者其他组织的公文、证件、证明文件、印章供他人非法使用"的条款，是对原有法律空白的填补，旨在遏制证件滥用乱象，强化社会信用体系；三是修补法律漏洞，第三项增加了"印章"。

本条规定了对伪造、变造、买卖、出租、出借公文、证件、证明文件、印章、票证行为的处罚。对本条的理解需注意以下几项要点：第一，伪造、变造或者买卖国家机关、人民团体、企业、事业单位或者其他组织的公文、证件、证明文件、印章的行为。"伪造"，是指无制作权的人，冒用有关机关、团体等单位的名义，非法制作国家机关、人民团体、企业、事业单位或者其他组织的公文、证件、证明文件、印章的行为。"变造"，是指用涂改、擦消、拼接等方法，对真实的公文、证件、证明文件、印章进行改制，变更其原来真实内容的行为。"买卖"是指为了某种目的，非法购买或者销售国家机关、人民团体、企业、事业单位或者其他组织的公文、证件、证明文件、印章的行为。本项规定的"公文、证件、证明文件、印章"都是指真实、有效的公文、证件、证明文件、印章。第二，出租、出借国家机关、人民团体、企业、事业单位或者其他组织的公文、证件、证明文件、印章供他人非法使用的。所谓"出租",是指以牟利为目的,将公文、证件、证明文件、印章有偿交予他人在一定时间内非法使用。如公司将营业执照以每月固定的费用租给无资质的个人经营餐饮;个人将居民身份证租给他人用于注册公司或办理贷款,收取报酬等。所谓"出借",是指将公文、证件、证明文件、印章无偿交予他人在一定时间内非法使用。如企业法定代表人将食品经营许可证借给朋友开店使用,未收费;个人将身份证借给亲戚办理手机卡或注册网络账号等。无论是否获利,均不影响违法性认定。常见的"非法使用"包括欺诈行为、逃避监管、资金非法流转、伪造资质等。第三,买卖或者使用伪造、变造的国家机关、人民团体、企业、事业单位或者其他组织的公文、证件、证明文件、印章的行为。"使用伪造、变造"的公文、证件、证明文件、印章,是指行为人明知其所用的公文、证件、证明文件、印章是虚假的,是经过伪造或者变造的,而继续使用,欺骗他人的行为。第四,伪造、变造或者倒卖车票、船票、航空客票、文艺演出票、体育比赛入场券或者其他有价票证、凭证的行为。"其他有价票证、凭证",是指类似于车票、船票、航空客票、文艺演出票、体育比赛入场券的,代表一定数额现金的证明票据,如各种营业性质的展览的入场券。第五,伪造、变造船舶户牌,买卖或者使用伪造、变造的船舶户牌,或者涂改船舶发动机号码的行为。"船舶",是指各类排水或者非排水的船、艇、筏、水上飞行器、潜水器、移动式平台以及其他水上移动装置。

实务中需要注意的问题

实践中需要注意:一是原《治安管理处罚法》对出租、出借行为缺乏直接规制,仅能通过《刑法》第二百八十条规定的伪造、变造、买卖国家机关公文、证件、印章罪,或《市场主体登记管理条例》第三十七条关于禁止出租、出借营业执照的规定等零散条款处理,行政处罚力度弱,如出借营业执照给他人用于无证经营,尚不够刑事处罚的,仅能予以罚款处罚,2025年《治安管理处罚法》修订后可处拘留。二是实践中常见的出租、出借形式,针对个人的,主要有职业资格证挂靠、出借身份证注册公司等；针对企业的，主要有出租特许经营许可证、出借公章对外担保等。三是注意把握"情节严重"的认定标准，如违法所得金额、社会危害等级等。同时，要建立跨部门证件共享平台，公安机关、市场监管部门、税务部门合力实现动态监管。

第六十四条 【船舶擅自进入、停靠国家禁止、限制进入的水域或者岛屿】

船舶擅自进入、停靠国家禁止、限制进入的水域或者岛屿的，对船舶负责人及有关责任人员处一千元以上二千元以下罚款；情节严重的，处五日以下拘留，可以并处二千元以下罚款。

条文释义

本条对原《治安管理处罚法》第五十三条中的处罚幅度作了修改，对符合基础情节的处罚由原来的处五百元以上一千元以下罚款，提升至"一千元以上二千元以下罚款"；情节较重的，由原来的处五日以下拘留，并处五百元至一千元以下罚款，修改为"处五日以下拘留，可以并处二千元以下罚款"。

本条规定了船舶擅自进入、停靠国家管制的水域、岛屿行为的处罚。对本条的理解需注意以下几个要点：第一，"禁止进入、停靠"，是指未经批准，一概不准进入、停靠。第二，"限制进入、停靠"，是指对进入、停靠设定一定的条件，比如，特定时期或者对船舶自身条件的要求，符合条件的才准进入、停靠。最常见的限制是对船舶吃水、船舶类型等的限制，或者禁渔期的限制。第三，国家管制的水域、岛屿主要依据2000年5月1日起施行的《公安部沿海船舶边防治安管理规定》以及各省颁布的地方性法规或规章确定。《公安部沿海船舶边防治安管理规定》第十三条规定，各类船舶进出港口时，除依照规定向渔港监督或者各级海事行政主管部门办理进出港签证手续外，还应当办理进出港边防签证手续。进出非本船籍港时，必须到当地公安边防部门或者其授权的船舶签证点，办理签证手续，接受检查。第十七条规定，出海船舶和人员不得擅自进入国家禁止或者限制进入的海域或者岛屿，不得擅自搭靠外国籍或者香港、澳门特别行政区以及台湾地区的船舶。第四，本行为的主体是有上述这些行为的船舶负责人及有关责任人员。船舶负责人是指船长或者船主。其他有关责任人员是指其他负责具体驾驶船舶的操作人员，如大副、轮机长等。本行为的违法过程中，不乏外国人或无国籍人成为违法主体。

本条划分了两个处罚档次：一般情节，对船舶负责人及有关责任人员处一千元以上二千元以下罚款；情节严重的，处五日以下拘留，可以并处二千元以下罚款。情节严重，是指擅自进入、停靠国家禁止、限制进入的水域或者岛屿，经管理人员要求驶离后，仍拒不驶离，或者多次进入、停靠国家禁止、限制进入的水域或者岛屿等情形。

实务中需要注意的问题

实践中要注意"擅自进入"与"擅自停靠"的区分："进入"是船舶整体驶入禁区水域，无论是否停泊，侧重行为的危险性；"停靠"是指在禁区内锚泊、靠岸或装卸物资，侧重实际危害后果。另外，实践中可以建立水域禁区电子围栏系统，实时推送警示信息，联合海警、海事部门开展禁区联合巡航，降低误入风险。

第六十五条　【社会组织非法活动，擅自经营需公安许可行业】

有下列行为之一的，处十日以上十五日以下拘留，可以并处五千元以下罚款；情节较轻的，处五日以上十日以下拘留或者一千元以上三千元以下罚款：

（一）违反国家规定，未经注册登记，以社会团体、基金会、社会服务机构等社会组织名义进行活动，被取缔后，仍进行活动的；

（二）被依法撤销登记或者吊销登记证书的社会团体、基金会、社会服务机构等社会组织，仍以原社会组织名义进行活动的；

（三）未经许可，擅自经营按照国家规定需要由公安机关许可的行业的。

有前款第三项行为的，予以取缔。被取缔一年以内又实施的，处十日以上十五日以下拘留，并处三千元以上五千元以下罚款。

取得公安机关许可的经营者，违反国家有关管理规定，情节严重的，公安机关可以吊销许可证件。

条文释义

本条在原《治安管理处罚法》第五十四条的基础上作了修改。一是提升罚款处罚的额度；二是扩大社会组织的范围，明确将基金会、社会服务机构等纳入本条处罚范畴；三是新增从重处罚的内容，即社会组织被取缔一年内又实施本条规定的违法行为的，处十日以上十五日以下拘留，并处三千元以上五千元以下罚款。

本条第一款规定了对社会组织非法活动行为的处罚。对本款的理解需注意以下几个要点：第一，违反国家规定，未经注册登记，以社会团体、基金会、社会服务机构等社会组织名义进行活动，被取缔后仍进行活动的行为。所谓"社会团体"，是指中国公民自愿组成，为实现会员共同意愿，按照其章程开展活动的非营利性社会组织。国家机关以外的组织可以作为单位会员加入社会团体。社会团体的名称后缀多为学会、协会、研究会、促进会、联谊会、联合会、商会等。所谓"基金会"，是指利用自然人、法人或者其他组织捐赠的财产，以从事公益慈善事业为目的，按照《基金会管理条例》的规定成立的非营利性法人，名称后缀为基金会。所谓"社会服务机构"（民办非企业单位），是指企业事业单位、社会团体和其他社会力量以及公民个人利用非国有资产举办的，从事非营利性社会服务活动的社会组织。如各类民办学校、医院、文艺团体、科研院所、体育场馆、

第三章 违反治安管理的行为和处罚

职业培训中心、福利院、人才交流中心等。本项规定予以处罚的行为，指的就是违反国家关于社会组织管理、登记等方面的规定，未经注册，在被国家有关部门取缔后，仍以社会组织的名义进行活动。这一规定包含两层意思：一是违法行为人未经注册，擅自以社会团体、基金会、社会服务机构等社会组织名义进行活动，这是一种严重违反国家有关社会组织管理的规定的行为，应由登记管理机关即民政部门予以取缔，没收非法财产。二是在被国家有关部门取缔后，仍进行活动。第二，被依法注销登记或者吊销登记证书的社会组织仍以原社会组织的名义进行活动的行为。根据《社会团体登记管理条例》、《基金会管理条例》、《民办非企业单位登记管理暂行条例》的规定，这一行为是指社会组织在当初成立时，依法进行过登记，但在开展活动过程中，严重违反了国家关于社会组织管理的规定，受到有关主管部门予以撤销登记或者吊销登记证书的处罚，但违法行为人在被撤销登记或者吊销登记证书后仍然以原社会组织名义进行活动。第三，违反国家关于审批、许可方面的有关规定，擅自经营按照国家规定需要由公安机关许可的行业的行为。根据现行国家有关法律法规的规定，需要由公安机关许可的行业主要包括：经营保安服务业、设立保安培训机构，经营旅馆业、公章刻制业、典当业、爆破作业等。

根据本条第一款规定，违反国家规定，未经注册登记以社会组织名义进行活动，被取缔后，仍进行活动，或者被依法撤销登记、吊销登记证书的社会组织仍以社会组织名义进行活动，或者未经许可，擅自经营按照国家规定需要由公安机关许可的行业的，处十日以上十五日以下拘留，可以并处五千元以下罚款；情节较轻的，处五日以上十日以下拘留或者一千元以上三千元以下罚款。

根据本条第二款规定，社会组织被取缔一年内又实施本条规定的违法行为的，处十日以上十五日以下拘留，并处三千元以上五千元以下罚款。"一年以内"是指自取缔决定生效之日起十二个月内。"又实施"需满足两项核心条件：一是同一性，再次实施的行为需与首次被取缔的行为性质相同，如继续以原组织名义活动；二是持续性，即主观上明知取缔决定仍故意为之，且客观上已开展活动，如招募会员、收取费用等。本款旨在通过加重处罚体现对屡教不改者恶意违法行为的严厉惩戒。

根据本条第三款规定，取得公安机关许可的经营者，违反国家有关管理规定，情节严重的，公安机关可以吊销许可证件。

实务中需要注意的问题

实践中公安机关需注意：一是建立"取缔行为档案"，以便追踪再犯风险；二是对再犯行为优先调查是否涉及其他犯罪，避免以罚代刑；三是对于社会组织的状态，要以民政部门登记为准，可通过"中国社会组织政务服务平台"查询社会组织的合法性。

实践中，区分非法以社会组织名义活动行为与构成犯罪可以关注以下两点：一是行为的情节和危害后果。违反社会组织登记管理规定的行为，如果同时有其他违法犯罪活动，则应依法追究其他法律责任。二是社会组织的性质和宗旨如何。如果进行活动的社会组织，其宗旨和目的是进行分裂国家、破坏祖国统一、颠覆国家政权、推翻社会主义制度的活动，从事间谍活动、恐怖活动或者其他犯罪活动的，则应当依法追究刑事责任。

案例评析

一、案情简介

某县民俗研究会成立后，活动频繁，在当地影响较大。其领导人为了扩大影响，打出了"中华民俗研究会"的招牌。其主要领导人还印制了"中华民俗研究会会长"等名片，并以"中华民俗研究会"的名义多次发函邀请知名学者参与其活动。但其举办的活动与之标榜的情况相差甚远，很多学者认为其是一种欺诈活动。后有人向公安机关举报，公安机关依法对其作出取缔决定。但取缔之后第二年，该研究会的组织者又开始私下筹划活动，并以"中华民俗研究会"的名义继续向外界发函。经公安机关深入调查，该"中华民俗研究会"只是由某县民俗研究会筹划的一个小型社团，名不副实。而且，该研究会的设立没有履行相关程序，未依法注册登记，因此应当予以取缔。其组织者在该研究会被取缔后仍然以其名义活动，依据《治安管理处罚法》第五十四条（对应2025年《治安管理处罚法》第六十五条）之规定，应当予以十日治安拘留，并处一千元罚款。

二、案例拆解

本案涉及非法以社团名义活动的认定与处罚。非法以社团名义活动，是指违反国家规定，未经注册登记，以社会团体名义进行活动，被取缔后仍进行活动的行为。本案中，"中华民俗研究会"未依法注册登记而从事活动，在被取缔后第二年又以其名义活动，已经构成非法以社团名义活动。故此，公安机关对组织者予以治安处罚是正确的。

第六十六条 【煽动、策划非法集会、游行、示威】

煽动、策划非法集会、游行、示威，不听劝阻的，处十日以上十五日以下拘留。

条文释义

本条对应原《治安管理处罚法》第五十五条，2025年修订《治安管理处罚法》时未对本条进行修改。

本条规定了对非法集会、游行、示威行为的处罚。对本条的理解需注意以下几个要点：第一，行为主体是非法集会、游行、示威煽动者、策划者。第二，行为对象是非法的集会、游行、示威活动。所谓"集会"，是指聚集于露天公共场所，发表意见、表达意愿的活动。所谓"游行"是指在公共道路、露天公共场所列队行进、表达共同意愿的活动。所谓"示威"，是指在露天公共场所或者公共道路上以集会、游行、静坐等方式，表达要求、抗议或者支持、声援等共同意愿的活动。对公民这些民主权利的行使，法律、行政法规等都作了明确的规定，违反国家法律法规的规定而擅自进行的集会、游行、示威活动，就是本条所说的非法集会、游行、示威。第三，不听劝阻。对于那些在受到国家有关机关制止后，主动停止自己行为，避免了其不法行为带来的社会危害后果的，不适用治安管理处罚。

实务中需要注意的问题

实践中需要注意，对煽动、策划非法集会、游行、示威，不听劝阻的行为方式，没有作具体规定。也就是说，煽动者、策划者无论是以网络信息的方式，还是以手机短信的方式或者其他任何方式，只要是实施了煽动、策划非法集会、游行、示威的不法行为，且不听国家有关部门的劝阻的，均按照本条规定给予十日以上十五日以下拘留，表明了国家对这一严重危害社会稳定的行为的严厉惩处态度。

第六十七条 【旅馆业工作人员违反治安管理规定】

从事旅馆业经营活动不按规定登记住宿人员姓名、有效身份证件种类和号码等信息的，或者为身份不明、拒绝登记身份信息的人提供住宿服务的，对其直接负责的主管人员和其他直接责任人员处五百元以上一千元以下罚款；情节较轻的，处警告或者五百元以下罚款。

实施前款行为，妨害反恐怖主义工作进行，违反《中华人民共和国反恐怖主义法》规定的，依照其规定处罚。从事旅馆业经营活动有下列行为之一的，对其直接负责的主管人员和其他直接责任人员处一千元以上三千元以下罚款；情节严重的，处五日以下拘留，可以并处三千元以上五千元以下罚款：

（一）明知住宿人员违反规定将危险物质带入住宿区域，不予制止的；

（二）明知住宿人员是犯罪嫌疑人员或者被公安机关通缉的人员，不向公安机关报告的；

> (三)明知住宿人员利用旅馆实施犯罪活动,不向公安机关报告的。

条文释义

本条在原《治安管理处罚法》第五十六条的基础上作了较大的修改。一是将承担责任的主体由原来的"旅馆业的工作人员"变更为对旅馆"直接负责的主管人员和其他责任人员"。二是新增两种违反旅馆经营管理规定的行为,即"为身份不明、拒绝登记身份信息的人提供住宿服务的","明知住宿人员利用旅馆实施犯罪活动,不向公安机关报告的"。三是新增一款规定旅馆业经营者未按规定对客户身份进行查验,或者为身份不明、拒绝身份查验的客户提供服务的,若行为妨害反恐工作,需优先适用《反恐怖主义法》。新增衔接条款通过严惩措施倒逼行业主体履行反恐义务,构建反恐法律体系,筑牢安全防线。四是对于不按规定登记住宿旅客有效信息,或者为身份不明、拒绝登记身份信息的人提供住宿的行为,罚款额度由原来的"二百元以上五百元以下"提升至"五百元以上一千元以下",对于情节较轻的,处警告或者五百元以下罚款,新增了"警告"这一处罚种类。五是对于不制止住宿旅客带入危险物质,明知住宿旅客是犯罪嫌疑人不报,明知住宿人员利用旅馆实施犯罪活动不报的行为,罚款额度由原来的"二百元以上五百元以下"提升至"一千元以上三千元以下",情节严重的,由原来的"处五日以下拘留,可以并处五百元以下罚款"提升为"处五日以下拘留,可以并处三千元以上五千元以下罚款"。六是严密法条的相关表述,如将"住宿的旅客"修改为"住宿人员",将"身份证件种类和号码"限定为"有效"的身份证件种类和号码,将原法条中登记住宿旅客的姓名、身份证件种类和号码三种信息种类加"等"字予以扩展。这一扩展旨在通过严格旅馆业登记制度防范违法犯罪活动,保障公共安全。

本条规定了对从事旅馆经营活动人员违反规定行为的处罚。对本条的理解需注意以下几个要点：第一，对住宿的旅客不按规定登记姓名、有效的身份证件种类和号码等信息的。根据《旅馆业治安管理办法》，旅馆接待旅客住宿必须登记，登记时，应当查验旅客的身份证件，按规定的项目如实登记。接待境外旅客住宿，应当在二十四小时内向公安机关报送住宿登记表。第二，为身份不明、拒绝登记身份信息的人提供住宿服务的。所谓"身份不明"是指无任何证件、证件信息无法验证真伪、人证明显不符且无法合理解释等情形。为拒绝登记身份信息的人提供服务，是指明知对方拒绝登记仍默许入住，以"钟点房"、"熟人介绍"等理由规避登记等。第三，明确本法和《反恐怖主义法》的适用。仅当行为"妨害反恐怖主义工作"时，才优先适用《反恐怖主义法》；对日常工作中发现的不履行治安防范责任的行为适用本法。《反恐怖主义法》第二十一条规定，住宿业务经营者、服务提供者，应当对客户身份进行查验。对身份不明或者拒绝身份查验的，不得提供服务。第八十六条规定，住宿业经营者、服务提供者未按规定对客户身份进行查验，或者对身份不明、拒绝身份查验的客户提供服务的，由主管部门处十万元以上五十万元以下罚款，并对其直接负责的主管人员和其他直接责任人员处十万元以下罚款。两部法律在同类违法行为的定性和处罚力度上存在较大差异：旅馆不登记旅客信息的行为，在《治安管理处罚法》中仅处五百元以下罚款（情节较轻）或五百元以下一千元以下罚款（一般情节）；但若适用《反恐怖主义法》第八十六条，则对单位处十万元以上五十万元以下罚款，对相关责任人处十万元以下罚款。实践中应防止执法扩大化，明确反对将一切治安问题"升格"为反恐案件，强调仅针对真实反恐场景适用重罚，避免"轻过重罚"挫伤社会活力。除此之外，适用《反恐怖主义法》处罚时，公安机关需证明行为与恐怖风险的直接因果关系（如入住人员确系涉恐嫌疑人）。被处罚者有权对适用《反恐怖主义法》的决定提出行政复议或诉讼，法院需审查存在妨害反恐行为的实质证据。第四，明知住宿人员违反规定将危险物质带入住宿区域，不予制止的。本项规定的法律责任要求是明确的：主观上必须是明知，包括实际知情或应知，如安检设备报警未核查。"危险物质"是指具有爆炸性、毒害性、放射性、腐蚀性的物质，如烟花爆竹、管制刀具、剧毒化学品等。"不予制止"表现为未口头警告、未要求寄存、未报告警方、未拒绝入住等。第五，明知住宿人员是犯罪嫌疑人员或者被通缉的人员，不向公安机关报告的。可以认定为"明知"的情形，如公安机关已发布协查通报，人脸识别系统报警，登记时身份证核验显示"在逃"等。"不报告"的认定，是指未拨打110、未向辖区派出所报备、删除或隐瞒登记记录等。第六，明知住宿人员利用旅馆实施犯罪活动，不向公安机关报告的。实践中，利用旅馆进行卖淫、嫖娼、吸毒、赌博、诈骗、非法拘禁等是较为常见的违法犯罪形式。

根据本条第一款规定，不按规定登记住宿人员有效信息的，或者为身份不明、拒绝登记身份信息的人提供住宿服务的，对其直接负责的主管人员和其他直接责任人员的处罚分为两档：针对一般情节，处五百元以上一千元以下罚款；情节较轻的，处警告或五百元以下罚款，如初次违法且未造成后果，登记信息存在笔误但能及时更正，配合公安机关核查并主动补登，在公安机关检查中主动提供监控录像、登记台账等证据。

根据本条第三款规定，明知住宿人员违反规定将危险物质带入住宿区域，不予制止的，明知是犯罪嫌疑人员或者被公安机关通缉的人员，或者明知住宿人员利用旅馆实施犯罪活动，不向公安机关报告的，对其直接负责的主管人员和其他直接责任人员的处罚分为两档：针对一般情节，处一千元以上三千元以下罚款；情节严重的，处五日以下拘留，并处三千元以上五千元以下罚款。"情节严重"，如造成人身伤害、窝藏重案逃犯、多次不报告犯罪活动等。

案例评析

一、案情简介

×年×月×日，某市民警周某在工作中查询治安综合管理平台旅馆业信息模块时，发现该市区某盛旅店、某安旅店和某泽旅店未按公安机关规定上传住宿旅客信息，即指派辖区派出所立即出警赶往上述三家旅店，将旅店值班工作人员赵某、钱某、孙某依法传唤到派出所。经询问得知旅店工作人员没有按规定登记住宿的旅客信息，故根据《治安管理处罚法》第五十六条（对应2025年《治安管理处罚法》第六十七条）的规定，对上述三家旅店工作人员分别处以二百元的罚款。

二、案例拆解

本案涉及旅馆业违法行为的认定与处罚。根据《旅馆业治安管理办法》，旅馆接待旅客住宿必须登记，登记时，应当查验旅客的身份证件，按规定的项目如实登记。本案中，某盛旅店、某安旅店和某泽旅店未按公安机关规定上传住宿旅客信息。故此，公安机关对相关责任人员予以治安处罚是正确的。

第六十八条 【房屋出租人违反治安管理规定】

房屋出租人将房屋出租给身份不明、拒绝登记身份信息的人的，或者不按规定登记承租人姓名、有效身份证件种类和号码等信息的，处五百元以上一千元以下罚款；情节较轻的，处警告或者五百元以下罚款。

房屋出租人明知承租人利用出租房屋实施犯罪活动，不向公安机关报告的，处一千元以上三千元以下罚款；情节严重的，处五日以下拘留，可以并处三千元以上五千元以下罚款。

条文释义

本条在原《治安管理处罚法》第五十七条的基础上作了修改。一是严密法条相关术语的表达，如将"无身份证件的人"修改为"身份不明、拒绝登记身份信息的人"；将"身份证件种类和号码"限定为"有效"的身份证件种类和号码；在原法条"承租人的姓名、身份证件种类和号码"三种信息种类后加"等"字予以扩展；将利用出租房屋"进行"犯罪活动修改为利用出租房屋"实施"犯罪活动。二是针对将房屋出租给身份不明、拒绝登记身份信息的人,不按规定登记承租人有效信息的行为增加"情节较轻的,处警告或者五百元以下罚款"的处罚;一般情节的处罚,由原来的"二百元以上五百元以下罚款"提升至"五百元以上一千元以下罚款"。三是针对明知承租人利用出租屋实施犯罪不报的行为,提升罚款的处罚额度,一般情节,由"二百元以上五百元以下罚款"提升至"一千元以上三千元以下罚款";情节严重的,由"处五日以下拘留,可以并处五百元以下罚款"提升至"处五日以下拘留,可以并处三千元以上五千元以下罚款"。

本条规定了对违法出租房屋行为的处罚。对本条的理解需注意以下几个要点:第一,将房屋出租给身份不明、拒绝登记身份信息的人的。《租赁房屋治安管理规定》第七条规定,不准将房屋出租给无合法有效证件的承租人。对于承租人提供的身份证件是否合法、有效,法律并没有要求房屋出租人查明其真伪,但对于非常明显的伪造的身份证件,房屋出租人应当及时向公安机关反映,从而保障自己的权益,消除治安隐患,维护社会稳定。第二,不按规定登记承租人姓名、有效身份证件种类和号码等信息的。《租赁房屋治安管理规定》第七条规定了房屋出租人的治安责任,即应对承租人的姓名、性别、年龄、常住户口所在地、职业或者主要经济来源、服务处所等基本情况进行登记并向公安派出所备案。房屋出租人掌握了解承租人基本情况的一个重要手段就是将承租人提供的身份证件种类和号码等信息进行登记,这是房屋出租人应当履行的职责。第三,房屋出租人明知承租人利用出租房屋实施犯罪活动的。对此,出租人主观上必须是明知。房屋出租人对房屋承租人利用出租房屋进行的犯罪活动不知道的,不属于本条规定的行为。第四,承租人是利用出租人出租的房屋实施违法犯罪活动,如承租人利用其承租的房屋进行组织、介绍、容留他人卖淫或者开设赌场进行赌博等犯罪活动。如果承租人实施的犯罪活动不是在其承租的房屋里进行,而是在其他地点,房屋出租人没有报告的,也不属于本条规定的处罚行为。第五,不向公安机关报告。发现承租人利用出租房屋进行犯罪活动,及时向公安机关报告,是房屋出租人应当履行的法定义务，违反该义务应当承担法律责任。"不报告"表现为未拨打110、删除监控、向租客通风报信、伪造租赁合同等。

实务中需要注意的问题

实践中要注意明知承租人利用出租房屋进行犯罪活动不报告的行为与明知是犯罪的人而为其提供出租房屋行为的区分。二者的区别在于明知承租人是有犯罪行为的人的时间是在租房前还是租房后。如果在将房屋出租之后才发现承租人是有犯罪行为的人，则按明知承租人利用出租房屋进行犯罪活动不向公安机关报告的行为认定法律责任。

按《关于进一步加强和改进出租房屋管理工作有关问题的通知》规定，明知是有犯罪行为的人而为其提供出租房屋，帮助其逃避或者为其作假证明的，由公安部门依照窝藏、包庇罪追究刑事责任。如果明知是有犯罪行为的人而提供出租房屋，并且事前有通谋的，出租人与有犯罪行为的人就其所犯的罪构成共同犯罪。

另外，"情节严重"的认定，可以从以下几个方面考量：（1）危害后果。如出租屋发生命案、爆炸等恶性事件，租客利用房屋实施跨境诈骗、制毒等重大犯罪。（2）主观恶性。如收受贿赂故意隐瞒，收取"封口费"，被警告后仍不整改或伪造证据等，主观恶性较大。（3）社会影响。如案件引发媒体曝光或群体性事件，出租屋成电信诈骗窝点致多人受骗等。

案例评析

一、案情简介

某市某区一房东将房屋出租后，未登记承租人身份信息，也未定期检查房屋使用情况。后该出租屋被用作电信诈骗窝点，犯罪嫌疑人利用该场所实施诈骗，导致多名受害人财产损失。经查，房东曾收到邻居关于"租客频繁搬运电脑设备、夜间亮灯异常"的投诉，但未向公安机关报告。警方破获案件后，根据《治安管理处罚法》第五十七条（对应2025年《治安管理处罚法》第六十八条）对房东以未登记信息、明知犯罪不报告合并处罚，处行政拘留五日，并处罚款五百元。

二、案例拆解

本案中，该房东未登记承租人身份信息的行为，构成本条规定的不按规定登记承租人姓名、有效身份证件种类和号码等信息的行为，且其在收到邻居关于"租客频繁搬运电脑设备、夜间亮灯异常"的投诉后，疏于履行检查义务，属于情节严重的情形。不按规定登记行为与明知犯罪不报告行为之间存在牵连关系，重行为吸收轻行为。

第六十九条 【特定行业经营者未按照规定登记信息】

娱乐场所和公章刻制、机动车修理、报废机动车回收行业经营者违反法律法规关于要求登记信息的规定，不登记信息的，处警告；拒不改正或者造成后果的，对其直接负责的主管人员和其他直接责任人员处五日以下拘留或者三千元以下罚款。

条文释义

本条是 2025 年修订《治安管理处罚法》时新增的规定。增加该规定主要是考虑防控治安风险，娱乐场所易滋生"黄赌毒"，公章刻制业可能被用于伪造公文，机动车修理、报废机动车回收行业易成为销赃渠道。要求登记信息，可建立溯源机制，阻断违法犯罪链条。

本条规定是对娱乐场所与特种行业不依法登记信息行为的处罚。对本条的理解需注意以下几个要点：第一，根据相关法律规定，娱乐场所和特种行业有登记信息的法定义务。(1) 娱乐场所需要登记的信息。根据《娱乐场所管理条例》第二十五条规定，娱乐场所应当与从业人员签订文明服务责任书，并建立从业人员名簿；从业人员名簿应当包括从业人员的真实姓名、居民身份证复印件、外国人就业许可证复印件等内容。娱乐场所应当建立营业日志，记载营业期间从业人员的工作职责、工作时间、工作地点；营业日志不得删改，并应当留存六十日备查。(2) 公章刻制业需要登记的信息。根据《印铸刻字业暂行管理规则》第五条规定，公章刻制经营者应当核验刻制公章的证明材料，采集用章单位、公章刻制申请人的基本信息，并应当在刻制公章后一日内，将用章单位、公章刻制申请人等基本信息及印模、刻制公章的证明材料报所在地县级人民政府公安机关备案。凡经营印铸刻字业者，均需备制营业登记簿，以备查验。（3）机动车修理业、报废机动车回收业需要登记的信息。根据《机动车修理业、报废机动车回收业治安管理办法》第七条规定，机动车修理企业和个体工商户承修机动车应如实登记下列项目：按照机动车行驶证项目登记送修车辆的号牌、车型、发动机号码、车架号码、厂牌型号、车身颜色；车主名称或姓名、送修人姓名和居民身份证号码或驾驶证号码；修理项目（事故车辆应详细登记修理部位）；送修时间、收车人姓名。

第二，行业经营者"不依法登记"的情形，实践中包括：（1）完全未登记，例如，娱乐场所对从业人员从未实名登记、印章店未备案公章。（2）登记信息不实或不全，如机动车维修店登记客户车辆号牌有误。（3）拒不更新或保存信息，如拒不保存娱乐场所营业日志。（4）拒绝监管核查，如公安机关检查时无法提供登记台账，或阻挠信息调取。第三，"拒不改正"是指经警告后再次违法或未整改；"造成后果"，如登记缺失导致侦办案件受阻或违法犯罪得逞。

实务中需要注意的问题

实践中需注意，《印铸刻字业暂行管理规则》修订后，公章刻制业取消"特种行业许可"，改为备案登记制，从"事前许可"转向"事中事后监管"，但仍需向公安机关实时报送刻章信息。

第七十条　【非法安装、使用、提供窃听、窃照专用器材】

非法安装、使用、提供窃听、窃照专用器材的，处五日以下拘留或者一千元以上三千元以下罚款；情节较重的，处五日以上十日以下拘留，并处三千元以上五千元以下罚款。

第三章 违反治安管理的行为和处罚

条文释义

本条是 2025 年修订《治安管理处罚法》时新增的规定。增加该规定主要是考虑填补监管空白。近些年来，偷拍盗摄事件时有发生，引发社会广泛关注。一些不法分子非法生产、销售窃听、窃照设备，致使窃听、窃照设备流入社会，成为偷拍盗摄乱象的重要推手。原《治安管理处罚法》缺乏对窃听窃照器材非法使用的专门处罚条款，实践中多依赖《刑法》或《居民身份证法》等零散规定。此次修订将未构成犯罪但危害社会秩序的非法使用、提供窃听、窃照专用器材行为纳入治安处罚范畴，通过行政处罚前置化，覆盖刑事处罚之外的违法场景。

本条规定了对非法安装、使用、提供窃听窃照专用器材行为的处罚。对本条的理解需注意以下几项要点：第一，所谓"非法安装、使用"，是指未经许可使用窃听、窃照专用器材收集他人隐私或敏感信息，如在试衣间安装针孔摄像头偷拍。第二，所谓"非法提供"，是指向他人出售、出租、出借或协助安装窃听窃照器材，如网店销售伪装为充电宝的偷拍设备。第三，"窃听、窃照专用器材"的范围和认定由公安机关进行鉴别判断。根据 2014 年 12 月 23 日国家工商行政管理总局、公安部、国家质量监督检验检疫总局发布的《禁止非法生产销售使用窃听窃照专用器材和"伪基站"设备的规定》第三条规定，"窃听专用器材"，是指以伪装或者隐蔽方式使用，经公安机关依法进行技术检测后作出认定性结论，有以下情形之一的：（1）具有无线发射、接收语音信号功能的发射、接收器材；（2）微型语音信号拾取或者录制设备；（3）能够获取无线通信信息的电子接收器材；（4）利用搭接、感应等方式获取通讯线路信息的器材；（5）利用固体传声、光纤、微波、激光、红外线等技术获取语音信息的器材；（6）可遥控语音接收器件或者电子设备中的语音接收功能，获取相关语音信息，且无明显提示的器材（含软件）；（7）其他具有窃听功能的器材。第四条规定，"窃照专用器材"，是指以伪装或者隐蔽方式使用，经公安机关依法进行技术检测后作出认定性结论，有以下情形之一的：

（1）具有无线发射功能的照相、摄像器材；（2）微型针孔式摄像装置以及使用微型针孔式摄像装置的照相、摄像器材；（3）取消正常取景器和回放显示器的微小相机和摄像机；（4）利用搭接、感应等方式获取图像信息的器材；（5）可遥控照相、摄像器件或者电子设备中的照相、摄像功能，获取相关图像信息，且无明显提示的器材（含软件）；（6）其他具有窃照功能的器材。第四，本行为罪与非罪的区别。核心界限在于"是否使用专用器材"及"是否造成严重后果"。《刑法》第二百八十三条、第二百八十四条规定了非法生产、销售窃听、窃照专用器材罪和非法使用窃听、窃照器材罪，实践中不构成犯罪的情形包括：（1）未造成严重后果，如虽使用专用器材但未引发实质损害（如偷拍同事聊天记录但未传播）；（2）使用普通设备，如用手机偷拍他人隐私；（3）过失或情节显著轻微，如无意中误用专用器材（如误购改装设备但立即停止使用），且未导致危害结果。

本条划分了两个处罚档次：一般情节，处五日以下拘留或者一千元以上三千元以下罚款；情节较重的，处五日以上十日以下拘留，并处三千元以上五千元以下罚款。

实务中需要注意的问题

实践中应注意区分"普通器材"与"间谍器材"。《反间谍法实施细则》中对"专用间谍器材"有明确的规定，即进行间谍活动特殊需要的下列器材：（1）暗藏式窃听、窃照器材；（2）突发式收发报机、一次性密码本、密写工具；（3）用于获取情报的电子监听、截收器材；（4）其他专用间谍器材。专用间谍器材的确认，由国务院国家安全主管部门负责。可见两类器材均需由法定机构检测认定，公安机关与国家安全部门权限不可交叉；用途决定性质，相同设备用于普通违法的，按窃听窃照器材处理，用于间谍活动的，则升级为间谍器材。对这两类器材，均应全链条打击，对生产、销售、使用环节分别追责，间谍器材案件由国家安全机关主导侦查。

除此之外，若违法行为人是在组装窃听窃照设备以后通过网络进行销售的，需要对网络销售平台进行监管，这就需要市场监督管理局、公安机关、邮政快递部门等加强联合执法。

第七十一条 【典当业、废旧物品收购业违反治安管理规定】

有下列行为之一的，处一千元以上三千元以下罚款；情节严重的，处五日以上十日以下拘留，并处一千元以上三千元以下罚款：

（一）典当业工作人员承接典当的物品，不查验有关证明、不履行登记手续的，或者违反国家规定对明知是违法犯罪嫌疑人、赃物而不向公安机关报告的；

（二）违反国家规定，收购铁路、油田、供电、电信、矿山、水利、测量和城市公用设施等废旧专用器材的；

（三）收购公安机关通报寻查的赃物或者有赃物嫌疑的物品的；

（四）收购国家禁止收购的其他物品的。

━━━━━ 条文释义 ━━━━━

本条在原《治安管理处罚法》第五十九条的基础上作了修改，主要是提高了罚款的处罚额度：一是针对一般情节，将"五百元以上一千元以下罚款"提升至"一千元以上三千元以下罚款"；二是针对情节较重的，将"处五日以上十日以下拘留，并处五百元以上一千元以下罚款"，提升至"处五日以上十日以下拘留，并处一千元以上三千元以下罚款"。

本条是关于典当业、废旧金属收购业、废旧物品收购业违法行为及其处罚的规定。对本条的理解需注意以下几项要点：第一，"典当业工作人员"，是指典当业经营者和典当业的其他工作人员。为了规范典当业的经营活动，《典当管理办法》第五十二条规定，典当行发现公安机关通报协查的人员或者赃物的，应当立即向公安机关报告有关情况。这一规定要求典当业的工作人员在经营活动中，如果发现违法犯罪嫌疑人或者赃物的，应当向公安机关报告。第二，收购"废旧专用器材"。铁路、油田、供电、电信、矿山、水利、测量和城市公用设施等生产性废旧金属收购业在收购上述生产性废旧金属时应当遵守国家规定，特别是对国家铁路、油田、供电、电信、矿山、水利、测量和城市公用设施等废旧专用器材的收购，更应当认真按照规定履行登记手续。另外，有关法律、行政法规对废旧金属收购的经营活动有其他规定的，废旧金属收购业经营者都必须认真遵守和执行。如果废旧金属收购业的经营者不按上述规定认真履行登记手续的，就构成本条规定的违反治安管理行为。第三，"公安机关通报寻查的赃物"，主要是指由丢失物品的单位或者个人向公安机关报告，公安机关经过侦查确认并向废旧金属收购业、废旧物品收购业发出通报寻查的物品。所谓"有赃物嫌疑的物品"，是指公安机关通报寻查的其他涉嫌被盗、被抢或被骗的赃物。第四，"国家禁止收购的其他物品"主要是指国家法律、行政法规、规章明令禁止收购的物品。根据公安部发布的《废旧金属收购业治安管理办法》第八条的规定，收购报废的不能直接使用的枪支、弹药等，就属于这种情况。如果收购的是可以使用的枪支弹药，则构成《刑法》规定的买卖枪支弹药罪，应依法追究刑事责任。如果废旧金属收购业、废旧物品收购业的经营者收购了上述属于国家禁止收购的其他物品，尚不构成犯罪的，就构成了本项规定的违反治安管理行为。

本条划分了两个处罚档次，一般情节的，处一千元以上三千元以下罚款；情节严重的，处五日以上十日以下拘留，并处一千元以上三千元以下罚款。这里的"情节严重"主要指经营者不认真遵守有关规定，屡次不履行如实登记手续的行为；或者没有健全的查验、登记制度，甚至在有关部门提出后仍不按规定改进，或者多次收购涉嫌赃物的物品，废旧物品收购业经营者屡次收购国家禁止收购的其他物品等行为。

实务中需要注意的问题

实践中要注意"明知"的认定，经营者对物品来源存在合理怀疑，如价格异常、卖方无法说明来源等，即视为"有赃物嫌疑"。若公安机关已通报协查，则无论是否明知均需报告。除此之外，还应注意"收购公安机关通报寻查的赃物"的规定，与《刑法》第三百一十二条规定的掩饰、隐瞒犯罪所得、犯罪所得收益罪的衔接关系。考虑到实践中情况的复杂性，有的收购通报寻查的赃物，数量不多，都按照犯罪处理也不现实，对于情节显著轻微的，可以不按犯罪处理，按照本法给予治安处罚即可。

案例评析

一、案情简介

×年×月×日，值班民警接群众举报：长江路三段一平房内有三辆自行车和一些自行车零件。民警迅速赶至现场依法传唤房主李某至公安机关，进行调查。经公安机关调查，房主李某在其住所内停放的三辆自行车均为其在×年年末和×年3月各花50元、70元、90元从一个姓王的人手中购买的，准备用于转卖牟利。李某不承认所购自行车是赃车。经进一步调查，查获了出卖赃车的违法行为人王某。依据《治安管理处罚法》第五十九条（对应2025年《治安管理处罚法》第七十一条）之规定，对李某予以罚款五百元。

二、案例拆解

本案涉及收购赃物、有赃物嫌疑的物品行为的定性与处罚。收购赃物、有赃物嫌疑的物品，主要是指明知或应当知道某物品是公安机关已经通报寻查的赃物或有赃物嫌疑而进行收购的行为。本案中，李某低价从王某手中收购自行车，而王某没有任何合法证明，该自行车显然有赃物嫌疑，这种收购行为符合收购赃物、有赃物嫌疑的物品行为的要件，公安机关对其进行处罚是正确的。

第七十二条　【妨害行政执法秩序，违反刑事监督管理规定】

有下列行为之一的，处五日以上十日以下拘留，可以并处一千元以下罚款；情节较轻的，处警告或者一千元以下罚款：

（一）隐藏、转移、变卖、擅自使用或者损毁行政执法机关依法扣押、查封、冻结、扣留、先行登记保存的财物的；

（二）伪造、隐匿、毁灭证据或者提供虚假证言、谎报案情，影响行政执法机关依法办案的；

（三）明知是赃物而窝藏、转移或者代为销售的；

（四）被依法执行管制、剥夺政治权利或者在缓刑、暂予监外执行中的罪犯或者被依法采取刑事强制措施的人，有违反法律、行政法规或者国务院有关部门的监督管理规定的行为的。

条文释义

本条在原《治安管理处罚法》第六十条的基础上作了修改。一是处罚额度由"并处二百元以上五百元以下罚款"修改为"可以并处一千元以下罚款；情节较轻的，处警告或者一千元以下罚款"。二是第一款第一项的行为方式，在原法条"隐藏、转移、变卖"三种方式的基础上增加了"擅自使用"，增加了"扣留、先行登记保存"两种行政强制措施。

本条规定了对妨害执法秩序行为的处罚。对本条的理解需注意以下几项要点：第一，未经法定机关批准，无视国家机关采取的强制措施，隐藏、转移、变卖、擅自使用或者损毁行政执法机关依法扣押、查封、冻结、扣留、先行登记保存的财物的，行政机关在执法过程中，有时为了保证执法活动的顺利进行，同时也是为了收集证据，需要对当事人的涉案财物扣押、查封、冻结、扣留、先行登记保存。其中，"隐藏"是指将行政执法机关依法扣押、查封、冻结、扣留、先行登记保存的财物私自隐匿，躲避执法机关查处的行为；"转移"是指将扣押、查封、冻结、扣留、先行登记保存的财物私自转送他处以逃避处理的行为；"变卖"是指擅自将扣押、查封、扣留、先行登记保存的物品作价出卖的行为；"擅自使用"是指未经执法机关明确授权或超出授权范围，私自处置被扣押、查封、冻结、扣留或先行登记的财物的行为；"损毁"是指将扣押、查封、扣留、先行登记保存的财物故意损坏或毁坏的行为。所谓"查封",是指公安机关办理特定的行政案件时,对专门用于从事无证经营活动的场所、设施、物品,经公安机关负责人批准依法封存的一种证据保全方式和行政强制措施。所谓"扣押",是指公安机关在办理行政案件过程中,为防止嫌疑人销毁或者转移证据,而对涉案物品、文件等的持有权暂时转移到办案部门的一种证据保全方式和行政强制措施。所谓"冻结",是指公安机关为防止恐怖活动嫌疑人使用、转移、抽逃资金而对其存款、汇款、债券、股票、基金份额等财产采取的限制其流动的一种强制措施。所谓"扣留",是指行政机关在证据可能丢失或者以后难以取得的情况下,对需要保全的物证当场登记,先予以封存。所谓"先行登记保存",是指公安执法机关为了查明案情,在证据可能灭失或者以后难以取得的情形下,经批准,对需要保全的物证进行登记造册,暂时先予以封存、固定,并责令当事人妥为保管,不得动用、转移、损毁或者隐藏,等待公安部门进一步调查和作出处理决定的一种证据保全方式和行政强制措施。第二,伪造、隐匿、毁灭证据或者提供虚假证言、谎报案情,影响行政执法机关依法办案的。需要指出的是,本项所列举的行为不仅发生在行政机关办理行政案件的过程中,还包括在公安机关办理刑事案件的侦查阶段发生的上述行为。因为有时公安机关办理的刑事案件,经过侦查,最后不作为犯罪,只按一般的治安案件予以处理。但是在公安机关侦查过程中有上述行为,妨害收集证据,尚未达到追究刑事责任程度的,也可以依照本法的规定予以治安处罚。所以本项规定的"影响行政执法机关依法办案"是广义的。其中,本项规定的"伪造、隐匿、毁灭证据"是指行为人为了逃避法律责任,捏造事实,制造假证据,或者对证据进行隐藏、销毁的行为。所谓"提供虚假证言、谎报案情",是指行政执法机关在执法活动中,需要收集证据时,案件的证人或者当事人不如实作证而提供虚假证言或谎报案情,从而影响行政执法机关依法办案的行为。第三,明知是赃物而窝藏、转移或者代为销售的。本条规定的赃物主要是指由违法分子不法获得,并且需要由行政执法机关依法追查的财物,但也不排除刑事案件中司法机关需要依法追缴的赃物。第四，被依法执行管制、剥夺政治权利或者在缓刑、暂予监外执行中的罪犯或者被依法采取刑事强制措施的人，有违反法律、行政法规和国务院、公安部门有关监督管理规定的行为的。本项是针对上述几种人妨害执法秩序行为的规定，这几种人都属于不完全限制人身自由，且在监外执行的犯罪分子或者未被羁押的犯罪嫌疑人。如果犯罪分子、犯罪嫌疑人在上述刑罚执行期间、被采取强制措施期间有违反法律、行政法规和国务院公安部门有关监督管理规定的行为，就构成了本项规定的妨害执法秩序的行为；如果违反法律构成犯罪的，则应当依法追究其刑事责任，而不是按妨害执法秩序的行为给予治安处罚。

实务中需要注意的问题

实践中，应注意窝藏、转移、代销赃物行为与掩饰、隐瞒犯罪所得、犯罪所得收益罪的界限：一是赃物的范围不同。窝藏、转移、代销赃物行为中所称的赃物，既包括违法所得的赃物，也包括犯罪所得的赃物；而掩饰、隐瞒犯罪所得、犯罪所得收益罪中的赃物仅指犯罪所得的赃物，不包括违法所得的赃物。二是行为方式不同。窝藏、转移、代销赃物行为的行为方式中不包括收购；而掩饰、隐瞒犯罪所得、犯罪所得收益罪的行为方式包括收购。三是行为情节和危害后果不同。窝藏、转移、代销赃物行为属于一般的违反治安管理的行为，情节和后果较轻；而掩饰、隐瞒犯罪所得、犯罪所得收益罪必须是情节、后果较为严重的才能构成。

案例评析

一、案情简介

×年×月下旬，某派出所破获一起电动自行车被盗案，后经深挖调查，发现嫌疑人家属有窝藏、转移赃物嫌疑。派出所遂依法将盗窃嫌疑人家属陆某传唤到派出所接受调查。陆某到案后，在证据面前，很快便交代了其帮助丈夫窝藏并转移被盗电动自行车的违法事实。公安机关根据《治安管理处罚法》的规定，对陆某窝藏、转移赃物的行为处以行政拘留并罚款的处罚。

二、案例拆解

本案涉及窝藏、转移或者代为销售赃物行为的认定。窝藏、转移、代销赃物，是指明知是赃物而窝藏、转移或者代为销售，尚不够刑事处罚的行为。本案中，陆某明知电动自行车是赃物而故意窝藏并转移，属于应受治安管理处罚的行为。

第七十三条　【违反有关机关依法作出的禁止性决定】

有下列行为之一的，处警告或者一千元以下罚款；情节较重的，处五日以上十日以下拘留，可以并处一千元以下罚款：

（一）违反人民法院刑事判决中的禁止令或者职业禁止决定的；

（二）拒不执行公安机关依照《中华人民共和国反家庭暴力法》、《中华人民共和国妇女权益保障法》出具的禁止家庭暴力告诫书、禁止性骚扰告诫书的；

（三）违反监察机关在监察工作中、司法机关在刑事诉讼中依法采取的禁止接触证人、鉴定人、被害人及其近亲属保护措施的。

■ 条文释义 ■

本条是 2025 年修订《治安管理处罚法》时新增的规定。原《治安管理处罚法》对违反法院禁止令或司法机关保护措施的行为缺乏直接处罚依据，导致执行乏力。此次修订增加本条规定主要是考虑通过治安处罚手段强化法院禁止令、职业禁止决定、公安机关告诫书及司法机关保护措施的约束力，填补原有法律对违反非刑罚性处置措施行为惩戒的空白，强化对刑事裁判后续行为的约束力，构建"司法决定—行政执行—社会矫正"的全链条治理体系，体现了立法对社会治理痛点的精准回应。

本条规定了对违反法院、公安机关、监察机关有关禁令行为的处罚。

对本条的理解需注意以下几项要点：第一，违反法院生效刑事判决中的禁止令。刑事判决中的"禁止令"，是指对判处管制、宣告缓刑的犯罪分子，法院根据罪犯情况，认为从促进犯罪分子教育矫正、有效维护社会秩序的需要出发，确有必要禁止其在管制执行期间、缓刑考验期限内从事特定活动，进入特定区域、场所，接触特定人。根据《刑法》第三十八条第二款、第七十二条第二款的规定，禁止令的具体内容如下：（1）禁止从事特定活动。包括禁止设立公司、企业，如利用公司实施犯罪的人禁止设立公司；禁止金融交易，如证券相关犯罪者禁止炒股；禁止从事相关生产经营活动，如禁止被告人从事食品生产经营活动的决定；禁止高消费，如未履行民事赔偿者；禁止饮酒，如酒后犯罪者。（2）禁止进入特定区域、场所，如娱乐场所、学校周边、大型活动场所等。（3）禁止接触特定人员，如被害人、证人及其近亲属，同案犯或可能诱发犯罪的人员等。第二，违反法院生效刑事判决中的职业禁止决定。根据《刑法》第三十七条之一规定，对利用职业便利或违背职业义务的犯罪者，可禁止其自刑罚执行完毕或假释之日起三年至五年内从事相关职业。所谓"职业"，是指个体为获取主要生活来源而从事的社会工作类别，既包括合法职业，也包括违法职业。从业禁止的职业一般具有三大特征：对象的不特定性、需求的反复性、侵害的风险性。如性侵、虐待未成年人者终身禁业；会计挪用公款的，禁止从事财务工作；医生发生医疗事故的，禁止行医等。第三，拒不执行公安机关出具的禁止家庭暴力告诫书、禁止性骚扰告诫书的行为。根据《反家庭暴力法》第十六条规定，家庭暴力情节较轻，依法不给予治安管理处罚的，由公安机关对加害人给予批评教育或者出具告诫书。《妇女权益保障法》第二十九条规定，禁止以恋爱、交友为由或者在终止恋爱关系、离婚之后，纠缠、骚扰妇女，泄露、传播妇女隐私和个人信息。妇女遭受上述侵害或者面临上述侵害现实危险的，可以向人民法院申请人身安全保护令。尽管《反家庭暴力法》和《妇女权益保障法》规定了告诫书制度，但实践中加害人拒不履行的现象较为普遍。此次修订将违反告诫书的行为明确纳入治安处罚范围，与《反家庭暴力法》第三十四条形成衔接，公安机关可依据本条直接处罚，无须再通过民事诉讼程序，提升了保护力度和干预效率。第四，违反监察机关、司法机关保护措施的行为。根据《监察法》第七十三条规定，监察对象对控告人、检举人、证人或者监察人员进行报复陷害的；控告人、检举人、证人捏造事实诬告陷害监察对象的，依法给予处理。《刑事诉讼法》第六十三条规定，法院、检察院和公安机关应当保障证人及其近亲属的安全。对证人及其近亲属进行威胁、侮辱、殴打或者打击报复，构成犯罪的，依法追究刑事责任；尚不够刑事处罚的，依法给予治安管理处罚。前述两条规定是现行法律对证人、鉴定人、被害人（含近亲属）进行保护主要依据的原则性规定。但实践中存在保护措施的强制力不足，缺乏对违反保护措施的行政责任规定等问题。本条旨在通过治安处罚强化保护令的强制力，遏制威胁、骚扰等二次伤害行为。

实务中需要注意的问题

实践中要注意"情节较重"的认定标准，可从如下几个角度考量：（1）主观恶性，如多次违规、经警告后仍不改正；（2）行为危害，如造成人身安全风险或者扰乱公共秩序；（3）特殊身份，如公职人员、律师等特定职业者违规；（4）社会影响，如引发公众恐慌或舆论事件，或者针对未成年人、残疾人等弱势群体违规等。

本条法律规定的实质是通过行政手段强化司法权威，因此实务中需注意以下事项：（1）禁止令需避免过度限制正常生活，如不能泛禁"公共场所"；（2）职业禁止需评估再犯风险，不得扩大至无关职业；（3）建立法院与公安机关的禁令信息共享机制，防止监管盲区。

第七十四条 【脱逃】

依法被关押的违法行为人脱逃的，处十日以上十五日以下拘留；情节较轻的，处五日以上十日以下拘留。

> **条文释义**

本条是2025年修订《治安管理处罚法》时新增的规定。增加对依法被关押期间脱逃行为的处罚主要是填补法律空白。近年来，多地发生拘留所内的在押人员逃跑事件，引发了广泛关注。这类事件不仅损害相关机关的形象和公信力，还对社会公共安全构成潜在威胁。虽然《刑法》第三百一十六条有关于脱逃罪的规定，但该条款仅适用于被刑事羁押的罪犯、被告人或犯罪嫌疑人，而不适用于行政拘留和被采取行政强制措施的人员。原《治安管理处罚法》中仅规定逃避行政拘留执行的后果，如没收保证金、继续执行原拘留，违法成本过低。因此，对于依法被关押期间脱逃的行为，缺乏明确的法律处罚依据。有些人误以为行政拘留或被采取行政强制措施期间脱逃不构成犯罪，因而铤而走险。本条规定可以澄清这一法律模糊地带，强化对行政拘留期间脱逃行为的处罚和预防，明确此类行为的法律性质和后果。

本条规定了对依法被关押的违法行为人脱逃行为的处罚。对本条的理解需注意以下两项要点：第一，行为主体是"依法被关押的行为人"。"被依法关押的行为人"是指因违反《治安管理处罚法》被公安机关采取限制人身自由的行政强制措施的人员，以及被公安机关给予行政拘留处罚执行期间（拘留所内）或者送拘押解途中的人员。如被传唤后滞留公安机关的人员，被约束至酒醒的醉酒人员，被行政拘留尚未移交拘留所的人员。第二，"脱逃"是指在公安机关控制期间擅自脱离监管的行为，包括：趁执法人员不备逃跑、破坏约束设施逃脱、押解途中跳车、潜藏等。脱逃行为的既遂标准，以脱离执法人员实际控制范围为界，如逃出办案区大门，未脱离控制被抓回属未遂。

本条规定划分了两个处罚档次，一般情节的，处十日以上十五日以下拘留；情节较轻的，处五日以上十日以下拘留。"情节较轻"的认定可从如下方面考量：一是主动返回，如脱逃后短时内自首；二是未破坏设施，如利用管理漏洞非暴力脱逃；三是情有可原，如因亲属病危等紧急原因脱逃。

实务中需要注意的问题

实践中需要注意，在司法解释没有明确"关押"的外延之前，建议将"送拘押解途中"纳入"关押"的范畴内。被采取行政强制措施期间，必须是公安机关合法采取强制措施期间。如传唤超二十四小时未放行时脱逃，脱逃行为可能不罚；非公安机关（如居委会）临时约束后逃脱，也不适用本条。非羁押性强制措施必须排除，暂不适用本条，需通过其他条款追责，如阻碍执行职务。

另外，新增本条规定的主旨是通过行政惩戒强化行政拘留的执行力，需警惕处罚泛化。执法中应遵循比例原则，区分"逃避监管"与"临时离开"，并强化权利救济，如赋予被处罚人申辩权，增加司法审查渠道。

第七十五条 【故意损坏文物、名胜古迹】

有下列行为之一的，处警告或者五百元以下罚款；情节较重的，处五日以上十日以下拘留，并处五百元以上一千元以下罚款：

（一）刻划、涂污或者以其他方式故意损坏国家保护的文物、名胜古迹的；

（二）违反国家规定，在文物保护单位附近进行爆破、钻探、挖掘等活动，危及文物安全的。

条文释义

本条在原《治安管理处罚法》第六十三条的基础上作了修改。一是针对一般情节，将罚款的数额由原来的"二百元以下罚款"提升至"五百元以下罚款"；二是针对情节较重的，将罚款由原来的"二百元以上五百元以下"提升至"五百元以上一千元以下"；三是增加了在文物保护单位附近禁止"钻探"的规定，与《文物保护法》第二十八条表述一致，弥补法律漏洞。

本条规定了对妨害文物管理行为的处罚。对本条的理解需注意以下几项要点：第一，国家保护的文物是指《文物保护法》第二条所规定的下列文物：（1）古文化遗址、古墓葬、古建筑、石窟寺和古石刻、古壁画；（2）与重大历史事件、革命运动或者著名人物有关的以及具有重要纪念意义、教育意义或者史料价值的近代现代重要史迹、实物、代表性建筑；（3）历史上各时代珍贵的艺术品、工艺美术品；（4）历史上各时代重要的文献资料、手稿和图书资料等；（5）反映历史上各时代、各民族社会制度、社会生产、社会生活的代表性实物。文物认定的主体、标准和程序，由国务院规定并公布。具有科学价值的古脊椎动物化石和古人类化石同文物一样受国家保护。"名胜古迹"是指可供人参观游览的著名风景区以及虽未被人民政府核定公布为文物保护单位但也具有一定历史意义的古建筑、雕刻、石刻等历史陈迹。第二，所谓"刻划"，是指在文物、名胜古迹上面用各种硬物（包括笔、尖石块、各种金属等）刻写、凿划的行为。例如，刻写"某某到此一游"，或者诗兴大发题上一首打油诗，使本来庄严古朴的文物或古建筑被刻划得伤痕累累。第三，所谓"涂污"，是指在文物上进行涂抹的行为，如往古建筑上泼洒污物、乱涂乱画等行为。这里需要指出的是，本条第一项所列举的损坏文物、名胜古迹的行为是一种故意的行为。如果出于过失，则不构成该项规定的妨害文物管理的行为，如由于不小心将污物、油漆等溅洒到文物或古建筑上则不构成违反治安管理行为。第四，"违反国家规定"，是指违反文物保护法律法规中的相关规定。《文物保护法》第二十八条规定，在文物保护单位的保护范围内不得进行文物保护工程以外的其他建设工程或者爆破、钻探、挖掘等作业；因特殊情况需要进行的，必须保证文物保护单位的安全。因特殊情况需要在省级或者设区的市级、县级文物保护单位的保护范围内进行前述规定的建设工程或者作业的，必须经核定公布该文物保护单位的人民政府批准，在批准前应当征得上一级人民政府文物行政部门同意；在全国重点文物保护单位的保护范围内进行前述规定的建设工程或者作业的，必须经省、自治区、直辖市人民政府批准，在批准前应当征得国务院文物行政部门同意。

第五,"文物保护单位"是指由人民政府按照法定程序确定的,具有历史、艺术、科学价值的革命遗址、纪念建筑物、古文化遗址、古墓葬、古建筑、石窟寺院石刻等不可移动的文物。文物保护单位根据其级别分别由国务院、省级人民政府和县(市)级人民政府核定公布,分为全国重点文物保护单位,省级文物保护单位,设区的市级、县级文物保护单位。

实务中需要注意的问题

古建筑之类的文物经过漫长年代,一般来讲建筑结构都已松垮,或因年久失修,本身结构也不结实。如果在其附近进行爆破、钻探、挖掘活动,势必会造成文物的震动、塌陷、倾斜或者外装饰脱落等遭受破坏的危险。这里应当注意的是,根据本条第二项的规定,只要违反国家规定在文物保护单位附近进行爆破、钻探、挖掘等活动的,就构成了违法实施危及文物安全活动的行为,就应当根据本条的规定给予处罚,并不要求造成严重的后果。

实践中需注意违法实施危及文物安全活动与过失损毁文物罪的区分。违法实施危及文物安全的活动可能是因为行为人出于过失而没有注意到文物保护的规定,以致违反国家规定进行了爆破、钻探、挖掘等活动。在这种情况下,如果损毁了文物且造成了严重后果的,会构成犯罪。如果事实上因过失造成了一定的文物损毁后果,但是程度很轻,很容易进行修复,尚不属于"造成严重后果"范畴的,不宜以犯罪论处。特别要指出的是,过失损毁文物罪也是要求所损毁的文物是国家保护的珍贵文物或者被确定为全国重点文物保护单位、省级文物保护单位的文物。

案例评析

一、案情简介

位于×市的某古建筑是国家的重点文物保护单位。为了保护国家重点文物,该古建筑专门设有标语牌,警示游人"请勿在古迹上刻划"。但王某不听劝告,于×年×月×日在游览时,竟用小刀在宫殿门柱上刻上"王某到此一游"等字样,污损了国家重点保护的古迹。当工作人员对其进行制止时，王某不听劝阻。工作人员便把他扭送到当地派出所。当地派出所对其予以罚款的治安处罚。

二、案例拆解

本案涉及妨害文物管理的行为。爱护文物应当成为每个公民的责任，在文物、名胜古迹上刻写、凿划或者泼洒污物、乱涂乱画，是对国有财物的侵害，应受到法律制裁。本案中，王某在古建筑物上刻划，故意损坏国家保护的古迹，属于故意损坏文物、名胜古迹的行为，应当依据本条第一项之规定予以治安处罚。

第七十六条 【偷开他人车、船、航空器，无证驾驶航空器、船舶】

有下列行为之一的，处一千元以上二千元以下罚款；情节严重的，处十日以上十五日以下拘留，可以并处二千元以下罚款：

（一）偷开他人机动车的；

（二）未取得驾驶证驾驶或者偷开他人航空器、机动船舶的。

条文释义

本条在原《治安管理处罚法》第六十四条的基础上作了修改：一般情节，罚款的幅度由原来的"五百元以上一千元以下"提升至"一千元以上二千元以下"；情节严重的，由原来的"处十日以上十五日以下拘留，并处五百元以上一千元以下罚款"提升至"处十日以上十五日以下拘留，可以并处二千元以下罚款"。

本条规定了对非法驾驶交通工具行为的处罚。对本条的理解需注意以下几项要点：第一，行为表现形式为偷开他人机动车。所谓"偷开"，即未经机动车所有人、管理人或者驾驶员的同意，私自开动他人的机动车，事后将偷开的机动车辆送回原处或者停放到原处附近。私自开动，包括采用秘密窃取他人持有的机动车钥匙开动，也包括采用不正常启动的方式开动，如撬开他人机动车车门或者趁车门没锁实施偷开的行为。第二，必须是情节不严重，尚未构成犯罪，即偶尔偷开机动车辆未造成所偷开机动车损坏或者丢失，且未涉及其他违法犯罪等。第三，未取得驾驶证驾驶或者偷开他人航空器、机动船舶的行为。其中"未取得驾驶证驾驶"是指没有经过专门训练，没有取得合法的驾驶航空器、机动船舶的专业驾驶证书而从事驾驶的行为。只要是没有合法的驾驶证而驾驶或者偷开他人航空器或者机动船舶的，就属于违反治安管理的行为。应当注意的是，未取得驾驶证驾驶或者偷开他人航空器、机动船舶的行为，如果出于盗窃的目的或者造成严重后果构成犯罪的，就应当依照《刑法》或者有关司法解释处理。

实务中需要注意的问题

实务中需注意，"情节严重"需要根据实务及地方裁量基准来认定，具体内容包括：第一，后果的严重性，如造成车辆、设施损坏或人员受伤（如撞坏公共设施、交通事故致轻微伤）；第二，行为的恶性，如多次违法（如一年内二次以上偷开）或屡教不改；第三，特殊对象或场景偷开特种车辆，如偷开警车、救护车或载有危险物品的车辆，或者在公共场所或交通高峰期偷开，引发公共安全风险。另外，若行为人辩称"以为车辆无主"或"获得默许"，需通过车辆停放状态，如是否上锁、行为人与车主关系等证据综合推定是否属于"明知无权驾驶"。

案例评析

一、案情简介

×年×月×日20时许，黄某（刚刚学会开车）下班回家时，发现一单位门前停着一辆小汽车，车钥匙还插在车上，便上车将该车发动后开走，后来被车主发现追赶将其抓获，扭送到派出所。公安机关依据本法给予黄某行政拘留及罚款的处罚。

二、案例拆解

本案涉及偷开机动车行为的认定与处罚。偷开机动车，是指未经车主许可，私自偷拿钥匙，或者撬开他人车门偷开机动车的行为。本案中，黄某趁机动车的车钥匙没拔，而实施偷开的行为，符合偷开机动车的要件，公安机关对其予以处罚是正确的。

第七十七条　【破坏他人坟墓、尸骨、骨灰，违法停放尸体】

有下列行为之一的，处五日以上十日以下拘留；情节严重的，处十日以上十五日以下拘留，可以并处二千元以下罚款：

（一）故意破坏、污损他人坟墓或者毁坏、丢弃他人尸骨、骨灰的；

（二）在公共场所停放尸体或者因停放尸体影响他人正常生活、工作秩序，不听劝阻的。

条文释义

本条将原《治安管理处罚法》第六十五条中的"一千元以下罚款"修改为"二千元以下罚款"。

本条规定了对破坏他人坟墓、尸骨、骨灰和乱停放尸体行为的处罚。对本条的理解需注意以下两项要点：第一，关于故意破坏、污损他人坟墓或者毁坏、丢弃他人尸骨、骨灰的行为的规定。人们为死者建坟立碑，是出于表达对死者的纪念和哀悼，这是人类延续多年的一种传统。故意破坏、污损他人坟墓或者毁坏、丢弃他人尸骨、骨灰的行为是对死者的一种侮辱和践踏，更会引起死者的亲友在感情上的强烈不满和憎恨，从而引发社会矛盾和纷争。因此，这类行为属于违反治安管理的行为。其中"破坏、污损他人坟墓"是指将他人坟墓挖掘、铲除或者将墓碑砸毁，或往墓碑上泼洒污物、在墓碑上乱写乱画等。"毁坏、丢弃他人尸骨、骨灰"是指将埋在坟墓中的尸骨毁坏或者将尸骨取出丢弃，将骨灰扬撒和随意丢弃的行为。应当注意的是，本行为在主观上是故意。如果由于过失在生活或生产施工中无意中造成他人坟墓、尸骨毁坏的，则不属于本条第一项所规定的行为，可按民事纠纷处理。第二，关于在公共场所停放尸体或者因停放尸体影响他人正常生活、工作秩序，不听劝阻的行为的规定。在现实生活中，时常出现因事故或过失等人为原因造成他人死亡的情况。由于对死亡原因产生纷争和各种社会矛盾，有些人不是采取正确的解决问题的方法，而是凭意气办事，甚至以制造事端为目的，故意将尸体停放在公共场所、单位门前或者他人家中，不达到个人目的誓不罢休，严重影响了工作秩序和他人正常生活，达到刑事立案标准的，有可能构成聚众扰乱社会秩序罪。

实务中需要注意的问题

实务中办理违反本条规定的案件应注意：一是风险的预防，对易发区域（公墓、医院）加强巡逻，设置警示标识；联合民政部门建立尸体快速处理机制，如设立应急殡仪服务点。二是裁量的均衡性，对经济困难家属初次违规停放尸体的，若及时改正且未造成后果，可减轻至警告处罚。三是跨部门协作，涉及医疗纠纷停尸的，同步通报卫健部门介入调解；破坏烈士墓的案件，联合退役军人事务局共同处置。

案例评析

一、案情简介

某日赵某的母亲因病住进了某市一家大型医院，在治疗过程中其母亲因病逝世。赵某认为其母亲的死亡是因为医院治疗不及时、使用治疗方法不当造成的，于是赵某及家属将其母亲的尸体停放在医院的病房。医院出面与其协商，并告知其这样的行为违法，可以通过正常途径解决纠纷，但赵某及其家人不听劝阻，仍然将尸体在医院持续停放了三天，致使医院不能正常工作。医院报警，要求公安机关依法处理。经公安机关调查，赵某在处理与医院的纠纷时，采取违法停放尸体的方式，严重影响该医院正常的工作秩序。遂依据《治安管理处罚法》的规定，以"违法停放尸体"为由，对赵某作出了拘留的处罚决定。

二、案例拆解

本案涉及违法停放尸体行为的认定与处罚。违法停放尸体，是指在公共场所停放尸体或者因停放尸体影响他人正常生活、工作秩序，不听劝阻的行为。本案中，赵某采取违法停放尸体的方式实施"医闹"，给医院正常的工作秩序造成了损害，已经构成了违法停放尸体行为，公安机关对赵某的处罚是正确合法的。

第七十八条 【卖淫、嫖娼，拉客招嫖】

卖淫、嫖娼的，处十日以上十五日以下拘留，可以并处五千元以下罚款；情节较轻的，处五日以下拘留或者一千元以下罚款。

在公共场所拉客招嫖的，处五日以下拘留或者一千元以下罚款。

条文释义

本条在原《治安管理处罚法》第六十六条的基础上作了修改。一是针对"情节较轻"的罚款额度，由原"五百元以下罚款"提升至"一千元以下罚款"。二是对于在公共场所拉客招嫖行为，"一般情节"的罚款额度由原"五百元以下罚款"提升至"一千元以下罚款"。

本条第一款规定了对卖淫、嫖娼行为的处罚。对该款的理解需注意以下几项要点：第一，该行为客观方面表现为以钱财为交易媒介，换取不正当性服务的交易行为。具体包括以下要件：（1）行为方式是卖淫者与嫖娼者之间发生不正当性关系。"不正当性关系"，即卖淫者与嫖娼者之间不存在正当的婚姻、恋爱关系，所发生的性关系不受国家法律保护，不符合社会道德规范。这里的"性关系"包括性交行为和其他性淫乱活动。"其他性淫乱活动"，是指其他与性有关的口淫、手淫、鸡奸等行为。根据《公安部关于对同性之间以钱财为媒介的性行为定性处理问题的批复》的规定，不特定的异性之间或者同性之间以金钱、财物为媒介发生不正当性关系的行为，包括口淫、手淫、鸡奸等行为，都属于卖淫嫖娼行为。（2）发生不正当性关系的对象不特定，双方基于卖淫嫖娼的意图和场合相识，不仅没有特定的婚姻、恋爱关系，而且具体对象通常没有特别指向。一般来说，卖淫者对凡是有嫖娼意愿、能够给付交易钱财的人员，都会接受并向其卖淫。嫖娼者对于卖淫者也基本如此。（3）行为存在钱财与不正当性关系之间的交易，具有卖淫者向嫖娼者收取钱财的客观事实。在发生不正当性关系活动前后或者过程中，存在卖淫者收取嫖娼者钱财的事实情节，如存在双方商谈交易钱财的数额或者数量、给付时间和方式等情节，以及反映收取钱财具体过程的情节。卖淫者本人可直接参与谈价或者收受钱财，也可以由他人如按摩店老板等代为谈价或者收受钱财。根据本条的规定，卖淫、嫖娼的，处十日以上十五日以下拘留，可以并处五千元以下罚款；情节较轻的，处五日以下拘留或者一千元以下罚款。这里规定的"情节较轻"，主要是指为生活所迫卖淫，未成年人、初次进行卖淫、嫖娼等情况。

本条第二款是对在公共场所拉客招嫖行为的处罚。对本条第二款的理解需注意以下几项要点：第一，公共场所，既包括公众聚集之场所，也包括公众出入之场所。具体是指街道、车站、港口、码头、机场、商场、公园、展览馆，以及其他公共场所，包括礼堂、公共食堂、游泳池、浴池、宾馆、饭店等供不特定多数人随时出入、停留、使用的场所。第二，"拉客"，是指通过语言、动作等各种方式，拉拢、引诱他人的行为。这里要正确理解"拉"的含义，"拉"必须有主动的语言、动作，或者反复纠缠的行为。第三，"招嫖"，是指招引嫖娼、意图卖淫行为。意图卖淫，也就是本人通过拉拢、引诱等方法，与他人搭识、谈价，表达卖淫之目的。

实务中需要注意的问题

在实践中应注意，拉客招嫖行为与卖淫、嫖娼行为处于一个行为的不同阶段，二者的区别主要是：第一，是否已就卖淫、嫖娼达成一致。拉客招嫖行为只是行为人一方的意思表示，即行为人在公共场所以拉客的方式意图卖淫；而卖淫、嫖娼行为则必须是卖淫者与嫖娼者已就卖淫、嫖娼达成一致。第二，是否形成事实上的卖淫、嫖娼行为。拉客招嫖只需有在公共场所"拉客"和"招嫖"行为即可构成，不必实施事实上的卖淫、嫖娼行为。如果谈好价钱，已经着手实施但由于意志以外的原因尚未发生性关系的，属于情节较轻的卖淫、嫖娼行为；如果谈价未成，则符合拉客招嫖行为的构成要件。

除此之外，还需注意信息时代，网络招嫖行为爆发式增长，其中介绍未成年人卖淫的违法犯罪行为更是令人发指，已经成为当前司法工作的重中之重。但在实践中，通过网络介绍未成年人卖淫案件存在源头控制难、电子证据取证难、嫌疑人锁定难等困境，使得公安机关对此类案件的处理面临诸多问题，影响惩处效果。为有力打击该类犯罪，有效保护涉案未成年人合法权益，公检法等部门应形成办案合力，不断提高电子证据提取分析能力，并建立"一站式"保护中心及多元联动救助机制，解决实践中的办案难题。

案例评析

一、案情简介

某派出所接到举报称，在某市某区一民房内，有人在卖淫嫖娼。派出所民警到达现场后，发现李某（女）与刘某（男）正在发生性关系，后将二人带回派出所审查。派出所分别向李某、刘某进行了询问，该二人供认以三百元价格发生性关系，对卖淫嫖娼行为供认不讳。公安机关根据《治安管理处罚法》规定分别对李某、刘某作出了行政拘留的处罚。

二、案例拆解

本案涉及卖淫嫖娼案的认定与处罚。卖淫是指以牟利为目的，通过出卖自身肉体与他人进行金钱交易的行为；"嫖娼"是指通过金钱与从事卖淫的人进行交易的行为。本案中，李某、刘某通过三百元价格进行肉体交易，符合卖淫嫖娼的构成要件，公安机关对两人的定性与处罚是正确的。

第七十九条 【引诱、容留、介绍卖淫】

引诱、容留、介绍他人卖淫的，处十日以上十五日以下拘留，可以并处五千元以下罚款；情节较轻的，处五日以下拘留或者一千元以上二千元以下罚款。

条文释义

本条在原《治安管理处罚法》第六十七条的基础上作了修改，针对情节较轻的罚款额度，由原"五百元以下罚款"提升至"一千元以上二千元以下罚款"。

本条是关于引诱、容留、介绍他人卖淫的行为及其处罚的规定。对本条的理解需注意以下几项要点：第一，"引诱"他人卖淫，是指行为人为了达到某种目的，以金钱诱惑或者通过宣扬腐朽生活方式等手段，诱使他人从事卖淫活动的行为。第二，"容留"他人卖淫，是指行为人故意为他人从事卖淫、嫖娼活动提供场所的行为。"容留"既包括在自己所有的、管理的、使用的、经营的或者临时租借的场所容留卖淫、嫖娼人员从事卖淫、嫖娼活动，也包括在流动场所，如在运输工具中容留他人卖淫、嫖娼。容留他人卖淫、嫖娼，可以是长期的，如将房屋长期租给卖淫、嫖娼者使用，也可以是短期的或者是临时的。第三，"介绍"他人卖淫，是指在卖淫者和嫖客之间牵线搭桥，使他人卖淫活动得以实现的行为，俗称"拉皮条"。在实践中，介绍的方式多表现为双向介绍，如将卖淫者引见给嫖客，或将嫖客领到卖淫者住处当面进行撮合。但也不排斥单向介绍，如单纯地向卖淫者提供信息，由卖淫者自行去勾搭嫖客。

实务中需要注意的问题

实践中，需注意本条规定的违法行为低龄化与网络化的趋势。未成年人（尤其是十四至十六周岁辍学者）因心智不成熟、缺乏社会经验，极易被诱骗。再加上网络违法犯罪隐蔽性增强，存在犯罪分子利用社交软件发布隐晦招嫖信息，通过"行话"逃避监管，甚至跨地域组织卖淫团伙的情形。例如，团伙成员分工明确，有人负责招募未成年人，有人线上招嫖，有人线下接送，形成黑色产业链。未成年人卖淫不仅侵害社会管理秩序、影响了社会风化，更重要的是侵害了未成年人的身心健康，对未成年人的人生造成了不可弥补的伤害。

> **第八十条** 【制作、运输、复制、出售、出租淫秽物品，传播淫秽信息】
>
> 　　制作、运输、复制、出售、出租淫秽的书刊、图片、影片、音像制品等淫秽物品或者利用信息网络、电话以及其他通讯工具传播淫秽信息的，处十日以上十五日以下拘留，可以并处五千元以下罚款；情节较轻的，处五日以下拘留或者一千元以上三千元以下罚款。
>
> 　　前款规定的淫秽物品或者淫秽信息中涉及未成年人的，从重处罚。

条文释义

　　本条在原《治安管理处罚法》第六十八条的基础上作了修改。一是针对一般情节的罚款额度，由原来的"三千元以下罚款"提升至"五千元以下罚款"；二是针对情节较轻的罚款额度，由原来的"五百元以下罚款"提升至"一千元以上三千元以下罚款"；三是针对未成年人增设从重处罚条款，突出对未成年人的保护。

　　本条是关于制作、运输、复制、出售、出租淫秽书刊等淫秽物品和利用信息网络等工具传播淫秽信息的违法行为及其处罚的规定。对本条的理解需注意以下几项要点：第一，本条所说的"淫秽物品"，是指具体描绘性行为或者露骨宣扬色情的淫秽性书刊、影片、录像带、录音带、图片及其他淫秽物品。包括较详尽具体地描写性行为的过程及其心理感受，具体描写通奸、强奸、乱伦、卖淫、淫乱的过程和细节，描写少年儿童的性行为、同性的性行为或者其他变态行为及与性变态有关的暴力、虐待侮辱行为，令普通人不能容忍的对性行为等的淫亵描写以及不加掩饰地宣扬色情淫荡形象，着力表现人体生殖器官，挑动人们的性欲，以及足以导致普通人腐化堕落的具有刺激性、挑逗性的淫秽性物品。但是，有关人体生理、医学知识的科学著作不是淫秽物品；包含色情内容的有艺术价值的文学、艺术作品不视为淫秽物品。第二，"制作"是指生产、录制、编写、译著、绘画、印刷、刻制、摄制、洗印等行为。"运输"是指通过各种交通运输工具输送淫秽物品的行为，如使用船舶水上运输、使用飞机空中运输、使用各种车辆通过陆地运输。"复制"是指通过翻印、翻拍、复印、复写、复录等方式对已有的淫秽物品进行重复制作的行为。"出售"是指将淫秽物品通过批发、零售的方式销售给他人的行为。"出租"是指通过收取一定费用或好处的方法，将淫秽物品暂时给他人使用的行为。第三，这里的"淫秽书刊"是指载有淫秽内容的图书、报纸、杂志、画册等。"音像制品"是指载有淫秽内容的录像带、幻灯片、录音带、照片、激光唱片、影碟等。利用信息网络、电话以及其他通讯工具传播淫秽信息的行为，主要是指通过网络，利用聊天室、论坛、即时通信软件、电子邮件等方式传播淫秽信息和通过电话、移动通讯终端传播淫秽电子信息、语音信息的违法行为，既包括直接实施传播行为，也包括明知是淫秽电子信息而在自己所有、管理或者使用的网站或者网页上提供链接的行为。公安机关在办理治安案件时所查获的淫秽物品，根据本法的规定，应当一律收缴，并按照有关规定，在上级部门的监督下销毁。

  本条第二款规定是针对前款规定的淫秽物品或者淫秽信息中涉及未成年人的，从重处罚。行为已构成治安违法，且淫秽内容涉及未成年人的，应该在法定处罚方式和幅度内选择较重的处罚方式或在幅度内选择上限或接近上限进行处罚。

实务中需要注意的问题

实务中注意"情节较轻"情形的认定，如传播范围极小（如仅向个别人发送）；未牟利且及时删除内容；初犯且社会危害性低。需警惕"情节较轻"的滥用。例如，传播未成年人淫秽信息即使未牟利，因侵害特殊法益，通常排除"情节较轻"的适用。

实践中与其他法定从重情节的竞合，如一年内曾受治安处罚，需在从重基础上再加重，但不得突破对单个违法行为行政拘留处罚最高十五日、罚款处罚五千元的法定上限。

案例评析

一、案情简介

肖某是某文化站的干部，具体负责音响管理。易某在肖某的指示下，利用经商之便，从黑市买回淫秽光盘。肖某利用工作之便，为易某刻录数十张，易某以每张六十元的价格卖出十张，共获利六百元，分给肖某三百元，后被查获。经公安机关调查，肖某刻录数十张淫秽光盘，并由易某进行出售，其行为已经构成制作、出售淫秽物品，但数量较少，获利也较小，属于情节较轻。

二、案例拆解

本案涉及制作、出售淫秽物品案的认定与处罚。淫秽物品，是指具体描绘性行为或者露骨宣扬色情的淫秽性书刊、影片、录像带、录音带、图片及其他淫秽物品。"制作"是指生产、录制、编写、译著、绘画、印刷、刻制、摄制、洗印等行为。"出售"是指将淫秽物品通过批发、零售的方式销售给他人的行为。本案中，肖某刻录数十张淫秽光盘，并交由易某销售的行为，符合制作、出售淫秽物品行为的构成要件，公安机关对二人的定性与处罚是正确的。

第八十一条 【组织播放淫秽音像，组织或者进行淫秽表演，参与聚众淫乱活动】

有下列行为之一的，处十日以上十五日以下拘留，并处一千元以上二千元以下罚款：

（一）组织播放淫秽音像的；

（二）组织或者进行淫秽表演的；

（三）参与聚众淫乱活动的。

明知他人从事前款活动，为其提供条件的，依照前款的规定处罚。

组织未成年人从事第一款活动的，从重处罚。

条文释义

本条在原《治安管理处罚法》第六十九条的基础上作了修改。一是针对一般情节，罚款数额由"五百元以上一千元以下"提升至"一千元以上二千元以下"；二是针对组织未成年人从事第一款活动的增设从重处罚条款，突出对未成年人的保护。

本条规定了组织、参与淫秽活动的行为及其处罚。对本条第一款的理解需注意以下几项要点：第一，组织播放淫秽音像的行为。"组织播放"，是指策划、安排、召集多人通过电影、电视、电脑、录像机有录音、放像功能的音像设备传播具有淫秽内容的信息的行为。这里的"音像"不同于音像制品，是指通过音像设备放出来的声音和图像等，让人们现场观看收听的行为、这种行为实质上是一种传播淫秽信息的方式，鉴于这种行为在传播淫秽信息的活动中比较突出，危害比较严重，所以，本条对此专门作了规定。根据本条第一款第一项规定，主要惩治组织播放者，对于只向个别人播放或者是仅仅参与观看等行为，不能认定为组织播放。第二，组织淫秽表演和进行淫秽表演行为。本条第一款第二项对组织者和亲自参与表演者做出同样的规定。"组织淫秽表演"，是指组织他人当众或者在网络上进行淫秽性的表演。"组织"，是指策划、指挥、安排表演过程，招募、雇用表演者，寻找、租用表演场地，招揽观众等组织他人进行淫秽表演的行为。"淫秽表演"，是指关于性行为或者露骨宣扬色情的淫秽性的表演，如进行性交表演、手淫、口淫表演、脱衣舞表演。这里的淫秽表演既指现实生活中当众进行的淫秽表演，也包括通过网络进行的淫秽表演。"进行淫秽表演"，是指亲自参与淫秽表演的人，既包括被招募、雇用专门从事淫秽表演的人，也包括既组织他人进行淫秽表演同时自己也参与淫秽表演的人。第三，参与聚众淫乱的行为。"聚众"，是指纠集众人，由首要分子故意发动、纠集特定或不特定的多数人于一定时间聚集于同一地点。聚众行为具有多人性、松散性的特点。"淫乱"，主要是指违反性道德准则的，在同一时间、同一地点发生的多人之间的乱交、滥交等性行为活动。根据本条第一款第三项规定，只要参与聚众淫乱活动，都要给予治安处罚，体现了对这类行为从严打击的精神。第四，针对上述行为，为其提供条件的，这里所说的"提供条件"是指为组织播放淫秽音像、组织或者进行淫秽表演、聚众淫乱活动提供各种方便条件，既可以是房屋、场地、汽车等可以藏身又可以隐蔽地进行上述违法活动的地方，也可以是提供播放机、录像带、CD、VCD光盘等进行传播淫秽内容的工具，还可以是为进行上述活动提供人员等各种条件。实践中可能有些提供场所的人会收取一定的费用，也可能免费提供，无论是哪种提供方式，提供的次数多少、人员多少，都应一律打击。为上述活动提供条件的行为，主观上是出于故意，即明知他人进行上述活动而为其提供各种便利条件。本人是否参加上述违法活动，不影响本条第二款行为的构成。

本条第三款新增组织未成年人从事第一款活动的，从重处罚。涉未成年人案件一律从重，不得适用"情节较轻"，若同时存在其他从重情节，可顶格处罚但不突破法定上限。

实务中需要注意的问题

实践中应注意本条规定的行为与《刑法》有关规定的区别。《刑法》

对组织播放淫秽音像、组织进行淫秽表演和聚众进行淫乱活动都有相应规定，对于这些行为，构成犯罪的，应当依法追究刑事责任。

涉未成年人案件要注意，一是要从重处罚；二是必须通知监护人参与询问；三是封存违法记录；四是针对未成年人的不同情况同步启动民政救助。从多个角度落实对未成年人的保护，为他们营造一个真正有利的环境。

案例评析

一、案情简介

某日，某市公安局治安支队根据群众举报，在某酒店一房间内现行抓获六名聚众淫乱人员，其中四名男子和两名女子，六人全部赤身裸体。经调查，上述六人对聚众淫乱活动事实供认不讳，某市公安局依据本条规定，对上述六名违法行为人分别给予了行政拘留的治安管理处罚。

二、案例拆解

本案涉及参与聚众淫乱行为的认定。"聚众淫乱"是指聚集众人（三人以上，不论男女）自愿进行群奸、群宿或其他集体淫乱活动的行为。所谓"淫乱活动"，主要是指群奸、群宿的性交行为。本案中，贾某、曲某、赵某等六名男性与女性在宾馆进行赤身裸体的淫乱活动，其行为符合参与聚众淫乱行为的构成，公安机关对六人的定性与处罚是正确的。

第八十二条 【为赌博提供条件，赌博】

以营利为目的，为赌博提供条件的，或者参与赌博赌资较大的，处五日以下拘留或者一千元以下罚款；情节严重的，处十日以上十五日以下拘留，并处一千元以上五千元以下罚款。

条文释义

本条在原《治安管理处罚法》第七十条的基础上作了修改，主要是提高了罚款的处罚幅度。一是针对一般情节，由原"五百元以下罚款"提升至"一千元以下罚款";二是针对情节严重的,由原"五百元以上三千元以下罚款"提升至"一千元以上五千元以下罚款。"

本条规定了以营利为目的,为赌博提供条件或者参与赌博赌资较大的违法行为及其处罚的规定。对本条的理解需注意以下几项要点:第一,这里规定的"赌博",是指以获取金钱或其他物质利益为目的,以投入一定赌资为条件进行的输赢活动。因此,认定是否为赌博行为,要划清几个界限:(1)赌博行为多是以牟取利益或好处为目的,应当从其主观目的和客观行为上认定是否以营利为目的。对于不是以营利为目的,只是出于娱乐消遣目的进行的游戏性质的活动,虽然带有少量财物的输赢,不能按赌博处理。(2)从参与的人员来判断,赌博多为赌徒之间纯粹的赌输赢活动。只要符合上述条件的,不管使用什么方法,都可以构成赌博。第二,"为赌博提供条件",是指为赌博提供赌场、赌具、帮助招揽他人参与赌博等行为。实践中对于进行带有少量财物输赢的娱乐活动以及提供棋牌室等娱乐场所只收取正常的服务费用的经营行为和纯粹家庭或亲朋好友之间的娱乐活动等,不应视为赌博行为和为赌博提供条件。第三,"赌资"是指专门用于赌博的款物,即金钱或财物。根据本条规定,赌资必须达到数额较大才能给予治安管理处罚。赌资是否较大,是认定赌博违法行为的一个客观标准。至于赌资是以个人用于赌博的款物计算,还是以参与赌博的人用于赌博的款物总数计算以及多少算"赌资较大"等问题,应当由公安机关在司法实践中根据实际情况和当地的不同情况而定。对于违法行为轻微不构成违反治安管理处罚的行为,有关部门可以对其进行教育。对有上述行为之一的,本条规定了两档处罚:对以营利为目的,为赌博提供条件的或者参与赌博赌资较大的,可以处五日以下拘留或者一千元以下罚款,二者选其一处罚;对有上述行为,情节严重的,处十日以上十五日以下拘留,并处一千元以上五千元以下罚款。

实务中需要注意的问题

实务中需要注意对赌博或者为赌博提供条件的行为的处罚,应当与其违法事实、情节、社会危害程度相适应。严禁不分情节轻重,一律顶格处罚;另外,不以营利为目的,亲属之间进行带有财物输赢的打麻将、玩扑克等娱乐活动,不予处罚;亲属之外的其他人之间进行带有少量财物输赢的打麻将、玩扑克等娱乐活动,不予处罚。

另外,为赌博提供交通工具(如小汽车)以及场所(如房屋)等条件的,是违反治安管理的行为,对行为人应给予治安处罚。但交通工具、场所不是赌具,不应没收。根据本法的规定,赌资应当收缴,按照规定处理。

案例评析

一、案情简介

×年×月×日17时许,某县治安大队民警在辖区检查时发现一无照游戏厅,内设赌博机招揽顾客进行赌博活动。于是将该游戏厅老板马某带回审查。经查,马某从×年×月开业以来,在该县无照经营游戏厅,为了牟取暴利马某从5月开始,以游戏厅为掩护,内部安置赌博机六台,招揽社会闲散人员进行赌博。截至5月,共非法获利八千余元。治安大队根据本条法律规定,给予马某罚款五百元、追缴违法所得八千元、收缴赌博机六台及赌资一百四十三元的行政处罚。

二、案例拆解

本案涉及赌博行为的认定。"赌博",是指以获取金钱或其他物质利益为目的,以投入一定赌资为条件进行的输赢活动。本案中,通过赌博,非法获利八千余元,符合本条规定的参与赌博赌资较大的情形,公安机关的定性及处罚是合法的、正确的。

第八十三条 【违反毒品原植物规定的行为】

有下列行为之一的,处十日以上十五日以下拘留,可以并处五千元以下罚款;情节较轻的,处五日以下拘留或者一千元以下罚款:

（一）非法种植罂粟不满五百株或者其他少量毒品原植物的；

（二）非法买卖、运输、携带、持有少量未经灭活的罂粟等毒品原植物种子或者幼苗的；

（三）非法运输、买卖、储存、使用少量罂粟壳的。

有前款第一项行为，在成熟前自行铲除的，不予处罚。

条文释义

本条在原《治安管理处罚法》第七十一条的基础上作了修改，提升了罚款的幅度，符合一般情节的，罚款由三千元提升至五千元；符合情节较轻的，罚款由五百元以下提升至一千元以下。

对本条的理解需注意以下几项要点：第一，非法种植罂粟不满五百株或者其他少量毒品原植物。按现行刑法的规定，种植罂粟五百株以上不满三千株或者其他毒品原植物数量较大的，经公安机关处理后又种植的，以及抗拒铲除的，这三种情形构成犯罪。本法为了与刑法衔接，规定非法种植罂粟不满五百株或者其他少量毒品原植物的，施以治安处罚。但这并不意味着种植罂粟五百株以下或者其他少量毒品原植物的，就不会构成犯罪。第二，非法买卖、运输、携带、持有少量未经灭活的罂粟等毒品原植物种子或者幼苗的；"买卖"，是指以金钱或者实物作价非法购买或者出售的行为。可能是非法倒卖，也可能是自产自销，甚至是盗窃他人所有的种子或者所培育的幼苗出售。"运输"，是指用携带或邮寄等方式非法将毒品由一地运往另一地的行为。"携带"，是指随身携带或者放在随身或随行的行李物品之内等。携带行为与运输行为的界限应当认定为无法确认行为人有进行运输的目的，即仅仅能查明行为人随身带有，但无法证明其有其他毒品违法的目的。"持有"，是指对于毒品原植物种子、幼苗的实际控制和支配，包括占有、携有、存有或藏有的行为。持有并非必须随身携带，只要存废去留可由行为人来决定与控制即可认定为持有。持有是一种具有支配力的状态，而这种支配状态又是进行其他行为诸如买卖、运输、种植等的前提或者后续行为。第三，非法运输、买卖、储存、使用少量罂粟壳。因为罂粟壳能治疗疟疾、头痛、关节痛、腹泻、咳嗽等病症，民间使用罂粟壳治病的并不少见，因此对罂粟壳存在着一定的需求。有需求就有市场，所以运输、买卖、储存、使用罂粟壳的行为也不少见。更为恶劣的是，有的食品经营者为了增加食品口味，在食品中掺用罂粟壳来招徕顾客，由于顾客都是被骗食用的，相关食品经营者可能构成欺骗他人吸食毒品的违法行为。实践中根据掺用的罂粟壳用量、是否造成有的顾客染上毒瘾、是否造成其他危害结果等，有可能构成刑法中的欺骗他人吸毒罪。第四，由于毒品原植物必须成熟后才具有毒品的功效，如果在收获前自行铲除的，其危害后果甚微，所以，本款规定，非法种植罂粟不满五百株或者其他少量毒品原植物，在成熟前自行铲除的，不予治安处罚。这里的"成熟前"，是指收获毒品前，如对罂粟进行割浆。"自行铲除"，是指非法种植毒品原植物的人主动铲除或者委托他人帮助铲除的，而不是由公安机关发现后责令其铲除或者强制铲除的。

实务中需要注意的问题

在实践中需注意以下关键问题：第一，毒品原植物数量的认定。法条以"罂粟不满五百株"或"少量毒品原植物"作为治安处罚的界限，但"少量"需结合具体毒品种类（如大麻、古柯等）及其危害性综合判断。实务中可能存在植物未成熟或部分死亡的情况，需通过专业鉴定确定有效株数，避免因计数争议引发执法纠纷。第二，"情节较轻"的裁量标准。需综合考量行为动机（如自用与牟利）、社会危害（如是否流向市场）、行为人历史表现等因素；对初犯且未造成实际危害的，可优先适用罚款而非拘留，体现教育与处罚相结合原则。第三，"成熟前自行铲除"的认定。需明确"成熟"的生物学标准，并核实铲除行为是否彻底、主动，避免行为人虚假承诺逃避处罚；对于由于自然灾害等客观原因未能铲除的，一般不适用免除处罚，但可酌情从轻。

案例评析

一、案情简介

某自治区某县少数村民，在村民周某的带头下，违反政府禁令，种植了459株罂粟。当地公安机关发现这一情况后，立即向上一级领导机关汇报，自治区人民政府、公安厅十分重视，派专人前往该县，协同当地公安机关，共同向群众宣传烟毒的危害，监督违反政府禁令种植罂粟的周某和少数村民，立即将未成熟的罂粟全部铲除、烧毁。

二、案例拆解

本案涉及种植毒品原植物的行为。依据本条规定，非法种植罂粟不满五百株或者其他少量毒品原植物的，应当予以治安处罚。但在成熟前自行铲除的，不予处罚。因此，本案中周某和少数村民种植罂粟的行为应当按照本条规定予以处罚，但其能在成熟前自行铲除，则可免除处罚。

第八十四条　【非法持有、向他人提供毒品，吸毒，胁迫、欺骗开具麻醉药品、精神药品】

有下列行为之一的，处十日以上十五日以下拘留，可以并处三千元以下罚款；情节较轻的，处五日以下拘留或者一千元以下罚款：

（一）非法持有鸦片不满二百克、海洛因或者甲基苯丙胺不满十克或者其他少量毒品的；

（二）向他人提供毒品的；

（三）吸食、注射毒品的；

（四）胁迫、欺骗医务人员开具麻醉药品、精神药品的。

聚众、组织吸食、注射毒品的，对首要分子、组织者依照前款的规定从重处罚。

> 吸食、注射毒品的，可以同时责令其六个月至一年以内不得进入娱乐场所、不得擅自接触涉及毒品违法犯罪人员。违反规定的，处五日以下拘留或者一千元以下罚款。

条文释义

本条在原《治安管理处罚法》第七十二条的基础上作了修改。一是新增第二款，突出对组织者、首要分子从重处罚，强化威慑效应；二是新增第三款，吸毒人员"禁止进入娱乐场所"和"限制接触涉毒人员"，此款是针对吸毒人员的行为限制令，属于预防性措施，通过切断吸毒人员与高风险环境的联系，降低复吸可能性。这与《禁毒法》中"社区戒毒"的监管逻辑一致；三是提高罚款额度，针对一般情节的罚款，由二千提到三千，针对较轻情节的罚款，由五百提升至一千。

本条规定了对毒品违法行为的处罚。对本条的理解需注意以下几项要点：第一，非法持有毒品的行为，是指非法持有鸦片不满二百克、海洛因或者甲基苯丙胺不满十克或者其他少量毒品的。第二，向他人提供毒品的行为。"毒品"包括鸦片、海洛因、甲基苯丙胺、摇头丸等精神药品或麻醉药品。向他人提供毒品的行为，是指无偿提供。如果向他人提供毒品，收取钱财的，则属于贩卖毒品，应依照《刑法》的规定定罪处罚。第三，吸食、注射毒品的行为。本条第一款第三项所说的"吸食、注射毒品"是指用口吸、鼻吸、吞服、饮用或者皮下、静脉注射等方法使用鸦片、海洛因、吗啡、大麻、可卡因、摇头丸、冰毒等毒品以及由国家管制的其他能够使人成瘾癖的麻醉药品和精神药品。对于因治疗疾病的需要，依照医生的嘱咐和处方服用、注射麻醉药品和精神药品的，不属于本条第一款第三项所说的吸食注射毒品行为。第四，胁迫、欺骗医务人员开具麻醉药品、精神药品的行为。这里的"胁迫"，是指违法行为人对医务人员施以威胁、恫吓，进行精神上的强制，以迫使医务人员按照他的意思开具麻醉药品或精神药品，达到其目的。"欺骗"，是指隐瞒真相或编造谎言，如谎称自己、家人或亲戚朋友患有癌症，急需麻醉药品或精神药品等情况，让医务人员信以为真，为其开出麻醉药品、精神药品的行为。这里的"医务人员"，既包括在医院从事诊疗有开具处方权的正式执业资格的医务人员，如医院门诊或急诊的医生，也包括虽没有开具处方的权力，但可以通过其他有开具处方权的医生开出药品的从事医务工作的研究人员、司药人员、护士以及从事医院行政工作的人员等。这里的"麻醉药品"，主要是指连续使用后容易使人产生生理依赖性、易形成瘾癖的药品，如吗啡、杜冷丁。"精神药品"，是指直接作用于中枢神经系统，使之兴奋或抑制，连续使用能使人体产生依赖性的药品，如甲基苯丙胺、安纳咖、安眠酮。

本条划分两个处罚档次：有上述行为之一的，一般情节，处十日以上十五日以下拘留，可以并处三千元以下罚款；情节较轻的，处五日以下拘留或者一千元以下罚款。聚众、组织吸食、注射毒品的，对首要分子、组织者依照前款的规定从重处罚。所谓"首要分子"指在聚众吸毒中起策划、指挥作用的人员；所谓"组织者"，包括提供场地、资金或主动召集的人员，若组织者同时存在引诱、强迫未成年人吸毒等情节，需进一步从重处罚。

本条第三款为吸毒人员的行为限制令，针对吸毒人员，可以责令六个月至一年以内"禁止进入娱乐场所"和"限制接触涉毒人员"，期限灵活，兼顾个体差异，可根据吸毒情节轻重调整。同时规定违反限制令的，处五日以下拘留或者一千元以下罚款，赋予条款强制力，避免措施流于形式，体现行为约束与惩戒并重。实践中，应当由公安机关负责监督，娱乐场所须配合查验人员身份，如果吸毒人员使用他人身份进入娱乐场所，或通过社交软件联系涉毒人员，均视为违规。

实务中需要注意的问题

实践中，实施行为限制令需公安机关长期跟踪监管，有可能导致执法成本增加，可能面临人力不足的挑战，需借助技术手段（如人脸识别）提升效率。除此之外，娱乐场所的责任边界需进一步明确，实践中若娱乐场所未主动查验导致吸毒人员进入,是否需承担连带责任,可能需后续条例、司法解释细化。

> **第八十五条** 【引诱、教唆、欺骗、强迫、容留他人吸食、注射毒品,介绍买卖毒品】
> 引诱、教唆、欺骗或者强迫他人吸食、注射毒品的,处十日以上十五日以下拘留,并处一千元以上五千元以下罚款。
> 容留他人吸食、注射毒品或者介绍买卖毒品的,处十日以上十五日以下拘留,可以并处三千元以下罚款;情节较轻的,处五日以下拘留或者一千元以下罚款。

条文释义

本条在原《治安管理处罚法》第七十三条的基础上作了修改。一是在原"教唆、引诱、欺骗"他人吸食、注射毒品的三种行为方式基础上,新增了"强迫"他人吸食、注射毒品的方式,这与《刑法》第三百五十三条的规定一致,形成行政与刑事处罚的梯度,有利于行刑衔接;二是大幅提高罚款的处罚幅度,由原"拘留并处五百元以上二千元以下罚款",提高到"拘留并处一千元以上五千元以下罚款";三是吸纳《禁毒法》第六十一条的内容,将"容留他人吸食、注射毒品或者介绍买卖毒品的"的行为新增为本条第二款。在此次修订前,对于"容留他人吸食、注射毒品及介绍买卖毒品"这类行政违法行为一般都是依据原《治安管理处罚法》第七十二条规定处罚,但该条规定的内容表述主要是吸毒、非法持有、提供毒品等行为,并不涵盖"容留与介绍买卖"的行为,此次修订,新增这两类违法行为,法条表述更加精准,对构筑《治安管理处罚法》与《禁毒法》形成"惩处-挽救"的双轨机制提供有力保障。

本条规定了对引诱、教唆、欺骗、强迫、容留他人吸食、注射毒品及介绍买卖毒品行为的处罚。对本条的理解需注意以下几项要点:

第一，引诱、教唆他人吸食、注射毒品。所谓"引诱"，是指以他人吸食、注射毒品后所获得的精神或者物质回报为诱饵，鼓励或者诱使他人吸毒的行为。所谓"教唆"，是指以宣扬吸毒后的体验、示范吸毒方法以及劝说、授意怂恿及其他方法，故意唆使他人产生吸食、注射毒品的意图并进而吸食、注射毒品的行为。教唆的方法可能是口头的、书面的，也可能是示意性的动作。教唆行为一般分两种：一种是针对本来无吸毒愿望的人；一种是针对有吸毒愿望但尚不坚决的人。本来，教唆和引诱是同一性质的行为，引诱也是教唆的一种方式，鉴于当前以引诱的方式使他人吸食、注射毒品的现象严重，所以立法者将"引诱"从"教唆"行为中分离出来，独立规定成一种违法行为。引诱和教唆的根本区别在于：引诱是以吸毒后所获得的精神或者物质回报为诱饵实施的，而教唆行为则是除此之外的任何促使他人吸毒的行为，特征在于刺激他人自愿尝试吸食或者加固他人已有的吸食意愿。换言之，教唆是促进他人产生吸毒的自愿性欲望，而引诱则是使他人出于某种诱惑而吸毒。

第二，"欺骗"他人吸食、注射毒品，是指在他人不知道的情况下，给他人吸食、注射毒品的行为。例如，在香烟或食品、药品中掺入毒品，供他人吸食或使用，使其不知不觉地由少到多地染上了毒瘾。

第三，"强迫"他人吸食、注射毒品，是指以暴力、胁迫等手段违背他人意愿迫使其吸毒。对于引诱、教唆、欺骗或者强迫他人吸食、注射毒品的行为人，并不要求以牟利为目的。

第四，"容留他人"吸食、注射毒品，是指允许他人在自己管理的场所吸食、注射毒品或者为他人吸食、注射毒品提供场所的行为。实践中，容留行为可以多种多样，既可以是免费的，也可以收取一定费用；既可以是应吸毒者要求而容留，也可以是行为人主动容留；既可以是长期的，也可以是短期的，甚至是暂时的；既可以是提供自己所有的空间，也可以是自己可支配的空间；既可以是作为，如主动邀请他人到其控制的场所中吸食毒品，也可以是不作为，如娱乐场所经营管理人员发现他人在其控制的场所中吸食毒品但未加以制止。

第五,"介绍买卖毒品",是指行为人为毒品交易双方提供交易信息、介绍交易对象、协调交易价格、数量,或者提供其他帮助,促成毒品交易的行为。具体包括为贩毒者介绍联络购毒者的行为,为购毒者介绍联络贩毒者的行为,以及同时为毒品买卖双方牵线搭桥促成毒品交易的行为。居间介绍者在毒品交易中处于中间人地位,发挥介绍联络作用,但不以牟利为要件。

本条处罚针对引诱、教唆、欺骗或者强迫他人吸食、注射毒品的,处十日以上十五日以下拘留,并处一千元以上五千元以下罚款。

针对容留他人吸食、注射毒品或者介绍买卖毒品的,处十日以上十五日以下拘留,可以并处三千元以下罚款;情节较轻的,处五日以下拘留或者一千元以下罚款。

实务中需要注意的问题

实践中需要特别注意治安违法与刑事犯罪的区分标准,应从以下几个方面把握:(1)社会危害性的程度方面,如引诱他人吸毒未实际成瘾或者言语威胁未造成人身伤害,强迫手段轻微等一般违法行为,有可能适用治安处罚,反之,有可能构成刑事犯罪;(2)行为后果与情节方面,不要求实际吸毒后果,但需未达到刑事立案标准;(3)主观恶性方面,治安违法可能包含过失或情节显著轻微的故意行为,刑事犯罪要求直接故意且恶性明显,如蓄谋强迫吸毒等。

第八十六条 【非法生产、经营、购买、运输用于制造毒品的原料、配剂】

违反国家规定,非法生产、经营、购买、运输用于制造毒品的原料、配剂的,处十日以上十五日以下拘留;情节较轻的,处五日以上十日以下拘留。

条文释义

本条是2025年修订《治安管理处罚法》时新增的规定。该条的增设，主要是考虑构建"行政-刑事"双轨并行的制毒原料管控网，通过行政拘留的威慑力填补轻微违法行为的责任空缺，从供应链最前端遏制毒品蔓延。其立法逻辑体现了国家对毒品犯罪"全链条、零容忍"的治理决心。现行《刑法》第三百五十条仅对非法生产、买卖、运输制毒原料"情节较重"的行为追究刑事责任，但实践中存在大量未达刑事立案标准的违法行为，一是"蚂蚁搬家"式违法，如单次交易制毒原料不足五公斤（旧标准）或一公斤（新标准），无法追究刑事责任；二是主观明知证据不足，行为人辩称"不知原料用于制毒"，刑法上难以认定共犯。此次修订将此类行为纳入治安处罚范畴，降低证明标准，即无须证明主观明知制毒用途，只须违反国家规定即可处罚，实现刑事与行政责任的梯度衔接，首次设定行政拘留责任，填补了"刑法管不到、民法管不了"的监管真空。

本条规定了对非法生产、经营、购买、运输制毒原料行为的处罚。对本条的理解需注意以下几项要点：

第一，"违反国家规定"，可以参照《刑法》第九十六条规定，是指违反全国人民代表大会及其常务委员会制定的法律和决定，国务院制定的行政法规、规定的行政措施、发布的决定和命令。根据《最高人民法院关于准确理解和适用刑法中"国家规定"的有关问题的通知》，"国务院规定的行政措施"应当由国务院决定，通常以行政法规或者国务院制发文件的形式加以规定。以国务院办公厅名义制发的文件，符合以下条件的，亦应视为刑法中的"国家规定"：（1）有明确法律依据或与行政法规不相抵触；（2）经国务院常务会议讨论通过或批准；（3）在国务院公报上公开发布。例如，国务院批准的《易制毒化学品管理条例》即属于此类规定。

第二，"制造毒品的原料、配剂的"，是指《刑法》第三百五十条第一款规定的醋酸酐、乙醚、三氯甲烷或者其他用于制造毒品的原料或者配剂，具体品种范围根据《易制毒化学品管理条例》及《易制毒化学品品种目录》国家规定确定。

第三，非法生产、经营、购买、运输。《禁毒法》第二十一条规定，国家对易制毒化学品的生产、经营、购买、运输实行许可制度。易制毒化学品具有双重性质，合法用途与非法用途并存。例如，甲苯是涂料溶剂，醋酸酐用于塑料生产，但一旦流向制毒链条即构成违法。针对现代制毒活动呈现"分段式制毒"违法犯罪模式，流程分段化，原料生产、运输、合成由不同团伙完成，传统侦查难以追踪全链条，此次修改覆盖全环节，将"生产、经营、购买、运输"全部纳入处罚范围。

本条划分两个处罚档次：一般情节，处十日以上十五日以下拘留；情节较轻的，处五日以上十日以下拘留。"情节较轻"可从如下因素考量：（1）行为危害性较小，如涉案原料、配剂的数量较少，未达到刑事立案追诉标准，或行为未实际造成毒品制造或流通的严重后果，且未危及公共安全；（2）行为人主观恶性较低，如行为人因被诱骗、胁迫参与，或在共同行为中起次要、辅助作用，或系初次违法且无前科的；（3）事后补救与配合态度积极，如主动向管理部门报告并采取措施消除危险隐患，或积极配合公安机关调查，如实供述违法行为的。

实务中需要注意的问题

实践中需要注意行刑衔接机制不足，同一行为可能重复处罚的问题，需要建立"行政处罚折抵刑期"规则，需通过配套细则明确裁量标准，并与《刑法》《禁毒法》形成协同效应。除此之外，还需要注意《易制毒化学品目录》的动态调整，《易制毒化学品管理条例》的更新。

实务中，"情节较轻"的标准，公安机关需结合具体案情，确保处罚与违法程度相匹配，期待相关部门尽快出台配套细则，明确数量、主观恶性等裁量因素。

第八十七条 【为吸毒、赌博、卖淫、嫖娼人员通风报信或者提供其他条件】

旅馆业、饮食服务业、文化娱乐业、出租汽车业等单位的人员，在公安机关查处吸毒、赌博、卖淫、嫖娼活动时，为违法犯罪行为人通风报信的，或者以其他方式为上述活动提供条件的，处十日以上十五日以下拘留；情节较轻的，处五日以下拘留或者一千元以上二千元以下罚款。

条文释义

本条在原《治安管理处罚法》第七十四条的基础上作了修改。一是处罚范围扩大，不限于"为违法犯罪行为人通风报信"，新增"以其他方式为上述活动提供条件"的情形，涵盖更广泛的协助行为，如提供场所、资金、技术支持等；二是增设"情节较轻"的处罚档次，处五日以下拘留或一千元以上二千元以下罚款，体现"过罚相当"原则，赋予执法更灵活的裁量空间。

本条规定了对服务行业人员为违法犯罪行为人通风报信行为的处罚。对本条的理解需要注意以下几项要点：

第一，"为违法犯罪行为人通风报信"，是指在公安机关依法查处吸毒、赌博、卖淫、嫖娼违法犯罪活动时，通过电话、短信、暗示等方式传递查处信息，将行动的时间、方式等情况告知吸毒、赌博、卖淫、嫖娼的违法犯罪分子，帮助其逃避执法。既包括向违法分子通风报信，也包括向犯罪人员通风报信的行为。

第二，"以其他方式"提供条件，包括但不限于提供隐藏场所、资金支持、伪造身份证明、销毁证据等协助行为。本条所说的"单位"，是指旅馆业、饮食服务业、文化娱乐业、出租汽车业等特定行业的企业或组织。

第三，"公安机关查处吸毒、赌博、卖淫、嫖娼活动时"，包括公安机关依法查处违法活动的全过程，既包括查处的部署阶段，也包括实施阶段。无论在哪一阶段向违法犯罪人员通风报信，以使违法犯罪分子隐藏、逃避查处的行为，都应按本条的规定处罚。本行为仅限于为吸毒、赌博、卖淫、嫖娼人员通风报信，为公安机关查处其他违反治安管理行为通风报信的，不符合本情节，可以考虑以阻碍执行职务违法行为进行处罚。

实务中需要注意的问题

实践中注意"情节较轻"这一情节，适用于初次违法、协助作用较小，如仅传递一次信息或主动终止协助的情形。

根据《刑法》第三百六十二条规定，旅馆业、饮食服务业、文化娱乐业、出租汽车业等单位的人员，在公安机关查处卖淫、嫖娼活动时，为违法犯罪分子通风报信，情节严重的，达到刑事立案标准的，应当考虑以窝藏、包庇罪追究刑事责任。

本条的修改，本质上是通过细化责任、扩大覆盖面和调整处罚力度，强化对重点行业监管，遏制违法犯罪"保护伞"现象。但"以其他方式提供条件"的适用，建议结合治安管理处罚原则谨慎把握执法裁量边界。

案例评析

一、案情简介

×年×月×日，某市治安支队接到举报称："在某洗浴中心包房内有吸毒、赌博、卖淫、嫖娼行为。"接到举报后治安支队组织警力立即对该洗浴中心进行了公开检查，在检查时民警首先出示了警官证表明了身份，该洗浴中心服务人员潭某知道民警检查后，立即按响了预先安装的设在吧台里的按钮，给在洗浴中心二楼从事违法活动的行为人员通风报信，妨害了警察的执法活动，致使民警查处卖淫、嫖娼检查工作难以正常进行。经调查，认定潭某为卖淫、嫖娼人员通风报信事实清楚、证据确凿。当日，依法对潭某作出了行政拘留十日的处罚决定。

二、案例拆解

本案涉及为卖淫、嫖娼人员通风报信的违反治安管理行为。本案中潭某通过预先安装的设在吧台里的按钮，给在洗浴中心二楼从事违法活动的行为人员通风报信。行为人在主观上是明知存在违法行为，为了本单位的非法利益而纵容卖淫、嫖娼违法活动，故公安机关的定性及处罚是合法的、正确的。

第八十八条　【社会生活噪声干扰他人】
　　违反关于社会生活噪声污染防治的法律法规规定，产生社会生活噪声，经基层群众性自治组织、业主委员会、物业服务人、有关部门依法劝阻、调解和处理未能制止，继续干扰他人正常生活、工作和学习的，处五日以下拘留或者一千元以下罚款；情节严重的，处五日以上十日以下拘留，可以并处一千元以下罚款。

条文释义

　　本条在原《治安管理处罚法》第五十八条的基础上作了修改。一是将产生社会生活噪声，持续干扰他人生活且经劝阻、调解无效的噪声扰民行为纳入治安处罚范畴，这一修改实则是对《噪声污染防治法》第八十七条的配套细化；二是在处罚方面，设定了两个梯度：一般情节的处罚是五日以下拘留或者一千元以下罚款；情节严重的则处五日以上十日以下拘留，并处一千元以下罚款。

　　本条规定了对制造噪声干扰他人正常生活行为的处罚。对本条的理解需注意以下几项要点：第一，产生"社会生活噪声"，根据《噪声污染防治法》第五十九条规定，社会生活噪声，是指人为活动产生的除工业噪声、建筑施工噪声和交通运输噪声之外的干扰周围生活环境的声音。第二，经法定主体劝阻调解，依次由基层群众组织（居/村委会等）→业委会/物业→有关部门（如城管、环保）介入处理，根据《噪声污染防治法》第七十条规定，对社会生活噪声扰民行为，基层群众性自治组织、业主委员会、物业服务人应当及时劝阻、调解；劝阻、调解无效的，可以向负有社会生活噪声污染防治监督管理职责的部门或者地方人民政府指定的部门报告或者投诉，接到报告或者投诉的部门应当依法处理。第三，在多次干预后仍不改正，继续干扰他人正常生活、工作或学习的，才构成违反治安管理行为。

本条划分两个处罚档次：一是劝阻、调解无效后，可处五日以下拘留或者一千元以下罚款；二是情节严重的，处五日以上十日以下拘留，可以并处一千元以下罚款。"情节严重"可以结合三方面要素综合考量：（1）行为人的主观恶性，如多次被警告仍故意实施，每日固定时段制造噪音，对调解人员辱骂、威胁等；（2）行为的客观危害，如干扰对象为特殊群体（病人、考生、婴幼儿），或者造成多人健康受损（如失眠引发疾病）或工作学习中断，持续时间超七十二小时且波及整栋楼宇等；（3）行为的社会影响，如引发群体性事件（如居民联名投诉），在网络传播造成恶劣舆论影响等。

实务中需要注意的问题

此次修改解决了制造噪声干扰他人正常生活行为"取证难、执行弱"的问题。此前噪声扰民主要依赖民事调解或生态环境等部门处罚，但对个人持续性行为，如深夜装修、家用音响设备播放音量过大等，缺乏有效约束。本条款赋予公安机关直接拘留权，提升威慑力。

实践中需要注意噪声污染防治的执法职责的划分。根据《噪声污染防治法》规定，公安机关负责对持续干扰他人正常生活的噪声行为进行治安管理处罚，而超过噪声排放标准的行为则由地方政府指定的部门处理。生态环境部门查处超标噪声，如酒吧音响超分贝；城管处理公共场所违规行为，如无备案广场舞。针对实践中常见的商业街店铺高音喇叭广告，根据《噪声污染防治法》第八十一条规定，若音量超标由生态环境部门罚款，若音量未超标但反复扰民则由公安拘留。另外，需要注意证据固定相关要求，注意保存书面记录，如物业劝阻通知书、调解协议书、部门处理回执；采集受害方证言、监控视频、分贝检测报告等。

案例评析

一、案情简介

待业青年刘某，整日无所事事，每晚邀请一些朋友到其住处喝酒聚会、唱歌、跳舞到凌晨两三点，左右邻居屡次提醒刘某，刘某不但不听，反而变本加厉，使邻居们的生活无法正常进行。居委会对其进行教育和警告，但刘某态度傲慢，没有悔改之意。无奈之下，邻居向当地派出所反映情况。经公安机关调查，刘某制造噪声，无视邻居和居委会多次劝阻、调解，仍旧继续干扰他人正常生活，已严重违反了本条规定与《噪声污染防治法》，遂决定对其给予五百元罚款。

二、案例拆解

本案涉及制造噪声干扰正常生活行为的认定与处罚。制造噪声干扰正常生活的行为，应当同时符合三个条件：一是违反了关于社会生活噪声污染防治的法律规定；二是经法定主体劝阻、调解；三是在多次干预后仍不改正，继续干扰他人正常生活、工作或学习。本案中，刘某邀请朋友聚会从而制造噪声，在经过邻居和居委会多次劝阻，仍继续干扰他人正常生活，严重违反本条规定，公安机关对其予以处罚是正确的。

第八十九条　【饲养动物干扰他人，违法出售、饲养危险动物，饲养动物致人伤害，驱使动物伤害他人】

饲养动物，干扰他人正常生活的，处警告；警告后不改正的，或者放任动物恐吓他人的，处一千元以下罚款。

违反有关法律、法规、规章规定，出售、饲养烈性犬等危险动物的，处警告；警告后不改正的，或者致使动物伤害他人的，处五日以下拘留或者一千元以下罚款；情节较重的，处五日以上十日以下拘留。

第三章　违反治安管理的行为和处罚

> 未对动物采取安全措施，致使动物伤害他人的，处一千元以下罚款；情节较重的，处五日以上十日以下拘留。
> 驱使动物伤害他人的，依照本法第五十一条的规定处罚。

条文释义

本条在原《治安管理处罚法》第七十五条的基础上作了修改。一是提高了"饲养动物干扰他人正常生活"和"放任动物恐吓他人"这两种违法行为的处罚幅度，由原来罚款二百元以上五百元以下提高到一千元以下；二是新增加两款违反治安管理行为，即"违反有关法律法规规定，出售、饲养烈性犬等危险动物"，以及"未对动物采取安全措施，致使动物伤害他人"；三是严密、完善了驱使动物伤害他人的处罚条款，由原来的仅适用故意伤害的一般情形，修改为故意伤害的特殊情形也应该同样适用。

本条规定了对饲养动物违法行为的处罚。对本条的理解需注意以下几项要点：第一，饲养动物，干扰他人正常生活的行为及其处罚的规定。"干扰他人正常生活"，是一个广义的概念，主要是指违反圈养或饲养的规定，给他人的正常生活带来一定影响。例如，在夜深人静或午休时，狗的狂吠声使他人无法得到正常休息。"放任动物恐吓他人"，是指对自己饲养的动物向他人吠叫、袭击等使人惊吓的动作放纵、容许、不管不问的行为。给他人造成轻微伤害的，根据我国《民法典》和地方性法规的规定，动物饲养人或者第三人应当依法承担责任。这里被处罚的对象是饲养动物的人或者牵领动物的人，既包括个人也包括单位。此外，为了增强惩戒和教育效果，提高了罚款数额，由原来的二百元以上五百元以下提升至一千元以下。

第二，违反法律法规有关规定，出售、饲养烈性犬等危险动物的行为及其处罚的规定。近年来时有发生的犬只伤人事件，引发了社会对烈性犬管理的广泛关注。此次修订增加该款，除了追究饲养者的责任外，明确追究违法售卖者的责任，旨在从交易环节切断危险动物的流通，减少潜在社会风险。不仅如此，公民有权向有关部门投诉，公安机关有权对当事人采取相应措施，构建"出售-饲养-伤人"全链条追责机制，有助于在源头上制止违法链条的发生。"警告后不改正"，是指公安机关对违反法律、法规、规章规定，出售、饲养烈性犬等危险动物的行为进行警告后，仍然没有改正的情况，或者是出售、饲养危险动物的行为致使动物伤人的，处五日以下拘留或者一千元以下罚款。该条款采用阶梯式处罚结构，兼顾警示与惩戒的功能，初次违规的，仅处警告，给予整改机会；拒不改正或致人伤害，处五日以下拘留或一千元以下罚款；情节较重（如反复违规或造成严重伤害）的，处五日以上十日以下拘留。这种设计既避免"一刀切"，也通过逐步升级的处罚强化威慑力。

第三，未对动物采取安全措施，致使动物伤害他人的行为及其处罚的规定。饲养者违反规定遛狗时，不亲自牵引或不给狗束绳子或链子，让狗随意嗅他人的身体或追逐他人甚至咬人，这些行为都会给环境卫生和他人的正常生活带来不便。该条款首次将动物管理失职纳入治安处罚，对动物未采取安全措施，致使动物伤人的行为，处一千元以下罚款；情节较重的，处五日以上十日以下拘留。如何界定"未采取安全措施"，需参照地方性法规，目前各地对动物管束安全措施标准存在显著差异（如深圳要求犬只佩戴 GPS 定位器，多数城市仅要求牵绳）。"情节较重"的认定细则，需要根据伤情等级进行划分，执法机关须避免主观随意性。

第四，驱使动物伤害他人的行为及其处罚的规定。这里的"驱使动物伤害他人"，是指饲养动物或牵领动物的人，故意用声音、语言、眼神或动作暗示或指使动物对他人进行攻击的行为。不管动机如何，只要伤害了他人，就构成本款所规定的应当给予治安处罚的行为。但是，如果在动物比赛过程中，动物按照主人的旨意不慎伤害了他人，不属于本款所说的情况，可以依照其他有关规定进行赔偿。本款将驱使动物伤害他人，依照本法第五十一条（故意伤害）的规定处罚，定性为故意伤害他人是正确的，但是原法律规定将驱使动物伤害他人的行为，仅仅理解为只能是一般故意伤害情形，是不严密的。驱使动物伤害他人只是故意伤害他人身体的一种具体的、特定的手段和方式，该手段方式具体的实施形式、侵害对象、侵害次数则与普通的故意伤害他人身体一样，存在着多种可能性。在现实生活中，可能出现两人以上结伙驱使动物伤害他人的情形，可能出现驱使动物伤害残疾人、孕妇、不满十四周岁的人或者六十周岁以上的人的情形，可能出现多次驱使动物伤害他人或者一次驱使动物伤害多人的情形。即利用驱使动物故意伤害他人这种行为，不仅可以是一般的、普通的驱使动物故意伤害他人，而且与一般故意伤害手段一样，同样可以出现本法第五十一条第二款规定的特定情形。这样规定，既考虑了一般情形，又考虑了特殊情形，使这一法律规定更加切合实际，更加符合逻辑，更加严密规范。

实务中需要注意的问题

城市居民饲养动物作为宠物的越来越多，不少家庭都会饲养动物作为陪伴。

首先，要明确饲养的动物不限于猫或狗等家畜，近年来饲养另类宠物的现象逐渐增多。蜥蜴、变色龙、蛇、蜈蚣、仓鼠……这些样貌奇异的小动物也逐步成为受年轻人欢迎的新宠物。

其次，要明确关键概念的认定。一是"烈性犬"的范围。目前各地划分"烈性犬"的参数标准不一样，如成都、北京、湖州等地对禁养犬的身高标准不同（35厘米、65厘米、60厘米）。除此之外，不同城市发布的"烈性犬"名单也不一样，如山东济南规定了56种禁养犬只，青岛是40种；浙江湖州规定了42种禁养犬种，而绍兴是21种；广东深圳是38种，佛山是27种。这将导致某个犬种在一地可养，在另一地禁养的情况。二是"安全措施"的执行标准不统一。建议由公安、农业、市场监管等部门联合制定全国性标准，在全国性标准未出台前，公安机关需结合各地的地方性法规准确适用。

最后，强调预防优于惩处的理念。治安行政处罚终究是国家对个人发动惩戒的机制。在饲养动物方面，《治安管理处罚法》一方面要作出规定，但也要保持克制主义态度，尽量减少行政权力干预，让公民更有可能通过自身民事途径解决矛盾。

案例评析

一、案情简介

某日，某小区的陶某带着三岁的女儿李某回家时，被同小区王某未牵绳的宠物犬（黑色小鹿犬）追逐，陶某考虑到王某经常不牵绳遛狗，给自己的生活造成了很大不便，更有被追咬的风险，便报警。经民警询问，王某承认自己不牵绳遛狗以及狗追逐李某的事实。公安机关根据本法的规定，给予王某警告的处罚。

二、案例拆解

本案中，王某违反宠物饲养规定，带宠物犬外出时不牵绳，致使宠物犬追逐李某，其行为干扰了他人的正常生活，给他人的正常生活带来一定影响。构成《治安管理处罚法》规定的饲养动物干扰他人正常生活。

第四章 处罚程序

第一节 调 查

第九十条 【立案调查】

公安机关对报案、控告、举报或者违反治安管理行为人主动投案,以及其他国家机关移送的违反治安管理案件,应当立即立案并进行调查;认为不属于违反治安管理行为的,应当告知报案人、控告人、举报人、投案人,并说明理由。

条文释义

本条将原《治安管理处罚法》第七十七条、第七十八条的内容融合,并做了适当修改。把其他"行政主管部门、司法机关"移送的违反治安管理案件,修改为其他"国家机关"移送的违反治安管理案件;把分散规定在两条中的接受案件时的"及时受理,并进行登记""立即进行调查",合并在一条中,规定为"应当立即立案并进行调查"。

本条规定了治安案件的来源及不属于违反治安管理行为的告知。

公安机关接受治安案件线索并立案调查,是治安案件办理过程的开始,是办案的起点。案件来源主要有报案、控告、举报、违反治安管理行为人主动投案以及其他国家机关移送等方式。

"报案"是指公民、法人或其他组织,向公安机关报告发现有违反治安管理事实的行为;"控告"是指被侵害人及其近亲属,对侵犯被侵害人合法权益的违反治安管理行为,向公安机关告诉,要求追究侵害人法律责任的行为;"举报"是指当事人以外的其他知情人在违法行为发生后向公安机关检举、揭发违反治安管理行为人违法事实的行为;"主动投案"是指违反治安管理行为人主动向公安机关陈述自己的违法行为,愿意接受相应处理的行为;"其他国家机关移送"是指其他行政机关、监察机关、人民法院、人民检察院等,在开展工作时发现的违反治安管理行为,认为应当受到治安管理处罚,移交给公安机关进行调查的行为。

对以上来源的案件,公安机关应当及时接收并立案调查,这是公安机关义务性规定,不能以案件事实是否已经清楚、违反治安管理行为人是否已经查明等作为受理立案的条件。

公安机关立案后,经初步调查,认为所涉行为不构成违反治安管理行为,不用受到治安管理处罚的,应作撤销案件处理;认为所涉行为属于违反其他行政管理秩序行为的,可以将案件移送其他行政主管部门,或者告知报案人、控告人、举报人、投案人向其他行政主管部门报案、控告、举报和投案;认为所涉行为涉嫌犯罪的,应当将案件移送有管辖权的主管机关,依法追究刑事责任。对以上情况,接受立案的公安机关要对相关人员承担告知义务,并说明得出该结论的理由,以保障提供相应案件线索当事人的知情权,也方便当事人认为该结论侵犯自身利益时,能够寻求其他救济途径。

实务中需要注意的问题

执法实践中,立案调查时需要注意:

(1) "立即立案并进行调查"中的"立即"法律没有规定时限,要求的是"及时"有效地进行立案,并进行调查,以避免违法行为可能给社会造成进一步的危害。

(2) 这里"其他国家机关移送的"中的"其他国家机关",主要包括其他行政机关、司法机关、监察机关等,在其履行职责时发现或者涉及可能属于违反治安管理行为的案件。

（3）对于可能存在较大争议或涉及公众利益，尤其是引发舆情关注的案件，需提前做好舆情研判，及时公布案件进展，避免舆论误解；若最终认定不属于违反治安管理行为，向当事人说明理由时，应提供充分证据和法律依据，防止引发矛盾纠纷，必要时可以发布警情通报。

案例评析

一、案情简介

某日，甲与乙在公共场所因琐事产生争执，冲突中乙及其家人丙推搡、拉扯甲致其摔倒受伤，路人丁对双方进行劝阻。甲向公安机关报案，称乙、丙、丁对其实施殴打行为。公安机关接到报案后，迅速出警并立即立案并展开调查。经询问双方当事人、调取现场监控、走访周边商户，收集相关证据。最终认定乙、丙的行为属于违反治安管理的殴打他人行为，依法对乙作出相应处罚；丁只是劝阻，不属于违反治安管理的行为，反而应该进行表扬，公安机关将以上处理结果及理由告知甲。

二、案例拆解

此案例中，公安机关严格遵循相关规定，在接到报案后立即立案调查，充分保障了报案人的合法权益，也体现了执法的高效性与规范性。法条明确要求对各类来源的案件快速立案调查，若不属于违反治安管理行为需说明理由，这一规定既确保了案件处理的及时性，又避免了执法随意性。它规范了公安机关执法流程，让群众感受到执法有章可循，保障了当事人的知情权，增强了群众对法律的信任，也维护了社会治安秩序。

第九十一条 【严禁非法收集证据】

公安机关及其人民警察对治安案件的调查，应当依法进行。严禁刑讯逼供或者采用威胁、引诱、欺骗等非法手段收集证据。

以非法手段收集的证据不得作为处罚的根据。

条文释义

本条对应原《治安管理处罚法》第七十九条，2025年修订《治安管理处罚法》时未对本条进行修改。

本条分为两款，第一款规定了调查取证应依法进行，严禁以非法手段获取证据；第二款规定了非法证据排除。本规定从执法程序、证据效力等层面，为规范治安案件办理筑牢法治防线。

调查取证是公安机关及其人民警察为查明案情而进行的专门活动。其目的是通过查明事实真相及违法行为的情节，以保证对违反治安管理行为人作出公平公正的处理结果，是作出治安管理处罚决定的前提和基础。治安案件调查要"依法进行"，这就要求公安机关及其人民警察，从案件受理、调查取证到作出处罚决定，每个环节都需严格遵循法律规定。尤其是要严格遵守法律对于办案期限、办案人数、办案审批等的规定。

刑讯逼供是办案人员对违反治安管理行为人使用殴打等人身体罚或变相体罚的方式，逼取行为人陈述的行为；采取"威胁、引诱、欺骗"等非法手段收集证据是指通过采用暴力、恐吓等非法手段威胁违反治安管理行为人、证人或通过许诺某些好处诱使、蒙骗当事人以获取证据的行为。刑讯逼供是调查取证中最突出、危害最大的非法手段。刑讯逼供可能致使嫌疑人屈打成招，威胁、引诱、欺骗则会干扰证据的真实性与可靠性，严重破坏司法公正。严禁刑讯逼供、威胁、引诱、欺骗等非法取证手段，是对公民基本权利的坚实捍卫。

通过非法手段获取的"证据"，是当事人在非自愿情况下做出的，存在虚假的可能性很大，其证明效力微弱，很难证明事实真相，如据此对行为进行认定，往往导致行为定性的南辕北辙。因此，这种非法手段获取的证据不能作为对行为人处罚的依据，应作为非法证据严格依法排除。从证据效力来看，明确非法证据排除规则，即"以非法手段收集的证据不得作为处罚的根据"，可以给执法者敲响警钟，促使其规范取证行为。这一规则维护了证据的合法性、关联性与真实性，确保治安管理处罚决定建立在可靠的证据基础之上，增强了公众对执法公正性的信任。

实务中需要注意的问题

治安案件查处实践中，在进行调查取证时需要注意：

（1）要严格树立程序规范的意识。刑讯逼供、以非法手段收集证据等情况时有发生。办案过程中，部分民警存在"重结果、轻程序"观念，易在面对复杂案件或线索匮乏，尤其是面对上级关注度较高的重点案件时，忽视程序合法性，如采用疲劳审讯等变相威胁手段，既侵犯当事人权益，也会使证据丧失法律效力。

（2）实践中，对"威胁、引诱、欺骗"的界定存在模糊地带，也是行政诉讼时易引发争议的内容。从风险防控角度，民警需强化法治意识，全程规范使用执法记录仪，确保取证过程透明可溯，避免因非法取证行为引发执法风险，损害公安机关公信力。

案例评析

一、案情简介

某商场内，顾客甲与乙因争抢特价商品发生激烈争执，继而引发肢体冲突。警方接警后迅速赶到现场，将二人带回公安局调查。在询问甲时，民警丙急于结案，对甲进行言语威胁，声称若不承认先动手，就会加重处罚。甲在恐惧之下，承认自己率先动手打人。后续案件审理过程中，甲向相关部门反映被民警威胁一事，经调查核实，甲反映的情况属实。

二、案例拆解

在此案中，民警丙的行为严重违反《治安管理处罚法》第九十条（对应2025年《治安管理处罚法》第九十一条）规定。法条严禁采用威胁等非法手段收集证据，旨在确保证据的真实性、合法性，维护当事人合法权益及执法公信力。民警丙的威胁行为可能致使甲作出不实供述，影响案件公正裁决。最终，依据该法条，以威胁手段获取的甲的口供，不能作为处罚依据。这警示所有执法人员，必须严格依法调查取证，任何妄图通过非法手段推进案件的行为都将被法律否定，唯有遵循法定程序，才能让治安案件处罚经得起检验，维护法律的公平正义。

第九十二条 【收集、调取证据】

公安机关办理治安案件，有权向有关单位和个人收集、调取证据。有关单位和个人应当如实提供证据。

公安机关向有关单位和个人收集、调取证据时，应当告知其必须如实提供证据，以及伪造、隐匿、毁灭证据或者提供虚假证言应当承担的法律责任。

条文释义

本条是2025年修订《治安管理处罚法》时新增的规定。增加规定公安机关的取证权及调查取证时有关单位和个人配合的义务，主要是考虑能够更好地保障调查取证的顺利进行，查明案情事实，最终做出公平公正的处理。

本条分为两款，第一款规定了公安机关有向有关单位和个人调查取证的权力，有关单位和个人有如实配合的义务；第二款规定了公安机关收集、调取证据时的告知义务及有关单位和个人妨碍调查取证应承担的法律责任。

公安机关在办理治安案件时，拥有法定的权力去获取与案件相关的证据。这是为了保证公安机关能够全面、准确地查明案件事实，以便依法作出公正的处理决定。

对于知晓案件情况或持有与案件有关证据的单位和个人，都有责任按照公安机关的要求，真实、客观地提供证据，不得隐瞒、歪曲或篡改。

公安机关向有关单位和个人收集、调取证据时，"应当告知其必须如实提供证据，以及伪造、隐匿、毁灭证据或者提供虚假证言应当承担的法律责任"。因为伪造、隐匿、毁灭证据或者提供虚假证言的行为会干扰司法秩序，影响案件的公正处理，因此要提醒相关责任人如有以上行为必须承担相应的法律责任，包括可能面临的行政处罚甚至刑事处罚。这一规定既保障了有关单位和个人的知情权，使其清楚了解如实提供证据的要求和不如实提供证据的后果，也体现了法律的严肃性。同时，也是《人民警察法》中"人民警察依法执行职务，公民和组织应当给予支持和协助"规定在《治安管理处罚法》中的具体要求。

此外，需要向有关单位和个人调取证据时，还要履行相应的法律程序的要求。根据规定，需要向有关单位和个人调取证据的，经公安机关办案部门负责人批准，开具调取证据通知书，明确调取的证据和提供时限。被调取人应当在通知书上盖章或者签名，被调取人拒绝的，公安机关应当注明。必要时，公安机关应当采用录音、录像等方式固定证据内容及取证过程。

需要向有关单位紧急调取证据的，公安机关可以在电话告知人民警察身份的同时，将调取证据通知书连同办案人民警察的人民警察证复印件通过传真、互联网通讯工具等方式送达有关单位。

实务中需要注意的问题

治安案件查处工作中，调查取证是最核心的工作。执法实践中需要注意：

（1）公安机关应依法规范取证行为，确保向有关单位和个人收集、调取证据的过程合法合规，不得采取威胁、引诱等非法手段，保障证据来源的合法性。

（2）要重视证据收集的全面性，不仅要关注当事人陈述，更要积极挖掘物证、书证、视听资料等其他证据，避免片面依赖口供导致事实误判。

（3）面对相关单位和个人不配合、作伪证的情况，要严格履行告知义务，明确告知其如实提供证据的责任，以及伪造、隐匿、毁灭证据或提供虚假证言须承担的法律后果，以增强对方的法律意识。对于拒不履行义务的，要依据相关法律采取适当措施，确保案件调查顺利进行，维护法律的严肃性和权威性，保障案件处理的公平公正。

案例评析

一、案情简介

某小区内，两户相邻人家因楼道公共区域的使用问题产生纠纷。一方在楼道堆放杂物，另一方认为影响通行，双方多次争吵。一日，矛盾升级，堆放杂物一方情绪激动，损坏了对方放置在门口的鞋柜。接到报警后，公安机关介入调查。民警向小区物业、周边邻居等相关单位和个人收集证据，询问事情经过。物业提供了此前双方纠纷的记录，邻居们也描述了看到的争吵场景及损坏鞋柜的瞬间。

二、案例拆解

公安机关办案中，依法有权向物业、邻居等收集、调取证据，这是查明案件事实的必要手段。若有人不配合甚至故意作伪证，将会干扰案件公正处理，影响对违法者作出公平公正的惩处，也损害了法律的权威性和受害人的合法权益。因此，在收集证据过程中，遇到不配合的情况，民警应告知相关人员有关法律规定，说明公民有如实提供证据的义务，以及伪造、隐匿、毁灭证据或提供虚假证言须承担法律责任。相关单位和个人如实提供证据，保障了案件调查的顺利进行。此案例体现了法律对治安案件证据收集的规范作用，确保案件处理基于真实、可靠的证据。

第九十三条　【其他案件证据材料的使用】

在办理刑事案件过程中以及其他执法办案机关在移送案件前依法收集的物证、书证、视听资料、电子数据等证据材料，可以作为治安案件的证据使用。

条文释义

本条是 2025 年修订《治安管理处罚法》时新增的规定。增加规定刑事案件及其他执法办案机关移送案件收集的证据的效力问题，主要是考虑在治安案件查处中提升办案效率，避免重复性工作。

本条规定了刑事案件办案过程中以及其他执法办案机关移送案件前收集到的物证、书证、视听资料、电子数据等证据材料，移送治安案件后可以作为证据使用。本条打破了证据使用的部门界限，对治安案件证据来源进行了拓展。

对于其他办案主体移送的案件，案件移送前所获取的证据材料，只要是依法收集并与治安案件查处相关，都能在移送后的治安案件办理中作为证据使用。这意味着不同性质案件或不同机关收集的证据，在符合法定程序的前提下，具有跨案件类型的证据效力，能为治安案件的事实及情节认定提供依据。

无论是刑事案件还是其他执法办案机关移送案件前依法收集的物证、书证、视听资料、电子数据等证据材料，只要与治安案件的事实存在关联，能够证明案件相关情况，且符合真实性要求，就具备作为证据的基础属性，理应在治安案件中使用，以有效认定案件事实。认可这些证据在治安案件中的效力，能够避免因案件性质转化或移送导致已收集证据失效，避免在治安案件查处时对已依法收集的证据进行重复收集，节省了执法资源，提高了整体执法效率，使案件能够得到及时处理。同时，不同机关在各自职责范围内依法收集证据，遵循的是法定程序和标准。允许这些证据在治安案件中使用，体现了法律在不同执法环节和案件类型中的统一适用，维护了执法的权威性和严肃性，确保法律实施的一致性。这一规定拓宽了治安案件证据的范围，体现了证据使用的连贯性与兼容性，提高了行政效率。

不过，需要注意的是，虽然这些证据材料可以使用，但并不意味着无须审查。公安机关在采用时，仍须严格遵循证据审查标准，对证据的合法性、真实性、关联性进行全面核查，确保其符合治安案件的证据要求。若证据存在瑕疵或不符合规定，仍须进行补正或排除，以保证治安案件处理的公正性和准确性，维护法律的严谨性。

实务中需要注意的问题

治安案件查处工作中，针对移送案件证据的转化问题，需要注意：

（1）移送的证据也需要进行必要的审查。虽然允许使用其他案件的证据材料，但必须严格按照治安案件证据标准，对证据的合法性、真实性、关联性等进行全面复核。例如，刑事侦查中通过技术侦查手段获取的证据，须确认其是否符合治安案件证据的合法来源要求，避免非法证据流入。

（2）要注意证据的转化规范。部分证据材料在不同案件类型中的表现形式、证明力可能存在差异，须根据治安案件的具体需求进行适当转化和完善，如刑事案件中的"讯问笔录"需要转化为"询问笔录"。同时，加强与其他执法办案机关的协作沟通也至关重要，在案件移送前应明确证据收集的标准和要求，确保证据材料的完整性和有效性，防止因证据衔接不畅影响治安案件的处理进度和质量，保障执法的严谨性和公正性。

案例评析

一、案情简介

警方接某公司工作人员报案，称其公司仓库内价值数万元货物被盗。侦查过程中，警方锁定嫌疑人并查获部分赃物，提取了现场监控录像、证人证言等证据。经进一步调查，发现被盗货物实际价值未达刑事立案标准，案件性质转变为治安案件，移交给治安部门处理，并同时移交了相关证据。在处理该治安案件时，治安部门直接采用了此前刑事案件侦查过程中收集的全部证据材料，对嫌疑人作出相应治安处罚。

二、案例拆解

本案中，刑事案件侦查中获取的监控录像、证人证言等证据，在转为治安案件后直接沿用，避免了证据重复收集，极大提升了办案效率。同时，这也要求公安机关对沿用证据严格审查，确保其合法、真实、有效。该法条打破案件类型界限，实现证据资源有效整合，既维护了执法连贯性，又保障了当事人合法权益，为高效处理治安案件提供了有力法律支撑。

第九十四条 【保密义务】

公安机关及其人民警察在办理治安案件时,对涉及的国家秘密、商业秘密、个人隐私或者个人信息,应当予以保密。

条文释义

本条在原《治安管理处罚法》第八十条的基础上作了部分修改,在"国家秘密、商业秘密或者个人隐私"的基础上,增加了"个人信息"作为公安机关应当予以保密的内容。

本条规定了公安机关及其人民警察在办理治安案件时的保密义务。

"国家秘密"是指关系国家安全和利益,依照法定程序确定,在一定时间内只限定一定范围内的人员知悉的事项,分为绝密、机密和秘密三个等级;"商业秘密"是指不为公众知悉,能为所有权人带来利益,具有实用性并经所有权人采取保密措施的各种技术信息和经营信息,包括生产方法、工艺、配方、设计图纸、购销渠道等;"个人隐私"是指公民与公共利益无关的个人私生活秘密与信息,包括个人情况、私人活动和私人空间等。"个人信息"是有关个人的一切情报资料和资源,如身份证号码、生活经历、家庭地址、联系方式、两性关系、生育能力、收养子女等。这些信息一旦泄露,可能给国家、企业和个人带来严重危害。

公安机关在查处治安案件过程中,经常会涉及一些国家秘密、商业秘密以及个人隐私和个人信息。根据《人民警察法》《保守国家秘密法》《公安机关执法公开规定》等的有关规定,公安机关对涉及的以上信息应当予以保密。主要是因为这些秘密或者隐私一旦被泄露,就会对国家安全和利益造成危害或者威胁,给拥有商业秘密的单位和个人的生产、经营活动带来不利的影响与经济损失,给当事人的名誉、正常生活带来不利影响,甚至带来心理压力与精神痛苦,因此,对于在治安案件查处中涉及的秘密及隐私、信息,公安机关包括办案人员,除有规定外(如《公安机关执法公开规定》第六条规定:权利人同意公开,或者公安机关认为不公开可能对公共利益造成重大影响的，可以公开），都负有保密的义务，不能随便泄露。

要求公安机关及其人民警察严格遵守保密规定，不得擅自泄露相关信息，是法治原则在治安管理领域的体现，有助于维护当事人的合法权益，使民众在接受治安管理过程中，个人权益得到充分尊重和保护，增强民众对执法机关的信任，防止因信息泄露影响案件调查和处理，避免相关人员利用泄露信息干扰办案，确保治安案件能够依据事实和法律公正裁决，维护治安管理处罚的权威性和公正性。

实务中需要注意的问题

执法实践中，强化公安机关及其人民警察办案中的保密义务，需要注意：

（1）要强化执法人员保密意识，明确国家秘密、商业秘密、个人隐私和个人信息的界定标准，避免因认知不足、重视不够导致泄密。例如，对于亲朋好友要求查询公民的个人信息要坚决予以抵制。

（2）规范证据处理流程，从证据收集、存储到使用，每个环节都须建立严格保密制度。例如，对涉密证据单独保管，采用加密技术处理电子数据，限定知悉范围，防止信息在流转过程中泄露等。

（3）健全监督与追责机制，完善内部监督体系，定期检查保密制度执行情况，畅通群众举报渠道。一旦发生泄密事件，严格按照相关规定追究责任，形成有效震慑，确保法律规定在办案实务中得到切实执行，维护执法公信力与当事人合法权益。

案例评析

一、案情简介

某地发生一起邻里纠纷治安案件，双方因琐事发生激烈冲突。民警在调查过程中，获取到一方当事人的手机聊天记录，其中包含该当事人所在公司的重要商业合作计划等商业秘密信息。然而，在案件处理期间，有民警无意间向他人透露了该商业秘密相关内容，导致信息传播，给当事人所在公司造成一定损失，当事人随即对民警的泄密行为提出投诉。

二、案例拆解

执法实践中，公安机关办案过程中经常会涉及各种各样的秘密和个人信息。本案中，民警在办理治安案件时，本应严格履行保密义务，却因疏忽导致当事人商业秘密泄露，侵犯了当事人合法权益，违反了法律规定。公安机关及其人民警察应强化保密意识，规范执法行为，在处理案件过程中，无论证据获取途径如何，只要涉及国家秘密、商业秘密、个人隐私或个人信息，公安机关及其人民警察都必须严格保密。这也是保障公民、企业合法权益，维护执法公信力，确保法律权威性和严肃性的要求。

第九十五条　【人民警察的回避】

人民警察在办理治安案件过程中，遇有下列情形之一的，应当回避；违反治安管理行为人、被侵害人或者其法定代理人也有权要求他们回避：

（一）是本案当事人或者当事人的近亲属的；

（二）本人或者其近亲属与本案有利害关系的；

（三）与本案当事人有其他关系，可能影响案件公正处理的。

人民警察的回避，由其所属的公安机关决定；公安机关负责人的回避，由上一级公安机关决定。

条文释义

本条对应原《治安管理处罚法》第八十一条，2025年修订《治安管理处罚法》时未对本条进行修改。

本条分为两款，第一款规定了治安案件中人民警察回避适用的情形；第二款规定了治安案件中人民警察回避的决定主体。

治安案件中的回避，是指办理治安案件的人民警察因与案件或者案件当事人有利害关系或者其他特殊关系,可能影响案件公正处理,而不得参加该案件的调查、处理工作的制度。

回避制度是法治文明的表现。"任何人不得做自己案子的裁判者。"建立回避制度的意义在于确保治安案件得到客观、公正的处理,保护相对人合法权益,确保治安案件的处理结果和法律实施过程得到当事人和社会的普遍认同。

本条第一款规定了治安案件中人民警察回避的适用情形。"近亲属"主要包括:配偶、父母、子女、兄弟姐妹、祖父母、外祖父母、孙子女、外孙子女和其他具有扶养、赡养关系的亲属。如果有以上关系,办案民警不回避的话就可能从自身利益出发,徇私舞弊、枉法裁判,使案件不能得到公正处理。

"有利害关系"是指本案的处理结果直接涉及办案人员或其近亲属的重大利益,这种情况下办案人员难免在办理治安案件过程中偏袒一方,或者干预案件的处理过程,影响案件的公正处理。

"与本案当事人有其他关系,可能影响案件公正处理"是指除第一款第一项和第二项以外的关系。可能是上下级关系、邻里关系、同学关系、同事关系等,如果能证明以上关系有可能影响案件公正处理,也应该回避,这也是制定回避制度的要旨所在。

第二款规定了治安案件中人民警察回避的决定主体。人民警察的回避,由其所属的公安机关决定,也就是人民警察所在的公安派出所、市县公安机关等,但不包括公安机关的内设机构;公安机关负责人的回避,由上一级公安机关决定。负责人可以决定本机关内办案警察的回避,但涉及本人时,则应由对本级公安机关享有领导权的上一级公安机关决定。

此外,根据《公安机关办理行政案件程序规定》的规定,回避可以由公安机关负责人、办案人民警察自行提出申请,也就是自行回避;也可以由当事人及其法定代理人提出回避申请,也就是申请回避。

实务中需要注意的问题

执法实践中，在适用回避的时候应该注意：

（1）对回避情形的认定要精准。"近亲属""利害关系""其他关系"的界定需细化标准。"其他关系"可能涵盖同学、好友等社会关系，判断是否"影响案件公正处理"不能仅凭主观臆断，应结合具体情节综合考量，避免过度扩大或缩小回避范围。

（2）严格规范回避程序。无论是人民警察自行申请回避，还是当事人提出回避申请，公安机关都要及时受理、认真核查，在规定时间内作出决定，确保案件处理不受程序拖延影响。对于回避决定，要向当事人说明理由，保障其知情权。

（3）强化监督保障机制。建立内部监督与外部监督相结合的体系，防止出现该回避不回避、滥用回避权等情况。特别需要说明的是，办案人民警察在知悉其有法定回避情形时，应当主动回避。一方面主动回避比当事人提出回避更能体现公安机关执法的公信力，另一方面，也可以避免在案件终结后再发现有法定回避情形时引发各种纠纷。实践中，对违反回避规定的行为，要严肃追究责任，同时畅通当事人申诉渠道，确保回避制度切实发挥维护执法公正、提升执法公信力的作用。

案例评析

一、案情简介

某小区内，两户居民因占用公共区域发生激烈争吵，进而演变成肢体冲突，造成一方轻微受伤。公安机关接到报警后，民警小李前往现场处理。在调查过程中，被侵害人偶然发现，负责办理案件的民警小李竟是违反治安管理行为人妻子的表弟。被侵害人担心案件处理会因这层关系受到影响，遂依据《治安管理处罚法》相关规定，向公安机关提出要求民警小李回避此案办理的申请。公安机关经核实情况属实，迅速启动回避程序，更换其他民警重新开展案件调查工作。

二、案例拆解

本案中，民警小李与违反治安管理行为人存在亲属关联，属于"与本案当事人有其他关系，可能影响案件公正处理"的情形，被侵害人依法行使申请回避的权利合理合法。公安机关及时受理申请并核实情况，果断作出回避决定，保障了法律程序的公正性。回避制度旨在排除可能影响公正裁决的人为因素，确保案件处理以事实为依据、以法律为准绳。它不仅维护了当事人的合法权益，也提升了公安机关执法的公信力。

第九十六条 【传唤与强制传唤】

需要传唤违反治安管理行为人接受调查的，经公安机关办案部门负责人批准，使用传唤证传唤。对现场发现的违反治安管理行为人，人民警察经出示人民警察证，可以口头传唤，但应当在询问笔录中注明。

公安机关应当将传唤的原因和依据告知被传唤人。对无正当理由不接受传唤或者逃避传唤的人，经公安机关办案部门负责人批准，可以强制传唤。

条文释义

本条在原《治安管理处罚法》第八十二条的基础上作了适当修改。第一款中把"人民警察经出示工作证件，可以口头传唤"中的"工作证件"修改为"人民警察证"；第二款中"对无正当理由不接受传唤或者逃避传唤的人，可以强制传唤"增加了强制传唤需要"经公安机关办案部门负责人批准"的要求。

本条分为两款，第一款规定了传唤的适用，第二款规定了强制传唤的适用。

传唤，是指公安机关在办理治安案件的过程中，通知违反治安管理行为人到公安机关或者公安机关指定地点接受调查询问而采取的法律措施。

传唤是公安机关执法中常用的调查方式，其对象仅限于违反治安管理行为人，对治安案件中的其他人，如被侵害人、证人等不得适用传唤。

"公安机关办案负责人"，是指公安机关中具体负责办理治安案件部门的负责人，如治安大队长、派出所所长等。

传唤分为书面传唤、口头传唤、强制传唤三种。

传唤涉及对公民人身自由的限制，在程序上应该严格规范，因此一般需要经公安机关办案部门负责人批准，使用传唤证才能进行，这是传唤的原则性规定。但实践中有时事态发展突然，不允许办案人员申请传唤证后再进行传唤，如对于现场发现的违反治安管理行为人，再回公安机关办理审批可能就会延误案件的办理。因此，在出示人民警察证的基础上，可以口头进行传唤，同时需要在后续的询问笔录中注明。这种条件性的要求，一方面是对口头传唤的规范，另一方面也是对"无证"传唤在程序上的必要补充。

此外，传唤过程中，可能会出现当事人不配合的情况。因此，在告知了传唤的原因和依据后，对于无正当理由不接受传唤或者逃避传唤的人，法律还规定了强制传唤的方式。但需要注意的是，一方面强制传唤需要以先行传唤为前提，即之前采取了书面传唤或口头传唤，但当事人不配合；另一方面公安机关的强制性方式以将被传唤人传唤到指定地点接受调查为限，可以使用必要的警械，但不可超过必要的限度，并且在被传唤人放弃抵抗配合传唤的情况下，可以解除或者降低强制的手段或强度。强制传唤是对人身的强制，增加"经公安机关办案部门负责人批准"的程序性要求，也是在保证传唤有效实现基础上的必要规制。

实务中需要注意的问题

执法实践中，适用传唤时需要注意：

（1）要注意严格审批程序。使用传唤证传唤和实施强制传唤，必须经公安机关办案部门负责人批准，严禁越权操作。审批过程中，要对案件情况进行充分审查，确保传唤措施必要、合理，防止权力滥用。

（2）规范传唤程序。口头传唤时，民警应当主动出示人民警察证，明确表明身份；记录询问笔录时，应完整注明口头传唤的具体情况。告知被传唤人传唤原因和依据须清晰、准确，保障当事人的知情权。对于强制传唤，要在法律授权范围内采取适当措施，避免过度使用强制力，防止侵害当事人合法权益。

案例评析

一、案情简介

在某商业街，摊贩甲与乙因摊位位置发生激烈争执，进而互相推搡，引发大量群众围观，严重扰乱公共秩序。正在附近巡逻的民警立即上前制止。民警当场出示人民警察证，口头传唤甲、乙二人到公安机关接受调查，告知传唤原因是其涉嫌扰乱公共秩序，以及传唤依据为《治安管理处罚法》相关规定。到达公安机关后，在询问笔录中详细注明了口头传唤的情况。口头传唤时，乙配合良好，甲态度恶劣、拒不配合、试图逃离，经公安机关办案部门负责人批准，民警依法对甲实施强制传唤，最终顺利完成案件调查。

二、案例拆解

本案中，民警对现场发现的违法嫌疑人，依据法律规定，在出示人民警察证后进行口头传唤，既及时控制了局面，又保证了执法程序的合法性；告知传唤理由及依据，充分保障了当事人的知情权。对于拒不配合的甲，民警经批准实施强制传唤，体现了法律的权威性和严肃性。通过规范传唤程序，平衡了执法效率与保障当事人权益的关系，确保公安机关依法履行职责，有效打击违法行为，维护了治安管理的正常秩序和法律尊严。

第九十七条 【询问查证时限和通知家属】

对违反治安管理行为人，公安机关传唤后应当及时询问查证，询问查证的时间不得超过八小时；涉案人数众多、违反治安管理行为人身份不明的，询问查证的时间不得超过十二小时；情况复杂，依照本法规定可能适用行政拘留处罚的，询问查证的时间不得超过二十四小时。在执法办案场所询问违反治安管理行为人，应当全程同步录音录像。

公安机关应当及时将传唤的原因和处所通知被传唤人家属。

询问查证期间，公安机关应当保证违反治安管理行为人的饮食、必要的休息时间等正当需求。

条文释义

本条在原《治安管理处罚法》第八十三条的基础上作了适当修改。第一款中询问的期限增加了"涉案人数众多、违反治安管理行为人身份不明的，询问查证的时间不得超过十二小时"的情形，以及"在执法办案场所询问违反治安管理行为人，应当全程同步录音录像"的要求，来规范公安机关询问过程，保护当事人合法权益；增加了第三款"询问查证期间，公安机关应当保证违反治安管理行为人的饮食、必要的休息时间等正当需求"的规定，来保障被询问人的合法权益。

本条分为三款，第一款规定了询问的期限，以及在执法办案场所询问违反治安管理行为人，应当全程同步录音录像的要求；第二款规定了传唤后将传唤的原因及处所通知家属；第三款规定了询问查证期间，保障被询问人基本饮食和休息权等正当需求的要求。

公安机关传唤违反治安管理行为人是为了查明事实真相，因此到达公安机关后应"及时"进行询问，对违法行为人进行询问是公安机关调查取证的重要手段。同时，传唤并询问行为人，是限制其人身权利的一种措施，要特别谨慎并规定必要的期限限制。一般情况下，询问查证的时间不超过八个小时，时间以被传唤人到达指定地点并在传唤证上记载的到达时间为准。对于涉案人数众多的案件，需要询问的人数较多，办案人员有限，或者被询问人拒不配合，致使其身份不明，此时询问查证的时间可以延长到不超过十二小时。有些案件还可能存在案情复杂、违法结果较重，法律规定可能给予行政拘留的处罚结果，如共同违反治安管理，或者一个人实施了两种以上违反治安管理行为等情况，为了更好地进行查证，做出公平公正的处理结果，询问查证的时间可以延长到不超过二十四小时。此外，为了保证被询问人的合法权益，规范公安机关询问查证过程，询问过程应当全程进行同步录音录像，留存备案，这既是对公安机关规范办案的要求，也是对公安机关及办案民警的有效保护。

因询问在一定时间内限制了被传唤人的人身自由，为避免给被传唤人、被传唤人家属以及其他人的工作、生活带来不便，公安机关在传唤违反治安管理行为人后，应当及时将传唤的原因及处所通知被传唤人家属。同时，在询问查证期间，公安机关应当保证被询问人必要的饮食及休息的权利等正当需求。这也是《治安管理处罚法》尊重和保障人权原则的具体体现。

实务中需要注意的问题

执法实践中，在适用传唤时需要注意：

（1）要准确界定询问查证时间。"情况复杂""可能适用行政拘留处罚"等情形须结合案件实际，依据法律规定和办案经验审慎判断，防止以主观臆断随意延长询问时间。同时，严格区分"涉案人数众多、身份不明"与"情况复杂"的不同时限要求，杜绝超期询问现象。

（2）特别注意各项程序要求。及时通知被传唤人家属时，要留存通知记录，避免出现通知遗漏或延迟。保障被传唤人的饮食和必要休息时间，须制定具体执行标准，如合理安排用餐时间与休息时段。全程同步录音录像必须保证设备正常运行、画面清晰完整，确保询问过程可回溯、可监督。

案例评析

一、案情简介

某日，某夜市发生一起多人参与的聚众斗殴事件，现场一片混乱，多人受伤。公安机关接到报警后迅速出警，将涉案的八名违反治安管理行为人传唤至派出所接受询问查证。由于涉案人数较多，且部分人员身份信息一时难以核实清楚，民警认为案情复杂，直接将询问查证时间延长至二十小时。在此期间，民警仅给被传唤人提供了一次简单餐食，未保障其必要的休息时间，同时也未对询问过程进行全程同步录音录像。此外，公安机关未及时通知其中三名被传唤人的家属，引发家属不满并进行投诉。

二、案例拆解

本案中，暴露出公安机关询问时多处程序瑕疵。首先，询问查证时间方面，虽然涉案人数众多，但未严格区分不同情形适用对应的时间限制，随意延长至二十小时，违反了法律规定；其次，在保障被传唤人权益上，未保证其饮食和必要的休息时间，侵犯了当事人的基本权利；第三，未对询问过程进行全程同步录音录像，难以保证询问的合法性与公正性，也不利于固定证据、防止可能出现的执法争议。第四，未及时将传唤的原因和处所通知被传唤人家属，违反了法定程序。这些错误做法不仅损害了当事人合法权益，还影响了公安机关执法公信力。因此，作为执法人员，必须严格依照法律规定的程序办案，确保每一个执法环节都符合规范，维护法律尊严与社会的公平正义。

第九十八条　【制作询问笔录，询问未成年人】

询问笔录应当交被询问人核对；对没有阅读能力的，应当向其宣读。记载有遗漏或者差错的，被询问人可以提出补充或者更正。被询问人确认笔录无误后，应当签名、盖章或者按指印，询问的人民警察也应当在笔录上签名。

被询问人要求就被询问事项自行提供书面材料的，应当准许；必要时，人民警察也可以要求被询问人自行书写。

询问不满十八周岁的违反治安管理行为人，应当通知其父母或者其他监护人到场；其父母或者其他监护人不能到场的，也可以

> 通知其他成年亲属，所在学校、单位、居住地基层组织或者未成年人保护组织的代表等合适成年人到场，并将有关情况记录在案。确实无法通知或者通知后未到场的，应当在笔录中注明。

条文释义

本条在原《治安管理处罚法》第八十四条的基础上作了适当修改。在第一款中的"被询问人确认笔录无误后，应当签名或者盖章"的要求中，增加了"按指印"；在第三款中，把询问时应当通知其父母或者其他监护人到场人的年龄，由"不满十六周岁"修改为"不满十八周岁"。此外，还增加了"其父母或者其他监护人不能到场的，也可以通知其他成年亲属，所在学校、单位、居住地基层组织或者未成年人保护组织的代表等合适成年人到场，并将有关情况记录在案。确实无法通知或者通知后未到场的，应当在笔录中注明"的规定。

本条分为三款，第一款、第二款是关于询问笔录的规定，第三款是关于询问不满十八周岁违反治安管理行为人要求监护人或者其他适当成年人在场的规定。

询问笔录是在询问过程中制作的，用以记载询问中提出的问题和回答，以及询问过程中所发生事项的重要法律文书，是公安机关调查治安案件的重要证据来源。询问笔录内容的客观与准确，既是公安机关查明事实、确定责任，做出公平公正处罚结果的要求，也是保护被询问人，尤其是违反治安管理行为人陈述权和申辩权的客观要求。因此，询问笔录制作完毕后，应当首先交由被询问人核对其内容是否客观准确地记载了对他的提问与回答；如果被询问人没有阅读能力，询问人还应当向其准确、完整地宣读；如果被询问人认为记载的内容有遗漏或者差错，没有完整、准确地体现自己的意思，被询问人有权要求补充完整或进行更正；如果被询问人认为笔录没有问题或补充、补正后确认无误，应当在笔录上签名、盖章或者捺指印，之后参与询问的人民警察也应当在笔录上签名。实践中，询问笔录中补充或者更正的地方，应当由被询问人捺指印，这既表明了询问人与被询问人对记录内容负责任的态度，也是防止笔录被随意篡改、伪造的要求。

询问笔录一般由询问人记录、制作，交被询问人核对签名有效。但被询问人主动要求就被询问事项自行提供书面材料的，应当准许。同时，公安机关在必要的情况下，也可以要求被询问人就与案件有关的被询问事项自行书写相关材料。

此外，如果被询问对象是不满十八周岁的违反治安管理行为人，由于其年龄小，社会阅历、对事物的认识、思想表达与控制自己行为的能力以及心理承受能力等往往都低于成年人，在被询问时可能会产生心理压力，在理解和回答询问时可能产生意思或表达偏差，因此应当通知其父母或其他监护人到场，以缓解其紧张心理与压力，准确表达客观事实，保障其在询问过程中的合法权益。如果其父母或者其监护人不能到场，也可通知其他成年亲属，或者学校、单位、居住地基层组织以及未成年人保护组织的代表等合适成年人到场，并应当记录在案；如果确实无法通知或者以上人员通知后均未到场的，应在询问笔录中注明相关情况，说明无法通知的原因，如被询问人提供虚假联系方式、亲属联系方式不明且多方查找无果等。这一规定是对未成年人规定的特殊保护措施，可以更好地保护未成年人的合法权益，也是强制性的规定。

实务中需要注意的问题

执法实践中，针对询问笔录及询问不满十八周岁未成年人，需要注意：

（1）笔录制作环节，民警必须严格保障被询问人核对笔录的权利，对于不具备阅读能力的被询问人，要确保逐字宣读，并耐心解答疑问，保证其充分理解笔录内容。对被询问人提出的补充、更正要求，应认真对待，及时修改并由双方签字确认，严禁敷衍塞责或强制签字。

（2）当被询问人主动要求自行提供书面材料时，办案民警应当准许，并提供必要的书写条件，不得人为进行限制；人民警察依职权要求被询问人自行书写时，须明确说明理由，确保程序正当。

（3）针对询问未成年人的特殊规定，须第一时间启动通知程序，详细记录通知时间、对象、方式等信息。若监护人无法到场，迅速联系合适成年人，并在笔录中完整注明通知和到场情况。整个办案过程中，都要主动树立未成年人特殊权利保护的意识。

案例评析

一、案情简介

某地发生一起校园周边纠纷事件，15岁的小A与校外人员发生冲突并参与斗殴。民警接到报警后，将小A传唤至派出所询问。询问结束后，民警因急于处理下一个案件，未将询问笔录交小A核对，也未询问其是否有阅读能力，便直接要求小A签名。小A提出笔录中对冲突起因描述不准确，民警却以时间紧张为由未作修改。此外，民警仅电话通知了小A的父亲，但未记录通知时间和通话内容，小A父亲因工作原因未能到场，民警也未联系其他合适成年人，且未在笔录中注明相关情况。

二、案例拆解

本案中，民警多处操作违反《治安管理处罚法》规定。在询问笔录制作上，未让小A核对笔录、拒绝其补充更正，严重损害被询问人的权利，可能导致笔录内容失真，影响案件公正处理。在未成年人询问程序方面，未规范记录通知小A父亲的情况，且未按规定联系其他合适成年人到场，也未在笔录中注明，违反法定程序，没能有效保障被询问人权利以及笔录的真实性、合法性。

第九十九条 【询问被侵害人和其他证人】

人民警察询问被侵害人或者其他证人，可以在现场进行，也可以到其所在单位、住处或者其提出的地点进行；必要时，也可以通知其到公安机关提供证言。

> 人民警察在公安机关以外询问被侵害人或者其他证人，应当出示人民警察证。
>
> 询问被侵害人或者其他证人，同时适用本法第九十八条的规定。

条文释义

本条在原《治安管理处罚法》第八十五条的基础上作了适当修改。在原条文第一款询问被侵害人或者证人的地点中，增加了"可以在现场进行"以及"其提出的地点进行"的内容。

本条分为三款，第一款规定了询问被侵害人或者其他证人的地点；第二款规定了在公安机关以外询问时出示人民警察证的要求；第三款规定了询问被侵害人或者其他证人同样适用上一条关于询问笔录及未成年人权利保护的规定。

人民警察办理治安案件时，询问被侵害人和证人，同样是查明案件事实、获取证据、正确办案并作出处罚的前提条件。

被侵害人或者证人不是违反治安管理行为人，不能使用传唤的方式进行询问。因此，对其进行询问时，原则上可以在现场或者其所在单位、住处及其提出的地点进行。这些地方是被询问人熟悉或其主动选择的地方，在这些地方进行询问，容易减轻他们的心理压力，有利于询问工作的开展；必要时，办案部门也可以通知其到公安机关接受询问，提供证言。这种"必要"一般是由人民警察根据案件的实际情况来确定。如案件涉及国家秘密，被询问人在其他场所接受询问可能会受到周围人员的干扰，被侵害人希望接受询问的情况能够保密等情形。

人民警察在公安机关以外询问被侵害人或者其他证人，应当出示人民警察证，以证明询问人员的公务身份，为其执行公务活动提供合法身份证明。需要说明的是，这里不管询问人员是否着警服，询问时都应该主动出示人民警察证。

此外，除询问地点有所差异外，询问被侵害人或者证人与询问违反治安管理行为人都是公安机关调查取证、获取言词证据的重要途径，因此，在询问的方式、内容、笔录的制作，以及其他应当遵守的程序事项等方面并无太大差异，本法第九十八条的规定同样适用于对被侵害人和证人的询问。

实务中需要注意的问题

执法实践中，对被侵害人或者其他证人进行询问时需要注意：

（1）询问地点选择方面。要充分考量案件情况与当事人意愿。现场询问虽高效，但易受外界干扰，须确保环境相对安静、安全；前往当事人单位、住处等地点询问，应提前沟通协调，避免影响其正常生活与工作；通知到公安机关询问时，须说明必要性，保障当事人知情权。

（2）执法规范方面。在公安机关以外询问，民警必须主动、及时出示人民警察证，表明身份，这是执法合法性的基本要求，不可省略。同时，严格遵循第九十八条规定制作询问笔录，给予当事人核对、补充、更正的权利，确保笔录真实准确。

（3）针对不同身份的当事人，尤其是未成年人，要落实特殊保护程序，做好监护人通知等工作，通过规范每一个执法细节，保障当事人合法权益，提升执法公信力与证据有效性。

案例评析

一、案情简介

某商场发生商品盗窃案，民警在调查过程中发现路人小王目睹了嫌疑人的作案过程。民警为图方便，直接在商场角落对小王进行询问，既未出示人民警察证，也未告知小王有到其他地点接受询问的权利。询问结束后，民警未按规定将询问笔录交小王核对，在小王提出笔录中对嫌疑人特征描述有误时，民警也未进行修改和补充，直接要求小王签字确认。此外，小王是未成年人，但民警在询问时并未通知其监护人到场，也未在笔录中注明相关情况。

二、案例拆解

本案中，民警的执法行为存在多处程序瑕疵。在询问地点和执法规范上，民警在商场外询问证人却未出示人民警察证，且未尊重证人自主选择询问地点的权利，这不仅不符合法定程序，也容易引发证人对执法权威性的质疑。在笔录制作环节，未让证人核对笔录、拒绝更正内容的做法，严重影响了证据的真实性和合法性。

针对未成年人证人的询问，民警未通知其监护人到场且未在笔录中注明，违反了对未成年人的特殊保护规定。2025年《治安管理处罚法》第九十九条赋予民警灵活选择询问地点的权力，同时保障了被侵害人或者其他证人在被询问时的权利，明确了规范执法的要求。第九十八条对笔录制作和未成年人询问的规定，同样适用于被侵害人或者其他证人，也是对其权益的保护。

第一百条　【代为询问、远程视频询问】

违反治安管理行为人、被侵害人或者其他证人在异地的，公安机关可以委托异地公安机关代为询问，也可以通过公安机关的视频系统远程询问。

通过远程视频方式询问的，应当向被询问人宣读询问笔录，被询问人确认笔录无误后，询问的人民警察应当在笔录上注明。询问和宣读过程应当全程同步录音录像。

条文释义

本条是2025年修订《治安管理处罚法》时新增的规定。增加了违反治安管理行为人、被侵害人或者其他证人在异地的，公安机关可以委托异地公安机关代为询问，也可以通过公安机关的视频系统远程询问的规定。主要是考虑人口流动频繁以及信息化条件下取证方式便利化的要求。

本条分为两款，第一款规定了特定条件下委托代为询问和远程视频方式询问；第二款规定了远程视频方式询问的规范要求。

市场经济条件下，人员流动频繁，治安案件查处中，可能出现被询问人在异地的情况，此时，为了方便调查取证，减少人力、物力成本，提高办案效率，可以采取异地询问的方式，信息化条件的不断发展也为异地询问提供了技术支持。异地询问主要可以分为：委托异地公安机关询问和通过公安机关的视频系统远程询问。

委托异地公安机关询问，是指本地公安机关委托异地公安机关代为询问。这样可以充分利用当地公安机关的资源，由他们按照法定程序对相关人员进行询问，并将询问结果反馈给委托方公安机关。

委托异地公安机关代为询问时，由于办案地公安机关对案件更为熟悉，对需要通过询问了解的案情基本信息也更为清楚，因此一般应当列出明确具体的询问提纲供异地公安机关询问时作为参考，其他程序性过程由异地公安机关具体执行。

通过公安机关的视频系统远程询问时，除时空的不同外，其他与在本地询问的要求一致，如在远程视频询问结束后，办案地公安机关询问民警也应当向被询问人宣读询问笔录，以便被询问人了解笔录内容，使其能够对笔录中记录的自己的陈述和相关情况进行核实，确认其准确性和完整性。被询问人确认笔录无误后，询问的人民警察应当在笔录上注明。这一注明行为具有重要的法律意义，表明笔录已经得到被询问人认可，是具有法律效力的证据材料。这一规定既是为了保障被询问人的合法权利，也是调查取证合法性的具体要求。

此外，对于远程视频询问，在询问和宣读询问笔录时，要全程同步录音录像。全程同步录音录像，一方面，可以记录询问的整个过程，防止出现违法违规行为，保证询问的合法性和公正性；另一方面，录音录像资料也可以作为证据在后续的案件处理过程中使用，为案件的审理提供有力的支持。

实务中需要注意的问题

执法实践中,异地询问适用时需要注意:

(1) 询问方式选择方面。应综合考量案件紧急程度、证人配合度等因素。委托异地公安机关代为询问时,须及时、准确移交案件相关材料,并保持沟通,确保询问方向一致;采用通过公安机关的视频系统远程询问,要提前调试设备,确保网络稳定,避免因技术问题影响询问效果。

(2) 程序规范方面。无论是哪种询问方式,都要严格保障当事人权利。远程视频询问时,民警必须清晰出示人民警察证、告知权利义务,宣读笔录须逐字进行,充分尊重当事人核对、补充、更正的权利。同时,全程同步录音录像要覆盖询问、宣读的完整过程,确保画面清晰、声音可辨,严禁剪辑、篡改。

(3) 要建立询问笔录及音视频资料的审核、存档机制,对不符合规定的询问及时补正,切实提升异地询问的规范性与证据效力,维护执法公信力。

案例评析

一、案情简介

某地发生一起多人参与的打架斗殴治安案件,警方在调查过程中发现,关键证人张某远在另一省份工作,无法亲自返回配合调查。考虑到案件查处的紧迫性与证人到场的实际困难,办案单位决定采用远程视频询问的方式获取证言。民警提前与张某沟通协调,确定询问时间,并通过电话告知其权利义务。询问时,两位民警全程出镜,清晰出示人民警察证,在视频画面中展示询问环境。询问结束后,民警逐字向张某宣读询问笔录,张某对部分细节提出补充,民警进行了修改。待张某确认无误后,民警在笔录上注明相关情况,并将询问和宣读过程的全程同步录音录像妥善保存。

二、案例拆解

本案中,由于证人在异地且难以实际到场,在询问方式的选择上,办案单位依据证人实际情况,采用远程视频询问,既节省了司法资源,又提高了办案效率，同时也保障了证人无需长途奔波配合调查的权益。在询问过程中，民警严格按照规定出示人民警察证、告知权利义务，确保执法行为的规范性和权威性。

对询问笔录的处理，民警充分尊重张某核对、补充的权利，体现了对证人合法权益的重视。全程同步录音录像的操作，不仅保障了询问过程的真实性和公正性，还为后续案件审理提供了可靠的证据支撑，有效避免了证据争议。增加异地询问程序，既解决了跨地域办案难题，又确保了证据收集的合法性与有效性。此案例为公安机关处理异地询问案件提供了范本，也是信息化时代不断发展条件下警务工作的创新。

第一百零一条　【询问聋哑人和不通晓当地通用的语言文字的人】

询问聋哑的违反治安管理行为人、被侵害人或者其他证人，应当有通晓手语等交流方式的人提供帮助，并在笔录上注明。

询问不通晓当地通用的语言文字的违反治安管理行为人、被侵害人或者其他证人，应当配备翻译人员，并在笔录上注明。

条文释义

本条对应原《治安管理处罚法》第八十六条，2025年修订《治安管理处罚法》时对本条进行了适当修改。将"应当有通晓手语的人提供帮助"修改为"应当有通晓手语等交流方式的人提供帮助"。

本条分为两款，第一款规定了询问聋哑人应当有通晓手语等交流方式的人提供帮助；第二款规定了为不通晓当地通用语言文字的被询问人提供翻译帮助。

聋哑人，是指双耳失聪或者因其生理缺陷不能说话的人。治安询问中可能涉及被询问人（违反治安管理行为人、被侵害人、其他证人）为聋哑人的情况。这时候，应当为其提供通晓手语等交流方式的人对其进行帮助。这种规定是强制性的，一方面是为了保护聋哑人的合法权益，另一方面也是保证治安管理处罚工作顺利进行的要求。对于该种情况，公安机关要在询问笔录中注明，一般包括聋哑人的情况，以及提供帮助人员的姓名、住址、工作单位和联系方式等。

对于不通晓当地通用语言文字的被询问人，公安机关也应当为其配备翻译人员，主要包括不通晓当地通用语言文字的少数民族人员和外国人等。使用本民族、本国语言文字进行沟通和交流是一种权利。为了保证被询问人的权利，以及询问过程顺利、有效进行，有必要为其配备翻译进行辅助交流。对于该种情况，公安机关也要在询问笔录中注明，一般包括翻译人员的姓名、住址、工作单位及联系方式等。

实务中需要注意的问题

在执法实践中，询问聋哑人、外国人等特定人群时需要注意：

（1）在人员资质方面。虽然相关法律法规未明确规定通晓手语等交流方式的人员及翻译人员的资质，但应尽量选择具备专业资质或经过专业培训的人员，如专业翻译机构中经工商部门批准、有公安部门备案登记翻译专用章的翻译人员。对于通晓手语等交流方式的人员，也应考察其手语水平和专业能力，确保沟通准确。

（2）要及时安排手语等交流方式的人员或翻译人员到场，避免因等待造成询问延误。询问前，要向他们明确保密要求，防止泄露案件信息。询问过程中，执法人员要与他们密切配合，确保信息准确传达。同时，要在笔录中详细注明手语等交流方式的人员或翻译人员的姓名、工作单位等信息，以及询问对象的聋哑或语言不通情况。此外，要确保询问对象能够通过手语等交流方式的人员或翻译人员充分理解询问内容和自身权利，如陈述、申辩权等，不能因语言沟通问题而剥夺其合法权利。

案例评析

一、案情简介

某商场内发生盗窃案，一款品牌手表不翼而飞。警方调查发现，来自国外的游客李先生是重要目击证人，但他仅能说母语，对当地语言文字一窍不通。同时，商场内一名聋哑清洁工小王也目睹了部分可疑情况。民警在首次询问时，未及时联系专业翻译和通晓手语的人员，通过手机翻译软件和简单手语比画与两人沟通，匆忙制作了询问笔录。两人虽对笔录内容感到困惑，但因无法有效表达只能签字确认。案件后续调查中，两人的亲属发现问题并质疑，警方意识到程序漏洞后，重新安排专业翻译和手语老师协助，再次进行询问，并在笔录中详细注明辅助人员信息。

二、案例拆解

本案中，警方初次询问未遵循法律规定，存在严重程序瑕疵。对于不通晓当地语言文字的李先生和聋哑的小王，未配备专业翻译和手语帮助人员，导致询问过程中信息传递可能存在偏差，两人难以准确理解询问内容、充分表达所知信息，笔录真实性和合法性存疑。重新询问时，专业人员的介入消除了沟通障碍，李先生得以详细描述嫌疑人的外貌特征，小王也用准确的手语动作还原了可疑人员在现场的活动轨迹，为案件侦破提供了关键线索。

第一百零二条　【检查和提取、采集生物信息或样本】

为了查明案件事实，确定违反治安管理行为人、被侵害人的某些特征、伤害情况或者生理状态，需要对其人身进行检查，提取或者采集肖像、指纹信息和血液、尿液等生物样本的，经公安机关办案部门负责人批准后进行。对已经提取、采集的信息或者样本，不得重复提取、采集。提取或者采集被侵害人的信息或者样本，应当征得被侵害人或者其监护人同意。

条文释义

本条是2025年修订《治安管理处罚法》时新增的规定。增加了公安机关人身检查及提取当事人个人信息、采集生物样本的规范。主要是考虑执法实践中既要保障生物识别、信息采集等技术手段的应用，赋予公安机关必要的调查权，又要通过程序防止技术滥用，在打击违法与保护公民人身、隐私权益间建立平衡。

在治安案件查处过程中，为了查明案件事实或者对违反治安管理行为人、被侵害人的某些特征、伤害情况或者生理状态进行确定，经公安机关办案部门负责人批准，可以对其人身进行检查，以及提取或者采集肖像、指纹信息和血液、尿液等生物样本。这一规定一方面要求人身检查必须出于公务的需要，防止权力滥用；另一方面也是保护当事人合法权益（人身权利），保证人身检查行为在合法合规的框架内进行的要求。

人身检查是确定当事人身份、伤害后果以及某些法定生理状态的重要调查手段。肖像、指纹信息和血液、尿液等生物样本对于案件的调查、证据的收集以及对违法事实的认定具有重要作用，如对于涉嫌吸毒人员、传播性疾病的人员的认定等。对于之前已经提取、采集过信息或者样本的，公安机关不得重复提取、采集。这一规定清晰界定了提取、采集的范围与条件，既体现了执法的规范性和严谨性，也避免了过度采集公民个人信息，给当事人造成不必要的困扰和负担。

提取或者采集信息或者样本时，违反治安管理行为人不配合的，可以采取强制措施，并应当符合适用强制措施的相关规定；如果系被侵害人或者其监护人不同意的，可以进行必要的解释、说明，请其配合实施，但不能强制进行。这一规定充分保障了被侵害人的自主决定权和个人隐私，体现了对公民权利的尊重。

本条规定既赋予了公安机关在办理治安案件时必要的调查手段，又通过严格的程序规定和权利保障措施，确保公民的合法权益不受侵犯，实现了打击违法犯罪与保障人权的平衡。

实务中需要注意的问题

执法实践中，人身检查及提取当事人生物样本时需要注意：

（1）必须严格执行审批程序。人身检查及样本采集必须经公安机关办案部门负责人批准，严禁先实施后补批或未经批准擅自进行。审批过程中，负责人应认真审核检查和采集的必要性，避免权力滥用。

（2）人身检查和生物样本提取要与查明案件密切相关。提取肖像、指纹信息或采集生物样本，必须与案件事实紧密相关，有明确的证据指向。仅因怀疑而无合理依据就采集样本，属于程序违法。对于已提取、采集的信息或样本，无论后续案件进展如何，均不得重复提取、采集，以保护当事人权益。

（3）对于被侵害人，提取或采集其信息、样本前，应尽量使用通俗易懂的语言说明提取或采集的目的、用途及风险，充分保障其知情权，确保当事人的同意是在自愿的基础上作出的。此外，还需做好信息和样本的保管工作，严格限制使用范围，防止信息泄露引发新的纠纷。

案例评析

一、案情简介

某小区内，居民甲和乙因楼道杂物堆放问题发生激烈争吵，进而演变成肢体冲突。乙脸部被抓伤，甲也声称自己身体不适。警方接警到达现场后，初步了解情况，为明确双方的伤害情况与生理状态，经公安机关办案部门负责人批准，决定对两人进行人身检查。检查中发现，乙的伤口需进一步确定损伤程度，甲存在疑似醉酒导致情绪失控的可能，警方认为有必要提乙的伤口组织样本用于伤情鉴定，提取甲的血液样本检测酒精含量。在提取样本前，民警向甲和乙详细说明目的及用途，征得乙的同意后采集样本；对甲根据案件办理需要，依法完成样本提取，且整个过程未重复采集任何信息或样本。

二、案例拆解

本案中，对乙和甲进行人身检查及样本采集，均是为确定两人的伤害情况和生理状态，且经过办案部门负责人批准，程序合规。在提取被侵害人乙的样本时，充分尊重其意愿，履行告知义务并获得同意，保障了公民的合法权益；对违反治安管理行为人甲的样本提取，符合法律规定的采集条件，确保权力行使的必要性与正当性。法条中"不得重复提取、采集"的规定，避免了对当事人权益的过度干预，本案警方严格落实，体现了执法的严谨性。

> **第一百零三条　【对有关场所、物品及人身的检查】**
>
> 　　公安机关对与违反治安管理行为有关的场所或者违反治安管理行为人的人身、物品可以进行检查。检查时，人民警察不得少于二人，并应当出示人民警察证。
>
> 　　对场所进行检查的，经县级以上人民政府公安机关负责人批准，使用检查证检查；对确有必要立即进行检查的，人民警察经出示人民警察证，可以当场检查，并应当全程同步录音录像。检查公民住所应当出示县级以上人民政府公安机关开具的检查证。
>
> 　　检查妇女的身体，应当由女性工作人员或者医师进行。

条文释义

本条在原《治安管理处罚法》第八十七条的基础上作了适当修改。把原法条第一款分为两款，第一款为对场所、物品、人身检查的一般规定；第二款为对场所及公民住所检查的规定，并增加了对场所当场检查的，要"全程同步录音录像"的规定；第三款检查妇女身体的主体，在"女性工作人员"的基础上增加了"医师"这一主体。

公安机关办理治安案件时，对与违反治安管理行为有关的场所或者违反治安管理行为人的人身、物品，可以进行检查。"场所"，主要是指违反治安管理行为发生的现场及其他可能留有相关痕迹、物品等证据的地方；"人身"，主要是指违反治安管理行为人的身体；"物品"，主要是指违反治安管理行为人实施违反治安管理行为的工具、现场遗留物及赃物等，如违禁品、涉案财物、凶器、作案工具、毛发及血迹等。

检查工作应由人民警察进行，不具有警察身份的辅警人员等无权进行。检查时，人民警察的数量不得少于2人，并应主动出示人民警察证。这是对检查程序方面的规范要求，也有利于被检查的利益相关人更好地维护其合法权益。

对涉案场所进行检查时，应当取得县级以上人民政府公安机关负责人的批准，开具检查证，持检查证进行检查。对确有必要立即进行检查的，人民警察经出示人民警察证，可以当场检查，但要对检查过程全程同步录音录像。这是因为治安案件查处工作往往具有突发性和多变性特点，绝对要求开具检查证才能进行检查，可能会贻误时机。因此，遇有紧急情况时，为节约时间、及时制止违法行为或者调查取证，可以当场检查。如违反治安管理行为人随身携带或者在他处放置了爆炸物、剧毒物品等危险物品，需要及时找到并排除险情；违反治安管理行为人有可能毁弃、转移证据等，不立即检查可能丧失获取证据时机等情况，即可以当场进行检查。

但是，检查公民住所的，则必须出示县级以上人民政府公安机关开具的检查证。这是对公民住所住宅的特殊保护性规定。住宅是公民生活、休息的重要场所，《宪法》第三十九条规定：中华人民共和国公民的住宅不受侵犯。禁止非法搜查或者非法侵入公民的住宅。公民享有住宅不受侵犯的权利，出示检查证是对公民住宅权的尊重和保护，防止公安机关随意进入公民住所，避免公民的生活安宁和隐私受到不当干扰。只有在有法定理由并经过合法审批程序获得检查证后，公安机关才能对公民住所进行检查，这是保障公民基本权利的重要举措。

检查妇女的身体，应当由女性工作人员或者医师进行。女性工作人员，是指女性警察以及其他接受公安机关委托的女性人员，如女协警等。此外，修订后的法律还增加了"医师"作为检查妇女身体的主体，这是因为，医生作为专业的医务工作者，对人身进行检查是其基本职责，包括男性医务工作者检查女性人员身体也是其日常工作中的常规操作。因此，作为医务工作者不管男女，都可以对妇女的身体进行必要的检查。

实务中需要注意的问题

执法实践中，在对人身、物品、场所等进行检查时需要注意：

（1）检查时人民警察不得少于二人并要主动出示人民警察证，避免单人执法导致程序瑕疵，确保执法行为的严肃性与权威性。

（2）常规场所检查应严格履行县级以上人民政府公安机关负责人审批程序，获取检查证；当场检查需准确认定"确有必要立即进行"的情形，如证据面临灭失风险等，同时做好全程同步录音录像，留存执法记录。检查公民住所时，必须出示县级以上人民政府公安机关开具的检查证，严禁随意进入公民住所，充分保障公民住宅安宁权。

（3）检查妇女身体时，必须由女性工作人员或者医师进行，若现场不具备条件，应及时协调安排，不得违规操作。此外，检查过程中获取的物品、证据需妥善保管，严格按照法定程序处置，防止证据损毁、丢失或被篡改，确保整个检查程序合法合规。

案例评析

一、案情简介

警方接到线索，某废弃仓库近期常有可疑人员出入，疑似有人吸毒。两名民警迅速前往调查，到达现场后，立即出示人民警察证表明身份。由于情况紧急，若不及时检查可能导致毒品、吸毒用具等关键证据被转移或销毁，民警决定当场检查。进入仓库后，发现多个密封箱子，打开后查获疑似毒品的粉末状物品。随后，民警对在场的两名可疑人员进行人身检查，在其中一人身上搜出吸毒工具。在检查过程中，民警全程开启执法记录仪，进行同步录音录像。后续，民警凭借县级以上人民政府公安机关开具的检查证，对与案件相关的嫌疑人住所进行检查，又发现更多涉毒证据。在检查一名女性嫌疑人身体时，由同行的女民警负责完成，确保整个执法过程合法合规。

二、案例拆解

本案中，在可疑场所检查方面，因存在证据灭失风险，民警出示人民警察证后当场检查，并全程同步录音录像，符合"确有必要立即进行检查"的法定情形；对公民住所进行检查时，依法出示检查证，保证了程序的合法性。检查全程由两名民警共同执行，且始终主动出示人民警察证，彰显了执法行为的规范性与严肃性。

在人身检查环节，民警依法对嫌疑人进行检查，搜查出关键物证，推动案件查证。尤其是检查女性嫌疑人身体时，由女性工作人员执行，充分保障了当事人的人格尊严与合法权益。民警规范的执法操作，不仅高效获取了案件证据，确保案件得以公正处理，也维护了法律的权威性，体现了执法过程中权力行使与权利保障的平衡。

第一百零四条　【检查笔录的制作】

检查的情况应当制作检查笔录，由检查人、被检查人和见证人签名、盖章或者按指印；被检查人不在场或者被检查人、见证人拒绝签名的，人民警察应当在笔录上注明。

条文释义

本条在原《治安管理处罚法》第八十八条的基础上作了适当修改。在原检查笔录由检查人、被检查人和见证人"签名或者盖章"的基础上，增加了"按指印"；把需要在笔录中注明的情况在原来的"被检查人拒绝签名"的基础上，增加了"被检查人不在场"以及"见证人拒绝签名"的情形。

公安机关人民警察实施检查行为，应当制作检查笔录记录检查的情况，这是记录与规范人民警察检查过程，保护被检查人合法权益的要求，是保障执法程序合法、证据真实有效的重要环节。检查笔录由参与检查的人民警察制作，应该写明检查的时间、地点、人员、检查的过程及发现的与案件相关的场所、物品、人身情况等细节信息，确保笔录内容全面、客观、准确。

第四章 处罚程序

检查笔录制作完毕后,要由检查人、被检查人和见证人签名、盖章或者按指印,这是为了保证检查笔录的真实性、客观性及合法性的要求。检查人签名是对执法行为负责;被检查人签名意味着其认可检查过程与笔录内容;见证人签名则增强了笔录的公信力,证明检查程序的公正性。这一流程赋予各方对检查过程及结果的确认权与监督权。

被检查人如果不在现场或者被检查人、见证人拒绝签名的,检查的人民警察应当在笔录中将这种情况予以记录,如被检查人因特殊原因无法到场,或拒绝签名的理由等。注明情况既能如实反映检查实际状况,也避免因缺少签名导致笔录效力存疑,确保执法过程全程留痕,保障程序的完整性与严肃性,为后续案件处理提供合法有效的证据支撑。

实务中需要注意的问题

执法实践中,在制作检查笔录时需要注意:

(1)笔录内容要全面准确,需清晰记录检查时间、地点、参与人员、检查流程及发现的关键证据,确保笔录能完整还原检查过程,为案件定性提供可靠依据。

(2)签名或者按指印时,检查人、被检查人和见证人应亲自签名、盖章或按指印,各方签字意味着对检查过程与笔录内容的认可,若存在代签等违规操作,将影响笔录效力。

(3)面对被检查人不在场或被检查人、见证人拒绝签名的情况,人民警察务必在笔录上详细注明具体原因、现场情况等信息。注明情况不仅是对程序完整性的保障,也能避免后续因签名缺失引发的证据争议,确保执法程序合法合规、全程留痕。

案例评析

一、案情简介

接群众举报,某偏僻仓库内疑似有人聚众赌博。两名民警迅速抵达现场,出示人民警察证后,因情况紧急,经确认符合当场检查条件,对仓库展开检查。检查过程中，民警发现多张赌桌、大量现金及赌博工具，并对在场的五名人员进行人身检查。民警全程开启执法记录仪，同步录音录像。检查结束后，民警制作检查笔录，详细记录检查时间、地点、参与人员，以及查获的物品等情况。当要求被检查人和见证人在笔录上签名时，其中一名被检查人张某以对笔录内容有异议为由拒绝签名，另一名见证人李某因着急离开也不愿签名。民警随即在笔录上注明两人拒绝签名的情况及原因。

二、案例拆解

本案中，在检查程序合法合规的基础上，笔录制作环节体现了法条的关键要求。民警完整记录检查情况，明确检查时间、地点、对象及查获的证据，为案件办理提供翔实依据。在签名环节，尽管张某和李某拒绝签名，但民警及时在笔录上注明具体情形，确保笔录的完整性和证据效力。这一操作既如实反映了检查过程中的实际状况，也避免因缺少签名导致笔录存在瑕疵。

第一百零五条 【对物品的扣押】

公安机关办理治安案件，对与案件有关的需要作为证据的物品，可以扣押；对被侵害人或者善意第三人合法占有的财产，不得扣押，应当予以登记，但是对其中与案件有关的必须鉴定的物品，可以扣押，鉴定后应当立即解除。对与案件无关的物品，不得扣押。

对扣押的物品，应当会同在场见证人和被扣押物品持有人查点清楚，当场开列清单一式二份，由调查人员、见证人和持有人签名或者盖章，一份交给持有人，另一份附卷备查。

实施扣押前应当报经公安机关负责人批准；因情况紧急或者物品价值不大，当场实施扣押的，人民警察应当及时向其所属公安机关负责人报告，并补办批准手续。公安机关负责人认为不应当扣押的，应当立即解除。当场实施扣押的，应当全程同步录音录像。

对扣押的物品，应当妥善保管，不得挪作他用；对不宜长期保存的物品，按照有关规定处理。经查明与案件无关或者经核实属于被侵害人或者他人合法财产的，应当登记后立即退还；满六个月无人对该财产主张权利或者无法查清权利人的，应当公开拍卖或者按照国家有关规定处理，所得款项上缴国库。

条文释义

本条在原《治安管理处罚法》第八十九条的基础上作了适当修改。条文内容由原来的三款，增加到四款。在原第一款中增加了对于被侵害人或者善意第三人合法占有的财产，如果是"与案件有关的必须鉴定的物品，可以扣押，鉴定后应当立即解除"的规定。增加了"实施扣押前应当报经公安机关负责人批准；因情况紧急或者物品价值不大，当场实施扣押的，人民警察应当及时向其所属公安机关负责人报告，并补办批准手续。公安机关负责人认为不应当扣押的，应当立即解除。当场实施扣押的，应当全程同步录音录像"。这一扣押审批的要求作为第三款内容。

治安案件查处中，对涉案物品的扣押，既是公安机关调查取证的重要途径，也涉及被扣押物品所有人的合法权益。本条对扣押物品的范围、程序以及扣押物品的处置作出了明确规定。

扣押的范围是与案件有关的需要作为证据的物品，既包括"物"，也包括"文件"。需要注意的是，这里规定的是"可以扣押"，而不是"应当扣押"。执法实践中，办案的人民警察可以根据案件的具体情况，决定是否对发现的物品予以扣押。与案件有关，是指能够证明案件真实情况。并且，这些作为证据的物品，既可能是证明违反治安管理行为人实施了违反治安管理行为的物品，也可能是证明其没有实施违反治安管理行为的物品，两者都可以依法扣押。如果物品与证明案件事实无关，则不能扣押。

对被侵害人或者善意第三人合法占有的财产，不得扣押，应当予以登记。这是因为公安机关扣押物品的主要目的在于保全证据，防止被违法嫌疑人隐匿或者损毁等情况的发生。对于被侵害人或者善意第三人合法占有的财产，一般不会存在被隐匿或者损毁的情况，因此没必要扣押，但需要予以登记在册，以保证在办理案件时可以随时进行调阅。但是，如果其中被合法占有的财物需要进行鉴定，则可以扣押，以便鉴定部门更方便有效地进行鉴定，出具鉴定意见。但是，在鉴定结束后，应该立即解除扣押，返还被侵害人或者善意第三人。

被扣押作为证据的物品，对于案件查处具有重要作用，也涉及被扣押物品持有人的合法权益，因此，为保证扣押的合法性与公平性，提高执法的透明度，扣押时要对物品进行清点，清点时要有见证人和被扣押物品持有人在场，查点清楚，并开列扣押物品清单。扣押清单应写明扣押物品的名称、规格、数量、质量、颜色、新旧程度、特征等，以及扣押的时间、地点。扣押清单一式二份，一份交给持有人，另一份附卷备查。扣押清单应由调查人员、见证人和持有人签名或者盖章，如果被扣押物品持有人或者见证人不在场，或者拒绝签名、盖章的，应当在清单上注明。

为保证扣押程序的规范性，公安机关实施扣押时，应当报经公安机关负责人批准。这是为了确保扣押行为的合法性和必要性，避免随意扣押公民财产，由单位负责人对扣押的理由、依据等进行审查，从源头上把控执法行为。如果遇到情况紧急，如不立即扣押可能导致证据灭失、被转移等后果，或者被扣押的物品价值不大时，人民警察可以不经批准当场实施扣押。但扣押后应及时向所属公安机关负责人报告，并在事后补办批准手续。这样既保证了在紧急情况下能够及时固定证据，又能通过后续的报告和补办手续，使扣押行为接受审查和监督。如果公安机关负责人在进行常规审批或对紧急情况补办手续时，在审查后认为不应当扣押的，应当及时纠正，立即解除扣押。这体现了对公民财产权的及时保护，减少对当事人合法权益的损害。为了规范当场扣押行为，应当全程同步录音录像。这一规定既保证了特定条件下公安机关案件办理的顺利进行，也是对当场扣押的有效规范。

对扣押的物品需采取安全、妥善的保管措施，确保物品完好无损，且严禁任何单位或个人将扣押物品挪作私用或他用，避免因保管不善或滥用导致证据损毁、财产损失。对不宜长期保存的物品，如易腐烂、变质、灭失或价值迅速贬损的生鲜食品、药品等物品，需按相关规定及时变卖、封存或采取其他适当处理方式，防止物品价值损耗。

经调查确认与案件无关联，或属于被侵害人、善意第三人合法占有的财产的，应在登记物品信息后第一时间启动退还流程，不得以任何理由拖延，避免因程序拖延影响当事人权益。

若扣押物品满6个月无人主张权利，或经调查无法确定权利人（如无主物、遗失物无法溯源），根据《公安机关办理行政案件程序规定》，公安机关需依法履行公告程序，告知潜在权利人主张权利的期限和方式。公告期满后仍无人主张权利的，通过公开拍卖或按国家规定的方式处置物品，确保处置过程公开透明，所得款项全额上缴国库。

实务中需要注意的问题

执法实践中，扣押物品时需要注意：

（1）准确界定扣押范围是核心。必须依据物品与案件的关联性判断是否扣押，如现场作案工具、赃物等可依法扣押，而被侵害人或善意第三人合法占有的财产，仅登记不扣押，防止公权力过度介入私人财产领域。

（2）注意扣押程序的合法性。实施扣押前需经公安机关负责人书面批准，紧急情况当场扣押后，务必在规定时限内补办手续，并留存审批记录。查点物品时，应邀请无利害关系的见证人到场，与持有人共同核对物品数量、特征，清单填写要清晰规范，确保各方签字确认，避免后续产生争议。

（3）要注意扣押物品的保管与处置规范。设立专门保管场所，采取必要防护措施，严禁私自使用、损毁或调换扣押物品。对易腐烂、变质等不宜长期保存的物品，及时依法处理；完成鉴定的物品、与案件无关物品以及确认权属的合法财产，应立即解除扣押并退还。对于无主财产，严格按照六个月公示期规定,期满后依法拍卖或按照国家有关规定处理,切实维护执法规范与当事人合法权益。

> 案例评析

一、案情简介

某商业街发生一起盗窃案,商户甲店内多件商品被盗。警方接警后迅速展开调查,锁定嫌疑人乙,并在乙的住所发现部分疑似被盗商品。同时,现场还有乙日常使用的手机、钱包等物品。民警在实施扣押前,及时报经公安机关负责人批准。在扣押过程中,民警会同乙以及乙的邻居丙(作为见证人),仔细查点物品,当场开列清单一式两份,详细记录物品名称、数量、特征等信息,民警、丙和乙均在清单上签名确认,一份交给乙,另一份附卷备查。

调查中发现,乙住所内的一台笔记本电脑可能与案件有关,需进行鉴定,民警依法对其扣押。经鉴定,该笔记本电脑与案件无关,民警立即解除扣押并退还给乙。此外,被盗商品中部分为易腐坏食品,民警按照相关规定,及时进行了妥善处理。经过一段时间调查,确认被盗商品确为商户甲所有,民警将商品登记后立即退还。而一部找不到主人的手机,满六个月无人主张权利,警方依法进行公开拍卖,所得款项上缴国库。

二、案例拆解

本案中,在扣押环节,对与案件有关的疑似被盗商品和需鉴定的笔记本电脑依法扣押,同时未扣押乙合法占有的日常用品,体现了对"与案件有关"和"合法占有财产"的准确界定。实施扣押前履行审批程序,紧急情况后及时补办手续,确保扣押行为合法合规。

在物品保管与处理方面,对易腐坏物品按规定处置,对与案件无关及确认属他人合法财产的物品及时退还,对无主物品依法拍卖并上缴国库,既保障了当事人合法权益,也维护了法律严肃性。在扣押过程中,会同见证人和持有人查点物品并开具清单,明确各方责任,防止物品丢失、损毁或权属争议,为案件处理提供了有效证据支持。

第一百零六条 【鉴定】

为了查明案情，需要解决案件中有争议的专门性问题的，应当指派或者聘请具有专门知识的人员进行鉴定；鉴定人鉴定后，应当写出鉴定意见，并且签名。

条文释义

本条对应原《治安管理处罚法》第九十条，2025年修订《治安管理处罚法》时未对本条进行修改。

鉴定是为了确保公安机关在办理治安案件时，能够科学、准确地查明案情，解决专门性问题，指派或者聘请具有专门知识的人进行的鉴别和判断。

办理治安案件过程中，当遇到有争议的专门性问题时，就应当启动鉴定程序。这些专门性问题通常超出了普通执法人员的知识和能力范围，如伤情鉴定、物品价值鉴定、精神状态鉴定、违禁品和危险品鉴定等。通过专业鉴定，能够为案件的处理提供科学依据，避免主观臆断。

公安机关承担着指派或者聘请具有专门知识人员进行鉴定的职责。这些被指派或聘请的人员需具备相应的专业资质和能力，能够对特定的专门性问题进行科学、准确的分析和判断，如进行伤情鉴定的人员需具备法医资质，进行物品价值鉴定的人员需具备相关的价格评估资质等，以保证鉴定结果的专业性和权威性。

鉴定人在完成鉴定工作后，应写出鉴定意见。鉴定意见作为证据的重要形式，应详细、准确，包括对专门性问题的分析过程、依据以及得出的结论等内容。同时，鉴定人需要在鉴定意见上签名，这不仅是一种形式要求，更是鉴定人对鉴定结果负责的法律体现。若鉴定人故意作出虚假鉴定，将依法承担相应的法律责任。

鉴定程序的规定，为治安案件中复杂、专业的问题提供了科学、公正的解决途径。通过引入专业鉴定机制，避免了主观臆断和盲目裁决，使案件处理建立在客观、准确的事实基础之上。鉴定意见作为关键证据，不仅有助于公安机关准确认定案件事实，合理划分双方责任，也增强了执法的公信力和公正性，保障了当事人的合法权益。

实务中需要注意的问题

执法实践中，鉴定时需要注意：

（1）明确鉴定启动条件，只有当案件存在如伤情认定、物品价值评估等争议性专门问题，且该问题直接影响案情查明时，才可启动鉴定程序，避免随意扩大鉴定范围、增加办案成本。

（2）确保鉴定人员资质合规，指派或聘请的人员必须具备与鉴定事项相关的专门知识和专业资质，如法医、工程造价师等，同时要审查其是否存在回避情形，保证鉴定过程的公正性。在鉴定过程中，办案人员应配合鉴定人开展工作，提供必要的资料和条件，但不得干扰鉴定人独立判断。

（3）注意鉴定意见的规范有效。鉴定人完成鉴定后，需以书面形式出具详细、客观的鉴定意见，内容涵盖鉴定依据、方法、过程及结论，并亲笔签名确认。办案人员要对鉴定意见进行严格审查，若存在疑点或不明确之处，及时要求鉴定人补充说明或重新鉴定，确保鉴定意见能作为可靠证据服务于案件处理。

案例评析

一、案情简介

在某小区内，甲与乙因琐事发生激烈争执并演变成肢体冲突。乙声称自己被甲打伤，身体多处疼痛，要求甲承担责任；但甲坚称自己只是轻微推搡，并未对乙造成实质性伤害。双方各执一词，伤情认定成为案件关键争议点。为查明案情，公安机关依照《治安管理处罚法》相关规定，指派具有法医专业知识的人员对乙进行伤情鉴定。鉴定人通过详细检查乙的身体，结合医院诊疗记录，运用专业知识对伤情进行分析判断。最终，鉴定人出具鉴定意见，明确了乙的受伤程度，并在鉴定意见书上签名确认，为案件处理提供了关键依据。

二、案例拆解

本案中，当出现关于乙受伤程度这一争议性专门问题时，公安机关及时指派专业鉴定人员介入，符合"为了查明案情，解决案件中有争议的专门性问题"的要求。鉴定人凭借专业知识和技能，通过科学严谨的检查、分析过程，形成客观的鉴定意见，并签名确认，确保了鉴定意见的专业性和权威性。

第一百零七条 【辨认】

为了查明案情，人民警察可以让违反治安管理行为人、被侵害人和其他证人对与违反治安管理行为有关的场所、物品进行辨认，也可以让被侵害人、其他证人对违反治安管理行为人进行辨认，或者让违反治安管理行为人对其他违反治安管理行为人进行辨认。

辨认应当制作辨认笔录，由人民警察和辨认人签名、盖章或者按指印。

条文释义

本条是2025年修订《治安管理处罚法》时新增的规定。增加辨认以及辨认笔录制作的规定，主要是考虑更好地规范辨认的程序及辨认笔录的制作，避免辨认过程的随意性，提升治安案件办理的规范化水平。

本条分为两款，第一款规定了对场所、物品及违反治安管理行为人的辨认；第二款规定了辨认笔录的制作。

辨认，是指人民警察在办理治安案件过程中，为了查明案件的真实情况，组织辨认人对与违法行为有关的物品、场所或者违法嫌疑人进行分析辨别，作出判断的一种调查取证方法。

辨认由公安机关组织，可以组织违反治安管理行为人、被侵害人和其他证人，对违反治安管理行为的场所、物品进行辨认，也可以组织被侵害人、其他证人对违反治安管理行为人进行辨认，或者组织违反治安管理行为人对其他违反治安管理行为人进行辨认。通过辨认，能够帮助公安机关核实案件有关证据，确定与案件相关的人、物或场所，从而更准确地查明案件事实，为案件的处理提供依据。如在盗窃案件中，让被害人辨认被盗物品特征，或在寻衅滋事案件中，组织证人辨认案发场所，有助于快速锁定关键线索，还原案件现场。再如在多人斗殴案件中，通过各方辨认，可精准判断参与人员及各自行为，避免错漏。

辨认的情况，应当制作笔录。辨认笔录作为辨认活动的书面呈现，是法定证据形式之一。笔录应详细记载辨认的时间、地点、参与人员、辨认对象、辨认过程以及辨认结果等信息。笔录由主持和参加辨认的人民警察和辨认人签名或盖章。作为法定的证据种类，辨认笔录经过查证属实后，可以作为治安案件定案的依据。参加人的签名、盖章或者按指印，可以保证辨认过程的规范性及结果的真实、公正，以保证其作为证据的可信度和证明力。

实务中需要注意的问题

执法实践中，辨认时需要注意：

（1）注意辨认的条件，仅当案件存在事实认定模糊、需借助辨认查明关键线索时方可启动，避免随意扩大辨认范围。同时，确保辨认对象具有相关性，如让证人辨认的场所、物品或人员，必须与违反治安管理行为直接关联。

（2）规范辨认过程，采用科学的辨认方式，如人员辨认时遵循混杂辨认原则，将辨认对象混杂在若干特征相似的陪衬对象中，且陪衬对象数量需符合法定要求；场所、物品辨认时，排除可能干扰辨认人判断的因素。在整个辨认过程中，人民警察不得对辨认人进行暗示、诱导，保证辨认结果客观真实。

（3）作为证据种类之一，辨认笔录内容应完整记录辨认的时间、地点、方式、过程及结果，尤其要注明辨认对象特征、混杂情况等细节。笔录完成后，必须由人民警察和辨认人签名、盖章或按指印确认，若辨认人无法签名，需注明原因，确保辨认程序全程留痕，保障辨认笔录作为证据的合法性与有效性。

案例评析

一、案情简介

某商场发生一起盗窃案，价值不菲的首饰不翼而飞。警方迅速展开调查，调取监控发现一名身着黑色连帽衫、戴着口罩的男子形迹可疑。在走访过程中，一位目击者表示案发时段曾看到类似装扮的人在首饰柜台附近徘徊，还注意到其手腕上有一道明显的疤痕。同时，商场保安称在商场后巷发现一个疑似装首饰的空包装盒。为查明案情，警方组织目击者和保安对监控画面中的嫌疑人进行辨认，又让嫌疑人对后巷发现的包装盒以及首饰柜台进行辨认。辨认全程由两名警察主持，结束后制作了详细的辨认笔录，让人民警察和辨认人签字确认。

二、案例拆解

本案中，警方对2025年《治安管理处罚法》第一百零七条的运用严格且合理。在案件查处陷入僵局时，通过组织目击者、保安对嫌疑人辨认，以及让嫌疑人对涉案场所、物品辨认，充分发挥了辨认程序在查明案情中的作用。让被侵害方和证人对嫌疑人进行辨认，有助于从旁观者视角锁定违法主体；而让嫌疑人对相关场所、物品辨认，则能进一步确认其与案件的关联性，多维度完善证据链条。

第一百零八条　【两人执法、一人执法及录音录像】

公安机关进行询问、辨认、勘验，实施行政强制措施等调查取证工作时，人民警察不得少于二人。

公安机关在规范设置、严格管理的执法办案场所进行询问、扣押、辨认的，或者进行调解的，可以由一名人民警察进行。

> 依照前款规定由一名人民警察进行询问、扣押、辨认、调解的，应当全程同步录音录像。未按规定全程同步录音录像或者录音录像资料损毁、丢失的，相关证据不能作为处罚的根据。

条文释义

本条是2025年修订《治安管理处罚法》时新增的规定。增加规定了不得少于两名人民警察执法的情形，以及一名人民警察执法的情形、条件及规范。允许特定条件下一名人民警察进行执法，主要是考虑治安案件数量多、警力不足的执法实践，出于执法灵活性、资源优化、程序规范等多方面考量进行的规定。

本条分为三款，第一款规定了不得少于两名人民警察执法的情形，第二款规定了一名人民警察执法的情形与条件；第三款规定了一名人民警察执法全程录音录像的要求。

通常情况下，治安案件查处程序要求有两名以上人民警察进行，尤其是在询问、辨认、勘验，实施行政强制措施等重要调查取证工作时，明确规定人民警察不得少于二人，以保证执法的公正性和合法性，防止出现执法偏差或违规行为。然而，在特定情形下，即进行治安调解以及在规范设置、严格管理的执法办案场所进行询问、扣押、辨认时，可以由一名人民警察进行。这是考虑一些对当事人影响相对较小的程序性办案工作，如治安调解工作中，当事人的自主权较大等，以及在规范设置、严格管理的执法办案场所有同步录音录像条件，对人民警察执法具有较强的监督效果，同时，也兼顾执法实践中警力不足的现实，针对某些特定的执法，如询问、扣押、辨认工作时，规定可以由一名人民警察进行。这一规定同时也是为了提高执法效率，在确保执法质量的前提下，灵活应对一些特殊情况。

由一名人民警察进行上述询问、扣押、辨认、调解工作，必须全程同步录音录像。这是为了弥补单人执法在监督机制上的相对不足，通过录音录像对执法过程进行全面记录，以便后续监督检查，确保执法行为依法依规进行，保护当事人的合法权益，也为可能出现的争议提供证据支持。如果未按规定进行全程同步录音录像，或者录音录像资料损毁、丢失，那么相关证据不能作为处罚的依据。这一规定凸显了同步录音录像资料在一人执法情形下的关键作用，从法律层面强化了对执法过程记录的严格要求，防止因证据缺失或不规范而导致处罚决定缺乏合法性基础，也体现了效率与公平的平衡。

本法条通过规范单人执法情形下的操作流程，实现了执法效率与程序公正的统一，既缓解了基层警力紧张的问题，又通过技术手段保障了执法的合法性和公正性。

实务中需要注意的问题

执法实践中，一名人民警察执法办案时需要注意：

（1）严格适用条件，仅在公安机关进行调解，或于规范设置、严格管理的执法办案场所开展询问、扣押、辨认工作时，可由一名人民警察执行，杜绝随意扩大适用范围。

（2）规范全程同步录音录像环节。执法人员需在开展调解、询问等工作前，确保录音录像设备正常运行，覆盖全部执法过程，避免出现录制中断、角度盲区等情况。录制内容应完整记录执法人员言行、当事人陈述、证据处置等细节，保证录音录像资料的真实性和完整性。

（3）要强化对录音录像资料的管理。妥善保存录制文件，若出现未按规定录音录像，或资料损坏无法还原执法过程的情况，办案人员需重新启动合法程序收集证据，确保每一个执法环节都经得起法律检验。

案例评析

一、案情简介

某小区内，居民甲与乙因宠物犬扰民问题发生激烈争吵，冲突中乙将甲的宠物牵引绳扯坏，甲则推搡了乙。接到报警后，一名民警将双方带至市公安局执法办案中心。考虑到案件事实相对清楚，符合单人执法条件，民警独自展开处理工作。民警先对双方进行调解，尝试缓和矛盾，但双方互不相让。调解失败后，民警分别对甲和乙进行询问，详细了解事件起因、经过和冲突细节。随后，民警依法扣押了损坏的牵引绳作为物证，并组织甲、乙两人相互辨认，确认冲突当事人。整个调解、询问、扣押、辨认过程，民警均开启执法记录仪，进行全程同步录音录像。事后甲对调解过程提出疑问，民警提供全程录音录像资料进行说明。

二、案例拆解

本案中，在警力有限的情况下，由一名民警独立完成调解、询问、扣押、辨认等执法环节，既提高了执法效率，又符合法定程序。法条要求的全程同步录音录像，在本案中起到了关键作用。当甲事后质疑民警调解不公时，完整的录音录像资料清晰还原了民警文明规范的执法过程，包括客观中立的询问、依法依规的扣押等，有力地回应了甲的质疑，保障了执法公信力。同时，"未按规定全程同步录音录像或者录音录像资料损毁、丢失的，相关证据不能作为处罚的根据"这一规定，强化了民警的程序意识，促使其重视执法记录工作，确保执法过程可回溯、证据可验证，尤其是在一人执法的情况下，显得尤为必要。

第二节 决　　定

第一百零九条　【治安管理处罚的决定机关】

治安管理处罚由县级以上地方人民政府公安机关决定；其中警告、一千元以下的罚款，可以由公安派出所决定。

条文释义

本条将原《治安管理处罚法》第九十一条中的"治安管理处罚由县级以上人民政府公安机关决定"修改为"治安管理处罚由县级以上地方人民政府公安机关决定"。将"其中警告、五百元以下的罚款可以由公安派出所决定"修改为"其中警告、一千元以下的罚款,可以由公安派出所决定"。

本条规定了治安管理处罚的决定机关。按照本条规定,县级以上地方人民政府公安机关可以依法作出本法规定的所有治安管理处罚,公安派出所可以决定警告和一千元以下(含一千元)的罚款。也就是说,公安派出所只能以自己的名义作出警告或者一千元以下罚款,对依法应当予以一千元以上罚款、行政拘留、吊销公安机关发放的许可证件的,必须由县级以上地方人民政府公安机关依法决定。这是适应公安机关办理治安案件的实际需要,按照公安机关职责任务的不同,对公安机关治安管理处罚权所作的分配。

这里要说明的有两点:一是治安管理的处罚权只能由公安机关行使,而且级别对应是县级以上地方人民政府公安机关。二是对于违反治安管理行为处以较轻的处罚,即警告和一千元以下(含一千元)的罚款时,可以由公安派出所决定。公安派出所作为县(市)公安局、设区的市的公安分局的派出机构,不是一级公安机关,赋予公安派出所部分治安管理处罚权,是为了确保公安机关依法、及时、有效地履行治安管理职责,为适应治安形势发展的需要,本条将公安派出所的罚款数额由原《治安管理处罚法》规定的五百元提高到了一千元。

实务中需要注意的问题

一、派出所立案调查和派出所治安处罚决定权限不能混淆。

立案是公安机关启动治安案件处理程序的标志。当派出所接到报案、控告、举报、主动投案、群众扭送或者在日常工作中发现违反治安管理行为或其他属于其管辖的违法行为时，认为需要追究行政责任的，就会进行审查，决定是否立案调查，说明派出所对辖区内的治安案件具有完整立案权，无须上级审批。而派出所只能在法律规定的处罚权限范围内对警告和一千元以下（含一千元）的罚款作出决定，并不是派出所不能对其他治安案件进行立案调查。

二、县级地方人民政府公安机关能否决定限期出境、驱逐出境？

《公安机关办理行政案件程序规定》第二百五十条规定："外国人具有下列情形之一的，经县级以上公安机关或者出入境边防检查机关决定，可以限期出境：（一）违反治安管理的；（二）从事与停留居留事由不相符的活动的；（三）违反中国法律、法规规定，不适宜在中国境内继续停留居留。对外国人决定限期出境的，应当规定外国人离境的期限，注销其有效签证或者停留居留证件。限期出境的期限不得超过三十日。"

上述法条说明县级地方人民政府公安机关可以决定限期出境。

《公安机关办理行政案件程序规定》第二百五十一条规定："外国人违反治安管理或者出境入境管理，情节严重，尚不构成犯罪的，承办的公安机关可以层报公安部处以驱逐出境。公安部作出的驱逐出境决定为最终决定，由承办机关宣布并执行。被驱逐出境的外国人，自被驱逐出境之日起十年内不准入境。"

上述法条说明县级地方人民政府公安机关不能决定驱逐出境，必须层级上报至公安部，由公安部作出驱逐出境处罚的最终决定，承办的县级地方人民政府公安机关负责宣布和执行。

案例评析

一、案情简介

某日，在 A 县某村，董某某与邻居任某侠因下水管道问题发生争执，A 县公安局××派出所接到报案后，立案调查，依法查明了案件事实。后 A 县公安局××派出所依据《治安管理处罚法》第四十三条第一款（对应 2025 年《治安管理处罚法》第五十一条第一款）的规定，给予董某某罚款三百元的处罚。申请人董某某对此治安管理处罚决定不服提出行政复议，复议机关认为 A 县公安局××派出所办理案件适用法律正确，程序合法。

二、案例拆解

根据《治安管理处罚法》第九十一条（对应 2025 年《治安管理处罚法》第一百零九条）规定："治安管理处罚由县级以上人民政府公安机关决定；其中警告、五百元以下的罚款可以由公安派出所决定。"申请人董某某公然殴打他人，违反了《治安管理处罚法》第四十三条第一款（对应 2025 年《治安管理处罚法》第五十一条第一款）之规定，A 县公安局××派出所《公安行政处罚决定书》的主体适格，认定事实清楚，证据充分，适用法律依据正确，程序合法。派出所作为公安机关的基层单位，可对警告、五百元以下罚款类治安案件直接决定，避免了所有案件均需上报县级公安机关或者公安分局的繁琐流程，可以缩短处置周期，同时优化执法资源配置，避免执法力量浪费。

第一百一十条 【行政拘留的折抵】

对决定给予行政拘留处罚的人，在处罚前已经采取强制措施限制人身自由的时间，应当折抵。限制人身自由一日，折抵行政拘留一日。

条文释义

本条对应原《治安管理处罚法》第九十二条，2025 年修订《治安管理处罚法》时未对本条进行修改。

本条规定了处罚前限制人身自由强制措施的时间折抵。为了充分体现尊重和保障人权的宪法原则，切实保护公民的合法权益，本条对行政拘留前被采取强制措施限制人身自由的时间是否折抵行政拘留时间以及如何折抵问题作了明确规定。首先，只有被采取强制措施限制人身自由的时间才可以折抵行政拘留处罚，而其他措施是不可以折抵的。其次，被折抵的处罚只能是行政拘留，而不是其他治安管理处罚措施。对决定给予行政拘留处罚的人，在处罚前被采取强制措施限制人身自由的，限制人身自由的时间应当折抵行政拘留时间。限制人身自由一日，折抵行政拘留一日。这里所说的被采取强制措施限制人身自由的时间，是指被处罚人在被行政拘留前因同一违法行为被采取强制措施限制人身自由的时间，即只要被处罚人在被行政拘留前因同一违法行为实际被限制人身自由的，其被限制人身自由的时间就应当折抵行政拘留时间。

实务中需要注意的问题

继续盘问、传唤后的询问查证时间能否折抵行政拘留的时间？

继续盘问是公安机关依据《人民警察法》将符合条件的有违法犯罪嫌疑的人员带至公安机关接受调查的一种临时性审查措施，根据《公安机关办理行政案件程序规定》第五十四条规定，继续盘问也是一种对违法嫌疑人采取的行政强制措施。但继续盘问是公安机关依照《人民警察法》采取的初步核查手段，发生在治安案件立案之前，用于证实或者排除嫌疑，此时，治安案件的办理程序尚未启动。传唤是公安机关要求违反治安管理行为人到公安机关或者指定地点接受调查的措施，传唤只是一个动作，本身并没有期限，本法只是对传唤后的询问查证的时间作了规定，询问查证并不是法律规定的行政强制措施，而是公安机关办理治安案件的一种调查措施。同时，继续盘问、传唤后询问查证的法定时限都不是以"日"为计算单位，而是以"小时"为单位计算，目的就是一旦证实或者排除被继续盘问人、被传唤人违法犯罪嫌疑的，应当立即解除或者依法作出处理决定。根据《公安机关办理行政案件程序规定》第一百六十三条第一款规定："对决定给予行政拘留处罚的人，在处罚前因同一行为已经被采取强制措施限制人身自由的时间应当折抵。限制人身自由一日，折抵执行行政拘留一日。询问查证、继续盘问和采取约束措施的时间不予折抵。"

案例评析

一、案情简介

赵某入职不法分子搭建的"DYB"虚假投资平台从事网络诈骗活动，至案发该诈骗团伙共骗取外籍被害人财物折合人民币70余万元，其中赵某诈骗金额折合人民币3278元。某年3月赵某被A市公安局B区分局刑事拘留，同年4月被该局取保候审，6月移送检察机关审查起诉。B区人民检察院审查认为，犯罪嫌疑人赵某实施了《刑法》第二百六十六条、第二十五条第一款规定的行为，且系共同犯罪，但犯罪情节轻微，鉴于其系从犯，具有坦白情节且已全部退赃，自愿认罪认罚，根据《刑法》第三十七条、《刑事诉讼法》第十五条的规定，不需要判处刑罚。根据《刑事诉讼法》第一百七十七条第二款的规定，B区人民检察院决定对其不予以起诉。

二、案例拆解

B区人民检察院刑事检察部门在对赵某宣告不起诉决定后，将案件线索移送行政检察部门，行政检察部门审查后向A市公安局B区分局制发了《检察意见书》，建议依法对被不起诉人赵某给予行政处罚。A市公安局B区分局在收到《检察意见书》后，依据《治安管理处罚法》有关规定，对赵某处以行政拘留十五日（折抵）并追缴违法所得的行政处罚。

根据《治安管理处罚法》第九十二条（对应2025年《治安管理处罚法》第一百一十条）的规定，上述案件中的行为人赵某在符合行政拘留折抵的情形下，已经不需要执行行政拘留处罚，但检察机关认为上述情形仍需要建议行政机关作出行政处罚。从《治安管理处罚法》的文义上看，不执行处罚并不等于不作处罚决定，相反不执行处罚恰恰是以作出行政处罚为前提，只有先作出处罚决定才存在不执行或折抵的问题。

第一百一十一条 【本人陈述的证据地位】

公安机关查处治安案件，对没有本人陈述，但其他证据能够证明案件事实的，可以作出治安管理处罚决定。但是，只有本人陈述，没有其他证据证明的，不能作出治安管理处罚决定。

条文释义

本条对应原《治安管理处罚法》第九十三条，2025年修订《治安管理处罚法》时未对本条进行修改。

本条规定了违反治安管理行为人的陈述与其他证据的关系。本条规定中的"对没有本人陈述，但其他证据能够证明案件事实的，可以作出治安管理处罚决定"，是指在办理治安案件中，即使违反治安管理行为人不承认实施了违反治安管理行为，但被侵害人陈述、其他证人的证言、物证、书证、视听资料、电子数据等其他证据确实充分，因果关系清晰，能够相互印证，形成证据链，完全可以证明违反治安管理行为人实施了违反治安管理行为的，可以依法作出治安管理处罚决定。本条规定中的"只有本人陈述，没有其他证据证明的，不能作出治安管理处罚决定"，是指在治安案件查处过程中，如果只有违反治安管理行为人承认自己实施了违反治安管理行为的陈述，但没有任何其他证据证明或者佐证的，就不能对该人作出治安管理处罚决定。

实务中需要注意的问题

在共同违反治安管理的案件中，只有共同违反治安管理行为人陈述的，能否作出治安管理处罚决定？

根据本条的立法精神，不轻信违反治安管理行为人陈述的原则，不仅适用单独违反治安管理的案件，也适用共同违反治安管理的案件。在共同违反治安管理的案件中，只有共同违反治安管理行为人的陈述（包括共同违法行为人的供述或互相指认），而没有其他证据印证的，公安机关也不能作出治安管理处罚决定。

案例评析

一、案情简介

某日，A县的燕某在某商务会馆喝醉酒后，将会馆的电梯门踹坏。当民警对燕某进行询问时，燕某以酒醉为由，谎称毫不知情。A县公安局最终以"零口供"方式处理了这起治安案件，将燕某予以行政拘留。

二、案例拆解

燕某酒后踹坏电梯门，声称"醉酒失忆"，虽然没有违反治安管理行为人本人的陈述，但民警通过固定现场监控（显示其连续踹门）、提取损坏部位照片及获取会馆员工证言，达到其他证据确实充分，因果关系清晰，能够相互印证，形成证据链，最终以"零口供"对燕某处行政拘留。

第一百一十二条 【告知义务、陈述与申辩权】

公安机关作出治安管理处罚决定前，应当告知违反治安管理行为人拟作出治安管理处罚的内容及事实、理由、依据，并告知违反治安管理行为人依法享有的权利。

违反治安管理行为人有权陈述和申辩。公安机关必须充分听取违反治安管理行为人的意见，对违反治安管理行为人提出的事实、理由和证据，应当进行复核；违反治安管理行为人提出的事实、理由或者证据成立的，公安机关应当采纳。

违反治安管理行为人不满十八周岁的，还应当依照前两款的规定告知未成年人的父母或者其他监护人，充分听取其意见。

公安机关不得因违反治安管理行为人的陈述、申辩而加重其处罚。

条文释义

本条将原《治安管理处罚法》第九十四条中的"应当告知违反治安管

理行为人作出治安管理处罚的事实、理由及依据"修改为"应当告知违反治安管理行为人拟作出治安管理处罚的内容及事实、理由、依据"。本条新增第三款"违反治安管理行为人不满十八周岁的,还应当依照前两款的规定告知未成年人的父母或者其他监护人,充分听取其意见"的规定。

　　本条第一款是关于治安管理处罚决定前告知程序的规定。根据本款规定,公安机关作出治安管理处罚决定前要履行告知义务。法定的告知事项主要包括:拟作出治安管理处罚的内容及事实、理由、依据以及违反治安管理行为人依法享有的权利。这是公安机关的法定义务,公安机关在作出治安管理处罚前必须履行告知义务。同时,这也是违反治安管理行为人的法定权利,违反治安管理行为人在被决定治安管理处罚前,依法享有了解公安机关拟作出治安管理处罚的内容及事实、理由、依据及自己依法享有权利的权利。实际工作中,无论是按照当场处罚程序、快速办理程序还是一般程序作出治安管理处罚的,公安机关在作出处罚前都必须履行告知义务。拟作出治安管理处罚的内容及事实、理由、依据,是指公安机关认定的行为人违反治安管理的事实,其行为违反了什么法律、法规或者规章,作出何种治安管理处罚,处罚的内容,处罚的具体法律依据及具体条款。违反治安管理行为人依法享有的权利,是指陈述权、申辩权,如果属于本法第一百一十七条规定的听证适用范围的,还应当告知违反治安管理行为人有要求举行听证的权利。

　　本条第二款是关于违反治安管理行为人在治安管理处罚过程中享有陈述权、申辩权的规定。《行政处罚法》第七条规定,公民、法人或者其他组织对行政机关所给予的行政处罚,享有陈述权、申辩权。违反治安管理行为人的陈述权、申辩权是其在治安案件查处过程中依法享有的基本权利。为保证违反治安管理行为人充分行使陈述权和申辩权,违反治安管理行为人不仅有权在公安机关询问时进行陈述和申辩,而且在公安机关履行告知义务时,仍然依法享有陈述事实、理由和申辩、证明自己有无违反治安管理行为及有无从轻、减轻处罚情节的权利。同时,为了保证违反治安管理行为人的陈述权、申辩权不流于形式,本条规定,公安机关必须认真听取违反治安管理行为人的意见，对其提出的事实、理由和证据应当进行复核；违反治安管理行为人提出的事实、理由或者证据能够成立的，公安机关应当采纳。

本条第三款是新增内容，违反治安管理行为人不满十八周岁的，还应当依照前两款的规定告知未成年人的父母或者其他监护人，充分听取其意见。此条款主要是考虑未成年人对法律后果的认知能力有限，监护人参与可避免其因恐惧或误解放弃权利行使。原《治安管理处罚法》规定仅要求询问未成年人时通知监护人到场，本条款将此义务扩展至处罚前告知陈述权、申辩权、听证权等全部关键程序节点，形成贯穿调查、处罚、救济全流程的监护权保障体系。

本条第四款是关于公安机关不得因违反治安管理行为人陈述、申辩而加重其处罚的规定。本款规定是针对实践中可能出现的因被处罚人"态度不好"、"强词夺理"受到公安机关加重处罚的问题而作出的一项特别规定，以切实保护被处罚人的陈述权和申辩权。

实务中需要注意的问题

因违反治安管理行为人逃跑而无法执行处罚前告知程序的，如何处理？

对违法行为事实清楚，证据确实充分，依法应当予以行政处罚，因违法行为人逃跑等原因无法履行告知义务的，公安机关可以采取公告方式予以告知。自公告之日起七日内，违法嫌疑人未提出申辩的，可以依法作出行政处罚决定。

案例评析

一、案情简介

某年5月17日20时25分，A县公安局巡特警大队接到匿名报警：在B镇××路516号有人用扑克牌以赌"三公"的方式聚众赌博。公安民警及时前去查处，看见516号民房内摆有一张桌子，周围聚集10人左右在用扑克牌以赌"三公"方式进行赌博，办案人员将在现场的刘某某、伍某某、龙某某等人带回公安局执法办案区进行调查询问，得知何某某在B镇××路516号以赌外围的方式参与了赌"三公"。5月18日17时34分，A县公安局向何某某作了治安处罚前告知，作了公安行政处罚告知笔录，告知拟作出治安管理处罚的内容及事实、理由、依据，同一时间，A县公安局出示《公安行政处罚决定书》，决定对何某某行政拘留五日，何某某在该决定书上被处罚人处签名并写明时间，写明的时间与告知笔录的时间一致。同日19时15分，向何某某妻子王某某发出行政拘留家属通知书，将何某某送拘留所执行。

二、案例拆解

公安机关作出治安管理处罚决定前，应当告知违反治安管理行为人拟作出治安管理处罚的内容及事实、理由、依据，并告知违反治安管理行为人依法享有的权利。A县公安局在对何某某作出治安行政处罚时，是在同一时间既告知拟作出治安管理处罚的内容及事实、理由、依据，又同时作出治安管理处罚决定，A县公安局的行政行为，程序不合法，依法应予撤销。所以，治安管理处罚前告知的实务要点是：公安机关必须履行"书面精准告知（含具体罚则）→听取申辩→实质复核→最终决定"流程，否则即使实体正确，处罚仍会因程序违法被撤销。

第一百一十三条 【治安案件调查结束后的处理】

治安案件调查结束后，公安机关应当根据不同情况，分别作出以下处理：

（一）确有依法应当给予治安管理处罚的违法行为的，根据情节轻重及具体情况，作出处罚决定；

（二）依法不予处罚的，或者违法事实不能成立的，作出不予处罚决定；

（三）违法行为已涉嫌犯罪的，移送有关主管机关依法追究刑事责任；

（四）发现违反治安管理行为人有其他违法行为的，在对违反治安管理行为作出处罚决定的同时，通知或者移送有关主管机关处理。

对情节复杂或者重大违法行为给予治安管理处罚，公安机关负责人应当集体讨论决定。

条文释义

本条将原《治安管理处罚法》第九十五条第三项"违法行为已涉嫌犯罪的，移送主管机关依法追究刑事责任"修改为"违法行为已涉嫌犯罪的，移送有关主管机关依法追究刑事责任"，第四项"通知有关行政主管部门处理"修改为"通知或者移送有关主管机关处理"。本条新增第二款"对情节复杂或者重大违法行为给予治安管理处罚，公安机关负责人应当集体讨论决定"的规定。

一、根据本条第一款的规定，治安案件调查结束后，公安机关应当根据不同情况，分别作出以下处理

（1）确有依法应当给予治安管理处罚的违法行为的，根据情节轻重及具体情况，作出治安管理处罚决定。本法第六条规定，治安管理处罚必须以事实为依据，与违反治安管理行为的事实、性质、情节以及社会危害程度相当。办理治安案件应当坚持教育与处罚相结合的原则。这是公安机关在作出治安管理处罚决定时必须遵循的原则。公安机关在对调查结果进行审查后，认定违反治安管理行为人确有依法应当给予治安管理处罚的违法行为的，就应当根据违反治安管理行为情节轻重及具体情况，依照法律、法规和规章的有关规定，按照本法第六条规定的处罚原则作出治安管理处罚决定。本条规定中的违反治安管理行为的情节轻重，是指违反治安管理行为是否有依法应当减轻、从重或者不予处罚的情形。本法第二十条、第二十二条分别对依法从轻、减轻、不予处罚或者从重处罚的情形作了明确具体的规定。本条规定中的具体情况，是指违反治安管理行为人及其所牵涉的治安案件的具体情况。

（2）依法不予处罚的，或者违法事实不能成立的，作出不予处罚决定。不予处罚，是指公安机关对实施了违反治安管理行为的人，因其具有法律、法规所规定的法定情形而不适用治安管理处罚的一种法律制度。不予处罚是"教育与处罚相结合"原则的具体体现，被依法决定不予处罚的，行为人不会因此有违法前科。根据本法第十二条、第十三条、第十四条、第十九条、第二十条的规定，依法不予处罚的有以下十种情形：一是不满十四周岁的人违反治安管理的；二是精神病人、智力残疾人在不能辨认或者不能控制自己行为的时候违反治安管理的；三是盲人或者又聋又哑的人违反治安管理的；四是情节轻微的；五是主动消除或者减轻违法后果的；六是取得被侵害人谅解的；七是出于他人胁迫或者诱骗的；八是主动投案，向公安机关如实陈述自己的违法行为的；九是有立功表现的；十是制止不法侵害超过必要限度情节较轻的。值得注意的是，对"不满十四周岁的人违反治安管理的"或者"精神病人、智力残疾人在不能辨认或者不能控制自己行为的时候违反治安管理的"，无论其违反治安管理的行为有多严重或者情节有多恶劣，都必须依法作出不予处罚的决定。对具有上述第3种所列情形的，本法规定"可以从轻、减轻或者不予处罚"，而不是应当不予处罚。对具有上述第四种至第九种所列情形之一的，本法规定"从轻、减轻或者不予处罚"，法律赋予了公安机关自由裁量权。在实际执行中，对具有上述第三项至第九项情形之一的，是否不予处罚，公安机关可以结合违反治安管理行为的具体情节、案件的具体情况以及违反治安管理行为人的具体情况，遵循本法第六条规定的"以事实为依据，与违反治安管理行为的事实、性质、情节以及社会危害程度相当"和"教育与处罚相结合"等处罚原则，综合作出决定。当然，由于违反治安管理行为社会危害性较小，为适应构建和谐社会的需要，公安机关应当注重对违反治安管理行为人的教育，使其认识到自己行为的违法性，并能深刻反省，及时改过自新，能不予处罚的尽量不予处罚。

违法事实不能成立，通常包括两种情形：一是没有充分的证据证明违法事实成立；二是没有证据充分证明嫌疑人实施了违反治安管理行为。治安管理处罚必须以事实为依据，对于违法事实不能成立的，不能予以治安管理处罚，应当作出不予处罚的决定。

（3）违法行为已涉嫌犯罪的，移送有关主管机关依法追究刑事责任。经过调查，公安机关认为行为人的违法行为已涉嫌构成犯罪的，应当根据《刑事诉讼法》、《公安机关办理刑事案件程序规定》等法律、法规、规章的规定移送有管辖权的主管机关依法处理。对于违反治安管理行为已涉嫌构成犯罪的，应当依法追究刑事责任，不得以治安管理处罚代替刑事处罚。

（4）发现违反治安管理行为人有其他违法行为的，在对违反治安管理行为作出处罚决定的同时，通知或者移送有关主管机关处理。公安机关在查处治安案件时，发现违反治安管理行为人有其他尚未构成犯罪的违法行为的，应当在对其依法作出治安管理处罚决定的同时，将行为人的有关情况通知或者移送有关主管机关依法处理，如果有相关证据材料的，应当一并移交有关主管机关。

二、本条新增第二款"对情节复杂或者重大违法行为给予治安管理处罚，公安机关负责人应当集体讨论决定"的规定

本条款确定了重大案件集体讨论制度，这一制度体现了公安机关对治安管理处罚的审慎态度和公正原则，确保了对重大违法行为的处理更加科学、合理。重大案件集体讨论制度适用于以下情形：一是情节复杂的案件，这类案件往往涉及多个法律关系、多方当事人或者多种违法行为，需要综合考虑各种因素才能作出公正的处理；二是重大违法行为案件，这类案件通常指违法行为的性质恶劣、情节严重、社会危害大，需要给予严厉的治安管理处罚。

实务中需要注意的问题

对依法不予处罚的行为人违反治安管理的所得财物应当如何处理？

对依法不予处罚的行为人，虽然他们不会受到治安管理处罚，但是他们也不能从违反治安管理行为中获得非法利益。因此，对依法不予处罚的行为人有违反治安管理所得财物的，有违法所得和非法财物、违禁品、管制器具的，应当予以追缴或者收缴。

案例评析

一、案情简介

某年1月31日，A市公安局B区分局××派出所接到钟某某报警称其在A市B区××镇钱某某汽配城因讨要工资问题，被老板钱某某用水杯砸了腰。民警赶至现场处警，钟某某指认被钱某某用水杯砸其左侧腹部。当日，A市公安局B区分局××派出所对"钟某某被殴打案"立案调查。民警对钱某某传唤询问并制作询问笔录。2月2日，民警对证人季某某、证人王某某调查询问并制作询问笔录。2月6日，民警对证人宋某某、证人童某调查询问并制作询问笔录。A市公安局B区分局××派出所于2月9日作出不予行政处罚决定书，认定钱某某殴打钟某某的事实不清，证据不足，违法事实不能成立，决定对钱某某不予行政处罚。

二、案例拆解

本案中，钟某某指控钱某某用水杯砸其左侧腹部。但钱某某辩称其只是因为生气将玻璃杯往桌上扔，后玻璃杯碎了，但未砸到钟某某。现场证人季某某、王某某、宋某某、童某均陈述未看到钱某某用杯子砸钟某某。综合全案证据，仅凭钟某某的陈述不能证实钱某某实施了用杯子砸人的行为。A市公安局B区分局××派出所认定钱某某殴打钟某某的事实不清、证据不足，违法事实不能成立，并作出不予行政处罚决定，并无不当。

第一百一十四条 【法制审核】

有下列情形之一的，在公安机关作出治安管理处罚决定之前，应当由从事治安管理处罚决定法制审核的人员进行法制审核；未经法制审核或者审核未通过的，不得作出决定：

（一）涉及重大公共利益的；

> （二）直接关系当事人或者第三人重大权益，经过听证程序的；
> （三）案件情况疑难复杂、涉及多个法律关系的。
> 公安机关中初次从事治安管理处罚决定法制审核的人员，应当通过国家统一法律职业资格考试取得法律职业资格。

条文释义

本条是2025年修订《治安管理处罚法》时新增的规定。新增的法制审核是治安管理处罚程序中的重要环节，它对于保障治安管理处罚的合法性、公正性和合理性具有重要意义。通过法制审核，可以确保在某些特殊情形下，治安管理处罚决定符合法律法规的规定，避免违法或不当的治安管理处罚行为，从而保护当事人的合法权益，维护社会公共利益和法律秩序。

本条第一款规定明确了法制审核的内容，包括涉及重大公共利益的；直接关系当事人或者第三人重大权益，经过听证程序的；案件情况疑难复杂、涉及多个法律关系的。涉及重大公共利益的情形说明违反治安管理行为可能对公共安全、社会秩序或公众健康造成重大威胁。直接关系当事人或第三人重大权益且经过听证程序的情形是指符合本法第一百一十七条规定的听证适用条件的情形。案件情况疑难复杂、涉及多个法律关系的情形可能表现为事实认定困难、法律适用冲突、法律关系交织（同一行为涉及民事赔偿、行政责任与刑事追诉三重关系）；多方法律主体（如共同违法人、被侵害人、第三方单位）权利义务交叉。

本条第二款对法制审核人员的资质提出了要求。初次从事治安管理处罚决定法制审核的人员，应当通过国家统一法律职业资格考试取得法律职业资格。此要求保障了法制审核的专业性，以国家考试筛选法律专业人才，法律素养强制达标。一是确保审核人员具备系统性法律知识储备，能精准判别案件定性、证据规则及程序合法性。二是法律职业资格作为统一准入门槛，压缩区域性执法差异，促进类案审核标准全国趋同。三是推动公安机关法制审核岗位与法官、检察官、律师共享同一资格标准，提升执法司法衔接公信力。

实务中需要注意的问题

法制审核内容的核心要点有哪些？

法制审核的六大核心内容：

（1）主体适格性：被处罚对象是否适格（如是否具备责任能力）；执法机关是否有管辖权。

（2）事实认定：违法行为是否存在，证据是否充分、相互印证；是否排除非法证据（如通过暴力、威胁手段获取的笔录）。

（3）法律适用：引用的法律条款是否准确，是否溯及既往；是否遗漏从轻、减轻或不予处罚情节。

（4）程序合法性：立案、调查、告知、听证等程序是否合规；是否超期办案（如治安管理处罚一般应在立案后三十日内作出决定）。

（5）裁量合理性：罚款数额是否符合裁量基准（如是否考虑违法情节、社会危害性）；是否滥用自由裁量权。

（6）文书规范性：处罚决定书格式是否符合要求，语言表述是否严谨。

第一百一十五条 【处罚决定书的内容】

公安机关作出治安管理处罚决定的，应当制作治安管理处罚决定书。决定书应当载明下列内容：

（一）被处罚人的姓名、性别、年龄、身份证件的名称和号码、住址；

（二）违法事实和证据；

（三）处罚的种类和依据；

（四）处罚的执行方式和期限；

（五）对处罚决定不服，申请行政复议、提起行政诉讼的途径和期限；

（六）作出处罚决定的公安机关的名称和作出决定的日期。

决定书应当由作出处罚决定的公安机关加盖印章。

条文释义

本条对应原《治安管理处罚法》第九十六条，2025 年修订《治安管理处罚法》时未对本条进行修改。

本条规定了治安管理处罚决定书应当载明的内容。根据本条规定，公安机关依法作出治安管理处罚决定后，应当制作《公安行政处罚决定书》。治安管理处罚决定书是公安机关作出治安管理处罚决定具有法律效力的表现形式，对违反治安管理行为人具有约束力，必须依法履行。同时，也为被处罚人、被侵害人不服公安机关作出的处罚决定而依法申请行政复议、提起行政诉讼提供了依据。治安管理处罚决定书也是行政复议机关和人民法院在办理行政复议、行政诉讼案件中，需要重点审查的法律文书之一。因此，公安机关作出治安管理处罚，无论是当场处罚还是依照快速办理程序、一般程序作出处罚决定的，必须依法出具治安管理处罚决定书，并依法将决定书交付被处罚人和送达被侵害人。

实务中需要注意的问题

一、对一人有两种以上违反治安管理行为的，能否只制作一份治安管理处罚决定书？

一人有两种以上违法行为的，分别决定，合并执行，可以制作一份决定书，分别写明对每种违法行为的处理内容和合并执行的内容。

对一人有两种以上违反治安管理行为而合并制作治安管理处罚决定书的，如果其各项罚款处罚的累计总额超过四千元的（单项罚款不足四千元），在作出处罚决定前，不需要告知被处罚人有申请听证的权利。

二、共同违反治安管理的，如何制作治安管理处罚决定书？

一个案件有多个违法行为人的，分别决定，可以制作一式多份决定书，写明给予每个人的处理决定，分别送达每一个违法行为人。

案例评析

一、案情简介

某年12月29日22时左右，原××开车从渣江回B市，在C县街上，经C县民警盘查认为可疑，遂将原××传唤到C县公安局。12月30日1时13分至1时40分，民警对原××进行了第一次询问。时隔8分钟，从1时48分至2时20分，民警对原××进行了第二次询问。根据《询问笔录》，原××的陈述实质是否认了其有吸食毒品的故意行为。同时，C县公安局的《现场检测报告》显示1时49分对原××进行了尿液检测。C县公安局于当天向原××下达了《公安行政处罚决定书》，其内容为，被处罚人原××，查明事实为：某年12月29日22时许，C县公安局民警在C县街设卡盘查时发现一辆车牌为××的车形迹可疑，随即将车内司机原××传唤至C县公安局执法办案区域调查，经尿检呈阳性。根据《治安管理处罚法》第七十二条第三项（对应2025年《治安管理处罚法》第八十四条第一款第三项）之规定，决定对原××罚款一千元整。原××不服该处罚决定，向C县人民法院提起行政诉讼。

二、案例拆解

《治安管理处罚法》第九十六条第一款第二项（对应2025年《治安管理处罚法》第一百一十五条第一款第二项）规定，治安管理处罚决定书应当载明违法事实和证据。本案中，C县人民法院经过审理认为，C县公安局对原××进行行政处罚，其行政处罚决定书应当载明吸毒的具体违法事实和证据，本案中的行政处罚决定书未写查明认定的违法事实，在原××并未供述其有吸食毒品的行为，且仅有原××尿检结果呈阳性的单一证据下，C县公安局认定原××吸食毒品的违法事实不清，证据不足。根据《行政处罚法》第四十条规定，违法事实不清、证据不足的，不得给予行政处罚。故C县人民法院判决撤销了C县公安局对原××的吸毒行政处罚。

第四章　处罚程序

> **第一百一十六条　【处罚决定书的宣告、通知和送达】**
> 公安机关应当向被处罚人宣告治安管理处罚决定书，并当场交付被处罚人；无法当场向被处罚人宣告的，应当在二日以内送达被处罚人。决定给予行政拘留处罚的，应当及时通知被处罚人的家属。
> 有被侵害人的，公安机关应当将决定书送达被侵害人。

条文释义

本条将原《治安管理处罚法》第九十七条中的"有被侵害人的，公安机关应当将决定书副本抄送被侵害人"修改为"有被侵害人的，公安机关应当将决定书送达被侵害人"。

本条分为两款，第一款规定了向被处罚人宣告、送达治安管理处罚决定书以及给予行政拘留时通知被处罚人家属；第二款规定了向被侵害人送达治安管理处罚决定书。

一、根据本条第一款的规定，公安机关在作出治安管理处罚决定后，应当按照下列程序对被处罚人及其家属履行告知义务

（1）当场宣告并当场交付治安管理处罚决定书。公安机关制作治安管理处罚决定书后，应当向被处罚人宣告，并当场交付被处罚人。本条规定中的"当场"，是指在向被处罚人宣告处罚决定书的现场，而不是单指当场处罚的现场。公安机关向被处罚人宣告处罚决定书，并当场将处罚决定书交付被处罚人或者其监护人，并经被处罚人或者其监护人签字、盖章的，即为当场交付。实际执行中，公安机关既可以派人前往被处罚人所在单位或者住处向被处罚人宣告治安管理处罚决定书，也可以通知被处罚人到公安机关或者公安机关指定的地点听取公安机关向其宣告处罚决定书。如果公安机关在法定的询问查证时间内作出治安管理处罚决定，且被处罚人还未离开公安机关或者指定询问地点的，公安机关也可以在询问查证地点向其宣告并交付治安管理处罚决定书。当场作出治安管理处罚决定的，应当在作出决定的现场向被处罚人宣告并交付治安管理处罚决定书。

（2）无法当场向被处罚人宣告的，应当在二日以内将治安管理处罚决定书送达被处罚人。本条规定中的无法当场向被处罚人宣告，主要是指被处罚人不在场，或者经通知被处罚人拒不到场听取公安机关向其宣告处罚决定书的情形。《行政处罚法》第六十一条第一款规定："行政处罚决定书应当在宣告后当场交付当事人；当事人不在场的，行政机关应当在七日内依照《中华人民共和国民事诉讼法》的有关规定，将行政处罚决定书送达当事人。"考虑到治安管理处罚的及时效率原则，对无法当场向被处罚人宣告处罚决定书的，本法规定的向被处罚人送达处罚决定书的期限比《行政处罚法》规定的期限相对要短得多，实践中要严格按照本法规定的送达期限（二日以内）送达被处罚人。

（3）给予行政拘留处罚的，公安机关除应当依法向被拘留人宣布并送达治安管理处罚决定书外，还应当及时通知被处罚人的家属。本法第一百二十二条规定，对被决定给予行政拘留处罚的人，由作出决定的公安机关送拘留所执行。行政拘留处罚决定一经作出即生效，这就意味着被拘留人会立即被送拘留所执行。为了使被拘留人的家属及时知道被拘留人受到的处罚情况及下落，公安机关应当将被拘留人被处罚的原因、执行的拘留所等情况及时通知被拘留人的家属。

二、根据本条第二款的规定，公安机关在作出治安管理处罚决定后，有被侵害人的，公安机关应当将处罚决定书送达被侵害人

被侵害人是治安案件的一方当事人，公安机关对违反治安管理行为人作出的处罚决定与其有着直接利害关系，而且按照本法第一百二十一条规定，被侵害人对治安管理处罚决定不服的，可以依法申请行政复议或者提起行政诉讼。因此，为了保护被侵害人的合法权益，本条规定，公安机关应当将处罚决定书送达被侵害人。这样不仅能保证被侵害人的知情权，便于其监督公安机关的执法活动，也能保证其及时依法行使申诉权。如果案件的被侵害人涉及多人，公安机关应当将处罚决定书送达每一位被侵害人。

实务中需要注意的问题

一、对依法被行政拘留但依法不执行行政拘留的，公安机关是否还需要通知其家属？

作出行政拘留处罚决定的，应当及时将处罚情况和执行场所或者依法不执行的情况通知被处罚人家属。

二、被拘留人没有家属或者拒不提供家属姓名、住址、联系方式的，如何处理？

被处理人拒不提供家属联系方式或者不讲真实姓名、住址，身份不明的，可以不予通知，但应当在附卷的决定书中注明。这里的"被处理人"包括被行政拘留的人。

案例评析

一、案情简介

A省B市C区公安分局于某年2月26日作出《行政处罚决定书》，查明冯某于某年2月25日14时20分开始，与同案人在A省B市C区××铺位，利用麻将牌以"扛扛糊"的形式进行赌博，被A省B市C区公安分局查获。根据《治安管理处罚法》第七十条（对应2025年《治安管理处罚法》第八十二条）、第十一条第一款之规定，决定对冯某处以行政拘留十日并处罚款一千元，收缴赌具麻将台一张、麻将牌一副、公仔扑克牌十张、数字扑克牌四十张。

二、案例拆解

A省B市C区人民法院认为：根据《治安管理处罚法》第一百一十六条第一款"公安机关应当向被处罚人宣告治安管理处罚决定书，并当场交付被处罚人；无法当场向被处罚人宣告的，应当在二日以内送达被处罚人"的规定，A省B市C区公安分局于某年2月26日对冯某作出治安管理处罚决定，对其处以行政拘留十日并处罚款一千元，当日向冯某宣告了行政处罚的内容，但于4月12日才向冯某送达《公安行政处罚决定书》，违反法定程序。

综上所述，A省B市C区公安分局作出的《公安行政处罚决定书》，程序不合法，应予撤销。

第一百一十七条 【听证】

公安机关作出吊销许可证件、处四千元以上罚款的治安管理处罚决定或者采取责令停业整顿措施前，应当告知违反治安管理行为人有权要求举行听证；违反治安管理行为人要求听证的，公安机关应当及时依法举行听证。

对依照本法第二十三条第二款规定可能执行行政拘留的未成年人，公安机关应当告知未成年人和其监护人有权要求举行听证；未成年人和其监护人要求听证的，公安机关应当及时依法举行听证。对未成年人案件的听证不公开举行。

前两款规定以外的案情复杂或者具有重大社会影响的案件，违反治安管理行为人要求听证，公安机关认为必要的，应当及时依法举行听证。

公安机关不得因违反治安管理行为人要求听证而加重其处罚。

条文释义

本条将原《治安管理处罚法》第九十八条中的"公安机关作出吊销许可证以及处二千元以上罚款的治安管理处罚决定前，应当告知违反治安管理行为人有权要求举行听证"修改为"公安机关作出吊销许可证件、处四千元以上罚款的治安管理处罚决定或者采取责令停业整顿措施前，应当告知违反治安管理行为人有权要求举行听证"。本条新增第二款"对依照本法第二十三条第二款规定可能执行行政拘留的未成年人，公安机关应当告知未成年人和其监护人有权要求举行听证；未成年人和其监护人要求听证的,公安机关应当及时依法举行听证。对未成年人案件的听证不公开举行"的规定。本条新增第三款"前两款规定以外的案情复杂或者具有重大社会影响的案件,违反治安管理行为人要求听证,公安机关认为必要的,应当及时依法举行听证"的规定。本条新增第四款"公安机关不得因违反治安管理行为人要求听证而加重其处罚"的规定。

本条对公安机关办理治安案件中听证的适用范围、条件和不得因要求听证而加重处罚作了规定。听证程序是公安机关作出治安管理处罚决定前的一种特殊程序,并不是所有的治安案件都必须听证。

一、根据本条第一、二、三款规定,治安案件中的听证必须同时具备两个条件:一是符合法律规定的处罚种类和幅度;二是违反治安管理行为人或者可能执行行政拘留的未成年人和其监护人要求举行听证

(1)本条第一款关于适用听证的情形:公安机关作出吊销许可证件、处四千元以上罚款的治安管理处罚决定或者采取责令停业整顿措施。吊销许可证件,是指公安机关依法收回违反治安管理行为人或者单位已经取得的从事某种活动的权利或者资格证书,以取消或者禁止被处罚人从事某种活动的特许权利或者资格的处罚。比如,旅馆的特种行业许可证、剧毒化学品准购证等。四千元以上罚款,是指公安机关根据治安管理方面的法律、法规的规定,对违反治安管理行为人作出四千元以上(包括四千元)的罚款处罚。责令停业整顿措施,是指公安机关对行政相对人在经营活动中存在的严重违法行为或者其他严重问题采取的强制其在一定期间内暂时停止生产经营活动、进行整顿的最终处理决定,属于可以独立适用的行政处罚。

(2)本条第二款关于适用听证的情形:依照本法第二十三条第二款规定可能执行行政拘留的未成年人。在此之前,原《治安管理处罚法》一直都没有把行政拘留纳入听证的范围,此次修订将"可能执行行政拘留的未成年人和其监护人有听证权"纳入法条,首次突破行政拘留的听证禁区,强化未成年人程序权利保障。同时,双重告知保障听证救济实效,同时告知可能执行行政拘留的未成年人和其监护人,避免未成年人因认知不足而丧失权利行使机会。对未成年人案件的听证不公开举行,防止案情细节扩散，减少社会舆论对未成年人的心理压力与污名化风险，为未成年人营造更安全的司法环境，减少心理创伤，体现"教育与处罚相结合"的立法原则。

（3）本条第三款关于适用听证的情形：案情复杂或者具有重大社会影响的案件，违反治安管理行为人要求听证，公安机关认为必要的。此次修订，新条款将两类特殊案件（案情复杂、重大社会影响）纳入裁量听证范围，一定程度上弥补了原条款中听证适用范围过于刻板的规定。通过"违反治安管理行为人要求听证+公安机关认为必要"的双重触发机制，既保障救济权，又赋予公安机关对听证必要性的专业裁量权。对案情复杂的案件听证，公安机关在听证中接受质证，可以防止作出"事实不清"的处罚决定。对重大社会影响案件，听证可以平衡社会效果与个案公正。听证程序搭建多方对话平台，通过公开质证释法，避免处罚决定激化社会矛盾，从而引发次生舆情。

（4）本条第一、二、三款规定听证的第二个条件：违反治安管理行为人或者可能执行行政拘留的未成年人和其监护人要求举行听证。听证可以口头或者书面形式提出申请，以口头形式提出申请的，公安机关应当记录在案，并由申请人签名、盖章或按指印。

值得注意的是，根据本条规定，公安机关在作出治安管理处罚决定前，应当告知违反治安管理行为人或者可能执行行政拘留的未成年人和其监护人有权要求举行听证。这是公安机关的法定义务，也是违反治安管理行为人或者可能执行行政拘留的未成年人和其监护人的法定权利。

二、本条第四款规定，公安机关不得因违反治安管理行为人要求听证而加重其处罚

本款规定一是可以保障程序公正，防止公安机关将听证申请视为"对抗执法"，避免因违反治安管理行为人维权导致处罚结果恶化。二是可以消除违反治安管理行为人的维权顾虑。若因听证加重处罚，将严重抑制违反治安管理行为人依法维权意愿，从而架空听证制度的救济功能。三是可以规范公安机关的执法裁量，约束处罚自由裁量权滥用，确保治安管理处罚决定仅基于违法事实本身，而非程序选择。

实务中需要注意的问题

违反治安管理行为人放弃听证后，公安机关能否在听证申请期限内作出治安管理处罚决定？

《行政处罚法》第六十四条中规定："当事人要求听证的，应当在行政机关告知后五日内提出。"

《公安机关办理行政案件程序规定》第一百三十四条规定："违法嫌疑人放弃听证或者撤回听证要求后，处罚决定作出前，又提出听证要求的，只要在听证申请有效期限内，应当允许。"

《行政处罚法》只是对当事人申请听证的期限作出了规定，但是对于当事人放弃听证权没有规定，更没有规定在当事人放弃权利时，行政机关能否在听证的法定期限届满前作出行政处罚决定。第一种情况，违反治安管理行为人放弃听证或者撤回听证要求后，在听证申请期限内不建议公安机关作出治安管理处罚决定，建议等待五日期满再作决定，避免反悔争议。第二种情况，违反治安管理行为人放弃听证或者撤回听证要求后，在公安机关作出治安管理处罚决定前，又提出听证要求的，只要在听证申请的法定期限内，公安机关应当允许，并按照规定组织听证。

案例评析

一、案情简介

某日，A县公安局对2名嫖娼人员分别处十五日拘留并处五千元罚款的处罚决定，但未告知其享有听证权。

二、案例拆解

为了保证违反治安管理行为人充分行使陈述权和申辩权，保障治安管理处罚决定的合法性和合理性，对拟作出四千元以上罚款的治安管理处罚决定，应当根据《治安管理处罚法》的规定适用听证程序。本案中，A县公安局作出十五日拘留并处五千元罚款的治安管理处罚决定，A县公安局在作出行政处罚前应当告知被处罚人有申请听证的权利。A县公安局在作出处罚决定前只按照行政处罚一般程序告知被处罚人有陈述、申辩的权利，而没有告知申请听证的权利，违反了法定程序，依法应予撤销。

第一百一十八条 【办案期限】

公安机关办理治安案件的期限，自立案之日起不得超过三十日；案情重大、复杂的，经上一级公安机关批准，可以延长三十日。期限延长以二次为限。公安派出所办理的案件需要延长期限的，由所属公安机关批准。

为了查明案情进行鉴定的期间、听证的期间，不计入办理治安案件的期限。

条文释义

本条将原《治安管理处罚法》第九十九条中的"公安机关办理治安案件的期限，自受理之日起不得超过三十日"修改为"公安机关办理治安案件的期限，自立案之日起不得超过三十日"。本条新增"期限延长以二次为限。公安派出所办理的案件需要延长期限的，由所属公安机关批准"的规定。

本条分为两款，规定了治安案件的办案期限。

本条第一款是关于公安机关办理治安案件期限的规定。本条中的办理治安案件的期限，是指公安机关对治安案件立案后，对治安案件进行调查直至作出处理决定的最长时间限期，从立案之日起到依法作出决定之日止。

根据本款的规定，公安机关办理治安案件的期限一般为三十日，但是，案情重大、复杂的，经上一级公安机关批准可以延长三十日。期限延长以二次为限，根据案件复杂情况，办案期限最多只能延长两个三十日，且不能一次性延长六十日。这里所称的三十日，不是指工作日，而是包括节假日在内连续计算的时间。上一级公安机关，是指治安案件立案的公安机关的上一级公安机关。需要注意的是，对于需要延长办案时间的，公安机关应当在三十日届满前向上一级公安机关提出申请，上一级公安机关也应当在三十日期限届满前作出是否同意延长办案期限的决定。

本条第二款是关于鉴定时间、听证期间不计入治安案件办案期限的规定。公安机关在办理案件过程中，为了查明案情需要对一些专门问题进行鉴定，鉴定必然需要一定的时间才能得出意见。同时，由于鉴定涉及的专业问题不同，其得出鉴定意见的时间也不同。如有些伤情鉴定，需要结合损伤后果才能综合评定损伤程度。这就需要在被侵害人治疗临床终结后才能得出伤情鉴定结论，有的可能需要几天乃至几周，有的甚至需要更长时间。因此，本款规定，为了查明案件而进行鉴定的期间，不计入办理治安案件的期限。从执法实践看，治安案件中因查明案情而需要鉴定的专门性问题主要包括：伤情鉴定、价格鉴定、违禁品和危险品鉴定、精神病鉴定、毒品尿样检测、声像资料鉴定等。需要注意的是，本款规定的是为查明案情而进行鉴定的期间不计入办理治安案件的期限。

本条款此次修订明确将听证的期间不再纳入治安案件的办案期限。《行政处罚法》第六十四条规定："……（一）当事人要求听证的，应当在行政机关告知后五日内提出；（二）行政机关应当在举行听证的七日前，通知当事人及有关人员听证的时间、地点……"这说明行政处罚听证一般需要十二天，至于具体的期限需要根据实际情况来确定。如果将听证期间计算在治安案件的办案期限内，留给公安机关的实际办案时间将会大打折扣。听证时间单独剔除，也是为公安机关办案民警减负减压，公安机关可将更多资源投入证据收集和听证组织，避免因时间不足导致超期办案，增强执法公信力。

实务中需要注意的问题

对超出六个月仍未办结的治安案件是否受违反治安管理行为追究时效的限制？

《治安管理处罚法》第二十五条规定，违反治安管理行为在六个月以内没有被公安机关发现的，不再处罚。显然，违反治安管理行为已被公安机关立案调查的，不应适用上述规定。即使案件立案后办理时间超过了六个月仍未办结，违反治安管理行为人仍然应当受到法律追究，公安机关仍然需要继续调查取证。

案例评析

一、案情简介

某日，朱某与王某发生口角后殴打了王某。当日当地派出所对此案进行了立案调查，由于不能在一个月内办结，派出所以案情复杂为由依法延长办案期限三十日。六个月后当地派出所以朱某殴打他人为由，经上报分局审批，依据《治安管理处罚法》第四十三条第一款（对应2025年《治安管理处罚法》第五十一条第一款）规定，对朱某作出行政处罚决定。

此案经过了行政复议、一审、二审、再审程序。行政复议机关以此案超期办案属程序违法为由撤销了行政处罚决定。一审法院支持了行政复议决定。二审法院和再审法院均认为，此案虽然存在超期办案的问题，但属程序瑕疵，不应予撤销，支持了当地公安分局的行政处罚决定。

二、案例拆解

首先，公安机关及其民警不要久拖不结案，若无正当理由不要超期办案，超期办案是一种不正确履行法定职责的违法行为，会依法依纪依规追究责任。其次，只要违法行为存在，证据确凿，依法应予处罚的，即使治安案件超过法定办案期限，也要对违反治安管理行为人进行处罚。办案超期是公安机关及其民警的执法过错，不能因此让违反治安管理行为人逃避法律的制裁，不能因此而让被侵害人的合法权益得不到法律的保护。最后，行政复议机关、审判机关不能把超期办案机械地一律认为程序违法，予以撤销公安行政处罚决定。《治安管理处罚法》规定的办案期限是三十日，案情重大复杂可以延长三十日（二次为限）。但是，在执法实践中，延长办案期限的三十日内因客观原因不能办结的情况时有发生，若将此情况一律认定为程序违法，予以撤销行政处罚决定，肯定不妥。再说，因程序违法行政处罚决定被撤销后，行政机关一般都会补正程序上的问题重新作出行政行为，但是超期办案的问题除了追究有关责任民警的违法违纪执法过错责任外，无法补正超期办案的问题，重新作出决定只会更加延迟时间，不符合立法本意。

关于程序违法也不撤销行政行为的有关规定：

《行政诉讼法》第七十四条规定："行政行为有下列情形之一的，人民法院判决确认违法，但不撤销行政行为：……（二）行政行为程序轻微违法，但对原告权利不产生实际影响的……"

《最高人民法院关于适用〈中华人民共和国行政诉讼法〉的解释》第九十六条规定："有下列情形之一，且对原告依法享有的听证、陈述、申辩等重要程序性权利不产生实质损害的，属于行政诉讼法第七十四条第一款第二项规定的'程序轻微违法'：（一）处理期限轻微违法；（二）通知、送达等程序轻微违法；（三）其他程序轻微违法的情形。"

第一百一十九条 【当场处罚】

违反治安管理行为事实清楚，证据确凿，处警告或者五百元以下罚款的，可以当场作出治安管理处罚决定。

条文释义

本条将原《治安管理处罚法》第一百条中的"处警告或者二百元以下罚款的，可以当场作出治安管理处罚决定"修改为"处警告或者五百元以下罚款的，可以当场作出治安管理处罚决定"。

本条规定了当场处罚决定的适用条件和范围。为了提高办案效率，保证及时处理治安案件，本条对当场处罚违反治安管理行为的适用条件和范围作了明确规定。按照本条规定，人民警察（包括铁路、交通、民航、森林公安机关和海关侦查走私犯罪公安机构的人民警察）对符合以下条件的治安案件，可以当场作出治安管理处罚决定。

（1）治安案件事实清楚，证据确凿。案情简单，因果关系明确，情节轻微，没有必要进一步调查取证即能认定违反治安管理行为事实，是适用当场处罚程序的前提。如果案件事实已清楚，证据也确实、充分，不需要再进行调查取证就能认定案件事实，但是行为情节比较恶劣的属于涉及卖淫、嫖娼、赌博、毒品的案件，人民警察不得当场作出治安管理处罚，而应当依法按照办理治安案件的快速办理程序或者一般程序办理。同时，如果违反治安管理事实尚未查清，证据还不够确实、充分，需要进一步调查的，人民警察也不得当场作出治安管理处罚。

（2）有当场处罚的法律依据。公安机关人民警察当场作出治安管理处罚必须有法律、法规和规章的明确规定，如果法律、法规和规章没有将当事人的行为列为违反治安管理行为并设定处罚，人民警察就不得对当事人作出治安管理处罚决定。同时，当场处罚的处罚种类和幅度必须有法律规定，人民警察不得超出法定的当场处罚种类和幅度当场作出治安管理处罚。

（3）依法对违反治安管理行为人作出警告或者五百元以下罚款处罚。这是指根据违反治安管理行为的性质、情节、社会危害程度，依法应当对违反治安管理行为人作出警告或者五百元以下（包括五百元）罚款处罚，并不是指法律、法规、规章对此种违反治安管理行为的法定处罚是警告或者五百元以下罚款。因此，如果对违反治安管理行为人依法应当作出五百元以上罚款、行政拘留、吊销许可证件等处罚决定的，人民警察则不得当场作出治安管理处罚。

实务中需要注意的问题

对违法事实清楚，证据确凿，处警告或者五百元以下罚款的治安案件，是否都必须当场作出治安管理处罚决定？

当场处罚属于简化程序，旨在提高执法效率。根据本条规定，人民警察对符合本条规定的治安案件，"可以"当场作出治安管理处罚决定，并非"必须"当场作出，说明是否适用当场处罚程序，公安机关可根据案件具体情况（如现场执法环境、当事人配合度等）灵活选择是否当场处理，并不排除对上述治安案件适用一般程序。

> 案例评析

一、案情简介

某日，派出所民警对辖区某宾馆进行检查时发现，该宾馆有一名旅客未登记身份信息且未上传。经询问，该宾馆负责人陈述了因心存侥幸，未对该旅客进行身份查验、未进行实名制登记的事实。派出所根据《治安管理处罚法》第五十六条第一款（对应2025年《治安管理处罚法》第六十七条第一款）、第一百条（对应2025年《治安管理处罚法》第一百一十九条）之规定，对该宾馆负责人当场作出二百元罚款的处罚。

二、案例拆解

本案中的执法民警现场核实事实后，认定该行为事实清楚、证据充分（如监控录像和旅客证词），且无须进一步鉴定或查证；鉴于违法情节较轻，公安机关当场作出二百元罚款的处罚决定。该案例符合《治安管理处罚法》第一百条（对应2025年《治安管理处罚法》第一百一十九条）"事实清楚、证据确凿"和"处罚限于警告或二百元以下罚款"的双重条件，体现了当场处罚的高效性与合法性。

第一百二十条　【当场处罚的程序】

当场作出治安管理处罚决定的，人民警察应当向违反治安管理行为人出示人民警察证，并填写处罚决定书。处罚决定书应当当场交付被处罚人；有被侵害人的，并应当将决定书送达被侵害人。

前款规定的处罚决定书，应当载明被处罚人的姓名、违法行为、处罚依据、罚款数额、时间、地点以及公安机关名称，并由经办的人民警察签名或者盖章。

适用当场处罚，被处罚人对拟作出治安管理处罚的内容及事实、理由、依据没有异议的，可以由一名人民警察作出治安管理处罚决定，并应当全程同步录音录像。

> 当场作出治安管理处罚决定的，经办的人民警察应当在二十四小时以内报所属公安机关备案。

条文释义

本条将原《治安管理处罚法》第一百零一条中的"当场作出治安管理处罚决定的，人民警察应当向违反治安管理行为人出示工作证件"修改为"当场作出治安管理处罚决定的，人民警察应当向违反治安管理行为人出示人民警察证"，将"有被侵害人的，并将决定书副本抄送被侵害人"修改为"有被侵害人的，并应当将决定书送达被侵害人"。

本条新增第三款"适用当场处罚，被处罚人对拟作出治安管理处罚的内容及事实、理由、依据没有异议的，可以由一名人民警察作出治安管理处罚决定，并应当全程同步录音录像"的规定。

本条分为四款，第一款规定了当场处罚决定的程序。第二款规定了当场处罚决定书的内容。第三款规定了一名人民警察当场作出治安管理处罚决定的情形和要求。第四款规定了当场处罚决定备案的时限要求。

按照本条规定，人民警察当场作出处罚的决定程序包括以下内容：

（1）表明人民警察身份。人民警察当场作出治安管理处罚的，应当向违反治安管理行为人出示人民警察证，表明自己的执法身份，向被处罚人证明处罚主体的合法性。也就是说，无论人民警察是否身着公安机关人民警察制式服装，都必须向违反治安管理行为人出示人民警察证。

（2）告知被处罚人依法享有的权利。根据本法第一百一十二条规定，公安机关作出治安管理处罚决定前，应当执行告知程序。这是治安管理处罚必须坚持的基本原则，也是作出治安管理处罚决定前的必经程序。因此，在作出当场处罚决定前，人民警察应当依照本法第一百一十二条的规定，口头告知违反治安管理行为人拟作出治安管理处罚的内容及事实、理由、依据及其依法享有的申辩、陈述、行政复议、行政诉讼等权利，不能因为是简易程序而不履行告知义务。为了保证处罚程序的合法性，口头告知后，应当做好记录，并由违反治安管理行为人签名、盖章或者按指印。

（3）制作《当场处罚决定书》并交付被处罚人。与按照一般程序作出的治安管理处罚决定书相比，当场处罚决定书的内容相对简单一些。但是，《当场处罚决定书》不是人民警察随意制作的，必须认真填写由有权机关制定的统一格式的治安管理处罚决定书，并按照本条规定的要求填写，即：应当载明被处罚人的姓名、违法行为、处罚依据、处罚种类（如果是罚款，应当写明罚款具体数额）、处罚时间、处罚地点以及公安机关名称，并由经办的人民警察签名或者盖章。公安机关名称，是指当场作出治安管理处罚的人民警察所属的公安机关名称，包括公安派出所。人民警察填写《当场处罚决定书》后，应将处罚决定书当场交付被处罚人。有被侵害人的，应将决定书送达被侵害人。

（4）如果是由一名人民警察当场作出治安管理处罚决定，必须是在被处罚人对拟作出治安管理处罚的内容及事实、理由、依据没有异议的前提下，同时全程同步录音录像。

（5）报所属公安机关备案。当场处罚是人民警察代表公安机关作出的治安管理处罚决定。在处罚决定作出前，并没有经公安机关审查、审批。因此，为了加强对当场处罚的监督，防止错案和乱罚款等现象的发生，本条规定，对于当场作出治安管理处罚决定的，经办的人民警察应当在二十四小时内报所属的公安机关备案。报所属的公安机关备案应当采用书面形式，即将《当场处罚决定书》交至所属公安机关进行备案。如果无法在二十四小时内将处罚决定书交所属公安机关的，经办的人民警察可以先口头报告备案，即将有关案件情况通过电话等方式口头备案，并在尽可能短的时间内将处罚决定书交所属公安机关。对口头备案的，人民警察应当记录在案。根据本法有关治安管理处罚权限的规定，这里所称所属公安机关，是指作出当场处罚的人民警察所在的公安机关，包括公安派出所、县、市、旗公安局、城市公安分局、相当于县一级的公安机关。经办的人民警察即为作出当场治安管理处罚决定的人民警察。为了保护被处罚人的合法权益，公安机关接到报备材料或者人民警察的口头报备后，应当对有关材料进行审查，审查当场处罚决定是否合法，违法事实是否清楚，证据是否确实、充分，处罚是否公正。如发现问题，应当及时予以纠正。

实务中需要注意的问题

当场作出治安管理处罚决定如何执行？

对违反治安管理行为人依法当场作出警告处罚的，民警要本着教育与处罚相结合的原则，在当场交付处罚决定书的同时，对违反治安管理行为人进行教育，使其认识到自己的违法行为，督促其以后不再犯。

对当场处五百元以下罚款的，根据本法第一百二十三条规定："受到罚款处罚的人应当自收到处罚决定书之日起十五日以内，到指定的银行或者通过电子支付系统缴纳罚款。但是，有下列情形之一的，人民警察可以当场收缴罚款：（一）被处二百元以下罚款，被处罚人对罚款无异议的；（二）在边远、水上、交通不便地区，旅客列车上或者口岸，公安机关及其人民警察依照本法的规定作出罚款决定后，被处罚人到指定的银行或者通过电子支付系统缴纳罚款确有困难，经被处罚人提出的；（三）被处罚人在当地没有固定住所，不当场收缴事后难以执行的。"

同时注意，人民警察当场收缴罚款的，应当向被处罚人出具省级以上人民政府财政部门统一制发的专用票据；不出具统一制发的专用票据的，被处罚人有权拒绝缴纳罚款。

案例评析

一、案情简介

某日，违法行为人波某在某村饮酒后，在某村家中使用微信发送语音辱骂该群内的村民胡某。民警经过现场取证（微信聊天记录、证人证言、行为人亲口承认），认定违法行为人波某的行为已构成公然侮辱他人，事实清楚，证据确凿，根据《治安管理处罚法》第四十二条第二项（对应2025年《治安管理处罚法》第五十条第一款第二项）、第一百条（对应2025年《治安管理处罚法》第一百一十九条）、第一百零一条（对应2025

年《治安管理处罚法》第一百二十条）之规定，对波某当场作出罚款二百元的治安管理处罚，同时将处罚决定书送达被侵害人胡某。全程由一名民警完成文书制作、告知及交付，同时全程同步录音录像，符合当场处罚程序要求。

二、案例拆解

根据《治安管理处罚法》的要求，当场处罚需同时满足事实清楚、证据确凿且处罚限于警告或二百元以下罚款（含本数）的条件。

第一百二十一条　【行政复议和行政诉讼】

　　被处罚人、被侵害人对公安机关依照本法规定作出的治安管理处罚决定，作出的收缴、追缴决定，或者采取的有关限制性、禁止性措施等不服的，可以依法申请行政复议或者提起行政诉讼。

条文释义

本条将原《治安管理处罚法》第一百零二条中的"被处罚人对治安管理处罚决定不服的，可以依法申请行政复议或者提起行政诉讼"修改为"被处罚人、被侵害人对公安机关依照本法规定作出的治安管理处罚决定，作出的收缴、追缴决定，或者采取的有关限制性、禁止性措施等不服的，可以依法申请行政复议或者提起行政诉讼"。

本条规定了治安案件当事人法律救济的途径。根据本条规定，被处罚人、被侵害人对公安机关依照本法规定作出的治安管理处罚决定，作出的收缴、追缴决定，或者采取的有关限制性、禁止性措施等不服的，可以依法申请行政复议或者提起行政诉讼。为了保证被处罚人更充分、更有效地行使法律救济权利，本法赋予了被处罚人、被侵害人自行选择申请行政复议、提起行政诉讼的自主权，即对治安管理处罚决定不服，是依法申请行政复议，还是依法提起行政诉讼，由被处罚人、被侵害人自行选择。

实务中需要注意的问题

当事人对于行政复议和行政诉讼两种救济路径如何选择？

第一种选择，自由选择行政复议或者行政诉讼。对于非法定先行复议和复议终局性的行政行为，当事人可以直接申请行政复议，也可以直接提起行政诉讼。选择复议的，对复议决定不服的，仍然可以提起诉讼，但不能就同一行政行为同时提起行政复议及诉讼，也不能在复议机关受理后尚未作出决定前就行政行为提起诉讼。《行政诉讼法》第四十四条第一款规定："对属于人民法院受案范围的行政案件，公民、法人或者其他组织可以先向行政机关申请复议，对复议决定不服的，再向人民法院提起诉讼；也可以直接向人民法院提起诉讼。"

如果当事人直接提起行政诉讼，后续对诉讼结果不服只能提起上诉，不能再行政复议。《行政复议法》第二十九条第二款规定："公民、法人或者其他组织向人民法院提起行政诉讼，人民法院已经依法受理的，不得申请行政复议。"

第二种选择，只能选择先行政复议，对行政复议决定不服的，可以再依法向人民法院提起行政诉讼。《行政复议法》第二十三条规定，"有下列情形之一的，申请人应当先向行政复议机关申请行政复议，对行政复议决定不服的，可以再依法向人民法院提起行政诉讼：（一）对当场作出的行政处罚决定不服；（二）对行政机关作出的侵犯其已经依法取得的自然资源的所有权或者使用权的决定不服；（三）认为行政机关存在本法第十一条规定的未履行法定职责情形；（四）申请政府信息公开，行政机关不予公开；（五）法律、行政法规规定应当先向行政复议机关申请行政复议的其他情形。对前款规定的情形，行政机关在作出行政行为时应当告知公民、法人或者其他组织先向行政复议机关申请行政复议"。

根据上述法条内容，本法第一百一十九条规定的治安管理当场处罚决定，当事人只能先申请行政复议，对行政复议决定不服的，再依法向人民法院提起行政诉讼。

第四章　处罚程序

案例评析

一、案情简介

申请人杨某（女）与第三人童某系夫妻关系。某日，二人因家庭纠纷发生冲突。童某对杨某及其家人实施了殴打行为，在此过程中，杨某对童某也进行殴打。经鉴定，杨某及其母亲、童某所受伤害均属轻微伤。A市某B区公安分局作出《行政处罚决定书》，认定杨某因家庭纠纷对童某进行殴打，情节较轻，依据《治安管理处罚法》第四十三条第一款（对应2025年《治安管理处罚法》第五十一条第一款）规定，决定给予杨某行政拘留三日的行政处罚。杨某认为其长期遭受童某家暴，事发当日为制止童某再次实施的家暴行为而对童某进行反击，属于正当防卫且并未超过必要限度，不构成违法，向B区人民政府申请行政复议。行政复议机构经审查发现，B区人民法院曾作出民事裁定书，禁止童某对杨某实施家庭暴力，禁止童某骚扰、殴打、威胁申请人及其家人。结合本案证据可知，在杨某与童某的婚姻关系存续期间，杨某系家庭暴力的直接受害人，有已遭受家庭暴力或面临家庭暴力现实危险的情形。结合《反家庭暴力法》的立法精神，综合案件起因、双方过错、杨某实施违法行为造成的危害后果，行政复议机关认为杨某的行为依法不应予以处罚，A市B区公安分局给予杨某行政拘留三日的行政处罚，属于未正确适用法律依据。行政复议机关依照《行政复议法》的规定，决定将对杨某行政拘留三日的行政处罚变更为不予行政处罚。

二、案例拆解

本案的当事人杨某，通过行政复议，最终维护了自己的正当权益。法律救济，是指当法律关系主体的合法权益受到侵犯并造成损害时，获得恢复和补救的法律制度。它是法律体系中一项重要的保障措施，旨在保护公民、法人和其他组织的合法权益不受非法侵害。公平正义是法律的核心价值追求，而法律救济在维护公平正义方面发挥着不可替代的作用。了解并正确运用法律救济制度，对于维护个人和社会的法律秩序具有重要意义。

第三节 执 行

> **第一百二十二条 【行政拘留处罚的执行】**
> 对被决定给予行政拘留处罚的人，由作出决定的公安机关送拘留所执行；执行期满，拘留所应当按时解除拘留，发给解除拘留证明书。
> 被决定给予行政拘留处罚的人在异地被抓获或者有其他有必要在异地拘留所执行情形的，经异地拘留所主管公安机关批准，可以在异地执行。

条文释义

本条在原《治安管理处罚法》第一百零三条的基础上作了以下修改：

（1）增加"执行期满，拘留所应当按时解除拘留，发给解除拘留证明书"。衔接了《拘留所条例》与《拘留所条例实施办法》，使得规定更加完善。《拘留所条例》第三十条规定，被拘留人拘留期满，拘留所应当按时解除拘留，发给解除拘留证明书，并返还代为保管的财物。《拘留所条例实施办法》第六十四条规定，被拘留人拘留期满，拘留决定机关决定对其停止执行拘留的，或者拘留决定机关决定对其暂缓执行行政拘留的，拘留所应当核实其身份，查验有关法律文书，发给解除拘留证明书，按时解除拘留。

（2）将原条文的"送达拘留所执行"修改为"送拘留所执行"，表述更为准确。

（3）增加规定"被决定给予行政拘留处罚的人在异地被抓获或者有其他有必要在异地拘留所执行情形的，经异地拘留所主管公安机关批准，可以在异地执行"。这一新增内容主要针对实践中可能出现的特殊情况，例如被处罚人在异地被抓获，或因其他原因导致本地执行存在困难等情形。它赋予了公安机关在异地执行行政拘留的灵活性，这不仅有助于提升执法效率，有利于被处罚人的改造，还能节约执法成本。同时，这也确保了行政拘留决定的有效执行，使法律更好地适应复杂多变的实际情况。

本条分为两款，第一款规定了行政拘留处罚的执行程序。本条规定的"送拘留所执行"，是指作出行政拘留决定的公安机关将被决定行政拘留的人送至拘留所并交付执行的行为。所谓"送拘留所执行"，根据2006年1月23日公安部印发的《公安机关执行〈中华人民共和国治安管理处罚法〉有关问题的解释》第十三条的规定，是指"作出行政拘留决定的公安机关将被决定行政拘留的人送至拘留所并交付执行，拘留所依法办理入所手续后即为送达"。拘留所，是指依据法律规定，对被裁定接受行政拘留处罚的人员实施拘留的专门场所。

第二款规定了行政拘留处罚的异地执行。在异地执行行政拘留，是指在公安机关办案所在地以外的地方的拘留所执行行政拘留。在异地执行行政拘留，必须满足以下条件：首先，被决定行政拘留的人员在异地被抓获，或存在其他需要在异地拘留所执行的合理情形。所谓"有必要在异地拘留所执行"，指的是在异地执行有利于被拘留人改过自新，并能有效节约执法成本等情况。例如，在被拘留人的居住地执行拘留，有助于家属探望和感化被拘留人。其次，须经当地拘留所主管公安机关的批准。

实务中需要注意的问题

一、行政拘留处罚异地执行需要履行什么法律手续？

根据《拘留所条例》第九条的规定，拘留所应当凭拘留决定机关的拘留决定文书及时收拘被拘留人。需要异地收拘的，拘留决定机关应当出具相关法律文书和需要异地收拘的书面说明，并经异地拘留所主管公安机关批准。

二、对吸毒成瘾的被拘留人如何执行行政拘留？

对同时被决定行政拘留和社区戒毒或者强制隔离戒毒的人员，应当先执行行政拘留，由拘留所给予必要的戒毒治疗，强制隔离戒毒期限连续计算。拘留所不具备戒毒治疗条件的，行政拘留决定机关可以直接将被行政拘留人送公安机关管理的强制隔离戒毒所代为执行行政拘留，强制隔离戒毒期限连续计算。

三、执行拘留的时间应当如何计算？

期间以时、日、月、年计算，期间开始之时或者日不计算在内。法律文书送达的期间不包括路途上的时间。期间的最后一日是节假日的，以节假日后的第一日为期满日期，但违法行为人被限制人身自由的期间，应当至期满之日为止，不得因节假日而延长。同时，根据《拘留所条例》第三十二条规定，执行拘留的时间以日为单位计算，从收拘当日到第二日为一日。

根据公安部《关于行政拘留执行有关问题的意见》的规定因特殊情况，拘留决定机关无法按照行政处罚决定书上载明的时间将被拘留人送达拘留所执行的，拘留决定机关应当在行政处罚决定书上重新载明拘留起止时间，并加盖拘留决定机关印章。

第一百二十三条　【罚款处罚的执行】

受到罚款处罚的人应当自收到处罚决定书之日起十五日以内，到指定的银行或者通过电子支付系统缴纳罚款。但是，有下列情形之一的，人民警察可以当场收缴罚款：

（一）被处二百元以下罚款，被处罚人对罚款无异议的；

（二）在边远、水上、交通不便地区，旅客列车上或者口岸，公安机关及其人民警察依照本法的规定作出罚款决定后，被处罚人到指定的银行或者通过电子支付系统缴纳罚款确有困难，经被处罚人提出的；

（三）被处罚人在当地没有固定住所，不当场收缴事后难以执行的。

第四章 处罚程序

条文释义

本条在原《治安管理处罚法》第一百零四条的基础上做了以下修改：

(1) 将"十五日内"修改为"十五日以内"，表述更为规范。

(2) 在罚款的履行方式中增加了"通过电子支付系统缴纳罚款"的情形。新增通过电子支付系统缴纳罚款的方式，使被处罚人缴纳罚款更加方便快捷，适应了现代社会的支付习惯，提高了罚款缴纳的效率，也符合《行政处罚法》第五十一条的规定。

(3) 当场收缴金额上调。将当场收缴罚款的金额从五十元以下提高到二百元以下，这一调整使当场收缴的适用范围更广，能够更好地应对实际执法中的各种情况，提高执法的灵活性和效率。

(4) 适用区域更广阔。在当场收缴罚款的适用情形中，新增了旅客列车上或者口岸等地点，这些地方人员流动性大、情况复杂，明确其作为适用区域，有助于解决在这些特殊场所被处罚人缴纳罚款的实际困难，确保罚款能够及时收缴。

(5) 将"被处罚人向指定的银行缴纳罚款确有困难，经被处罚人提出的"修改为"被处罚人到指定的银行或者通过电子支付系统缴纳罚款确有困难，经被处罚人提出的"，将"向指定的银行"修改为"到指定的银行"，表述更为规范。同时增加了"通过电子支付系统缴纳罚款"的情形，修改理由同上，更加适应现代社会支付方式。

本条规定了罚款缴纳的一般方式和当场收缴罚款的特殊情形。第一款规定了罚款的履行期限、方式。体现了行政处罚罚缴分离原则。依据《行政处罚法》第六十七条之规定，作出罚款决定的行政机关应当与收缴罚款的机构分离。除依法当场收缴的罚款外，作出行政处罚决定的行政机关及其执法人员不得自行收缴罚款。本条规定中的"自收到处罚决定书之日起十五日以内"，是指从被处罚人收到治安管理处罚决定书之日起开始计算的十五日内，包括节假日在内。依据《公安机关办理行政案件程序规定》第三十六条规定，收到处罚决定书的具体情形如下：

（1）若当场作出治安管理处罚，则收到处罚决定书之日即为处罚决定作出之日。

（2）治安管理处罚决定书直接送达被处罚人的，自其收到处罚决定书之日起即为签收日；若送达时被处罚人不在场，与其共同居住且具备民事行为能力的亲属代为签收之日，即视为被处罚人收到处罚决定书之日；若被处罚人已指定代收人，则以代收人签收处罚决定书之日为准；若被处罚人为单位，则其收发部门签收的时间即认定为收到处罚决定书之日。

（3）当被处罚人拒绝接收治安管理处罚决定书时，由送达人、见证人在送达回执上签名或盖章，该送达回执上所签署的时间即视为被处罚人收到处罚决定书之日。

（4）若通过邮寄方式将处罚决定书送达被处罚人，则以被处罚人签收邮件的时间作为其收到处罚决定书的日期。

（5）通过公告方式送达被处罚人的，自公告规定的时间届满之日起，即视为被处罚人已收到处罚决定书。

（6）在征得送达人同意的前提下，可以通过传真、互联网通讯工具等方式进行传送。根据《民事诉讼法》第九十条第二款的规定，采用电子送达方式送达的，以到达受送达人特定系统的日期为送达日期。到达受送达人特定系统的日期，即公安机关对应系统显示发送成功的日期，但送达人可以证明的到达其特定系统的日期与公安机关对应系统显示发送成功的日期不一致的，以受送达人证明到达其特定系统的日期为准。在实践中，为确认当事人的权益，公安机关会确认其是否已收悉处罚决定。"指定银行"是指由公安机关指定，并已与公安机关签订收缴罚款协议的银行。银行收缴罚款后，应将罚款直接上缴国库。"通过电子支付系统缴纳罚款"是指付款人与收款人之间以非现金的电子形式完成货币交易的行为。

第二款规定了在三种情形下，人民警察可以当场收缴罚款。由于当场收缴罚款具备节约行政执法成本、提升行政执法效率、便利当事人等多重优势，对于罚款金额较小、不当场收缴事后难以执行，或被执行人向指定银行或通过电子支付系统缴纳罚款存在实际困难的情形，行政机关及其执

法人员有权当场收缴罚款。具体情形如下:

(1) 被处二百元以下罚款,被处罚人对罚款无异议的。当场收缴罚款必须满足以下两个条件:一是罚款金额为二百元或以下。若罚款数额超过二百元,除非符合本条第二项或第三项的情形之一,人民警察不得当场收缴罚款。二是被处罚人对罚款无异议,即被处罚人对公安机关认定的违反治安管理的事实和证据,以及罚款处罚及其数额均表示认可,而非仅对当场收缴的方式无异议。

(2) 在边远、水上以及交通不便地区,旅客列车上或者口岸,公安机关及其人民警察根据本法规定作出罚款决定后,若被处罚人向指定银行或者通过电子支付系统缴纳罚款确实存在困难,且由被处罚人提出申请的,可予以特殊处理。适用本项规定当场收缴罚款必须同时满足两个条件:其一,公安机关及其人民警察是在边远、水上交通不便地区,旅客列车上或者口岸作出罚款决定的。其二,被处罚人提出其向指定银行或者通过电子支付系统缴纳罚款确有困难,并要求当场缴纳罚款。《行政处罚法》第六十九条规定,在边远、水上、交通不便地区,行政机关及其执法人员依照本法第五十一条、第五十七条的规定作出罚款决定后,当事人到指定的银行或者通过电子支付系统缴纳罚款确有困难,经当事人提出,行政机关及其执法人员可以当场收缴罚款。《出境入境管理法》第八十七条规定,对违反出境入境管理行为处罚款的,被处罚人应当自收到处罚决定书之日起十五日内,到指定的银行缴纳罚款。被处罚人在所在地没有固定住所,不当场收缴罚款事后难以执行或者在口岸向指定银行缴纳罚款确有困难的,可以当场收缴。"在边远地区及水上交通不便地区,旅客列车上或口岸"构成了特定的地域条件,而"被处罚人到指定的银行或者通过电子支付系统缴纳罚款确有困难,且经被处罚人提出"则彰显了主动意思表示的要素,这两者缺一不可。需要特别指出的是,本项规定中当场收缴罚款的做法,对罚款数额并未设定任何限制。

(3) 被处罚人在当地没有固定住所,不当场收缴事后难以执行的。"固定住所"参照《公安机关办理刑事案件程序规定》第一百一十二条规定，固定住处，是指被监视居住人在办案机关所在的市、县内生活的合法住处。被处罚人在当地缺乏固定住所，意即其在作出行政处罚决定的公安机关所在的市、县范围内，未拥有通过购买或自建方式取得的、具有所有权的房屋，也未长期租住或借住在亲友拥有的房屋中，且其居住时间已超过或预计将超过一段较长时间。此处所指的固定住所不包括临时租住、借住的房屋，以及宾馆、饭店等临时性住宿场所。同时，应考虑被处罚人在当地是否拥有稳定工作、是否在长期就读的学校、是否具备稳定收入等因素进行综合评估。既要确保行政处罚的有效执行，也要维护被处罚人的合法权益不受侵害。对于不当场收缴可能导致事后难以执行的情况，由公安机关及其办案人民警察根据案件及被处罚人的具体情况进行综合判断。依据本项规定当场收缴罚款的，应当注明具体原因，但无须被处罚人签名确认。

实务中需要注意的问题

一、对于依法允许当场收缴罚款，但被处罚人拒绝当场缴纳罚款的情况，是否可以采取强制执行？

本条规定明确了公安机关及其办案人民警察在特定情形下可以当场收缴罚款，但并非必须当场收缴。若被处罚人拒绝当场缴纳罚款，公安机关及其办案人员不得采取任何强制措施，仅能要求被处罚人在规定期限内通过指定银行或电子支付系统完成罚款缴纳。此外，被处罚人未当场缴纳罚款的行为，不应被视为逾期不履行行政处罚决定。只有在被处罚人自收到行政处罚决定书之日起十五日后仍未到指定银行或通过电子支付系统缴纳罚款的情况下，公安机关方可依法采取强制执行措施。

二、对逾期不缴纳罚款的如何处理？

根据《行政处罚法》第七十二条，对被处罚人逾期不缴纳罚款的，作出罚款决定的公安机关可以采取下列措施：（1）到期不缴纳罚款的，每日按罚款数额的百分之三加处罚款，加处罚款的数额不得超出罚款的数额；（2）根据法律规定，将查封、扣押的财物拍卖、依法处理或者将冻结的存款、汇款划拨抵缴罚款；（3）根据法律规定，采取其他行政强制执行方式；（4）依照《行政强制法》的规定申请人民法院强制执行。

案例评析

一、案情简介

本案是因不服某公安机关治安行政强制行为而引发的再审行政案件。2013年10月19日，某公安机关对当事人作出五百元罚款的行政处罚决定。当事人将罚款交给民警，民警代为缴纳至银行并上缴国库。后因行政复议撤销该处罚决定，公安机关多次退还罚款，当事人拒收。当事人诉至法院，要求解除非法扣押的五百元并确认公安机关行为违法。一审、二审法院均驳回其诉讼请求。当事人不服，申请再审。

二、案例拆解

本案核心在于审查公安机关当场收缴罚款行为的合法性。首先，根据《治安管理处罚法》第一百零四条规定（对应2025年《治安管理处罚法》第一百二十三条），当场收缴罚款须满足特定情形，如五十元以下罚款、缴纳罚款确有困难等，而本案中罚款金额为五百元，且当事人有固定住所，缴纳罚款并无困难，故不符合当场收缴条件。其次，公安机关未开具省级财政部门统一制发的罚款收据，违反了第一百零六条（对应2025年《治安管理处罚法》第一百二十五条）规定。最后，即使当事人主动要求代缴，公安机关也不应收取罚款，因为这违背了"罚缴分离"原则的设计初衷，可能影响执法公正。因此，再审法院认为公安机关当场收缴罚款的行为违法，撤销原一、二审判决，确认公安机关行为违法，并当庭退还罚款。

第一百二十四条 【上交当场收缴的罚款】

人民警察当场收缴的罚款，应当自收缴罚款之日起二日以内，交至所属的公安机关；在水上、旅客列车上当场收缴的罚款，应当自抵岸或者到站之日起二日以内，交至所属的公安机关；公安机关应当自收到罚款之日起二日以内将罚款缴付指定的银行。

条文释义

本条对应原《治安管理处罚法》第一百零五条,将"二日内"修改为"二日以内",使表述更为规范。本条对人民警察当场收缴罚款的缴付程序和时限作了明确规定。一是当场收缴罚款的缴付流程如下:首先,负责执行罚款处罚的人民警察须将罚款上交至其所属的公安机关,随后该公安机关再将罚款缴至指定银行。本条规定的"所属公安机关",是指当场收缴罚款的办案人民警察所隶属的公安机关,包括县级以上公安机关、公安派出所和法律、法规、规章授权的具有独立执法主体资格的公安机关内设机构以及出入境边防检查站,而不是指人民警察所在的办案部门。需要注意的是,尽管公安派出所并非一级公安机关,但由于其依法拥有部分治安管理处罚权,为提升执法效率,公安派出所的人民警察当场收缴的罚款,可先上交至其所属的公安派出所,再由该派出所统一缴付至指定银行。二是当场收缴罚款的缴付期限。根据本条款规定,在一般情况下,人民警察须将所收缴的罚款于"二日以内"上交至其所属公安机关,具体而言,即自人民警察当场收缴罚款之日起的二日内完成上交。然而,对于在水上或旅客列车上当场收缴的罚款,其缴付期限规定为自人民警察抵岸或到站之日起的二日内。此处所指的"到站",特指列车抵达该当场收缴罚款的人民警察所属公安机关所在地的车站,而非人民警察当场收缴罚款后列车到达的第一个车站。公安机关缴付罚款的期限同样为"二日以内",即自收到罚款之日起的二日以内,公安机关须将人民警察上缴的罚款缴付至指定银行。

实务中需要注意的问题

公安机关及其人民警察不按规定将当场收缴的罚款上缴国库的,应当如何处理?

根据《行政处罚法》第七十四条第二款和第三款,以及《治安管理处罚法》第一百三十五条,罚款必须全部上缴国库,公安机关及其人民警察不得以任何形式截留、私分或者变相私分；除依法应当退还、退赔的外，财政部门不得以任何形式向作出处罚决定的公安机关返还罚款。为加强对公安机关及其人民警察的执法监督，《行政处罚法》第七十九条第一款和《治安管理处罚法》第一百三十九条，对违反上述规定的法律责任作出了明确规定，人民警察不按规定将当场收缴的罚款上缴国库的，应当依法予以处分；构成犯罪的，依法追究刑事责任。对公安机关不按规定将罚款上缴国库而截留、私分或者变相私分的，由财政部门或者有关机关予以追缴，对直接负责的主管人员和其他直接责任人员依法给予处分；情节严重构成犯罪的，依法追究刑事责任。

案例评析

一、案情简介

本案是宋某因不服公安派出所罚款行政处罚而提起的一审行政诉讼。3月15日，宋某与第三人魏某、宋某堂因运费问题发生口角并打架。属地派出所对宋某作出五百元罚款的行政处罚决定，并当场收缴罚款。宋某认为派出所未开具罚没票据且未将罚款交至指定银行账户，程序违法，请求撤销该行政处罚决定。一审法院经审理后，驳回了宋某的诉讼请求。

二、案例拆解

本案的争议焦点在于属地派出所的行政处罚程序是否合法。首先，根据《治安管理处罚法》第一百零四条第三项（对应2025年《治安管理处罚法》第一百二十三条第三项）规定，被处罚人在当地没有固定住所，不当场收缴事后难以执行的，人民警察可以当场收缴罚款。宋某户籍地和住所地均在外地，在当地没有固定住所，因此派出所民警当场收缴罚款符合法律规定。其次，关于未开具罚款收据的问题，虽然《治安管理处罚法》第一百零六条（对应2025年《治安管理处罚法》第一百二十五条）规定，人民警察当场收缴罚款的，应当向被处罚人出具省、自治区、直辖市人民政府财政部门统一制发的罚款收据，但派出所民警在收缴罚款后次日已将罚款交至公安局并上缴国库，且在庭审中表示同意向宋某送达财政票据，这一程序瑕疵未对宋某权利产生实际影响。因此，法院认为派出所的行政处罚程序虽有瑕疵，但不构成违法，宋某的诉讼请求缺乏法律依据，故判决驳回其诉讼请求。

> **第一百二十五条　【专用票据】**
>
> 　　人民警察当场收缴罚款的，应当向被处罚人出具省级以上人民政府财政部门统一制发的专用票据；不出具统一制发的专用票据的，被处罚人有权拒绝缴纳罚款。

条文释义

本条在原《治安管理处罚法》第一百零六条的基础上，作如下修改：（1）收据名称与性质变更：将原"罚款收据"修改为"专用票据"。（2）规范了制发专用票据的部门。将"省、自治区、直辖市人民政府财政部门统一制发的罚款收据"修改为"省级以上人民政府财政部门统一制发的专用票据"，表述上与《行政处罚法》第七十条和《财政票据管理办法》第十条规定一致。

本条明确了人民警察在当场收缴罚款时必须向被处罚人提供由省级以上人民政府财政部门统一制发的专用票据，这是为了确保罚款收缴过程的规范性和透明度，防止滥用职权和腐败行为。同时，赋予了被处罚人拒绝缴纳罚款的权利，如果人民警察未能出具规定的专用票据，被处罚人可以依法维护自己的权益。这一规定体现了对公民财产权的保护以及对执法行为的严格约束。

本条规定的"专用票据"涵盖以下三层内容：

（1）必须出具专用票据。在现实中，收据的种类繁多，其中部分收据形同"白条"，属于单位内部自制的凭据，脱离了财政部门的监管范围。一些行政机关正是利用收据的非标准化特性，越权行事，任意增设收费项目，或随意对企事业单位及公民施加罚款，从而助长了乱罚款现象的蔓延。为加强对当场处罚罚款票据的管理，财政部在2000年7月4日印发《当场处罚罚款票据管理暂行规定》（已失效）。在该规定中，罚款票据被划分为通用票据和专用票据两大类。此后，为进一步规范财政票据行为，财政部于2012年又制定了《财政票据管理办法》。得益于上述规定的出台，加之打击力度不断加强，通过收据对当事人进行乱罚款的现象已显著减少。

（2）专用票据必须是省级以上人民政府财政部门统一制发的。《财政票据管理办法》第十条规定，财政票据由省级以上财政部门按照管理权限分别监（印）制。之所以规定由国务院财政部门或省、自治区、直辖市人民政府财政部门统一制发专用票据，主要基于以下考虑：一是便于对公安机关罚款情况进行统一的财政监控。省、自治区、直辖市人民政府财政部门以及财政部统一制发的专用票据，具备统一的编号，借此可以对罚款实施严格的控制。此外，这一措施也便于上级公安机关、审计部门以及监察机关对罚款情况进行有效监督，从而有效防范某些地方利用不规范票据规避监管的行为。二是有助于遏制某些地方出于地方利益或部门利益考虑而滥施罚款的问题。唯有省级以上人民政府的财政部门才拥有制发专用票据的资格，其他任何单位或部门均严禁擅自制发用于收缴罚款的专用票据。通过层级上的严格控制，统一制发票据有助于实现有效监管。若在收缴罚款时不出具票据或所出具的票据不符合规定，这往往是乱罚款、滥罚款现象的主要诱因之一，不仅容易导致罚款收入的流失，还为行政执法人员贪污、挪用罚款，或是行政机关私设"小金库"提供了便利条件。

（3）不出具统一制发的专用票据时，被处罚人有权拒绝缴纳罚款。根据本条款规定，若人民警察未如实填写罚款数额，被处罚人同样有权拒绝缴纳罚款。这是法律赋予被处罚人的法定权利，公安机关及其人民警察不得以阻碍警察依法执行职务为由对被处罚人进行处罚。该规定实质上赋予了被处罚人一定的抗辩权。

实务中需要注意的问题

当场收缴罚款时，若不出具法定部门统一制发的专用票据或不如实填写罚款数额，应承担何种法律责任？

根据《治安管理处罚法》第一百三十九条和《行政处罚法》第七十条的规定，人民警察对被处罚人当场收缴罚款不使用由国务院财政部门或者省、自治区、直辖市人民政府财政部门统一制发的专用票据或使用非法定部门制发的罚款单据，或者不如实填写罚款数额的，被处罚人有权拒绝缴纳，并有权予以检举，对有关责任人员应当依法追究法律责任：（1）对不出具统一制发的专用票据或者不如实填写罚款数额以及挪用、侵吞、截留罚款的公安机关及其办案人民警察，应当依法予以处分；构成犯罪的，依法追究刑事责任。（2）公安机关不出具法定部门统一制发的专用票据或者不如实填写罚款数额的，应当对其直接负责的主管人员和其他直接责任人员依法给予处分。（3）公安机关不使用法定部门（即国务院财政部门或者省、自治区、直辖市人民政府财政部门）统一制发的专用票据、使用非法定部门制发的罚款单据的，上一级公安机关或者监察机关、审计等有关部门对使用的非法罚款单据应当予以收缴销毁，并对直接负责的主管人员和其他直接责任人员依法给予处分。

第一百二十六条　【暂缓行政拘留和出所】

被处罚人不服行政拘留处罚决定，申请行政复议、提起行政诉讼的，遇有参加升学考试、子女出生或者近亲属病危、死亡等情形的，可以向公安机关提出暂缓执行行政拘留的申请。公安机关认为暂缓执行行政拘留不致发生社会危险的，由被处罚人或者其近亲属提出符合本法第一百二十七条规定条件的担保人，或者按每日行政拘留二百元的标准交纳保证金，行政拘留的处罚决定暂缓执行。

> 正在被执行行政拘留处罚的人遇有参加升学考试、子女出生或者近亲属病危、死亡等情形，被拘留人或者其近亲属申请出所的，由公安机关依照前款规定执行。被拘留人出所的时间不计入拘留期限。

条文释义

本条在原《治安管理处罚法》第一百零七条的基础上作了以下修改：（1）拓宽了可以申请暂缓执行行政拘留的情形，增加了"遇有参加升学考试、子女出生或者近亲属病危、死亡等情形"，使被处罚人在面临一些重要的人生事件或紧急家庭情况时，也能有机会申请暂缓执行行政拘留。（2）将原"第一百零八条规定条件"修改为"第一百二十七条规定条件"，以符合新法之规定。（3）增加规定"正在被执行行政拘留处罚的人遇有参加升学考试、子女出生或者近亲属病危、死亡等情形，被拘留人或者其近亲属申请出所的，由公安机关依照前款规定执行。被拘留人出所的时间不计入拘留期限"作为第二款，明确了对于正在被执行行政拘留的人员，在遇到特殊情形时的处理方式，使相关规定更加完善和人性化。

本条分为两款，规定了关于暂缓执行行政拘留的相关内容。第一款规定了在两种情形下，适用行政拘留暂缓执行。（1）被拘留人依法申请行政复议或提起行政诉讼，系适用行政拘留暂缓执行的前提条件。若在公安机关作出行政拘留暂缓执行决定之前，行政复议机关已作出不予受理的决定，或人民法院已裁定不予受理行政诉讼，则对被拘留人亦不得适用行政拘留暂缓执行。关于行政拘留暂缓执行的申请，既可在申请行政复议或提起行政诉讼的同时提出，也可在行政复议或行政诉讼期间提出，但前提是必须在行政拘留处罚决定尚未执行或尚未执行完毕前提出。这是因为一旦行政拘留决定已实际执行完毕，便不再存在适用行政拘留暂缓执行的可能性。需特别注意的是，暂缓执行行政拘留的申请必须由被拘留人本人亲自提出，其近亲属及其他人均无权代为提出。（2）"遇有参加升学考试、子女出生或者近亲属病危、死亡等情形"是新法所增设的情形。它以同理心彰显法治的温情，体现了社会共同体对每一位公民的深切关怀，有助于激发社会内在的规范秩序，防止社会失范现象，推动社会和谐发展，进而提升社会综合治理的整体效能。公安机关认为对被拘留人暂缓执行行政拘留不会引发社会危险，这是适用行政拘留暂缓执行的核心条件。本条所称的"不致发生社会危险"，主要是指暂缓执行行政拘留，被拘留人不会逃跑、干扰和阻碍证人作证、串供、毁灭伪造证据、再次实施违法犯罪等情形。对暂缓执行行政拘留可能发生社会危险的，则不能作出暂缓执行行政拘留的决定。

第二款规定的是对正在被执行行政拘留处罚的人暂缓执行行政拘留的条件。根据《拘留所条例》第二十七条规定，被拘留人遇有参加升学考试、子女出生或者近亲属病危、死亡等情形的，被拘留人或者其近亲属可以提出请假出所的申请。请假出所的申请由拘留所提出审核意见，报拘留决定机关决定是否批准。拘留决定机关应当在被拘留人或者其近亲属提出申请的十二小时内作出是否准予请假出所的决定。被拘留人请假出所的时间不计入拘留期限。第二十八条规定，被拘留人或者其近亲属提出请假出所申请的，应当向拘留决定机关提出担保人或者交纳保证金。有关担保人和保证金的管理按照《治安管理处罚法》的有关规定执行。被拘留人请假出所不归的，由拘留决定机关负责带回拘留所执行拘留。《拘留所条例实施办法》第五十六条规定，被拘留人遇有参加升学考试、子女出生或者近亲属病危、死亡等情形的，被拘留人或者其近亲属可以提出请假出所的申请，并提供相关证明材料。拘留所接到被拘留人请假出所申请后，应当立即提出审核意见，填写被拘留人请假出所审批表，报拘留决定机关审批。拘留决定机关应当在被拘留人或者其近亲属提出申请的十二小时以内作出是否准予请假出所的决定。拘留决定机关批准请假出所的，拘留所发给被拘留人请假出所证明，安排被拘留人出所。准假出所的时间一般不超过七天。被拘留人请假出所的时间不计入拘留期限。第五十八条规定，被拘留人请假出所期满的，拘留所应当填写被拘留人请假出所期满通知书及时通知拘留决定机关。对请假出所不归的，由拘留决定机关负责将其带回拘留所继续执行拘留。本条规定的暂缓执行，在效果上更趋近于中止执行的情形。

实务中需要注意的问题

一、被处罚人应当采取什么形式提出暂缓执行行政拘留的申请？

本法对申请暂缓执行行政拘留的形式未作出规定。为了保护被处罚人的合法权益，被处罚人既可以以书面形式申请也可以口头形式提出。

二、被拘留人申请行政拘留暂缓执行的，公安机关是否可释放被拘留人？

行政拘留决定一旦作出，即刻产生法律效力。因此，为维护国家法律的严肃性和权威性，在公安机关依法作出行政拘留暂缓执行决定之前，作出行政拘留的公安机关必须依照本法第一百二十二条的规定，将被拘留人送至拘留所依法执行，严禁将其关押在办公室或其他监管场所，更不得因被拘留人提出暂缓执行行政拘留申请、提供担保人或交纳保证金而将其释放。然而，对于决定暂缓执行行政拘留的情况，公安机关应当立即释放被拘留人。

三、行政拘留暂缓执行决定应当由哪一级公安机关作出？

本法对此未作出明确规定。根据本法第一百零九条的规定，治安管理处罚由县级以上人民政府公安机关决定；其中警告、一千元以下的罚款可以由公安派出所决定。由此可见，行政拘留处罚只能由县级以上人民政府公安机关决定，公安派出所无权决定。行政拘留暂缓执行是对行政拘留执行时间的变更决定，行政拘留暂缓执行的决定应当由原作出行政拘留决定的县级以上（包括县级）人民政府公安机关作出。因此，被处罚人不服行政拘留决定，申请行政复议或者提起行政诉讼的，可以向作出行政决定的公安机关提出暂缓执行行政拘留的申请。公安机关应于收到被处罚人提出暂缓执行行政拘留申请之时起二十四小时内作出决定。公安派出所、县级以上人民政府公安机关的内设机构，均不能作出行政拘留暂缓执行的决定。

四、作出行政拘留暂缓执行决定，是否以行政复议、行政诉讼已被受理为前提条件？

《行政复议法》第三十条规定，行政复议机关收到行政复议申请后，应当在五日内进行审查，对符合规定的，行政复议机关应当予以受理。《行政诉讼法》第五十一条第二款规定，对当场不能判定是否符合该法规定的起诉条件的，应当接收起诉状，出具注明收到日期的书面凭证，并在七日内决定是否立案。如果公安机关将"行政复议已被行政复议机关受理或者行政诉讼已被人民法院立案"作为行政拘留暂缓执行的条件，那么在实际操作中，行政拘留决定可能已经执行完毕或执行过半。在这种情况下，暂缓执行的意义已不大，这不仅违背了设立行政拘留暂缓执行制度的初衷，也不利于保护被拘留人的合法权益。因此，公安机关在决定行政拘留暂缓执行时，不应以行政复议或行政诉讼已被受理为条件，而应以被拘留人已向行政复议机关申请行政复议或向人民法院提起行政诉讼为前提条件。

五、被决定行政拘留的人同时被并处罚款，且已被决定暂缓行政拘留执行的，罚款决定可否一并暂缓执行？

根据《行政复议法》第四十二条、《行政诉讼法》第五十六条的规定，行政复议、行政诉讼期间，原则上不停止具体行政行为的执行。考虑到罚款不同于行政拘留，不存在不可恢复性的因素，即使罚款决定被行政复议机关、人民法院撤销，被处罚人交纳的罚款也可以依法返还，故本法只对行政拘留的暂缓执行作出了规定。行政拘留并处罚款的，罚款不因暂缓执行行政拘留而暂缓执行。同时，按照《行政处罚法》第六十六条规定，如果被处罚人确有经济困难，需要延期缴纳罚款，经被处罚人申请和公安机关批准的，罚款决定才可以暂缓执行。同时，根据《行政复议法》和《行政诉讼法》的有关规定，如果行政复议机关、作出罚款决定的公安机关认为需要停止执行罚款决定，或者因被处罚人申请停止执行罚款决定，行政复议机关依法决定停止执行或者人民法院依法裁定停止执行的，罚款决定也可以依法停止执行。

案例评析

一、案情简介

殷某因认为某市公安局某分局未履行对张某的行政处罚决定而提起行政诉讼。2015年3月6日，张某在某县长途汽车站内与殷某打架，并故意摔坏殷某手机。2015年7月23日，某分局对张某作出行政拘留10日的处罚决定。但因张某是两名未成年人的唯一抚养人，且向公安机关提出暂缓执行申请，某分局至今未执行该处罚决定。殷某请求法院判令某分局履行对张某的行政处罚决定。

二、案例拆解

本案的争议焦点在于公安机关是否履行了法定职责。根据《治安管理处罚法》第一百零三条（对应2025年《治安管理处罚法》第一百二十二条），公安机关对被决定行政拘留的人应送拘留所执行。但《行政强制法》第三十九条规定，当事人履行行政决定确有困难的，可中止执行。本案中，张某作为两名未成年人的唯一抚养人，提出暂缓执行申请，某分局据此未执行行政拘留决定，符合中止执行的情形。同时，某分局表示已对张某采取临控措施，若条件符合将执行处罚决定。法院认为某分局的行为并无不当，不存在不履行法定职责的情形，故驳回殷某的诉讼请求。

第一百二十七条 【担保人的条件】

担保人应当符合下列条件：

（一）与本案无牵连；

（二）享有政治权利，人身自由未受到限制；

（三）在当地有常住户口和固定住所；

（四）有能力履行担保义务。

条文释义

本条对应原《治安管理处罚法》第一百零八条，2025年修订《治安管理处罚法》时未对本条进行修改。本条规定了担保人必须具备以下条件：

（1）与本案无牵连。这是指担保人与被处罚人所涉及的案件没有任何利害关系，即担保人不是本案的当事人，不是与被处罚人共同实施违法行为的人，也不是本案的证人、被侵害人等。这是保证担保人依法履行担保责任的首要条件。如果担保人与案件有牵连则可能会指使、纵容甚至帮助被处罚人阻碍、逃避公安机关、行政复议机关或者人民法院的传唤、复议、审理和执行，从而影响行政复议、行政诉讼的顺利进行，影响行政拘留处罚决定的执行。

（2）享有政治权利，且人身自由未受限制。这表明担保人不仅具备政治权利，同时其人身自由亦未受限，二者缺一不可。此乃确保担保人能够履行担保责任的基本前提。享有政治权利，指的是具备宪法所赋予的以下各项权利：包括选举权和被选举权；言论、出版、集会、结社、游行、示威的自由权利；担任国家机关职务的权利；以及担任国有公司、企业、事业单位和人民团体领导职务的权利等。人身自由未受到限制，是指在履行担保义务期间，担保人的人身自由未被依法剥夺或限制。具体而言，担保人未受到任何剥夺或限制人身自由的刑事处罚或行政处罚，如管制、拘役、有期徒刑、无期徒刑、行政拘留等；也未被执行任何限制人身自由的刑事或行政强制措施，包括拘传、取保候审、监视居住、刑事拘留、逮捕、强制隔离戒毒等；也未被监察机关依法采取留置措施等。

（3）在当地拥有常住户口和固定住所。具体而言，担保人须在作出行政拘留处罚决定的公安机关所在的县、市、旗，同时具备常住户口和固定住所。若仅在上述地区有常住户口而无固定住所，或仅有固定住所而无常住户口，则不符合担任担保人的条件。根据《户口登记条例》第六条的规定，公民应当在经常居住的地方登记为常住人口，一个公民只能在一个地方登记为常住人口。因而，在当地有常住户口，是指担保人在对被担保人作出行政拘留决定的公安机关所在的县、市、旗被登记为常住人口，而不是暂住人口或者其他流动人口。在当地有固定住所，是指担保人在作出行政拘留的公安机关所在的县、市、旗有赖以生活的合法住所，包括拥有所有权的住所和拥有使用权的租用的单位公房、出租房等。如果担保人在当地没有常住户口和固定住所，担保人就难以对被担保人实施监督、管理，而且也不能保证公安机关能够及时、顺利地与担保人取得联系，以及时了解掌握被担保人的情况。

（4）有能力履行担保义务。担保人是否具备履行担保义务的能力，主要取决于其行为能力及在当地常住等具体情况。担保人需承担以下责任：确保被担保人在行政复议和行政诉讼过程中不干扰证人作证，不伪造证据或串供，不逃避、拒绝或阻碍处罚的执行，并监督被处罚人的言行，对其进行教育，保证其在暂缓执行行政拘留期间遵守法律法规。若被担保人出现违反规定的行为，担保人应立即向公安机关报告。

实务中需要注意的问题

实践中如何掌握哪些人可以担任担保人？

本条对担保人的法定条件作了原则规定。在具体执行时，要结合案件情况、被处罚人情况和担保人的具体情况，综合评判被拘留人或者其近亲属提出的担保人只有符合本条规定的条件才可以依法担任担保人。被拘留人的近亲属因与被拘留人之间的特殊关系，一方面可能对被担保人更有约束力、影响力；另一方面也可能会放纵、帮助被担保人逃避行政拘留的执行。因此，对被拘留人的近亲属担任担保人的，公安机关应当视案件具体情况从严审查。

第一百二十八条 【担保人义务及法律责任】

担保人应当保证被担保人不逃避行政拘留处罚的执行。

担保人不履行担保义务，致使被担保人逃避行政拘留处罚的执行的，处三千元以下罚款。

条文释义

本条在原《治安管理处罚法》第一百零九条的基础上将"由公安机关对其处三千元以下罚款"修改为"处三千元以下罚款"。主要是考虑到本条款规定的处罚都不涉及其他机关,故简化了表述形式。

本条分为两款,规定了担保人的义务及不履行义务的法律责任。第一款规定了担保人的主要义务。担保人是以其人格和信誉作为担保,确保被拘留人在行政拘留暂缓执行期间不逃避处罚执行的责任主体。为确保担保人切实履行其担保职责,本条款对担保人的义务进行了具体且明确的规定,即担保人必须保证被担保人在行政拘留暂缓执行期间,不采取任何逃避行政拘留处罚执行的行为,并积极配合公安机关依法执行行政拘留。担保人应当履行的义务主要有以下两个方面。

(1)保证被担保人遵守相关规定:未经决定机关批准不得离开所居住的市、县;住址、工作单位和联系方式发生变动的,在二十四小时以内向决定机关报告;在行政复议和行政诉讼中不得干扰证人作证、伪造证据或者串供;不得逃避、拒绝或者阻碍处罚的执行。(2)发现被担保人伪造证据、串供或者逃跑的,及时向公安机关报告。

第二款是关于担保人不履行担保义务所应承担法律责任的规定。根据本条第一款的规定,保证被担保人在行政拘留暂缓执行期间不逃避行政拘留处罚的执行,是担保人的法定义务。如果担保人不履行上述担保义务,致使被担保人逃避行政拘留处罚的执行的,则要承担相应的法律责任,即应由公安机关对其处以三千元以下罚款。暂缓执行行政拘留的担保人不履行担保义务,致使被担保人逃避行政拘留处罚执行的,公安机关可以对担保人处以三千元以下罚款,并对被担保人恢复执行行政拘留。暂缓执行行政拘留的担保人履行了担保义务,但被担保人仍逃避行政拘留处罚执行的,或者被处罚人逃跑后,担保人积极帮助公安机关抓获被处罚人的,可以从轻或者不予行政处罚。

实务中需要注意的问题

一、公安机关对担保人依照本条规定作出处罚决定前,是否要履行处罚前告知、听证等程序?

根据《治安管理处罚法》第一百二十八条第二款的规定,担保人不履行担保义务,致使被担保人逃避行政拘留处罚的执行的,处三千元以下罚款。虽然这一实体内容被列在《治安管理处罚法》的处罚程序中,但是,公安机关对担保人作出的罚款决定属于行政处罚。在对担保人作出罚款决定前应当依照《行政处罚法》第四十四条的规定,告知担保人拟作出的行政处罚内容及事实、理由、依据,并告知其依法享有的陈述、申辩、要求听证等权利。

二、担保人不服本条规定的罚款决定的,可否依法申请行政复议或者提起行政诉讼?

对担保人的罚款处罚是公安机关依法作出的治安管理处罚决定,担保人对罚款决定不服的,可以自知道罚款决定之日起六十日内依法向本级人民政府申请行政复议,也可以自知道罚款决定之日起六个月内直接向人民法院提起行政诉讼。

第一百二十九条 【保证金的没收】

被决定给予行政拘留处罚的人交纳保证金,暂缓行政拘留或者出所后,逃避行政拘留处罚的执行的,保证金予以没收并上缴国库,已经作出的行政拘留决定仍应执行。

条文释义

本条在原《治安管理处罚法》第一百一十条的基础上,将"暂缓行政拘留后"修改为"暂缓行政拘留或者出所后",扩大了适用范围,涵盖了被拘留人在暂缓行政拘留期间以及在拘留期间出所后这两种情况,衔接了新法第一百二十六条的规定。

本条规定,对被拘留人暂缓执行行政拘留后,若其逃避行政拘留处罚的执行,公安机关应当依法采取以下措施进行处理:(1)没收被拘留人及其近亲属所交纳的保证金,并上缴国库。保证金系被拘留人及其近亲属为申请暂缓执行行政拘留决定而缴纳的,旨在确保被拘留人在行政复议或行政诉讼期间不逃避行政拘留处罚执行的现金。"没收保证金"是对被拘留人逃避行政拘留处罚执行的一种惩戒措施。所谓逃避行政拘留处罚的执行,是指被拘留人在暂缓执行行政拘留期间,为规避行政拘留处罚而逃跑的行为。主要包括以下三种情形:一是在公安机关作出暂缓执行行政拘留决定后逃跑的,包括在行政复议、行政诉讼期间撤回行政复议申请或撤回行政诉讼的情况;二是在行政复议机关或人民法院依法作出不予受理的决定或裁定后逃跑的;三是在得知行政复议机关或人民法院作出维持行政拘留的决定或判决后逃跑的。(2)已经作出的行政拘留决定仍应执行。若被拘留人在暂缓执行行政拘留期间实施了逃避行政拘留执行的行为,无论是否既遂,均表明其已不再符合本法第一百二十六条规定的行政拘留暂缓执行条件,即不满足"公安机关认为暂缓执行行政拘留不致发生社会危险"。因此,其适用行政拘留暂缓执行的条件已丧失,不再适宜继续适用暂缓执行。

实务中需要注意的问题

一、在暂缓执行行政拘留期间,若被拘留人逃避行政拘留处罚的执行,公安机关是否应当撤销暂缓执行行政拘留的决定,或撤销相应的担保?

如前所述,行政拘留暂缓执行是指附条件不执行行政拘留。若被拘留人在暂缓执行期间实施了逃避行政拘留的行为,无论是否成功,均表明其已不再符合暂缓执行的适用条件,不宜继续适用暂缓执行。因此,理论上,公安机关原定的暂缓执行决定将自动失效,无须另行撤销暂缓执行决定或担保。然而,为警示逃避执行的被拘留人,促其尽快投案,公安机关仍可撤销暂缓执行决定或担保,并将相关通知送达与被拘留人共同居住的具有民事行为能力的成年家属、担保人、单位负责人及居住地居（村）民委员会等，以便这些人员及时向公安机关提供信息，确保行政拘留的有效和及时执行。当然，对于逃避行政拘留未遂且已被公安机关及时抓获并依法送至拘留所执行的被拘留人，则无须再行撤销暂缓执行决定或担保。

二、在行政拘留暂缓执行后，没收保证金和执行行政拘留是否必须以逃避行政拘留执行行为既遂为前提？

根据本法规定，逃避行政拘留执行属于行为犯。具体而言，只要被拘留人在暂缓执行期间实施了逃避行政拘留的行为，不论其行为是否导致公安机关的行政拘留决定无法执行，亦不论被拘留人逃避的原因如何，公安机关均有权依据本条规定没收其保证金，并依法执行已作出的行政拘留决定。换言之，即使被拘留人逃避行政拘留未遂，公安机关同样可以依法没收保证金，并执行已作出的行政拘留决定。

第一百三十条 【保证金的退还】

行政拘留的处罚决定被撤销，行政拘留处罚开始执行，或者出所后继续执行的，公安机关收取的保证金应当及时退还交纳人。

【条文释义】

本条在原《治安管理处罚法》第一百一十一条的基础上增加了"出所后继续执行"这一情形，即将原规定的"行政拘留处罚开始执行"扩展为"行政拘留处罚开始执行，或者出所后继续执行"，以适应新法第一百二十六条中关于暂缓执行的新增情形，确保保证金退还的规定与相关条款相衔接，保障法律执行的连贯性和公正性。

本条规定了公安机关收取的保证金应当及时退还交纳人的情形。根据本条的规定，退还保证金包含以下两种情况：

（1）行政拘留决定依法被撤销。依据本条款规定，一旦行政拘留决定经过法定程序被撤销，公安机关须将所收取的保证金及时退还给交纳人。

本条规定中的"行政拘留的处罚决定被撤销",主要是指:第一,被行政复议机关、人民法院依法撤销。第二,作出行政拘留决定的公安机关自行撤销。根据《公安机关内部执法监督工作规定》第二条和第十九条,本级公安机关对所属业务部门、派出机构及其人民警察的各项执法活动实施监督,对错误的处理或者决定予以撤销或者变更。第三,被上一级公安机关依法撤销,包括被上一级公安机关在行政复议中撤销。

(2) 行政拘留已经开始执行的。行政拘留已经开始执行,是指行政拘留已被实际执行,即作出行政拘留决定的公安机关已将被处罚人投送拘留所执行。主要包括三种情况:第一,被拘留人申请行政复议或者提起行政诉讼,行政复议机关或者人民法院依法作出不予受理的决定或者裁定后,公安机关依法将被拘留人投送拘留所执行的;第二,被拘留人申请行政复议或者提起行政诉讼后,主动撤诉,接受行政拘留处罚,且公安机关已将其送拘留所执行的;第三,行政复议机关或者人民法院依法维持了行政拘留决定,公安机关已将被拘留人送拘留所执行。如果被拘留人在行政复议或者行政诉讼期间,未逃避行政拘留处罚执行的,公安机关收取的保证金应当全部退还。

实务中需要注意的问题

一、如何退还保证金?

本法对此没有规定。实际工作中,如果公安机关是在指定银行设立专门账户让银行代收保证金,对退还保证金的,经办案部门负责人和办案部门所属公安机关负责人批准后,应书面通知被拘留人到指定银行领取退还的保证金,通知书应当写明案由、退还保证金的法律依据、具体金额、领取保证金的指定银行等。通知送达时,送达人员和被通知人在送达回执上均应签名或者捺指印。被通知人拒绝签名的,送达人员应当在送达回执上注明。

二、在什么情况下,行政复议机关、人民法院可以撤销行政拘留决定?

根据《行政复议法》第六十四条的规定,行政复议机关经过审查,认为行政拘留决定具有下列情形之一的，可以撤销：(1) 主要事实不清、证据不足；(2) 违反法定程序；(3) 适用的依据不合法；(4) 超越职权或者滥用职权。《行政诉讼法》第七十条规定，人民法院经过审理认为行政拘留决定具有下列情形之一的，可以撤销行政拘留决定：(1) 主要证据不足的；(2) 适用法律、法规错误的；(3) 违反法定程序的；(4) 超越职权的；(5) 滥用职权的；(6) 明显不当的。

第五章 执法监督

第一百三十一条 【执法原则】

公安机关及其人民警察应当依法、公正、严格、高效办理治安案件，文明执法，不得徇私舞弊、玩忽职守、滥用职权。

条文释义

本条对应原《治安管理处罚法》第一百一十二条，2025年修订《治安管理处罚法》时对本条稍作修改，增加了不得"玩忽职守、滥用职权"的规定。

本条规定是本法对公安机关及其人民警察最基本的执法要求，也是引领和规制公安机关及其人民警察办理治安案件全流程全要素的基本准则。依法是实现法治公安建设的基本前提，是让人民群众在每一起案件办理中感受到公平正义的重要保障；公平则是法治的生命线，也是对公安执法工作的基本要求；执法必严是全面建设社会主义现代化国家的必然要求，也是社会主义法治的重要条件；而公正和效率更是公安执法的重要价值取向；文明执法承接上述规定，在逻辑上递进加深，从执法效果层面对公安机关办理治安案件提出更高要求。当前公安机关办理治安案件不能再满足于合理、合法，更要做到让群众满意，提升人民群众的安全感和满意度。全国公安工作会议多次强调进一步注重改进执法方式、讲求执法艺术、规范执法言行，努力实现政治效果、法律效果、社会效果有机统一。

不得徇私舞弊、玩忽职守、滥用职权，属于禁止性规定。徇私舞弊是指民警在办案过程中违规故意偏袒特定对象或者故意违背事实和法律，在履行职务过程中利用职务上的便利，通过不正当手段为自己或他人谋取私人利益。玩忽职守是指民警在执法过程中不负责任，不履行或不认真履行自己的工作职责，致使公共财产、国家和人民利益遭受重大损失的行为。主要包括不履行职责（应当履行且有能力履行职责却未履行，对工作任务敷衍塞责、消极怠工）、未认真履行职责（在履行职责过程中，粗心大意，马马虎虎，不严格按照规定和要求执行，工作态度不端正）、履行职责不当（虽然履行了职责，但方式方法不正确、不合理，导致未能达到预期效果或产生不良后果）、对职责范围内的工作疏忽大意（应当预见可能发生的危害后果，但因疏忽而没有预见，或者已经预见但轻信能够避免）等多种情况。滥用职权是指公安机关及其人民警察超越法律、法规授权，或者超越法定的权限幅度行使职权，导致公共财产、国家和人民利益遭受损失，包括财产损失、人身伤害、社会秩序混乱等不良后果。滥用职权的行为主要表现为以下四种情况：一是超越职权，擅自决定或处理无权决定、处理的事项；二是玩弄职权，随心所欲地对事项作出决定或者处理；三是故意不履行应当履行的职责，或者说任意放弃职责；四是以权谋私、假公济私，不正确地履行职责。

实务中需要注意的问题

玩忽职守、滥用职权的行为，如果致使公共财产、国家和人民利益造成重大损失，可能会构成刑事犯罪。国家机关工作人员滥用职权或者玩忽职守，具有下列情形之一的，应当认定为《刑法》第三百九十七条规定的"致使公共财产、国家和人民利益遭受重大损失"：（1）造成死亡一人以上，或者重伤三人以上，或者轻伤九人以上，或者重伤二人、轻伤三人以上，或者重伤一人、轻伤六人以上的；（2）造成经济损失三十万元以上的；（3）造成恶劣社会影响的；（4）其他致使公共财产、国家和人民利益遭受重大损失的情形。

案例评析

一、案情简介

某日，×镇×村村民郭某酒后来到×水库检查站，就水库检查站工作人员全某举报其在×水库山上拉柴火一事找全某理论。在理论过程中，郭某拿检查站屋内的斧子将前来拉架的林场护林员李某头部划伤，将全某手部划伤。全某打电话报警，A市公安局B派出所出警。经鉴定，全某、李某所受伤情为轻微伤。A市公安局当天接到报案后，立即向当事人、证人等相关人员了解情况，于十七天后进行立案审批，并在申请延长办案期限后，于立案后的第四十日根据《治安管理处罚法》第四十三条第一款（对应2025年《治安管理处罚法》第五十一条第一款）的规定，对郭某处行政拘留五日并处罚款五百元的处罚决定。郭某不服，遂提起行政诉讼。

二、案例拆解

郭某因上山砍烧柴被全某举报一事到×水库检查站与其理论，未能控制好自己的情绪，在理论过程中发生故意伤害行为，A市公安局作出行政拘留五日并处罚款五百元的处罚并无不妥。但是本案中，A市公安局于接到报案后的第十七日才进行立案审批，明显已经超过了法定的立案期限，存在超期立案的情况，根据《最高人民法院关于适用〈中华人民共和国行政诉讼法〉的解释》第九十六条关于程序轻微违法情形的规定，本案中公安机关存在无法定事由处理期限轻微违法。由此可见，超期立案、超期办案、超期送达这类的超期执法行为，在行政诉讼中属于存在程序违法，公安机关在办理治安案件过程中，应时刻注意提高办案效率，防止出现因为久拖不决导致的超过期限程序违法问题。

第一百三十二条 【禁止性规定】

公安机关及其人民警察办理治安案件，禁止对违反治安管理行为人打骂、虐待或者侮辱。

第五章 执法监督

条文释义

本条对应原《治安管理处罚法》第一百一十三条，2025年修订《治安管理处罚法》时未对本条进行修改。

本条规定是对公安机关及其人民警察尊重和保障人权的基本要求。在执法活动中人民警察应充分尊重和保障违反治安管理行为人的人身权、财产权、人格尊严等基本权利，严禁实施伤害他人身体、贬损他人人格、滥用强制措施等违法行为。打骂是指，殴打、辱骂违反治安管理行为人。虐待是指，采取不人道、不合法、过度或不正当的方式对待违反治安管理行为人，主要包括长时间限制其合理的饮食和休息，长时间让违反治安管理行为人处于过冷或过热的极端状态等，采取不正当手段，使违反治安管理行为人感受到精神及身体上痛苦的行为。侮辱是指，使用侮辱性语言贬损违反治安管理行为人的人格尊严。民警在办理治安案件过程中实施了上述行为，将面临行政处分，构成犯罪的还将依法被追究刑事责任。

实务中需要注意的问题

关于民警打骂、虐待、侮辱被处罚人能否适用治安管理处罚以及如何处理的问题。

《人民警察法》第四十八条规定："人民警察有本法第二十二条所列行为之一的，应当给予行政处分；构成犯罪的，依法追究刑事责任。"《国家赔偿法》第十六条第二款规定："对有故意或者重大过失的责任人员，有关机关应当依法给予处分；构成犯罪的，应当依法追究刑事责任。"《治安管理处罚法》第一百三十九条规定：人民警察办理治安案件，刑讯逼供、体罚、虐待、侮辱他人的，依法给予处分，构成犯罪的，依法追究刑事责任。从三部法律的相关规定我们不难发现，它们无一例外地都规定如果民警执行职务过程中存在违法行为未构成犯罪，则应对涉事民警进行行政处分，若构成犯罪，则应追究其刑事责任，并没有提及对其适用治安管理处罚。因此，笔者认为民警在履行职务过程中打骂、虐待、侮辱违反治安管理行为人等违反职业法律规范的行为，应当排除治安处罚的适用，若构成犯罪，则应当承担相应的刑事责任。但应当注意的是，如果民警在执法过程中存在明显超越职权的违法行为，或者存在与职务完全无关的个人行为，这类行为并未绝对排除治安管理处罚的适用，视具体案件情况可以给予相应的治安管理处罚。

案例评析

一、案情简介

某日，C村村民马某到S派出所报案，称其养的鱼（价值约八百元）被盗，民警立即出警，在码头发现渔民刘某所在的船上有涉嫌被盗的鱼和鱼笼，遂将其带回派出所。在对违法嫌疑人刘某进行询问时，刘某始终不承认有盗窃行为，民警李某认为刘某态度不好，打了刘某胸口两三拳，并让刘某脚尖着地蹲下。最终，S派出所认定刘某存在盗窃行为，对其作出行政拘留五日的决定。行政拘留执行完毕后，刘某认为民警李某在办案过程中对其实施打骂、侮辱的行为违法，向其居住地所属的B派出所报案，要求对李某进行处罚。经诊断，刘某左胸软组织轻微挫伤。B派出所民警对案件进行调查后，认为该案件不属于公安机关管辖范围，向刘某送达了《不予立案告知书》。刘某不服，以B派出所不履行法定职责为由向公安督察部门进行投诉。

二、案例拆解

本案的争议焦点在于B派出所作出《不予立案告知书》是否合法，是否存在怠于履行职责的情形。根据《国家赔偿法》第十六条第二款"对有故意或者重大过失的责任人员，有关机关应当依法给予处分；构成犯罪的，应当依法追究刑事责任"以及其他相关规定，公安督察部门认为行政机关工作人员执行职务时的侵权行为，不属于治安管理处罚的范围。所以刘某认为派出所存在不履行法定职责的情形不能成立。

第一百三十三条 【社会监督】

公安机关及其人民警察办理治安案件，应当自觉接受社会和公民的监督。

公安机关及其人民警察办理治安案件，不严格执法或者有违法违纪行为的，任何单位和个人都有权向公安机关或者人民检察院、监察机关检举、控告；收到检举、控告的机关，应当依据职责及时处理。

条文释义

本条对应原《治安管理处罚法》第一百一十四条，2025年修订《治安管理处罚法》时将"行政监察机关"修改为"监察机关"。

本条规定分为两款，第一款规定了公安机关办理治安案件应当接受群众监督的法定义务；第二款规定了单位和个人检举、控告的权利和途径，以及检察院、监察机关等法律授权机关的监督义务。强力有效的执法监督能够保障公安机关及其人民警察正确履行办案职责，确保公安机关职能的实现。

根据监督主体与公安机关的行政隶属关系分类，公安机关办理治安案件的监督可以分为外部监督和内部监督两大类。本条规定涉及的外部监督主体，主要包括检察机关、监察机关以及社会的监督。实际上，国家权力机关、人民政府、审判机关在公安实践工作中，都是十分重要的执法监督主体，可以通过行政复议、行政诉讼、司法建议等多种手段履行监督职能。内部监督主要是指公安机关内部机构对民警办理治安案件的监督，主要包括督察机构以及法制部门的监督。这种外部监督与内部监督相结合的形式，共同构筑起多元主体的公安执法监督网络体系，协同推进公安执法规范化建设。

社会监督指的是除了国家机关以外的社会组织、团体和个人等依法对公安机关及其人民警察办理治安案件进行监督。《人民警察法》第四十四条规定："人民警察执行职务，必须自觉地接受社会和公民的监督。人民警察机关作出的与公众利益直接有关的规定，应当向公众公布。"随着信息网络技术的不断发展，网上警务信息公开也在不断推进，为社会监督提供了更为便利的条件。2018年8月23日颁布的《公安机关执法公开规定》第十二条规定，公安机关应逐步向社会公开行政处罚决定、行政复议结果的生效法律文书。并在第五章专门强调了对执法公开工作的监督和保障机制，要求公安机关建立互联网政务公开平台，并将执法公开情况纳入执法质量考评和绩效考核范围，建立完善的奖惩机制。目前，多地公安机关通过互联网政务公开平台、官方微信公众号、移动客户端等方式已实现了行政处罚决定书、行政复议决定书网上公开。人民群众可以通过"12389举报投诉平台"、电子邮件、发表评论、网上满意度测评等渠道对民警办理治安案件的情况进行投诉、批评和建议，还可以向有权机关提出申诉、控告或者检举。

实务中需要注意的问题

检察院能否直接受理公民对治安案件执法过程或处罚决定不满的监督申请？

《治安管理处罚法》第一百三十三条明确了检察院对公安机关办理治安案件有权展开监督。但需要注意的是，这种监督是有限的，由于法律没有明确的规定，目前检察机关还不能受理纯属治安案件范畴的行政处罚监督申请，其对治安案件的监督限于公安机关在办理治安案件过程中存在的"有案不立"、"以罚代刑"问题。比如，某些案件已经符合了刑事案件追诉标准，但是公安机关仍按照治安案件进行处罚，对于此类"涉刑"案件，检察机关可以进行监督。除此之外，检察机关还可以对已经提起行政诉讼的案件进行诉讼监督，若当事人对判决结果仍有异议，检察机关可以受理针对人民法院行政裁判的监督申请，从而间接实现对治安管理处罚的监督。

第五章 执法监督

案例评析

一、案情简介

某日，富某与徐某因为酒后斗嘴发生争吵，富某用半截啤酒瓶将徐某左上臂划伤，现场十分混乱。H派出所两名民警在现场了解情况后，依法对违法嫌疑人富某进行口头传唤，但富某拒不配合。民警多次警告无果后，对富某采取强制传唤。富某的妻子王某见丈夫被警方控制，立即拿出手机对民警进行近距离拍摄，并边录像边在现场哭喊"我们正常吃饭，你凭什么抓我们"、"你们大家都看看，警察打人了"等言语，同时王某在民警已出示人民警察证并多次告知王某不要阻碍执行公务的情况下，仍然试图强行近距离拍摄民警及其警号。当日，H派出所所属S分局认定王某的行为已构成阻碍执行职务的违法行为，决定对王某作出行政拘留五日的处罚。王某对该行政处罚决定不服，向公安督察部门进行投诉。

二、案例拆解

公安督察部门认定，本案中民警在处警过程中属于正在依法执行职务，王某的行为已经超出了依法监督民警执法的限度，阻碍了民警依法执行职务。据此S分局作出拘留五日的行政处罚，认定事实清楚，适用法律法规正确，符合法定程序。

公安部明确规定，民警应当自觉接受监督，习惯于在"镜头"下执法，2025年《治安管理处罚法》第一百三十三条也对公安机关及其人民警察接受社会监督的义务予以了明确。但是需要注意的是，这种社会监督并不是没有限制的，如果公民以监督为名拍照或录像，实则阻碍民警执法，就可能像本案的王某一样，被认定为阻碍执行职务的违法行为。

第一百三十四条　【治安处罚与政务处分衔接】

公安机关作出治安管理处罚决定，发现被处罚人是公职人员，依照《中华人民共和国公职人员政务处分法》的规定需要给予政务处分的，应当依照有关规定及时通报监察机关等有关单位。

条文释义

本条是 2025 年修订《治安管理处罚法》时新增的规定。增加公职人员违法通报制度的规定主要是为强化公职人员队伍的监督管理。

公职人员违法不仅会受到治安管理处罚，监察机关及其所在有关单位根据违法情况，还应当对公职人员进行行政处分。《公职人员政务处分法》第四十条规定："有下列行为之一的，予以警告、记过或者记大过；情节较重的，予以降级或者撤职；情节严重的，予以开除：（一）违背社会公序良俗，在公共场所有不当行为，造成不良影响的；（二）参与或者支持迷信活动，造成不良影响的；（三）参与赌博的；（四）拒不承担赡养、抚养、扶养义务的；（五）实施家庭暴力，虐待、遗弃家庭成员的；（六）其他严重违反家庭美德、社会公德的行为。吸食、注射毒品，组织赌博，组织、支持、参与卖淫、嫖娼、色情淫乱活动的，予以撤职或者开除。"在此次《治安管理处罚法》修改前，对于须政务处分的违法公职人员公安机关是否有义务通知监察机关及有关单位，法律并未作出明确规定。修改后的《治安管理处罚法》明确了公安机关对需给予政务处分公职人员的违法情况向监察机关及有关单位的通知义务，从法律层面更好地衔接《公职人员政务处分法》，更加有效地防止公职人员队伍出现失控漏管情况，为建立风清气正的公职人员队伍提供了必要的制度保障。

实务中需要注意的问题

公职人员包括哪些人？

根据《公职人员政务处分法》第二条第三款，该法所称公职人员，是指《监察法》第十五条规定的人员。

根据《监察法》第十五条，监察机关对下列公职人员和有关人员进行监察：（1）中国共产党机关、人民代表大会及其常务委员会机关、人民政府、监察委员会、人民法院、人民检察院、中国人民政治协商会议各级委员会机关、民主党派机关和工商业联合会机关的公务员，以及参照《中华人民共和国公务员法》管理的人员；(2) 法律、法规授权或者受国家机关依法委托管理公共事务的组织中从事公务的人员；(3) 国有企业管理人员；(4) 公办的教育、科研、文化、医疗卫生、体育等单位中从事管理的人员；(5) 基层群众性自治组织中从事管理的人员；(6) 其他依法履行公职的人员。

案例评析

一、案情简介

某日，G市公安局收到群众举报称本地某KTV房间内有人吸毒。民警随即前往现场，发现贾某正在吸食毒品，禁毒民警立即将贾某抓获并展开调查。经调查，贾某为G市某单位公职人员，在朋友聚会中因好奇吸食了大麻。根据《治安管理处罚法》第七十二条（对应2025年《治安管理处罚法》第八十四条）规定，G市公安局对贾某做出行政拘留的处罚决定。因贾某为公职人员，G市公安局将其违法情况通报了监察机关及其所在单位。最终，贾某因吸毒被开除党籍和公职。

二、案例拆解

本案中，公安机关将贾某的违法情况及时通知了监察机关及其单位，使其受到了治安管理处罚及党纪、政务处分的"双重处罚"。监察部门及其所在单位根据《中国共产党纪律处分条例》第三十条第三款的规定及《公职人员政务处分法》第四十条第二款的规定，最终对其做出了开除党籍和公职的处分。2025年修订《治安管理处罚法》新增公职人员违法通报制度，有助于构建起"法律处罚-单位管理-纪律惩戒"的三层监督网络，通过强制信息共享，激活单位主体责任，形成制度协同，同时以双重处罚提高违法成本，对公职人员起到更强的震慑作用，最终实现提升公权力廉洁性这一根本目标。

第一百三十五条 【罚款决定与罚款收缴分离】

公安机关依法实施罚款处罚，应当依照有关法律、行政法规的规定，实行罚款决定与罚款收缴分离；收缴的罚款应当全部上缴国库，不得返还、变相返还，不得与经费保障挂钩。

条文释义

本条对应原《治安管理处罚法》第一百一十五条，2025年修订《治安管理处罚法》时增加"不得返还、变相返还，不得与经费保障挂钩"的规定。

罚款是公安机关在办理治安案件过程中使用最多的处罚手段，同时也是最易滋生问题的处罚手段。一些公安机关将罚款处罚异化为变相补贴执法保障经费、增加奖金福利的方式，部分地方甚至出现了下达罚款指标的现象，严重影响了公安机关的执法公信力。为从根源上转变思想，有效防止滥罚款情况的出现，本条规定了罚缴分离制度，并明确罚款"不得返还、不得变相返还、不得与经费保障挂钩"三项禁止性规定，与《罚款决定与罚款收缴分离实施办法》《行政处罚法》进行了更好地衔接。

罚款的收缴有两种情形：第一种是在一般情况下，违反治安管理行为人应当自收到行政处罚决定书之日起十五日以内，到指定的银行或者通过电子支付系统缴纳罚款。银行收罚款，并将罚款直接上缴国库。第二种是在符合本法规定的当场收缴情形的情况下，由民警代收罚款，并向被处罚人出具省级以上人民政府财政部门统一制发的专用票据。民警自收缴罚款之日起二日以内，交至所属公安机关；在水上、旅客列车上当场收缴的罚款，应当自抵岸或者到站之日起二日以内，交至所属的公安机关；公安机关应当自收到罚款之日起二日以内将罚款缴付指定的银行。

实务中需要注意的问题

违规收缴罚款会受到何种处罚？

关于此问题国务院《违反行政事业性收费和罚没收入收支两条线管理

规定行政处分暂行规定》进行了详细、明确规定：下达或者变相下达罚没指标的，对直接负责的主管人员和其他直接责任人员给予降级或者撤职处分。违反罚款决定与罚款收缴分离的规定收缴罚款的，对直接负责的主管人员和其他直接责任人员给予记大过或者降级处分。

案例评析

一、案情简介

某日在家具城门前的过道上，宋某与刘某因争抢生意发生争执，后宋某将刘某打伤。经鉴定，刘某的颈部及肢体的损伤程度均为轻微伤。根据《治安管理处罚法》第四十三条第一款（对应2025年《治安管理处罚法》第五十一条第一款）之规定，A派出所决定对宋某以殴打他人行为给予罚款五百元的处罚，民警当场收取了宋某缴纳的五百元。在此过程中A派出所并未向被处罚人宋某出具任何收据，宋某事后向公安督察部门举报了该民警当场收缴罚款的行为。公安督察部门对案件进行审查后认为，A派出所当场收缴宋某罚款人民币五百元的行为确实属于违法行为。本案中涉案罚款不符合当场收缴罚款的条件，A派出所当场收缴罚款后转缴至银行，表面是执法为民，但深层次违背了罚缴分离制度的设计初衷，有可能影响执法公正。

二、案例拆解

本案的争议焦点为A派出所当场收缴了宋某罚款人民币五百元且未提供任何收据这一行为的合法性问题。在本案中办案民警犯了两个错误。第一，本案并不符合当场收缴罚款的法定情形。派出所对宋某处以五百元罚款，数额高于二百元，且宋某有固定住所和固定职业，不属于不当场收缴事后难以执行的情形，违法行为发生地也属于主城区，并非交通不便等缴纳罚款确有困难的地区，宋某更没有提出要派出所民警代为缴纳罚款的请求，所以A派出所无权当场收缴罚款。第二，当场收缴罚款后未出具罚款收据。公安机关及其人民警察当场收缴罚款的，应当出具省级以上人民政府财政部门统一制发的罚款收据，所以也违反了当场收缴罚款的程序要求。

第一百三十六条 【治安违法记录封存】

违反治安管理的记录应当予以封存，不得向任何单位和个人提供或者公开，但有关国家机关为办案需要或者有关单位根据国家规定进行查询的除外。依法进行查询的单位，应当对被封存的违法记录的情况予以保密。

条文释义

本条是 2025 年修订《治安管理处罚法》时新增的规定。

增加违法记录封存制度，是教育与处罚相结合原则的具体体现，对于保护公民合法权益和个人尊严，帮助违法人员实现社会复归具有重要且深远的影响。近年来，违法记录是否能封存的问题引发了社会广泛关注和讨论。受到违反治安管理记录影响的人群数量多、范围广。治安案件不同于刑事案件，其社会危害性和违法行为人的主观恶性相对较小，将违法行为人贴上"违法标签"为此终生背负治安违法记录，这显然不利于其个人的成长发展和融入社会，也不利于营造更和谐的社会环境。

本条规定采取了"全部封存，限制查询"的制度设计原则。所谓封存即封闭保存，是指在法律规定范围内严格限制违法记录的查阅，防止违法信息被不正当披露和使用，以达到保护违法行为人隐私的目的。需要注意的是，封存并不能等同于彻底消除，有关国家机关为办案需要或者有关单位根据国家规定仍可以依法进行查询。这样一方面既能满足当前行政机关内部管理的需要，另一方面也能防止违法记录信息外泄给违法行为人带来的长期负面影响，避免违法行为人被贴上不良标签后，给未来升学、就业、社交带来不便，彰显了政治效果、社会效果、法律效果相统一的执法理念。

实务中需要注意的问题

应当被封存的违反治安管理记录包括哪些内容？是否包括调查过程中产生的相关材料？

关于这个问题《治安管理处罚法》目前还没有进行明确规定，但是我们可以参考未成年人犯罪记录封存的相关规定。最高人民法院、最高人民检察院、公安部、司法部《关于未成年人犯罪记录封存的实施办法》第二条规定："本办法所称未成年人犯罪记录，是指国家专门机关对未成年犯罪人员情况的客观记载。应当封存的未成年人犯罪记录，包括侦查、起诉、审判及刑事执行过程中形成的有关未成年人犯罪或者涉嫌犯罪的全部案卷材料与电子档案信息。"第三条规定："不予刑事处罚、不追究刑事责任、不起诉、采取刑事强制措施的记录，以及对涉罪未成年人进行社会调查、帮教考察、心理疏导、司法救助等工作的记录，按照本办法规定的内容和程序进行封存。"

根据此规定，笔者认为被封存的违法记录应该包括在立案、调查取证、决定、执行等办理治安案件过程中形成的有关违法的全部案卷材料与电子档案信息，如接处警记录、立案登记表、询问笔录、采集的指纹及其他人体生物信息、鉴定意见、处罚决定书、罚款执行的票据、行政拘留执行通知书、不予处罚决定书等。

第一百三十七条 【同步录音录像运行安全管理】

公安机关应当履行同步录音录像运行安全管理职责，完善技术措施，定期维护设施设备，保障录音录像设备运行连续、稳定、安全。

条文释义

本条是 2025 年修订《治安管理处罚法》时新增的规定。增加该条款主要是为确保执法音视频资料的运行安全。为规范公安机关执法行为，保障违反治安管理行为人的合法权益，强化落实执法监督，公安部多次强调要实现对执法活动的全过程留痕和可回溯管理，执法录音录像作为最客观、真实地反映执法过程的手段，能够有效减少执法的随意性和降低不规范性，并在出现执法争议时作为有力的证据，避免不必要的误解。为此，《治安管理处罚法》明确规定询问查证、当场检查、当场扣押、"一人执法"等四类情形应当全程同步录音录像。为保障录音录像设备运行连续、稳定、安全，公安机关应当建立相应的执法记录设备和执法视音频资料管理制度。执法办案部门应当指定专门人员作为管理员，负责管理设备、资料，出现问题时应追究相关单位和人员的责任。

实务中需要注意的问题

一、在执法过程中，如果出现录音录像设备故障、损坏等无法记录情况应如何处理？

现场执法视音频记录过程中，因设备故障、损坏，天气情况恶劣或者电量、存储空间不足等客观原因而中止记录的，重新开始记录时应当对中断原因进行语音说明。确实无法继续记录的，应当立即向所属部门负责人报告，并在事后书面说明情况。

二、公安机关执法记录仪录音录像是否属于政府信息公开范畴？

首先，根据《政府信息公开条例》的规定，公安机关执法记录仪的视频录像系对报案进行处理过程中形成的材料，属于案件材料，不属于应当公开的政府信息范畴，不能通过申请政府信息公开的途径获得。其次，《公安机关执法公开规定》亦未要求公安机关的接处警录音录像应当向特定对象公开。同时，接处警录音录像具有特殊性，直接涉及案件当事人的隐私秘密等，所以接处警录音录像主要用于公安机关内部对执法办案活动的监督，而不宜直接对外公开。综上，民警执法记录仪的录音录像不属于政府信息公开范畴。

第一百三十八条 【个人信息保护】

公安机关及其人民警察不得将在办理治安案件过程中获得的个人信息，依法提取、采集的相关信息、样本用于与治安管理、查处犯罪无关的用途，不得出售、提供给其他单位或者个人。

条文释义

本条是2025年修订《治安管理处罚法》时新增的规定。近年来一些社会热点案件的发生，暴露了公安机关内部对公民个人信息保护问题重视不足，监管不力。本次修订《治安管理处罚法》特别强调公安机关对执法过程中获取的公民个人信息及其他相关信息、样本的保护责任，明确地对公安机关内部违规泄露公民信息行为进行了禁止性规定，有助于切实保障公民的合法权益不受侵害。公安民警作为执法者应守住底线，在执法办案过程中获得的公民个人信息及其他相关信息、样本应当仅用于治安管理和打击犯罪的目的，任何将个人信息用于非治安管理、打击犯罪相关的用途，或者将这些信息出售、提供给他人的行为，都是被明确禁止的。违反这一规定的民警将依法受到行政处分；如果构成犯罪，还将被依法追究刑事责任。

实务中需要注意的问题

关于民警泄露公民个人信息的相关法律规定有哪些？

（1）《个人信息保护法》第十条规定，任何组织、个人不得非法收集、使用、加工、传输他人个人信息，不得非法买卖、提供或者公开他人个人信息；不得从事危害国家安全、公共利益的个人信息处理活动。

第六十八条规定，国家机关不履行本法规定的个人信息保护义务的，由其上级机关或者履行个人信息保护职责的部门责令改正；对直接负责的主管人员和其他直接责任人员依法给予处分。履行个人信息保护职责的部门的工作人员玩忽职守、滥用职权、徇私舞弊，尚不构成犯罪的，依法给予处分。

（2）《公安机关人民警察纪律条令》第二十五条规定，违反规定使用公安信息网的，给予警告处分；情节较重的给予记过或者记大过处分；情节严重的，给予降级或者撤职处分。

（3）《刑法》第二百五十三条之一规定，违反国家规定，向他人出售或者提供公民个人信息，情节严重的，处三年以下有期徒刑或者拘役，并处或者单处罚金；情节特别严重的，处三年以上七年以下有期徒刑，并处罚金。违反国家规定，将在履行职责或者提供服务过程中获得的公民个人信息，出售或者提供给他人的，依照前款规定从重处罚。窃取或者以其他方法非法获取公民个人信息的，依照第一款的规定处罚。单位犯前三款罪的，对单位判处罚金，并对直接负责的主管人员和其他直接责任人员，依照各该款的规定处罚。

（4）《公职人员政务处分法》第三十九条规定，有下列行为之一，造成不良后果或者影响的，予以警告、记过或者记大过；情节较重的，予以降级或者撤职；情节严重的，予以开除：（一）滥用职权，危害国家利益、社会公共利益或者侵害公民、法人、其他组织合法权益的；（二）不履行或者不正确履行职责，玩忽职守，贻误工作的；（三）工作中有形式主义、官僚主义行为的；（四）工作中有弄虚作假、误导、欺骗行为的；（五）泄露国家秘密、工作秘密，或者泄露因履行职责掌握的商业秘密、个人隐私的。

案例评析

一、案情简介

C派出所民警朱某因朋友介绍与辖区内某足浴店老板黄某结识，其后二人时常在一起聚会。某日，C派出所接到报案称，黄某经营的足浴店存在卖淫嫖娼行为，派出所民警立即出警，但在现场并未发现存在卖淫嫖娼的违法行为。受此事影响，黄某足浴店生意大不如前。黄某越想越气，随即给民警朱某打电话称想通过朱某打听一下报案人是谁，并再三保证就是想了解一下。民警朱某碍于面子，通过执法办案信息系统为其查询到报案人为另一家足浴店老板张某。在得到报案人信息后，黄某立即找到张某寻仇，二人爆发了激烈肢体冲突，经鉴定，张某构成重伤。经有关部门调查核实，民警朱某在执法办案过程中存在严重违法违纪，非法查询并泄露在办理治安案件过程中获得的公民信息，造成严重后果，最终民警朱某被给予开除党籍、开除公职处分，并移送司法机关处理。

二、案例拆解

日常生活中，人民警察经常会受到身边朋友的请托，要民警利用其职务上的便利，帮忙查询一些特定人员（如案件相关人）的个人信息。实践中，有的民警碍于情面或为徇私利，利用公安信息网络为亲友查询并告知公民个人信息后，造成了极为恶劣的影响。类似这种情况，在《最高人民法院、最高人民检察院关于办理侵犯公民个人信息刑事案件适用法律若干问题的解释》出台前，通常只做违纪处理，随着该解释的出台，这些行为都将涉嫌侵犯公民个人信息罪。所以，对该民警泄露公民个人信息的行为给予行政处分，并追究其刑事责任是正确的。

第一百三十九条 【违法行为及其处罚】

人民警察办理治安案件，有下列行为之一的，依法给予处分；构成犯罪的，依法追究刑事责任：

（一）刑讯逼供、体罚、打骂、虐待、侮辱他人的；

（二）超过询问查证的时间限制人身自由的；

（三）不执行罚款决定与罚款收缴分离制度或者不按规定将罚没的财物上缴国库或者依法处理的；

（四）私分、侵占、挪用、故意损毁所收缴、追缴、扣押的财物的；

（五）违反规定使用或者不及时返还被侵害人财物的；

（六）违反规定不及时退还保证金的；

（七）利用职务上的便利收受他人财物或者谋取其他利益的；

（八）当场收缴罚款不出具专用票据或者不如实填写罚款数额的；

（九）接到要求制止违反治安管理行为的报警后，不及时出警的；

（十）在查处违反治安管理活动时，为违法犯罪行为人通风报信的；

（十一）泄露办理治安案件过程中的工作秘密或者其他依法应当保密的信息的；

（十二）将在办理治安案件过程中获得的个人信息，依法提取、采集的相关信息、样本用于与治安管理、查处犯罪无关的用途，或者出售、提供给其他单位或者个人的；

（十三）剪接、删改、损毁、丢失办理治安案件的同步录音录像资料的；

（十四）有徇私舞弊、玩忽职守、滥用职权，不依法履行法定职责的其他情形的。

办理治安案件的公安机关有前款所列行为的，对负有责任的领导人员和直接责任人员，依法给予处分。

条文释义

本条在原《治安管理处罚法》第一百一十六条的基础上新增了第一款第十一项泄露工作秘密、第十二项泄露个人信息、第十三项未合理保存（剪接、删改、损毁、丢失）同步录音录像三项违法行为，在第一项中增加了"打骂"的情形、在第四项中增加了"追缴"、在第十四项中增加了"玩忽职守"的情形，并将第二款中的处罚对象由"直接负责的主管人员和其他直接责任人员"修改为"负有责任的领导人员和直接责任人员"，

382

更好地衔接了《保守国家秘密法》、《个人信息保护法》等相关规定，也体现了党和国家维护社会公平正义，保障公民合法权益的价值追求和决心。

本条共分为两款，第一款规定了十四项人民警察办理治安案件中实施的违法行为，主要是对前文中涉及的禁止性规定进行了归纳总结，并明确了罚则，有这十四项违法行为之一的应追究民警相应的法律责任。处罚主要包括两个方面：一是处分。根据《公职人员政务处分法》，处分的种类包括，警告、记过、记大过、降级、撤职、开除。二是刑事责任，如果人民警察的违法行为情节严重，已经构成刑事犯罪，则应追究其刑事责任。本条第二款规定，公安机关作为单位如果出现了有本条第一款所列违法行为的，也要承担相应的法律责任，但是由于公安机关不是自然人，无法直接对其进行处分，所以规定了对负有责任的领导人员和直接责任人员依法给予处分。

实务中需要注意的问题

民警可能受到的行政处分包括哪些？

《人民警察法》第四十八条规定了警告、记过、记大过、降级、撤职、开除六种行政处分，并规定对受行政处分的人民警察，按照国家有关规定，可以降低警衔、取消警衔。对违反纪律的人民警察，必要时可以对其采取停止执行职务、禁闭的措施。《公务员法》第六十四条规定，公务员在受处分期间不得晋升职务、职级和级别，其中受记过、记大过、降级、撤职处分的，不得晋升工资档次。受处分的期间为：警告，六个月；记过，十二个月；记大过，十八个月；降级、撤职，二十四个月。受撤职处分的，按照规定降低级别。

案例评析

一、案情简介

某日下午，A 分局 B 派出所的民警在 C 市某网吧日常检查时查获了吸毒人员杨某，民警现场将杨某带回派出所进行调查，并根据《治安管理处罚法》决定对杨某吸食毒品的行为处以行政拘留十五日的行政处罚。杨某不服，向公安督察部门进行投诉。在投诉理由中，杨某指出A分局民警在对其进行询问时存在未在办案区询问及"一人询问"的违法行为。公安督察部门要求A分局提供对杨某询问时的录音录像，但A分局未能提供相关录音录像资料。公安督察部门进行调查后发现，由于A分局办案民警张某未能妥善保存办案过程同步录音录像存储U盘，致使相关视频资料丢失。最终，督察部门认定现有证据不足以证明A分局制作询问笔录程序的合法性，决定撤销原行政处罚决定，要求其重新作出处罚决定，同时督察部门也对民警张某给予了行政处分。

二、案例拆解

为规范公安机关执法行为，保障违反治安管理行为人的合法权益，强化落实执法监督，公安部多次强调要实现对执法活动的全过程留痕和可回溯管理，执法录音录像作为最客观、真实地反映执法过程的手段，能够有效减少执法的随意性和降低其不规范性，并能在出现执法争议时作为有力的证据，避免不必要的误解。按照法律规定，办案区声像监控资料，应当妥善保存，保存时间不少于九十日。本案中，民警张某没有保存好办案区的监控资料，导致公安机关无法提供有力的证据证明其询问笔录制作的真实性、合法性，最终影响了案件事实的认定，其个人也受到了严肃处理。

第一百四十条　【赔偿责任】

公安机关及其人民警察违法行使职权，侵犯公民、法人和其他组织合法权益的，应当赔礼道歉；造成损害的，应当依法承担赔偿责任。

条文释义

本条规定了公安机关及其人民警察违法行使职权应承担的民事责任及国家赔偿责任。

本条对应原《治安管理处罚法》第一百一十七条，2025年修订《治安管理处罚法》时未对本条进行修改。国家赔偿包括行政赔偿和刑事赔偿，本条规定属于行政赔偿，公安行政赔偿是指公安机关及其人民警察在执法过程中违法行使职权造成公民、法人和其他组织合法权益的损害后果时，由国家承担赔偿责任的恢复性救济制度。关于公安行政赔偿的范围，主要包括侵犯人身权、财产权的行为两部分，《国家赔偿法》对此进行了限定。《国家赔偿法》第三条规定："行政机关及其工作人员在行使行政职权时有下列侵犯人身权情形之一的，受害人有取得赔偿的权利：（一）违法拘留或者违法采取限制公民人身自由的行政强制措施的；（二）非法拘禁或者以其他方法非法剥夺公民人身自由的；（三）以殴打、虐待等行为或者唆使、放纵他人以殴打、虐待等行为造成公民身体伤害或者死亡的；（四）违法使用武器、警械造成公民身体伤害或者死亡的；（五）造成公民身体伤害或者死亡的其他违法行为。"第四条规定："行政机关及其工作人员在行使行政职权时有下列侵犯财产权情形之一的，受害人有取得赔偿的权利：（一）违法实施罚款、吊销许可证和执照、责令停产停业、没收财物等行政处罚的；（二）违法对财产采取查封、扣押、冻结等行政强制措施的；（三）违法征收、征用财产的；（四）造成财产损害的其他违法行为。"在申请程序方面，《公安机关办理国家赔偿案件程序规定》第六条规定，公安机关及其工作人员造成损害的，该公安机关为赔偿义务机关。公安派出所、具有独立执法主体资格的公安机关内设机构及其工作人员造成损害的，所属公安机关为赔偿义务机关。县级以上公安机关法制部门是公安机关国家赔偿工作的主管部门。《国家赔偿法》第九条规定，赔偿请求人要求赔偿，应当先向赔偿义务机关提出，也可以在申请行政复议或提起行政诉讼时一并提出。

实务中需要注意的问题

针对警务辅助人员违法行使职权行为造成的损害能否申请行政赔偿？

关于该问题《国家赔偿法》并没有进行明确规定，法院审判中通常认为警务辅助人员在公安机关及其人民警察的指挥和监督下协助正式民警执行职务,所以其职务行为与民警的职务行为具有同一性,其职务违法侵权行为产生的行政赔偿后果也应当被其所属的行政机关吸收,由其所属行政机关承担赔偿责任。公安机关赔偿损失后,应当责令有故意或者重大过失的辅警依法承担部分或者全部赔偿费用。所以,对于警务辅助人员违法行使职权造成的损害可以申请赔偿,由其所属的公安机关承担赔偿责任,但有故意或者重大过失的警务辅助人员可能还会面临公安机关的内部追偿。

案例评析

一、案情简介

某日上午11时许,A市公安局B分局辅警彭某在高铁南站出站口通道执勤时,发现聂某在高铁南站出站口通道内有招揽乘客的行为,遂上前对聂某进行劝阻、制止,但聂某拒不配合。彭某欲将聂某带离现场接受调查,聂某拒绝,于是彭某拿出手铐,试图对聂某进行强制传唤遭到聂某激烈反抗,在拉扯过程中聂某被摔倒在地,后A市公安局B分局民警赶到现场将聂某带离现场。经诊断,聂某右腕部皮肤软组织挫伤,肩部软组织挫伤,聂某在医院就诊的14天期间花费医疗费共计11010.8元。案发后,A市公安局B分局仅向聂某赔偿了7000元,聂某对赔偿的数额不满,故向同级人民政府申请行政复议。

二、案例拆解

本案中,A市公安局B分局辅警彭某采取强制手段传唤聂某并对原告聂某使用警械的行为与原告聂某的受伤存在因果关系,故A市公安局B分局应当承担赔偿责任。根据《国家赔偿法》的相关规定,A市公安局B分局赔偿聂某7000元的做法是错误的,应当赔偿聂某医疗费、护理费、误工费、鉴定费及精神损害抚慰金。

关于本案应从两方面进行分析。第一,辅警彭某的行为是否违法?彭某作为A市公安局B分局辅警,负责协助高铁站民警执行勤务,维护治安秩序,但彭某不具有独立采取行政强制措施的权力,不应在没有人民警察在场的情形下，采取强制手段传唤聂某，并对聂某使用警械，其行为违法。第二，彭某作为警务辅助人员，并非正式的人民警察，对于其侵权行为能否申请行政赔偿。根据本案情况，彭某作为受聘于A市公安局B分局的辅警，在执行职务过程中造成的损害，应由其所属公安机关承担赔偿责任。

第六章 附 则

第一百四十一条 【相关法律的衔接适用】

其他法律中规定由公安机关给予行政拘留处罚的,其处罚程序适用本法规定。

公安机关依照《中华人民共和国枪支管理法》、《民用爆炸物品安全管理条例》等直接关系公共安全和社会治安秩序的法律、行政法规实施处罚的,其处罚程序适用本法规定。

本法第三十二条、第三十四条、第四十六条、第五十六条规定给予行政拘留处罚,其他法律、行政法规同时规定给予罚款、没收违法所得、没收非法财物等其他行政处罚的行为,由相关主管部门依照相应规定处罚;需要给予行政拘留处罚的,由公安机关依照本法规定处理。

条文释义

这次修订增加了本条规定,明确了其他法律与本法关于给予治安管理处罚衔接的问题。

增加本条规定,主要是明晰本法与其他有关行政法律法规调整事项的交叉的适用。《治安管理处罚法》调整事项为社会治安领域,由于社会治安领域涉及面宽,有的治安领域同时涉及行业管理,再加上历史和实践的原因,本法往往会涉及与其他有关法律法规调整事项的交叉,涉及公安执法与行业监管部门执法的关系,因此,本条对其他法律规定由公安机关予以行政拘留处罚的,或者直接关系公共安全和社会治安秩序的法律、行政法规实施的处罚程序的,明确其处罚程序适用本法规定。同时强调本法第三十二条、第三十四条、第四十六条、第五十六条规定给予行政拘留处罚,在其他法律、行政法规同时规定给予其他行政处罚的行为,作了衔接性规定。

实务中需要注意的问题

其他法律规定由公安机关给予行政拘留处罚的,依照本法执行时须注意以下要点:第一,作出行政拘留处罚的机关是县级人民政府公安机关或公安分局;第二,作出行政拘留的期限依照《治安管理处罚法》确定,单个违法行为的行政拘留处罚最长不超过十五日,两个以上违法行为的行政拘留处罚合并执行不超过二十日;第三,依法组织有关听证。

第一百四十二条　【海警机构海上治安管理职责与职权】

海警机构履行海上治安管理职责,行使本法规定的公安机关的职权,但是法律另有规定的除外。

条文释义

本条是 2025 年修订《治安管理处罚法》时新增的规定。

这次修订增加了本条规定,明确了除法律另有规定外,海警机构依照本法在海上行使公安机关职权,履行海上治安管理职责。

增加本条规定,主要是明确了海警机构在海上行使公安机关治安管理职权。中国既是陆地大国,也是海洋大国,由于历史的原因,长期以来,国家海上维权执法力量和机制建设不够统一,海上维权执法职责比较分散,分别归属国家海洋、公安、农业、海关、交通等不同部门,这种状况不利于提高海洋维权能力和有效维护海洋权益。为推进海上统一执法,提高执法效能,2018 年 6 月,全国人大常委会关于中国海警局行使海上维权执法职权的决定授权中国海警局统一履行海上维权执法职责。海警队伍整体划归武警部队领导指挥，调整组建中国人民武装警察部队海警总队，对外称中国海警局，统一履行海上维权执法职责。《海警法》第二条明确规定，"人民武装警察部队即海警机构，统一履行海上维权执法职责"，依法行使海上行政执法权和刑事侦查权。因此，本次《治安管理处罚法》修改，与海警法相关规定相衔接。

实务中需要注意的问题

海警机构履行海上治安管理职责，依照《治安管理处罚法》行使公安机关的职权，依法查处有关海上违法行为须注意以下要点。第一，查处违法行为的管辖权机关比照《治安管理处罚法》相关规定确定；第二，严格依照《治安管理处罚法》规定的处罚程序行使处罚权；第三，准确认定有关海上违法行为的性质。

第一百四十三条 【"以上、以下、以内"的含义】

本法所称以上、以下、以内，包括本数。

条文释义

本条是关于"以上、以下、以内"含义的规定，这次修订对本条未作修改。

本条规定主要是明确"以上、以下、以内"的含义。这一规定有助于确保法律条文的明确性和一致性。通过明确规定"以上、以下、以内"等表述的包含范围，减少了因理解差异而导致的法律纠纷。同时，这也要求在法律实践中，必须严格按照法律条文的字面意思进行解释和适用，以确保法律的公正性和权威性。

第一百四十四条 【施行日期】

本法自2026年1月1日起施行。

第六章 附 则

条文释义

这次修订对原《治安管理处罚法》第一百一十九条作了修改完善,明确了本法的生效日期。

主要作了以下修改:第一,明确本法生效日期。2025年修订《治安管理处罚法》按照立法技术规范重新规定了本法的施行日期,将2025年修订后《治安管理处罚法》的施行日期确定为2026年1月1日。从修订通过到实施留了近6个月的准备期,主要是考虑到:一是,2025年修订《治安管理处罚法》对2005年《治安管理处罚法》作了较大幅度修改,既有新增加违法行为、执法程序的规定,也有对原有违法行为、执法程序规定的进一步完善,涉及社会层面的内容较多,人民群众需要有一段时间知悉和了解,需要做好宣传、解读工作。二是,2025年修订《治安管理处罚法》增加了许多新规定,有的规定较为原则,有关方面需要修改或制定与本法配套的行政执法规章制度,细化本法的有关规定,将本法切实落到实处。第二,删去"1986年9月5日公布、1994年5月12日修订公布的《中华人民共和国治安管理处罚条例》同时废止"的规定。1986年通过的《治安管理处罚条例》是2005年制定《治安管理处罚法》时废止的,这次修订《治安管理处罚法》没有必要再写对该条例的废止。

《中华人民共和国治安管理处罚法》
新旧对照表

（左栏阴影部分为删除的内容，右栏黑体字为增加或修改的内容）

修订前	修订后
目　录 第一章　总　　则 第二章　处罚的种类和适用 第三章　违反治安管理的行为和处罚 　第一节　扰乱公共秩序的行为和处罚 　第二节　妨害公共安全的行为和处罚 　第三节　侵犯人身权利、财产权利的行为和处罚 　第四节　妨害社会管理的行为和处罚 第四章　处罚程序 　第一节　调　　查 　第二节　决　　定 　第三节　执　　行 第五章　执法监督 第六章　附　　则	目　录 第一章　总　　则 第二章　处罚的种类和适用 第三章　违反治安管理的行为和处罚 　第一节　扰乱公共秩序的行为和处罚 　第二节　妨害公共安全的行为和处罚 　第三节　侵犯人身权利、财产权利的行为和处罚 　第四节　妨害社会管理的行为和处罚 第四章　处罚程序 　第一节　调　　查 　第二节　决　　定 　第三节　执　　行 第五章　执法监督 第六章　附　　则
第一章　总　则	第一章　总　则
第一条　为维护社会治安秩序，保障公共安全，保护公民、法人和其他组织的合法权益，规范和保障公安机关及其人民警察依法履行治安管理职责，制定本法。	第一条　为了维护社会治安秩序，保障公共安全，保护公民、法人和其他组织的合法权益，规范和保障公安机关及其人民警察依法履行治安管理职责，**根据宪法**，制定本法。
第六条　各级人民政府应当加强社会治安综合治理，采取有效措施，化	**第二条　治安管理工作坚持中国共产党的领导，坚持综合治理。**

修订前	修订后
解社会矛盾,增进社会和谐,维护社会稳定。	各级人民政府应当加强社会治安综合治理,采取有效措施,**预防和化解**社会矛盾**纠纷**,增进社会和谐,维护社会稳定。
第二条 扰乱公共秩序,妨害公共安全,侵犯人身权利、财产权利,妨害社会管理,具有社会危害性,依照《中华人民共和国刑法》的规定构成犯罪的,依法追究刑事责任;尚不够刑事处罚的,由公安机关依照本法给予治安管理处罚。	第三条 扰乱公共秩序,妨害公共安全,侵犯人身权利、财产权利,妨害社会管理,具有社会危害性,依照《中华人民共和国刑法》的规定构成犯罪的,依法追究刑事责任;尚不够刑事处罚的,由公安机关依照本法给予治安管理处罚。
第三条 治安管理处罚的程序,适用本法的规定;本法没有规定的,适用《中华人民共和国行政处罚法》的有关规定。	第四条 治安管理处罚的程序,适用本法的规定;本法没有规定的,适用《中华人民共和国行政处罚法》、**《中华人民共和国行政强制法》**的有关规定。
第四条 在中华人民共和国领域内发生的违反治安管理行为,除法律有特别规定的外,适用本法。 在中华人民共和国船舶和航空器内发生的违反治安管理行为,除法律有特别规定的外,适用本法。	第五条 在中华人民共和国领域内发生的违反治安管理行为,除法律有特别规定的外,适用本法。 在中华人民共和国船舶和航空器内发生的违反治安管理行为,除法律有特别规定的外,适用本法。 **在外国船舶和航空器内发生的违反治安管理行为,依照中华人民共和国缔结或者参加的国际条约,中华人民共和国行使管辖权的,适用本法。**
第五条 治安管理处罚必须以事实为依据,与违反治安管理**行为**的性质、情节以及社会危害程度相当。 实施治安管理处罚,应当公开、公正,尊重和保障人权,保护公民的人格尊严。	第六条 治安管理处罚必须以事实为依据,与违反治安管理的**事实**、性质、情节以及社会危害程度相当。 实施治安管理处罚,应当公开、公正,尊重和保障人权,保护公民的人格尊严。

修订前	修订后
办理治安案件应当坚持教育与处罚相结合的原则。	办理治安案件应当坚持教育与处罚相结合的原则，**充分释法说理，教育公民、法人或者其他组织自觉守法**。
第七条 国务院公安部门负责全国的治安管理工作。县级以上地方各级人民政府公安机关负责本行政区域内的治安管理工作。 治安案件的管辖由国务院公安部门规定。	**第七条** 国务院公安部门负责全国的治安管理工作。县级以上地方各级人民政府公安机关负责本行政区域内的治安管理工作。 治安案件的管辖由国务院公安部门规定。
第八条 违反治安管理的行为对他人造成损害的，行为人或者其监护人应当依法承担民事责任。	**第八条** 违反治安管理行为对他人造成损害的，**除依照本法给予治安管理处罚外**，行为人或者其监护人**还**应当依法承担民事责任。 **违反治安管理行为构成犯罪，应当依法追究刑事责任的，不得以治安管理处罚代替刑事处罚。**
第九条 对于因民间纠纷引起的打架斗殴或者损毁他人财物等违反治安管理行为，情节较轻的，公安机关可以调解处理。经公安机关调解，当事人达成协议的，不予处罚。经调解未达成协议或者达成协议后不履行的，公安机关应当依照本法的规定对违反治安管理行为人给予处罚，并告知当事人可以就民事争议依法向人民法院提起民事诉讼。	**第九条** 对于因民间纠纷引起的打架斗殴或者损毁他人财物等违反治安管理行为，情节较轻的，公安机关可以调解处理。 **调解处理治安案件，应当查明事实，并遵循合法、公正、自愿、及时的原则，注重教育和疏导，促进化解矛盾纠纷。** 经公安机关调解，当事人达成协议的，不予处罚。经调解未达成协议或者达成协议后不履行的，公安机关应当依照本法的规定对违反治安管理行为**作出**处理，并告知当事人可以就民事争议依法向人民法院提起民事诉讼。 **对属于第一款规定的调解范围的治安案件，公安机关作出处理决定前，**

《中华人民共和国治安管理处罚法》新旧对照表

修订前	修订后
	当事人自行和解或者经人民调解委员会调解达成协议并履行，书面申请经公安机关认可的，不予处罚。
第二章　处罚的种类和适用	第二章　处罚的种类和适用
第十条　治安管理处罚的种类分为： （一）警告； （二）罚款； （三）行政拘留； （四）吊销公安机关发放的许可证。 　　对违反治安管理的外国人，可以附加适用限期出境或者驱逐出境。	第十条　治安管理处罚的种类分为： （一）警告； （二）罚款； （三）行政拘留； （四）吊销公安机关发放的许可证**件**。 　　对违反治安管理的外国人，可以附加适用限期出境或者驱逐出境。
第十一条　办理治安案件所查获的毒品、淫秽物品等违禁品，赌具、赌资，吸食、注射毒品的用具以及直接用于实施违反治安管理行为的本人所有的工具，应当收缴，按照规定处理。 　　违反治安管理所得的财物，追缴退还被侵害人；没有被侵害人的，登记造册，公开拍卖或者按照国家有关规定处理，所得款项上缴国库。	第十一条　办理治安案件所查获的毒品、淫秽物品等违禁品，赌具、赌资，吸食、注射毒品的用具以及直接用于实施违反治安管理行为的本人所有的工具，应当收缴，按照规定处理。 　　违反治安管理所得的财物，追缴退还被侵害人；没有被侵害人的，登记造册，公开拍卖或者按照国家有关规定处理，所得款项上缴国库。
第十二条　已满十四周岁不满十八周岁的人违反治安管理的，从轻或者减轻处罚；不满十四周岁的人违反治安管理的，不予处罚，但是应当责令其监护人严加管教。	第十二条　已满十四周岁不满十八周岁的人违反治安管理的，从轻或者减轻处罚；不满十四周岁的人违反治安管理的，不予处罚，但是应当责令其监护人严加管教。
第十三条　精神病人在不能辨认或者不能控制自己行为的时候违反治安管理的，不予处罚，但是应当责令其监护人**严加看管**和治疗。间歇性的精神病人在精神正常的时候违反治安管理的，应当给予处罚。	第十三条　精神病人、**智力残疾人**在不能辨认或者不能控制自己行为的时候违反治安管理的，不予处罚，但是应当责令其监护人**加强看护管理**和治疗。间歇性的精神病人在精神正常的时候违反治安管理的，应当给予处

修订前	修订后
	罚。尚未完全丧失辨认或者控制自己行为能力的精神病人、智力残疾人违反治安管理的，应当给予处罚，但是可以从轻或者减轻处罚。
第十四条　盲人或者又聋又哑的人违反治安管理的，可以从轻、减轻或者不予处罚。	第十四条　盲人或者又聋又哑的人违反治安管理的，可以从轻、减轻或者不予处罚。
第十五条　醉酒的人违反治安管理的，应当给予处罚。 　　醉酒的人在醉酒状态中，对本人有危险或者对他人的人身、财产或者公共安全有威胁的，应当对其采取保护性措施约束至酒醒。	第十五条　醉酒的人违反治安管理的，应当给予处罚。 　　醉酒的人在醉酒状态中，对本人有危险或者对他人的人身、财产或者公共安全有威胁的，应当对其采取保护性措施约束至酒醒。
第十六条　有两种以上违反治安管理行为的，分别决定，合并执行。行政拘留处罚合并执行的，最长不超过二十日。	第十六条　有两种以上违反治安管理行为的，分别决定，合并执行处罚。行政拘留处罚合并执行的，最长不超过二十日。
第十七条　共同违反治安管理的，根据违反治安管理行为人在违反治安管理行为中所起的作用，分别处罚。 　　教唆、胁迫、诱骗他人违反治安管理的，按照其教唆、胁迫、诱骗的行为处罚。	第十七条　共同违反治安管理的，根据行为人在违反治安管理行为中所起的作用，分别处罚。 　　教唆、胁迫、诱骗他人违反治安管理的，按照其教唆、胁迫、诱骗的行为处罚。
第十八条　单位违反治安管理的，对其直接负责的主管人员和其他直接责任人员依照本法的规定处罚。其他法律、行政法规对同一行为规定给予单位处罚的，依照其规定处罚。	第十八条　单位违反治安管理的，对其直接负责的主管人员和其他直接责任人员依照本法的规定处罚。其他法律、行政法规对同一行为规定给予单位处罚的，依照其规定处罚。
	第十九条　为了免受正在进行的不法侵害而采取的制止行为，造成损害的，不属于违反治安管理行为，不受

《中华人民共和国治安管理处罚法》新旧对照表

修订前	修订后
	处罚；制止行为明显超过必要限度，造成较大损害的，依法给予处罚，但是应当减轻处罚；情节较轻的，不予处罚。
第十九条　违反治安管理有下列情形之一的，减轻处罚或者不予处罚： （一）情节特别轻微的； （二）主动消除或者减轻违法后果，并取得被侵害人谅解的； （三）出于他人胁迫或者诱骗的； （四）主动投案，向公安机关如实陈述自己的违法行为的； （五）有立功表现的。	第二十条　违反治安管理有下列情形之一的，从轻、减轻或者不予处罚： （一）情节轻微的； （二）主动消除或者减轻违法后果的； （三）取得被侵害人谅解的； （四）出于他人胁迫或者诱骗的； （五）主动投案，向公安机关如实陈述自己的违法行为的； （六）有立功表现的。
	第二十一条　违反治安管理行为人自愿向公安机关如实陈述自己的违法行为，承认违法事实，愿意接受处罚的，可以依法从宽处理。
第二十条　违反治安管理有下列情形之一的，从重处罚： （一）有较严重后果的； （二）教唆、胁迫、诱骗他人违反治安管理的； （三）对报案人、控告人、举报人、证人打击报复的； （四）六个月内曾受过治安管理处罚的。	第二十二条　违反治安管理有下列情形之一的，从重处罚： （一）有较严重后果的； （二）教唆、胁迫、诱骗他人违反治安管理的； （三）对报案人、控告人、举报人、证人打击报复的； （四）一年以内曾受过治安管理处罚的。
第二十一条　违反治安管理行为人有下列情形之一，依照本法应当给予行政拘留处罚的，不执行行政拘留处罚： （一）已满十四周岁不满十六周岁的；	第二十三条　违反治安管理行为人有下列情形之一，依照本法应当给予行政拘留处罚的，不执行行政拘留处罚： （一）已满十四周岁不满十六周岁的；

397

修订前	修订后
（二）已满十六周岁不满十八周岁，初次违反治安管理的； （三）七十周岁以上的； （四）怀孕或者哺乳自己不满一周岁婴儿的。	（二）已满十六周岁不满十八周岁，初次违反治安管理的； （三）七十周岁以上的； （四）怀孕或者哺乳自己不满一周岁婴儿的。 　　前款第一项、第二项、第三项规定的行为人违反治安管理情节严重、影响恶劣的，或者第一项、第三项规定的行为人在一年以内二次以上违反治安管理的，不受前款规定的限制。
	第二十四条　对依照本法第十二条规定不予处罚或者依照本法第二十三条规定不执行行政拘留处罚的未成年人，公安机关依照《中华人民共和国预防未成年人犯罪法》的规定采取相应矫治教育等措施。
第二十二条　违反治安管理行为在六个月内没有被公安机关发现的，不再处罚。 　　前款规定的期限，从违反治安管理行为发生之日起计算；违反治安管理行为有连续或者继续状态的，从行为终了之日起计算。	第二十五条　违反治安管理行为在六个月**以**内没有被公安机关发现的，不再处罚。 　　前款规定的期限，从违反治安管理行为发生之日起计算；违反治安管理行为有连续或者继续状态的，从行为终了之日起计算。
第三章　违反治安管理的行为和处罚	第三章　违反治安管理的行为和处罚
第一节　扰乱公共秩序的行为和处罚	第一节　扰乱公共秩序的行为和处罚
第二十三条　有下列行为之一的，处警告或者**二**百元以下罚款；情节较重的，处五日以上十日以下拘留，可以并处**五百**元以下罚款： 　　（一）扰乱机关、团体、企业、事业单位秩序，致使工作、生产、营业、医疗、教学、科研不能正常进行，尚未	第二十六条　有下列行为之一的，处警告或者**五百**元以下罚款；情节较重的，处五日以上十日以下拘留，可以并处**一千**元以下罚款： 　　（一）扰乱机关、团体、企业、事业单位秩序，致使工作、生产、营业、医疗、教学、科研不能正常进行，尚未

修订前	修订后
造成严重损失的； 　　（二）扰乱车站、港口、码头、机场、商场、公园、展览馆或者其他公共场所秩序的； 　　（三）扰乱公共汽车、电车、火车、船舶、航空器或者其他公共交通工具上的秩序的； 　　（四）非法拦截或者强登、扒乘机动车、船舶、航空器以及其他交通工具，影响交通工具正常行驶的； 　　（五）破坏依法进行的选举秩序的。 　　聚众实施前款行为的，对首要分子处十日以上十五日以下拘留，可以并处**一**千元以下罚款。	造成严重损失的； 　　（二）扰乱车站、港口、码头、机场、商场、公园、展览馆或者其他公共场所秩序的； 　　（三）扰乱公共汽车、电车、**城市轨道交通车辆**、火车、船舶、航空器或者其他公共交通工具上的秩序的； 　　（四）非法拦截或者强登、扒乘机动车、船舶、航空器以及其他交通工具，影响交通工具正常行驶的； 　　（五）破坏依法进行的选举秩序的。 　　聚众实施前款行为的，对首要分子处十日以上十五日以下拘留，可以并处**二**千元以下罚款。
	第二十七条　在法律、行政法规规定的国家考试中，有下列行为之一，扰乱考试秩序的，处违法所得一倍以上五倍以下罚款，没有违法所得或者违法所得不足一千元的，处一千元以上三千元以下罚款；情节较重的，处五日以上十五日以下拘留： 　　（一）组织作弊的； 　　（二）为他人组织作弊提供作弊器材或者其他帮助的； 　　（三）为实施考试作弊行为，向他人非法出售、提供考试试题、答案的； 　　（四）代替他人或者让他人代替自己参加考试的。
第二十四条　有下列行为之一，扰乱**文化**、体育等大型群众性活动秩序的，处警告或者**二**百元以下罚款；情节严重的，处五日以上十日以下拘留，可以并处**五百**元以下罚款：	第二十八条　有下列行为之一，扰乱体育、**文化**等大型群众性活动秩序的，处警告或者**五百**元以下罚款；情节严重的，处五日以上十日以下拘留，可以并处**一千**元以下罚款：

修订前	修订后
（一）强行进入场内的； （二）违反规定，在场内燃放烟花爆竹或者其他物品的； （三）展示侮辱性标语、条幅等物品的； （四）围攻裁判员、运动员或者其他工作人员的； （五）向场内投掷杂物，不听制止的； （六）扰乱大型群众性活动秩序的其他行为。 因扰乱体育比赛秩序被处以拘留处罚的，可以同时责令其十二个月内不得进入体育场馆观看同类比赛；违反规定进入体育场馆的，强行带离现场。	（一）强行进入场内的； （二）违反规定，在场内燃放烟花爆竹或者其他物品的； （三）展示侮辱性标语、条幅等物品的； （四）围攻裁判员、运动员或者其他工作人员的； （五）向场内投掷杂物，不听制止的； （六）扰乱大型群众性活动秩序的其他行为。 因扰乱体育比赛、**文艺演出活动**秩序被处以拘留处罚的，可以同时责令其六个月**至一年**以内不得进入体育场馆、**演出场馆**观看同类比赛、**演出**；违反规定进入体育场馆、**演出场馆**的，强行带离现场，**可以处五日以下拘留或者一千元以下罚款**。
第二十五条　有下列行为之一的，处五日以上十日以下拘留，可以并处五百元以下罚款；情节较轻的，处五日以下拘留或者五百元以下罚款： （一）散布谣言，谎报险情、疫情、警情或者以其他方法故意扰乱公共秩序的； （二）投放虚假的爆炸性、毒害性、放射性、腐蚀性物质或者传染病病原体等危险物质扰乱公共秩序的； （三）扬言实施放火、爆炸、投放危险物质扰乱公共秩序的。	第二十九条　有下列行为之一的，处五日以上十日以下拘留，可以并处一千元以下罚款；情节较轻的，处五日以下拘留或者一千元以下罚款： （一）**故意**散布谣言，谎报险情、疫情、**灾情**、警情或者以其他方法故意扰乱公共秩序的； （二）投放虚假的爆炸性、毒害性、放射性、腐蚀性物质或者传染病病原体等危险物质扰乱公共秩序的； （三）扬言实施放火、爆炸、投放危险物质**等危害公共安全犯罪行为**扰乱公共秩序的。
第二十六条　有下列行为之一的，处五日以上十日以下拘留，可以并处五	第三十条　有下列行为之一的，处五日以上十日以下拘留**或者一千元以**

修订前	修订后
百元以下罚款；情节较重的，处十日以上十五日以下拘留，可以并处一千元以下罚款： （一）结伙斗殴的； （二）追逐、拦截他人的； （三）强拿硬要或者任意损毁、占用公私财物的； （四）其他寻衅滋事行为。	下罚款；情节较重的，处十日以上十五日以下拘留，可以并处二千元以下罚款： （一）结伙斗殴**或者随意殴打他人**的； （二）追逐、拦截他人的； （三）强拿硬要或者任意损毁、占用公私财物的； （四）其他**无故侵扰他人、扰乱社会秩序的**寻衅滋事行为。
第二十七条 有下列行为之一的，处十日以上十五日以下拘留，可以并处一千元以下罚款；情节较轻的，处五日以上十日以下拘留，可以并处五百元以下罚款： （一）组织、教唆、胁迫、诱骗、煽动他人从事邪教、会道门活动或者利用邪教、会道门、迷信活动，扰乱社会秩序、损害他人身体健康的； （二）冒用宗教、气功名义进行扰乱社会秩序、损害他人身体健康活动的。	第三十一条 有下列行为之一的，处十日以上十五日以下拘留，可以并处二千元以下罚款；情节较轻的，处五日以上十日以下拘留，可以并处一千元以下罚款： （一）组织、教唆、胁迫、诱骗、煽动他人从事邪教**活动**、会道门活动、**非法的宗教活动**或者利用邪教**组织**、会道门、迷信活动，扰乱社会秩序、损害他人身体健康的； （二）冒用宗教、气功名义进行扰乱社会秩序、损害他人身体健康活动的； （三）**制作、传播宣扬邪教、会道门内容的物品、信息、资料的。**
第二十八条 违反国家规定，故意干扰无线电业务正常进行的，或者对正常运行的无线电台（站）产生有害干扰，经有关主管部门指出后，拒不采取有效措施消除的，处五日以上十日以下拘留；情节严重的，处十日以上十五日以下拘留。	第三十二条 违反国家规定，**有下列行为之一的**，处五日以上十日以下拘留；情节严重的，处十日以上十五日以下拘留： （一）故意干扰无线电业务正常进行的； （二）对正常运行的无线电台（站）产生有害干扰，经有关主管部门指出后，

401

修订前	修订后
	拒不采取有效措施消除的； （三）未经批准设置无线电广播电台、通信基站等无线电台（站）的，或者非法使用、占用无线电频率，从事违法活动的。
第二十九条　有下列行为之一的，处五日以下拘留；情节较重的，处五日以上十日以下拘留： （一）违反国家规定，侵入计算机信息系统，造成危害的； （二）违反国家规定，对计算机信息系统功能进行删除、修改、增加、干扰，造成计算机信息系统不能正常运行的； （三）违反国家规定，对计算机信息系统中存储、处理、传输的数据和应用程序进行删除、修改、增加的； （四）故意制作、传播计算机病毒等破坏性程序，影响计算机信息系统正常运行的。	第三十三条　有下列行为之一，造成危害的，处五日以下拘留；情节较重的，处五日以上十五日以下拘留： （一）违反国家规定，侵入计算机信息系统或者采用其他技术手段，获取计算机信息系统中存储、处理或者传输的数据，或者对计算机信息系统实施非法控制的； （二）违反国家规定，对计算机信息系统功能进行删除、修改、增加、干扰的； （三）违反国家规定，对计算机信息系统中存储、处理、传输的数据和应用程序进行删除、修改、增加的； （四）故意制作、传播计算机病毒等破坏性程序的； （五）提供专门用于侵入、非法控制计算机信息系统的程序、工具，或者明知他人实施侵入、非法控制计算机信息系统的违法犯罪行为而为其提供程序、工具的。
	第三十四条　组织、领导传销活动的，处十日以上十五日以下拘留；情节较轻的，处五日以上十日以下拘留。 　　胁迫、诱骗他人参加传销活动的，处五日以上十日以下拘留；情节较重的，处十日以上十五日以下拘留。

修订前	修订后
	第三十五条 有下列行为之一的，处五日以上十日以下拘留或者一千元以上三千元以下罚款；情节较重的，处十日以上十五日以下拘留，可以并处五千元以下罚款： （一）在国家举行庆祝、纪念、缅怀、公祭等重要活动的场所及周边管控区域，故意从事与活动主题和氛围相违背的行为，不听劝阻，造成不良社会影响的； （二）在英雄烈士纪念设施保护范围内从事有损纪念英雄烈士环境和氛围的活动，不听劝阻的，或者侵占、破坏、污损英雄烈士纪念设施的； （三）以侮辱、诽谤或者其他方式侵害英雄烈士的姓名、肖像、名誉、荣誉，损害社会公共利益的； （四）亵渎、否定英雄烈士事迹和精神，或者制作、传播、散布宣扬、美化侵略战争、侵略行为的言论或者图片、音视频等物品，扰乱公共秩序的； （五）在公共场所或者强制他人在公共场所穿着、佩戴宣扬、美化侵略战争、侵略行为的服饰、标志，不听劝阻，造成不良社会影响的。
第二节　妨害公共安全的行为和处罚	第二节　妨害公共安全的行为和处罚
第三十条　违反国家规定，制造、买卖、储存、运输、邮寄、携带、使用、提供、处置爆炸性、毒害性、放射性、腐蚀性物质或者传染病病原体等危险物质的，处十日以上十五日以下拘留；情节较轻的，处五日以上十日以下拘留。	第三十六条　违反国家规定，制造、买卖、储存、运输、邮寄、携带、使用、提供、处置爆炸性、毒害性、放射性、腐蚀性物质或者传染病病原体等危险物质的，处十日以上十五日以下拘留；情节较轻的，处五日以上十日以下拘留。

修订前	修订后
第三十一条　爆炸性、毒害性、放射性、腐蚀性物质或者传染病病原体等危险物质被盗、被抢或者丢失，未按规定报告的，处五日以下拘留；故意隐瞒不报的，处五日以上十日以下拘留。	第三十七条　爆炸性、毒害性、放射性、腐蚀性物质或者传染病病原体等危险物质被盗、被抢或者丢失，未按规定报告的，处五日以下拘留；故意隐瞒不报的，处五日以上十日以下拘留。
第三十二条　非法携带枪支、弹药或者弩、匕首等国家规定的管制器具的，处五日以下拘留，可以并处五百元以下罚款；情节较轻的，处警告或者二百元以下罚款。 　　非法携带枪支、弹药或者弩、匕首等国家规定的管制器具进入公共场所或者公共交通工具的，处五日以上十日以下拘留，可以并处五百元以下罚款。	第三十八条　非法携带枪支、弹药或者弩、匕首等国家规定的管制器具的，处五日以下拘留，可以并处一千元以下罚款；情节较轻的，处警告或者五百元以下罚款。 　　非法携带枪支、弹药或者弩、匕首等国家规定的管制器具进入公共场所或者公共交通工具的，处五日以上十日以下拘留，可以并处一千元以下罚款。
第三十三条　有下列行为之一的，处十日以上十五日以下拘留： 　　（一）盗窃、损毁油气管道设施、电力电信设施、广播电视设施、水利**防汛**工程设施或者水文监测、测量、气象测报、环境监测、地质监测、地震监测等公共设施的； 　　（二）移动、损毁国家边境的界碑、界桩以及其他边境标志、边境设施或者领土、领海标志设施的； 　　（三）非法进行影响国（边）界线走向的活动或者修建有碍国（边）境管理的设施的。	第三十九条　有下列行为之一的，处十日以上十五日以下拘留；**情节较轻的，处五日以下拘留**： 　　（一）盗窃、损毁油气管道设施、电力电信设施、广播电视设施、水利工程设施、**公共供水设施、公路及附属设施**或者水文监测、测量、气象测报、**生态**环境监测、地质监测、地震监测等公共设施，**危及公共安全**的； 　　（二）移动、损毁国家边境的界碑、界桩以及其他边境标志、边境设施或者领土、领海**基点**标志设施的； 　　（三）非法进行影响国（边）界线走向的活动或者修建有碍国（边）境管理的设施的。
第三十四条　盗窃、损坏、擅自移动使用中的航空设施，或者强行进入	第四十条　盗窃、损坏、擅自移动使用中的航空设施，或者强行进入航

修订前	修订后
航空器驾驶舱的，处十日以上十五日以下拘留。 在使用中的航空器上使用可能影响导航系统正常功能的器具、工具，不听劝阻的，处五日以下拘留或者五百元以下罚款。	空器驾驶舱的，处十日以上十五日以下拘留。 在使用中的航空器上使用可能影响导航系统正常功能的器具、工具，不听劝阻的，处五日以下拘留或者一千元以下罚款。 盗窃、损坏、擅自移动使用中的其他公共交通工具设施、设备，或者以抢控驾驶操纵装置、拉扯、殴打驾驶人员等方式，干扰公共交通工具正常行驶的，处五日以下拘留或者一千元以下罚款；情节较重的，处五日以上十日以下拘留。
第三十五条　有下列行为之一的，处五日以上十日以下拘留，可以并处五百元以下罚款；情节较轻的，处五日以下拘留或者五百元以下罚款： （一）盗窃、损毁或者擅自移动铁路设施、设备、机车车辆配件或者安全标志的； （二）在铁路线路上放置障碍物，或者故意向列车投掷物品的； （三）在铁路线路、桥梁、涵洞处挖掘坑穴、采石取沙的； （四）在铁路线路上私设道口或者平交过道的。	第四十一条　有下列行为之一的，处五日以上十日以下拘留，可以并处一千元以下罚款；情节较轻的，处五日以下拘留或者一千元以下罚款： （一）盗窃、损毁、擅自移动铁路、**城市轨道交通**设施、设备、机车车辆配件或者安全标志的； （二）在铁路、**城市轨道交通**线路上放置障碍物，或者故意向列车投掷物品的； （三）在铁路、**城市轨道交通**线路、桥梁、**隧道**、涵洞处挖掘坑穴、采石取沙的； （四）在铁路、**城市轨道交通**线路上私设道口或者平交过道的。
第三十六条　擅自进入铁路防护网或者火车来临时在铁路线路上行走坐卧、抢越铁路，影响行车安全的，处警告或者二百元以下罚款。	第四十二条　擅自进入铁路、**城市轨道交通**防护网或者火车、**城市轨道交通**列车来临时在铁路、**城市轨道交通**线路上行走坐卧，抢越铁路、**城市轨道**，影响行车安全的，处警告或者五百元以下罚款。

修订前	修订后
第三十七条　有下列行为之一的，处五日以下拘留或者五百元以下罚款；情节严重的，处五日以上十日以下拘留，可以并处五百元以下罚款： （一）未经批准，安装、使用电网的，或者安装、使用电网不符合安全规定的； （二）在车辆、行人通行的地方施工，对沟井坎穴不设覆盖物、防围和警示标志的，或者故意损毁、移动覆盖物、防围和警示标志的； （三）盗窃、损毁路面井盖、照明等公共设施的。	第四十三条　有下列行为之一的，处五日以下拘留或者一千元以下罚款；情节严重的，处十日以上十五日以下拘留，可以并处一千元以下罚款： （一）未经批准，安装、使用电网的，或者安装、使用电网不符合安全规定的； （二）在车辆、行人通行的地方施工，对沟井坎穴不设覆盖物、防围和警示标志的，或者故意损毁、移动覆盖物、防围和警示标志的； （三）盗窃、损毁路面井盖、照明等公共设施的； （四）违反有关法律法规规定，升放携带明火的升空物体，有发生火灾事故危险，不听劝阻的； （五）从建筑物或者其他高空抛掷物品，有危害他人人身安全、公私财产安全或者公共安全危险的。
第三十八条　举办文化、体育等大型群众性活动，违反有关规定，有发生安全事故危险的，责令停止活动，立即疏散；对组织者处五日以上十日以下拘留，并处二百元以上五百元以下罚款；情节较轻的，处五日以下拘留或者五百元以下罚款。	第四十四条　举办体育、文化等大型群众性活动，违反有关规定，有发生安全事故危险，经公安机关责令改正而拒不改正或者无法改正的，责令停止活动，立即疏散；对其直接负责的主管人员和其他直接责任人员处五日以上十日以下拘留，并处一千元以上三千元以下罚款；情节较重的，处十日以上十五日以下拘留，并处三千元以上五千元以下罚款，可以同时责令六个月至一年以内不得举办大型群众性活动。
第三十九条　旅馆、饭店、影剧院、娱乐场、运动场、展览馆或者其他	第四十五条　旅馆、饭店、影剧院、娱乐场、体育场馆、展览馆或者其

修订前	修订后
供社会公众活动的场所的经营管理人员，违反安全规定，致使该场所有发生安全事故危险，经公安机关责令改正，拒不改正的，处五日以下拘留。	他供社会公众活动的场所违反安全规定，致使该场所有发生安全事故危险，经公安机关责令改正而拒不改正的，对其直接负责的主管人员和其他直接责任人员处五日以下拘留；情节较重的，处五日以上十日以下拘留。
	第四十六条　违反有关法律法规关于飞行空域管理规定，飞行民用无人驾驶航空器、航空运动器材，或者升放无人驾驶自由气球、系留气球等升空物体，情节较重的，处五日以上十日以下拘留。 　　飞行、升放前款规定的物体非法穿越国（边）境的，处十日以上十五日以下拘留。
第三节　侵犯人身权利、财产权利的行为和处罚	第三节　侵犯人身权利、财产权利的行为和处罚
第四十条　有下列行为之一的，处十日以上十五日以下拘留，并处五百元以上一千元以下罚款；情节较轻的，处五日以上十日以下拘留，并处二百元以上五百元以下罚款： 　　（一）组织、胁迫、诱骗不满十六周岁的人或者残疾人进行恐怖、残忍表演的； 　　（二）以暴力、威胁或者其他手段强迫他人劳动的； 　　（三）非法限制他人人身自由、非法侵入他人住宅或者非法搜查他人身体的。	第四十七条　有下列行为之一的，处十日以上十五日以下拘留，并处一千元以上二千元以下罚款；情节较轻的，处五日以上十日以下拘留，并处一千元以下罚款： 　　（一）组织、胁迫、诱骗不满十六周岁的人或者残疾人进行恐怖、残忍表演的； 　　（二）以暴力、威胁或者其他手段强迫他人劳动的； 　　（三）非法限制他人人身自由、非法侵入他人住宅或者非法搜查他人身体的。
	第四十八条　组织、胁迫未成年人在不适宜未成年人活动的经营场所从

修订前	修订后
	事陪酒、陪唱等有偿陪侍活动的,处十日以上十五日以下拘留,并处五千元以下罚款;情节较轻的,处五日以下拘留或者五千元以下罚款。
第四十一条 胁迫、诱骗或者利用他人乞讨的,处十日以上十五日以下拘留,可以并处一千元以下罚款。 反复纠缠、强行讨要或者以其他滋扰他人的方式乞讨的,处五日以下拘留或者警告。	**第四十九条** 胁迫、诱骗或者利用他人乞讨的,处十日以上十五日以下拘留,可以并处二千元以下罚款。 反复纠缠、强行讨要或者以其他滋扰他人的方式乞讨的,处五日以下拘留或者警告。
第四十二条 有下列行为之一的,处五日以下拘留或者五百元以下罚款;情节较重的,处五日以上十日以下拘留,可以并处五百元以下罚款: (一)写恐吓信或者以其他方法威胁他人人身安全的; (二)公然侮辱他人或者捏造事实诽谤他人的; (三)捏造事实诬告陷害他人,企图使他人受到刑事追究或者受到治安管理处罚的; (四)对证人及其近亲属进行威胁、侮辱、殴打或者打击报复的; (五)多次发送淫秽、侮辱、恐吓或者其他信息,干扰他人正常生活的; (六)偷窥、偷拍、窃听、散布他人隐私的。	**第五十条** 有下列行为之一的,处五日以下拘留或者一千元以下罚款;情节较重的,处五日以上十日以下拘留,可以并处一千元以下罚款: (一)写恐吓信或者以其他方法威胁他人人身安全的; (二)公然侮辱他人或者捏造事实诽谤他人的; (三)捏造事实诬告陷害他人,企图使他人受到刑事追究或者受到治安管理处罚的; (四)对证人及其近亲属进行威胁、侮辱、殴打或者打击报复的; (五)多次发送淫秽、侮辱、恐吓等信息或者采取滋扰、纠缠、跟踪等方法,干扰他人正常生活的; (六)偷窥、偷拍、窃听、散布他人隐私的。 有前款第五项规定的滋扰、纠缠、跟踪行为的,除依照前款规定给予处罚外,经公安机关负责人批准,可以责令其一定期限内禁止接触被侵害人。对违反禁止接触规定的,处五日以上

修订前	修订后
	十日以下拘留，可以并处一千元以下罚款。
第四十三条　殴打他人的，或者故意伤害他人身体的，处五日以上十日以下拘留，并处二百元以上五百元以下罚款；情节较轻的，处五日以下拘留或者五百元以下罚款。 　　有下列情形之一的，处十日以上十五日以下拘留，并处五百元以上一千元以下罚款： 　　（一）结伙殴打、伤害他人的； 　　（二）殴打、伤害残疾人、孕妇、不满十四周岁的人或者六十周岁以上的人的； 　　（三）多次殴打、伤害他人或者一次殴打、伤害多人的。	第五十一条　殴打他人的，或者故意伤害他人身体的，处五日以上十日以下拘留，并处五百元以上一千元以下罚款；情节较轻的，处五日以下拘留或者一千元以下罚款。 　　有下列情形之一的，处十日以上十五日以下拘留，并处一千元以上二千元以下罚款： 　　（一）结伙殴打、伤害他人的； 　　（二）殴打、伤害残疾人、孕妇、不满十四周岁的人或者七十周岁以上的人的； 　　（三）多次殴打、伤害他人或者一次殴打、伤害多人的。
第四十四条　猥亵他人的，或者在公共场所故意裸露身体，情节恶劣的，处五日以上十日以下拘留；猥亵智力残疾人、精神病人、不满十四周岁的人或者有其他严重情节的，处十日以上十五日以下拘留。	第五十二条　猥亵他人的，处五日以上十日以下拘留；猥亵精神病人、智力残疾人、不满十四周岁的人或者有其他严重情节的，处十日以上十五日以下拘留。 　　在公共场所故意裸露身体隐私部位的，处警告或者五百元以下罚款；情节恶劣的，处五日以上十日以下拘留。
第四十五条　有下列行为之一的，处五日以下拘留或者警告： 　　（一）虐待家庭成员，被虐待人要求处理的； 　　（二）遗弃没有独立生活能力的被扶养人的。	第五十三条　有下列行为之一的，处五日以下拘留或者警告；情节较重的，处五日以上十日以下拘留，可以并处一千元以下罚款： 　　（一）虐待家庭成员，被虐待人或者其监护人要求处理的； 　　（二）对未成年人、老年人、患病的人、残疾人等负有监护、看护职责的人虐待被监护、看护的人的；

修订前	修订后
	（三）遗弃没有独立生活能力的被扶养人的。
第四十六条 强买强卖商品，强迫他人提供服务或者强迫他人接受服务的，处五日以上十日以下拘留，并处二百元以上五百元以下罚款；情节较轻的，处五日以下拘留或者五百元以下罚款。	第五十四条 强买强卖商品，强迫他人提供服务或者强迫他人接受服务的，处五日以上十日以下拘留，并处三千元以上五千元以下罚款；情节较轻的，处五日以下拘留或者一千元以下罚款。
第四十七条 煽动民族仇恨、民族歧视，或者在出版物、计算机信息网络中刊载民族歧视、侮辱内容的，处十日以上十五日以下拘留，可以并处一千元以下罚款。	第五十五条 煽动民族仇恨、民族歧视，或者在出版物、信息网络中刊载民族歧视、侮辱内容的，处十日以上十五日以下拘留，可以并处三千元以下罚款；情节较轻的，处五日以下拘留或者三千元以下罚款。
	第五十六条 违反国家有关规定，向他人出售或者提供个人信息的，处十日以上十五日以下拘留；情节较轻的，处五日以下拘留。 窃取或者以其他方法非法获取个人信息的，依照前款的规定处罚。
第四十八条 冒领、隐匿、毁弃、私自开拆或者非法检查他人邮件的，处五日以下拘留或者五百元以下罚款。	第五十七条 冒领、隐匿、毁弃、倒卖、私自开拆或者非法检查他人邮件、快件的，处警告或者一千元以下罚款；情节较重的，处五日以上十日以下拘留。
第四十九条 盗窃、诈骗、哄抢、抢夺、敲诈勒索或者故意损毁公私财物的，处五日以上十日以下拘留，可以并处五百元以下罚款；情节较重的，处十日以上十五日以下拘留，可以并处一千元以下罚款。	第五十八条 盗窃、诈骗、哄抢、抢夺或者敲诈勒索的，处五日以上十日以下拘留或者二千元以下罚款；情节较重的，处十日以上十五日以下拘留，可以并处三千元以下罚款。 第五十九条 故意损毁公私财物的，处五日以下拘留或者一千元以下罚

修订前	修订后
	款；情节较重的，处五日以上十日以下拘留，可以并处三千元以下罚款。
	第六十条　以殴打、侮辱、恐吓等方式实施学生欺凌，违反治安管理的，公安机关应当依照本法、《中华人民共和国预防未成年人犯罪法》的规定，给予治安管理处罚、采取相应矫治教育等措施。 　　学校违反有关法律法规规定，明知发生严重的学生欺凌或者明知发生其他侵害未成年学生的犯罪，不按规定报告或者处置的，责令改正，对其直接负责的主管人员和其他直接责任人员，建议有关部门依法予以处分。
第四节　妨害社会管理的行为和处罚	第四节　妨害社会管理的行为和处罚
第五十条　有下列行为之一的，处警告或者二百元以下罚款；情节严重的，处五日以上十日以下拘留，可以并处五百元以下罚款： 　　（一）拒不执行人民政府在紧急状态情况下依法发布的决定、命令的； 　　（二）阻碍国家机关工作人员依法执行职务的； 　　（三）阻碍执行紧急任务的消防车、救护车、工程抢险车、警车等车辆通行的； 　　（四）强行冲闯公安机关设置的警戒带、警戒区的。 　　阻碍人民警察依法执行职务的，从重处罚。	第六十一条　有下列行为之一的，处警告或者五百元以下罚款；情节严重的，处五日以上十日以下拘留，可以并处一千元以下罚款： 　　（一）拒不执行人民政府在紧急状态情况下依法发布的决定、命令的； 　　（二）阻碍国家机关工作人员依法执行职务的； 　　（三）阻碍执行紧急任务的消防车、救护车、工程抢险车、警车或者执行上述紧急任务的专用船舶通行的； 　　（四）强行冲闯公安机关设置的警戒带、警戒区或者检查点的。 　　阻碍人民警察依法执行职务的，从重处罚。
第五十一条　冒充国家机关工作人员或者以其他虚假身份招摇撞骗，	第六十二条　冒充国家机关工作人员招摇撞骗的，处十日以上十五日以

修订前	修订后
处五日以上十日以下拘留，可以并处五百元以下罚款；情节较轻的，处五日以下拘留或者五百元以下罚款。 冒充军警人员招摇撞骗的，从重处罚。	下拘留，可以并处一千元以下罚款；情节较轻的，处五日以上十日以下拘留。 冒充军警人员招摇撞骗的，从重处罚。 **盗用、冒用个人、组织的身份、名义**或者以其他虚假身份招摇撞骗的，处五日以下拘留**或者一千元以下罚款；情节较重的，处五日以上十日以下拘留，可以并处一千元以下罚款**。
第五十二条　有下列行为之一的，处十日以上十五日以下拘留，可以并处一千元以下罚款；情节较轻的，处五日以上十日以下拘留，可以并处五百元以下罚款： 　　（一）伪造、变造或者买卖国家机关、人民团体、企业、事业单位或者其他组织的公文、证件、证明文件、印章的； 　　（二）买卖或者使用伪造、变造的国家机关、人民团体、企业、事业单位或者其他组织的公文、证件、证明文件的； 　　（三）伪造、变造、倒卖车票、船票、航空客票、文艺演出票、体育比赛入场券或者其他有价票证、凭证的； 　　（四）伪造、变造船舶户牌，买卖或者使用伪造、变造的船舶户牌，或者涂改船舶发动机号码的。	第六十三条　有下列行为之一的，处十日以上十五日以下拘留，可以并处五千元以下罚款；情节较轻的，处五日以上十日以下拘留，可以并处三千元以下罚款： 　　（一）伪造、变造或者买卖国家机关、人民团体、企业、事业单位或者其他组织的公文、证件、证明文件、印章的； 　　（二）**出租、出借国家机关、人民团体、企业、事业单位或者其他组织的公文、证件、证明文件、印章供他人非法使用的**； 　　（三）买卖或者使用伪造、变造的国家机关、人民团体、企业、事业单位或者其他组织的公文、证件、证明文件、**印章**的； 　　（四）伪造、变造**或者**倒卖车票、船票、航空客票、文艺演出票、体育比赛入场券或者其他有价票证、凭证的； 　　（五）伪造、变造船舶户牌，买卖或者使用伪造、变造的船舶户牌，或者涂改船舶发动机号码的。

《中华人民共和国治安管理处罚法》新旧对照表

修订前	修订后
第五十三条　船舶擅自进入、停靠国家禁止、限制进入的水域或者岛屿的，对船舶负责人及有关责任人员处五百元以上一千元以下罚款；情节严重的，处五日以下拘留，并处五百元以上一千元以下罚款。	第六十四条　船舶擅自进入、停靠国家禁止、限制进入的水域或者岛屿的，对船舶负责人及有关责任人员处一千元以上二千元以下罚款；情节严重的，处五日以下拘留，**可以**并处二千元以下罚款。
第五十四条　有下列行为之一的，处十日以上十五日以下拘留，并处五百元以上一千元以下罚款；情节较轻的，处五日以下拘留或者五百元以下罚款： （一）违反国家规定，未经注册登记，以社会团体名义进行活动，被取缔后，仍进行活动的； （二）被依法撤销登记的社会团体，仍以社会团体名义进行活动的； （三）未经许可，擅自经营按照国家规定需要由公安机关许可的行业的。 　　有前款第三项行为的，予以取缔。 　　取得公安机关许可的经营者，违反国家有关管理规定，情节严重的，公安机关可以吊销许可证。	第六十五条　有下列行为之一的，处十日以上十五日以下拘留，**可以**并处五千元以下罚款；情节较轻的，处**五日以上十日以下**拘留或者**一千元以上三千元以下**罚款： （一）违反国家规定，未经注册登记，以社会团体、**基金会、社会服务机构等社会组织**名义进行活动，被取缔后，仍进行活动的； （二）被依法撤销登记**或者吊销登记证书**的社会团体、**基金会、社会服务机构等社会组织**，仍以**原社会组织**名义进行活动的； （三）未经许可，擅自经营按照国家规定需要由公安机关许可的行业的。 　　有前款第三项行为的，予以取缔。**被取缔一年以内又实施的，处十日以上十五日以下拘留，并处三千元以上五千元以下罚款。** 　　取得公安机关许可的经营者，违反国家有关管理规定，情节严重的，公安机关可以吊销许可证**件**。
第五十五条　煽动、策划非法集会、游行、示威，不听劝阻的，处十日以上十五日以下拘留。	第六十六条　煽动、策划非法集会、游行、示威，不听劝阻的，处十日以上十五日以下拘留。
第五十六条　旅馆业**的工作人员对住宿的旅客**不按规定登记姓名、身份	第六十七条　**从事**旅馆业**经营活动**不按规定登记**住宿人员**姓名、**有效身**

修订前	修订后
证件种类和号码的，或者明知住宿的旅客将危险物质带入旅馆，不予制止的，处二百元以上五百元以下罚款。 　　旅馆业的工作人员明知住宿的旅客是犯罪嫌疑人员或者被公安机关通缉的人员，不向公安机关报告的，处二百元以上五百元以下罚款；情节严重的，处五日以下拘留，可以并处五百元以下罚款。	份证件种类和号码等信息的，或者为身份不明、拒绝登记身份信息的人提供住宿服务的，对其直接负责的主管人员和其他直接责任人员处五百元以上一千元以下罚款；情节较轻的，处警告或者五百元以下罚款。 　　实施前款行为，妨害反恐怖主义工作进行，违反《中华人民共和国反恐怖主义法》规定的，依照其规定处罚。 　　从事旅馆业经营活动有下列行为之一的，对其直接负责的主管人员和其他直接责任人员处一千元以上三千元以下罚款；情节严重的，处五日以下拘留，可以并处三千元以上五千元以下罚款： 　　（一）明知住宿人员违反规定将危险物质带入住宿区域，不予制止的； 　　（二）明知住宿人员是犯罪嫌疑人员或者被公安机关通缉的人员，不向公安机关报告的； 　　（三）明知住宿人员利用旅馆实施犯罪活动，不向公安机关报告的。
第五十七条　房屋出租人将房屋出租给无身份证件的人居住的，或者不按规定登记承租人姓名、身份证件种类和号码的，处二百元以上五百元以下罚款。 　　房屋出租人明知承租人利用出租房屋进行犯罪活动，不向公安机关报告的，处二百元以上五百元以下罚款；情节严重的，处五日以下拘留，可以并处五百元以下罚款。	**第六十八条**　房屋出租人将房屋出租给身份不明、拒绝登记身份信息的人的，或者不按规定登记承租人姓名、有效身份证件种类和号码等信息的，处五百元以上一千元以下罚款；情节较轻的，处警告或者五百元以下罚款。 　　房屋出租人明知承租人利用出租房屋实施犯罪活动，不向公安机关报告的，处一千元以上三千元以下罚款；情节严重的，处五日以下拘留，可以并处三千元以上五千元以下罚款。

修订前	修订后
	第六十九条　娱乐场所和公章刻制、机动车修理、报废机动车回收行业经营者违反法律法规关于要求登记信息的规定，不登记信息的，处警告；拒不改正或者造成后果的，对其直接负责的主管人员和其他直接责任人员处五日以下拘留或者三千元以下罚款。
	第七十条　非法安装、使用、提供窃听、窃照专用器材的，处五日以下拘留或者一千元以上三千元以下罚款；情节较重的，处五日以上十日以下拘留，并处三千元以上五千元以下罚款。
第五十九条　有下列行为之一的，处五百元以上一千元以下罚款；情节严重的，处五日以上十日以下拘留，并处五百元以上一千元以下罚款： （一）典当业工作人员承接典当的物品，不查验有关证明、不履行登记手续，或者明知是违法犯罪嫌疑人、赃物，不向公安机关报告的； （二）违反国家规定，收购铁路、油田、供电、电信、矿山、水利、测量和城市公用设施等废旧专用器材的； （三）收购公安机关通报寻查的赃物或者有赃物嫌疑的物品的； （四）收购国家禁止收购的其他物品的。	第七十一条　有下列行为之一的，处一千元以上三千元以下罚款；情节严重的，处五日以上十日以下拘留，并处一千元以上三千元以下罚款： （一）典当业工作人员承接典当的物品，不查验有关证明、不履行登记手续的，或者违反国家规定对明知是违法犯罪嫌疑人、赃物而不向公安机关报告的； （二）违反国家规定，收购铁路、油田、供电、电信、矿山、水利、测量和城市公用设施等废旧专用器材的； （三）收购公安机关通报寻查的赃物或者有赃物嫌疑的物品的； （四）收购国家禁止收购的其他物品的。
第六十条　有下列行为之一的，处五日以上十日以下拘留，并处二百元以上五百元以下罚款： （一）隐藏、转移、变卖或者损毁	第七十二条　有下列行为之一的，处五日以上十日以下拘留，可以并处一千元以下罚款；情节较轻的，处警告或者一千元以下罚款：

修订前	修订后
行政执法机关依法扣押、查封、冻结的财物的； （二）伪造、隐匿、毁灭证据或者提供虚假证言、谎报案情，影响行政执法机关依法办案的； （三）明知是赃物而窝藏、转移或者代为销售的； （四）被依法执行管制、剥夺政治权利或者在缓刑、暂予监外执行中的罪犯或者被依法采取刑事强制措施的人，有违反法律、行政法规或者国务院有关部门的监督管理规定的行为。	（一）隐藏、转移、变卖、**擅自使用**或者损毁行政执法机关依法扣押、查封、冻结、**扣留、先行登记保存**的财物的； （二）伪造、隐匿、毁灭证据或者提供虚假证言、谎报案情，影响行政执法机关依法办案的； （三）明知是赃物而窝藏、转移或者代为销售的； （四）被依法执行管制、剥夺政治权利或者在缓刑、暂予监外执行中的罪犯或者被依法采取刑事强制措施的人，有违反法律、行政法规或者国务院有关部门的监督管理规定的行为**的**。
	第七十三条 有下列行为之一的，处警告或者一千元以下罚款；情节较重的，处五日以上十日以下拘留，可以并处一千元以下罚款： （一）违反人民法院刑事判决中的禁止令或者职业禁止决定的； （二）拒不执行公安机关依照《中华人民共和国反家庭暴力法》、《中华人民共和国妇女权益保障法》出具的禁止家庭暴力告诫书、禁止性骚扰告诫书的； （三）违反监察机关在监察工作中、司法机关在刑事诉讼中依法采取的禁止接触证人、鉴定人、被害人及其近亲属保护措施的。
	第七十四条 依法被关押的违法行为人脱逃的，处十日以上十五日以下拘留；情节较轻的，处五日以上十日以下拘留。

修订前	修订后
第六十一条 协助组织或者运送他人偷越国（边）境的，处十日以上十五日以下拘留，并处一千元以上五千元以下罚款。	
第六十二条 为偷越国（边）境人员提供条件的，处五日以上十日以下拘留，并处五百元以上二千元以下罚款。 偷越国（边）境的，处五日以下拘留或者五百元以下罚款。	
第六十三条 有下列行为之一的，处警告或者二百元以下罚款；情节较重的，处五日以上十日以下拘留，并处二百元以上五百元以下罚款： （一）刻划、涂污或者以其他方式故意损坏国家保护的文物、名胜古迹的； （二）违反国家规定，在文物保护单位附近进行爆破、挖掘等活动，危及文物安全的。	第七十五条 有下列行为之一的，处警告或者五百元以下罚款；情节较重的，处五日以上十日以下拘留，并处五百元以上一千元以下罚款： （一）刻划、涂污或者以其他方式故意损坏国家保护的文物、名胜古迹的； （二）违反国家规定，在文物保护单位附近进行爆破、**钻探**、挖掘等活动，危及文物安全的。
第六十四条 有下列行为之一的，处五百元以上一千元以下罚款；情节严重的，处十日以上十五日以下拘留，并处五百元以上一千元以下罚款： （一）偷开他人机动车的； （二）未取得驾驶证驾驶或者偷开他人航空器、机动船舶的。	第七十六条 有下列行为之一的，处一千元以上二千元以下罚款；情节严重的，处十日以上十五日以下拘留，**可以**并处二千元以下罚款： （一）偷开他人机动车的； （二）未取得驾驶证驾驶或者偷开他人航空器、机动船舶的。
第六十五条 有下列行为之一的，处五日以上十日以下拘留；情节严重的，处十日以上十五日以下拘留，可以并处一千元以下罚款： （一）故意破坏、污损他人坟墓或者毁坏、丢弃他人尸骨、骨灰的；	第七十七条 有下列行为之一的，处五日以上十日以下拘留；情节严重的，处十日以上十五日以下拘留，可以并处二千元以下罚款： （一）故意破坏、污损他人坟墓或者毁坏、丢弃他人尸骨、骨灰的；

修订前	修订后
（二）在公共场所停放尸体或者因停放尸体影响他人正常生活、工作秩序，不听劝阻的。	（二）在公共场所停放尸体或者因停放尸体影响他人正常生活、工作秩序，不听劝阻的。
第六十六条　卖淫、嫖娼的，处十日以上十五日以下拘留，可以并处五千元以下罚款；情节较轻的，处五日以下拘留或者五百元以下罚款。 在公共场所拉客招嫖的，处五日以下拘留或者五百元以下罚款。	第七十八条　卖淫、嫖娼的，处十日以上十五日以下拘留，可以并处五千元以下罚款；情节较轻的，处五日以下拘留或者一千元以下罚款。 在公共场所拉客招嫖的，处五日以下拘留或者一千元以下罚款。
第六十七条　引诱、容留、介绍他人卖淫的，处十日以上十五日以下拘留，可以并处五千元以下罚款；情节较轻的，处五日以下拘留或者五百元以下罚款。	第七十九条　引诱、容留、介绍他人卖淫的，处十日以上十五日以下拘留，可以并处五千元以下罚款；情节较轻的，处五日以下拘留或者一千元以上二千元以下罚款。
第六十八条　制作、运输、复制、出售、出租淫秽的书刊、图片、影片、音像制品等淫秽物品或者利用计算机信息网络、电话以及其他通讯工具传播淫秽信息的，处十日以上十五日以下拘留，可以并处三千元以下罚款；情节较轻的，处五日以下拘留或者五百元以下罚款。	第八十条　制作、运输、复制、出售、出租淫秽的书刊、图片、影片、音像制品等淫秽物品或者利用信息网络、电话以及其他通讯工具传播淫秽信息的，处十日以上十五日以下拘留，可以并处五千元以下罚款；情节较轻的，处五日以下拘留或者一千元以上三千元以下罚款。 前款规定的淫秽物品或者淫秽信息中涉及未成年人的，从重处罚。
第六十九条　有下列行为之一的，处十日以上十五日以下拘留，并处五百元以上一千元以下罚款： （一）组织播放淫秽音像的； （二）组织或者进行淫秽表演的； （三）参与聚众淫乱活动的。 明知他人从事前款活动，为其提供条件的，依照前款的规定处罚。	第八十一条　有下列行为之一的，处十日以上十五日以下拘留，并处一千元以上二千元以下罚款： （一）组织播放淫秽音像的； （二）组织或者进行淫秽表演的； （三）参与聚众淫乱活动的。 明知他人从事前款活动，为其提供条件的，依照前款的规定处罚。

修订前	修订后
	组织未成年人从事第一款活动的，从重处罚。
第七十条　以营利为目的，为赌博提供条件的，或者参与赌博赌资较大的，处五日以下拘留或者五百元以下罚款；情节严重的，处十日以上十五日以下拘留，并处五百元以上三千元以下罚款。	第八十二条　以营利为目的，为赌博提供条件的，或者参与赌博赌资较大的，处五日以下拘留或者一千元以下罚款；情节严重的，处十日以上十五日以下拘留，并处一千元以上五千元以下罚款。
第七十一条　有下列行为之一的，处十日以上十五日以下拘留，可以并处三千元以下罚款；情节较轻的，处五日以下拘留或者五百元以下罚款： （一）非法种植罂粟不满五百株或者其他少量毒品原植物的； （二）非法买卖、运输、携带、持有少量未经灭活的罂粟等毒品原植物种子或者幼苗的； （三）非法运输、买卖、储存、使用少量罂粟壳的。 有前款第一项行为，在成熟前自行铲除的，不予处罚。	第八十三条　有下列行为之一的，处十日以上十五日以下拘留，可以并处五千元以下罚款；情节较轻的，处五日以下拘留或者一千元以下罚款： （一）非法种植罂粟不满五百株或者其他少量毒品原植物的； （二）非法买卖、运输、携带、持有少量未经灭活的罂粟等毒品原植物种子或者幼苗的； （三）非法运输、买卖、储存、使用少量罂粟壳的。 有前款第一项行为，在成熟前自行铲除的，不予处罚。
第七十二条　有下列行为之一的，处十日以上十五日以下拘留，可以并处二千元以下罚款；情节较轻的，处五日以下拘留或者五百元以下罚款： （一）非法持有鸦片不满二百克、海洛因或者甲基苯丙胺不满十克或者其他少量毒品的； （二）向他人提供毒品的； （三）吸食、注射毒品的； （四）胁迫、欺骗医务人员开具麻醉药品、精神药品的。	第八十四条　有下列行为之一的，处十日以上十五日以下拘留，可以并处三千元以下罚款；情节较轻的，处五日以下拘留或者一千元以下罚款： （一）非法持有鸦片不满二百克、海洛因或者甲基苯丙胺不满十克或者其他少量毒品的； （二）向他人提供毒品的； （三）吸食、注射毒品的； （四）胁迫、欺骗医务人员开具麻醉药品、精神药品的。 聚众、组织吸食、注射毒品的，对

修订前	修订后
	首要分子、组织者依照前款的规定从重处罚。 吸食、注射毒品的，可以同时责令其六个月至一年以内不得进入娱乐场所、不得擅自接触涉及毒品违法犯罪人员。违反规定的，处五日以下拘留或者一千元以下罚款。
第七十三条 教唆、引诱、欺骗他人吸食、注射毒品的，处十日以上十五日以下拘留，并处五百元以上二千元以下罚款。	第八十五条 引诱、教唆、欺骗或者强迫他人吸食、注射毒品的，处十日以上十五日以下拘留，并处一千元以上五千元以下罚款。 容留他人吸食、注射毒品或者介绍买卖毒品的，处十日以上十五日以下拘留，可以并处三千元以下罚款；情节较轻的，处五日以下拘留或者一千元以下罚款。
	第八十六条 违反国家规定，非法生产、经营、购买、运输用于制造毒品的原料、配剂的，处十日以上十五日以下拘留；情节较轻的，处五日以上十日以下拘留。
第七十四条 旅馆业、饮食服务业、文化娱乐业、出租汽车业等单位的人员，在公安机关查处吸毒、赌博、卖淫、嫖娼活动时，为违法犯罪行为人通风报信的，处十日以上十五日以下拘留。	第八十七条 旅馆业、饮食服务业、文化娱乐业、出租汽车业等单位的人员，在公安机关查处吸毒、赌博、卖淫、嫖娼活动时，为违法犯罪行为人通风报信的，或者以其他方式为上述活动提供条件的，处十日以上十五日以下拘留；情节较轻的，处五日以下拘留或者一千元以上二千元以下罚款。
第五十八条 违反关于社会生活噪声污染防治的法律规定，制造噪声干	第八十八条 违反关于社会生活噪声污染防治的法律法规规定，产生社

修订前	修订后
扰他人正常生活的，处警告；警告后不改正的，处二百元以上五百元以下罚款。	会生活噪声，经基层群众性自治组织、业主委员会、物业服务人、有关部门依法劝阻、调解和处理未能制止，继续干扰他人正常生活、工作和学习的，处五日以下拘留或者一千元以下罚款；情节严重的，处五日以上十日以下拘留，可以并处一千元以下罚款。
第七十五条　饲养动物，干扰他人正常生活的，处警告；警告后不改正的，或者放任动物恐吓他人的，处二百元以上五百元以下罚款。 　　驱使动物伤害他人的，依照本法第四十三条第一款的规定处罚。	第八十九条　饲养动物，干扰他人正常生活的，处警告；警告后不改正的，或者放任动物恐吓他人的，处一千元以下罚款。 　　违反有关法律、法规、规章规定，出售、饲养烈性犬等危险动物的，处警告；警告后不改正的，或者致使动物伤害他人的，处五日以下拘留或者一千元以下罚款；情节较重的，处五日以上十日以下拘留。 　　未对动物采取安全措施，致使动物伤害他人的，处一千元以下罚款；情节较重的，处五日以上十日以下拘留。 　　驱使动物伤害他人的，依照本法第五十一条的规定处罚。
第七十六条　有本法第六十七条、第六十八条、第七十条的行为，屡教不改的，可以按照国家规定采取强制性教育措施。	
第四章　处罚程序	第四章　处罚程序
第一节　调　查	第一节　调　查
第七十七条　公安机关对报案、控告、举报或者违反治安管理行为人主动投案，以及其他行政主管部门、司法机关移送的违反治安管理案件，应	第九十条　公安机关对报案、控告、举报或者违反治安管理行为人主动投案，以及其他国家机关移送的违反治安管理案件，应当立即立案并进行

修订前	修订后
当及时受理，并进行登记。 　　**第七十八条**　公安机关受理报案、控告、举报、投案后，认为属于违反治安管理行为的，应当立即进行调查；认为不属于违反治安管理行为的，应当告知报案人、控告人、举报人、投案人，并说明理由。	调查；认为不属于违反治安管理行为的，应当告知报案人、控告人、举报人、投案人，并说明理由。
第七十九条　公安机关及其人民警察对治安案件的调查，应当依法进行。严禁刑讯逼供或者采用威胁、引诱、欺骗等非法手段收集证据。 　　以非法手段收集的证据不得作为处罚的根据。	**第九十一条**　公安机关及其人民警察对治安案件的调查，应当依法进行。严禁刑讯逼供或者采用威胁、引诱、欺骗等非法手段收集证据。 　　以非法手段收集的证据不得作为处罚的根据。
	第九十二条　公安机关办理治安案件，有权向有关单位和个人收集、调取证据。有关单位和个人应当如实提供证据。 　　公安机关向有关单位和个人收集、调取证据时，应当告知其必须如实提供证据，以及伪造、隐匿、毁灭证据或者提供虚假证言应当承担的法律责任。
	第九十三条　在办理刑事案件过程中以及其他执法办案机关在移送案件前依法收集的物证、书证、视听资料、电子数据等证据材料，可以作为治安案件的证据使用。
第八十条　公安机关及其人民警察在办理治安案件时，对涉及的国家秘密、商业秘密或者个人隐私，应当予以保密。	**第九十四条**　公安机关及其人民警察在办理治安案件时，对涉及的国家秘密、商业秘密、个人隐私或者个人信息，应当予以保密。

《中华人民共和国治安管理处罚法》新旧对照表

修订前	修订后
第八十一条　人民警察在办理治安案件过程中，遇有下列情形之一的，应当回避；违反治安管理行为人、被侵害人或者其法定代理人也有权要求他们回避： （一）是本案当事人或者当事人的近亲属的； （二）本人或者其近亲属与本案有利害关系的； （三）与本案当事人有其他关系，可能影响案件公正处理的。 　　人民警察的回避，由其所属的公安机关决定；公安机关负责人的回避，由上一级公安机关决定。	第九十五条　人民警察在办理治安案件过程中，遇有下列情形之一的，应当回避；违反治安管理行为人、被侵害人或者其法定代理人也有权要求他们回避： （一）是本案当事人或者当事人的近亲属的； （二）本人或者其近亲属与本案有利害关系的； （三）与本案当事人有其他关系，可能影响案件公正处理的。 　　人民警察的回避，由其所属的公安机关决定；公安机关负责人的回避，由上一级公安机关决定。
第八十二条　需要传唤违反治安管理行为人接受调查的，经公安机关办案部门负责人批准，使用传唤证传唤。对现场发现的违反治安管理行为人，人民警察经出示**工作证件**，可以口头传唤，但应当在询问笔录中注明。 　　公安机关应当将传唤的原因和依据告知被传唤人。对无正当理由不接受传唤或者逃避传唤的人，可以强制传唤。	第九十六条　需要传唤违反治安管理行为人接受调查的，经公安机关办案部门负责人批准，使用传唤证传唤。对现场发现的违反治安管理行为人，人民警察经出示**人民警察证**，可以口头传唤，但应当在询问笔录中注明。 　　公安机关应当将传唤的原因和依据告知被传唤人。对无正当理由不接受传唤或者逃避传唤的人，**经公安机关办案部门负责人批准**，可以强制传唤。
第八十三条　对违反治安管理行为人，公安机关传唤后应当及时询问查证，询问查证的时间不得超过八小时；情况复杂，依照本法规定可能适用行政拘留处罚的，询问查证的时间不得超过二十四小时。 　　公安机关应当及时将传唤的原因和处所通知被传唤人家属。	第九十七条　对违反治安管理行为人，公安机关传唤后应当及时询问查证，询问查证的时间不得超过八小时；**涉案人数众多、违反治安管理行为人身份不明的，询问查证的时间不得超过十二小时**；情况复杂，依照本法规定可能适用行政拘留处罚的，询问查证的时间不得超过二十四小时。在

修订前	修订后
	执法办案场所询问违反治安管理行为人，应当全程同步录音录像。 　　公安机关应当及时将传唤的原因和处所通知被传唤人家属。 　　**询问查证期间，公安机关应当保证违反治安管理行为人的饮食、必要的休息时间等正当需求。**
第八十四条　询问笔录应当交被询问人核对；对没有阅读能力的，应当向其宣读。记载有遗漏或者差错的，被询问人可以提出补充或者更正。被询问人确认笔录无误后，应当签名或者盖章，询问的人民警察也应当在笔录上签名。 　　被询问人要求就被询问事项自行提供书面材料的，应当准许；必要时，人民警察也可以要求被询问人自行书写。 　　询问不满十六周岁的违反治安管理行为人，应当通知其父母或者其他监护人到场。	第九十八条　询问笔录应当交被询问人核对；对没有阅读能力的，应当向其宣读。记载有遗漏或者差错的，被询问人可以提出补充或者更正。被询问人确认笔录无误后，应当签名、盖章**或者按指印**，询问的人民警察也应当在笔录上签名。 　　被询问人要求就被询问事项自行提供书面材料的，应当准许；必要时，人民警察也可以要求被询问人自行书写。 　　询问不满十**八**周岁的违反治安管理行为人，应当通知其父母或者其他监护人到场；**其父母或者其他监护人不能到场的，也可以通知其他成年亲属，所在学校、单位、居住地基层组织或者未成年人保护组织的代表等合适成年人到场，并将有关情况记录在案。确实无法通知或者通知后未到场的，应当在笔录中注明。**
第八十五条　人民警察询问被侵害人或者其他证人，可以到其所在单位或者住处进行；必要时，也可以通知其到公安机关提供证言。 　　人民警察在公安机关以外询问被侵害人或者其他证人，应当出示工作证件。	第九十九条　人民警察询问被侵害人或者其他证人，**可以在现场进行，也**可以到其所在单位、住处**或者其提出的地点**进行；必要时，也可以通知其到公安机关提供证言。 　　人民警察在公安机关以外询问被侵害人或者其他证人，应当出示**人民警**

修订前	修订后
询问被侵害人或者其他证人，同时适用本法第八十四条的规定。	察证。 询问被侵害人或者其他证人，同时适用本法第九十八条的规定。
	第一百条　违反治安管理行为人、被侵害人或者其他证人在异地的，公安机关可以委托异地公安机关代为询问，也可以通过公安机关的视频系统远程询问。 通过远程视频方式询问的，应当向被询问人宣读询问笔录，被询问人确认笔录无误后，询问的人民警察应当在笔录上注明。询问和宣读过程应当全程同步录音录像。
第八十六条　询问聋哑的违反治安管理行为人、被侵害人或者其他证人，应当有通晓手语的人提供帮助，并在笔录上注明。 询问不通晓当地通用的语言文字的违反治安管理行为人、被侵害人或者其他证人，应当配备翻译人员，并在笔录上注明。	第一百零一条　询问聋哑的违反治安管理行为人、被侵害人或者其他证人，应当有通晓手语**等交流方式**的人提供帮助，并在笔录上注明。 询问不通晓当地通用的语言文字的违反治安管理行为人、被侵害人或者其他证人，应当配备翻译人员，并在笔录上注明。
	第一百零二条　为了查明案件事实，确定违反治安管理行为人、被侵害人的某些特征、伤害情况或者生理状态，需要对其人身进行检查，提取或者采集肖像、指纹信息和血液、尿液等生物样本的，经公安机关办案部门负责人批准后进行。对已经提取、采集的信息或者样本，不得重复提取、采集。提取或者采集被侵害人的信息或者样本，应当征得被侵害人或者其监护人同意。

修订前	修订后
第八十七条　公安机关对与违反治安管理行为有关的场所、物品、人身可以进行检查。检查时，人民警察不得少于二人，并应当出示工作证件和县级以上人民政府公安机关开具的检查证明文件。对确有必要立即进行检查的，人民警察经出示工作证件，可以当场检查，但检查公民住所应当出示县级以上人民政府公安机关开具的检查证明文件。 　　检查妇女的身体，应当由女性工作人员进行。	第一百零三条　公安机关对与违反治安管理行为有关的场所或者违反治安管理行为人的人身、物品可以进行检查。检查时，人民警察不得少于二人，并应当出示人民警察证。 　　对场所进行检查的，经县级以上人民政府公安机关负责人批准，使用检查证检查；对确有必要立即进行检查的，人民警察经出示人民警察证，可以当场检查，并应当全程同步录音录像。检查公民住所应当出示县级以上人民政府公安机关开具的检查证。 　　检查妇女的身体，应当由女性工作人员或者医师进行。
第八十八条　检查的情况应当制作检查笔录，由检查人、被检查人和见证人签名或者盖章；被检查人拒绝签名的，人民警察应当在笔录上注明。	第一百零四条　检查的情况应当制作检查笔录，由检查人、被检查人和见证人签名、盖章或者按指印；被检查人不在场或者被检查人、见证人拒绝签名的，人民警察应当在笔录上注明。
第八十九条　公安机关办理治安案件，对与案件有关的需要作为证据的物品，可以扣押；对被侵害人或者善意第三人合法占有的财产，不得扣押，应当予以登记。对与案件无关的物品，不得扣押。 　　对扣押的物品，应当会同在场见证人和被扣押物品持有人查点清楚，当场开列清单一式二份，由调查人员、见证人和持有人签名或者盖章，一份交给持有人，另一份附卷备查。 　　对扣押的物品，应当妥善保管，不得挪作他用；对不宜长期保存的物品，	第一百零五条　公安机关办理治安案件，对与案件有关的需要作为证据的物品，可以扣押；对被侵害人或者善意第三人合法占有的财产，不得扣押，应当予以登记，但是对其中与案件有关的必须鉴定的物品，可以扣押，鉴定后应当立即解除。对与案件无关的物品，不得扣押。 　　对扣押的物品，应当会同在场见证人和被扣押物品持有人查点清楚，当场开列清单一式二份，由调查人员、见证人和持有人签名或者盖章，一份交给持有人，另一份附卷备查。

修订前	修订后
按照有关规定处理。经查明与案件无关的，应当及时退还；经核实属于他人合法财产的，应当登记后立即退还；满六个月无人对该财产主张权利或者无法查清权利人的，应当公开拍卖或者按照国家有关规定处理，所得款项上缴国库。	实施扣押前应当报经公安机关负责人批准；因情况紧急或者物品价值不大，当场实施扣押的，人民警察应当及时向其所属公安机关负责人报告，并补办批准手续。公安机关负责人认为不应当扣押的，应当立即解除。当场实施扣押的，应当全程同步录音录像。 　　对扣押的物品，应当妥善保管，不得挪作他用；对不宜长期保存的物品，按照有关规定处理。经查明与案件无关或者经核实属于被侵害人或者他人合法财产的，应当登记后立即退还；满六个月无人对该财产主张权利或者无法查清权利人的，应当公开拍卖或者按照国家有关规定处理，所得款项上缴国库。
第九十条　为了查明案情，需要解决案件中有争议的专门性问题的，应当指派或者聘请具有专门知识的人员进行鉴定；鉴定人鉴定后，应当写出鉴定意见，并且签名。	**第一百零六条**　为了查明案情，需要解决案件中有争议的专门性问题的，应当指派或者聘请具有专门知识的人员进行鉴定；鉴定人鉴定后，应当写出鉴定意见，并且签名。
	第一百零七条　为了查明案情，人民警察可以让违反治安管理行为人、被侵害人和其他证人对与违反治安管理行为有关的场所、物品进行辨认，也可以让被侵害人、其他证人对违反治安管理行为人进行辨认，或者让违反治安管理行为人对其他违反治安管理行为人进行辨认。 　　辨认应当制作辨认笔录，由人民警察和辨认人签名、盖章或者按指印。

修订前	修订后
	第一百零八条 公安机关进行询问、辨认、勘验，实施行政强制措施等调查取证工作时，人民警察不得少于二人。 公安机关在规范设置、严格管理的执法办案场所进行询问、扣押、辨认的，或者进行调解的，可以由一名人民警察进行。 依照前款规定由一名人民警察进行询问、扣押、辨认、调解的，应当全程同步录音录像。未按规定全程同步录音录像或者录音录像资料损毁、丢失的，相关证据不能作为处罚的根据。
第二节　决　定	第二节　决　定
第九十一条 治安管理处罚由县级以上人民政府公安机关决定；其中警告、五百元以下的罚款可以由公安派出所决定。	**第一百零九条** 治安管理处罚由县级以上**地方**人民政府公安机关决定；其中警告、**一千元**以下的罚款，可以由公安派出所决定。
第九十二条 对决定给予行政拘留处罚的人，在处罚前已经采取强制措施限制人身自由的时间，应当折抵。限制人身自由一日，折抵行政拘留一日。	**第一百一十条** 对决定给予行政拘留处罚的人，在处罚前已经采取强制措施限制人身自由的时间，应当折抵。限制人身自由一日，折抵行政拘留一日。
第九十三条 公安机关查处治安案件，对没有本人陈述，但其他证据能够证明案件事实的，可以作出治安管理处罚决定。但是，只有本人陈述，没有其他证据证明的，不能作出治安管理处罚决定。	**第一百一十一条** 公安机关查处治安案件，对没有本人陈述，但其他证据能够证明案件事实的，可以作出治安管理处罚决定。但是，只有本人陈述，没有其他证据证明的，不能作出治安管理处罚决定。
第九十四条 公安机关作出治安管理处罚决定前，应当告知违反治安管理行为人作出治安管理处罚的事实、	**第一百一十二条** 公安机关作出治安管理处罚决定前，应当告知违反治安管理行为人**拟**作出治安管理处罚的

修订前	修订后
理由及依据，并告知违反治安管理行为人依法享有的权利。 　　违反治安管理行为人有权陈述和申辩。公安机关必须充分听取违反治安管理行为人的意见，对违反治安管理行为人提出的事实、理由和证据，应当进行复核；违反治安管理行为人提出的事实、理由或者证据成立的，公安机关应当采纳。 　　公安机关不得因违反治安管理行为人的陈述、申辩而加重处罚。	内容及事实、理由、依据，并告知违反治安管理行为人依法享有的权利。 　　违反治安管理行为人有权陈述和申辩。公安机关必须充分听取违反治安管理行为人的意见，对违反治安管理行为人提出的事实、理由和证据，应当进行复核；违反治安管理行为人提出的事实、理由或者证据成立的，公安机关应当采纳。 　　违反治安管理行为人不满十八周岁的，还应当依照前两款的规定告知未成年人的父母或者其他监护人，充分听取其意见。 　　公安机关不得因违反治安管理行为人的陈述、申辩而加重其处罚。
第九十五条　治安案件调查结束后，公安机关应当根据不同情况，分别作出以下处理： 　　（一）确有依法应当给予治安管理处罚的违法行为的，根据情节轻重及具体情况，作出处罚决定； 　　（二）依法不予处罚的，或者违法事实不能成立的，作出不予处罚决定； 　　（三）违法行为已涉嫌犯罪的，移送主管机关依法追究刑事责任； 　　（四）发现违反治安管理行为人有其他违法行为的，在对违反治安管理行为作出处罚决定的同时，通知有关行政主管部门处理。	第一百一十三条　治安案件调查结束后，公安机关应当根据不同情况，分别作出以下处理： 　　（一）确有依法应当给予治安管理处罚的违法行为的，根据情节轻重及具体情况，作出处罚决定； 　　（二）依法不予处罚的，或者违法事实不能成立的，作出不予处罚决定； 　　（三）违法行为已涉嫌犯罪的，移送有关主管机关依法追究刑事责任； 　　（四）发现违反治安管理行为人有其他违法行为的，在对违反治安管理行为作出处罚决定的同时，通知或者移送有关主管机关处理。 　　对情节复杂或者重大违法行为给予治安管理处罚，公安机关负责人应当集体讨论决定。

修订前	修订后
	第一百一十四条 有下列情形之一的，在公安机关作出治安管理处罚决定之前，应当由从事治安管理处罚决定法制审核的人员进行法制审核；未经法制审核或者审核未通过的，不得作出决定： （一）涉及重大公共利益的； （二）直接关系当事人或者第三人重大权益，经过听证程序的； （三）案件情况疑难复杂、涉及多个法律关系的。 公安机关中初次从事治安管理处罚决定法制审核的人员，应当通过国家统一法律职业资格考试取得法律职业资格。
第九十六条 公安机关作出治安管理处罚决定的，应当制作治安管理处罚决定书。决定书应当载明下列内容： （一）被处罚人的姓名、性别、年龄、身份证件的名称和号码、住址； （二）违法事实和证据； （三）处罚的种类和依据； （四）处罚的执行方式和期限； （五）对处罚决定不服，申请行政复议、提起行政诉讼的途径和期限； （六）作出处罚决定的公安机关的名称和作出决定的日期。 决定书应当由作出处罚决定的公安机关加盖印章。	第一百一十五条 公安机关作出治安管理处罚决定的，应当制作治安管理处罚决定书。决定书应当载明下列内容： （一）被处罚人的姓名、性别、年龄、身份证件的名称和号码、住址； （二）违法事实和证据； （三）处罚的种类和依据； （四）处罚的执行方式和期限； （五）对处罚决定不服，申请行政复议、提起行政诉讼的途径和期限； （六）作出处罚决定的公安机关的名称和作出决定的日期。 决定书应当由作出处罚决定的公安机关加盖印章。
第九十七条 公安机关应当向被处罚人宣告治安管理处罚决定书，并当场交付被处罚人；无法当场向被处罚	第一百一十六条 公安机关应当向被处罚人宣告治安管理处罚决定书，并当场交付被处罚人；无法当场向被处

修订前	修订后
人宣告的，应当在二日内送达被处罚人。决定给予行政拘留处罚的，应当及时通知被处罚人的家属。 　　有被侵害人的，公安机关应当将决定书副本抄送被侵害人。	罚人宣告的，应当在二日以内送达被处罚人。决定给予行政拘留处罚的，应当及时通知被处罚人的家属。 　　有被侵害人的，公安机关应当将决定书送达被侵害人。
第九十八条　公安机关作出吊销许可证以及处二千元以上罚款的治安管理处罚决定前，应当告知违反治安管理行为人有权要求举行听证；违反治安管理行为人要求听证的，公安机关应当及时依法举行听证。	**第一百一十七条**　公安机关作出吊销许可证件、处四千元以上罚款的治安管理处罚决定或者采取责令停业整顿措施前，应当告知违反治安管理行为人有权要求举行听证；违反治安管理行为人要求听证的，公安机关应当及时依法举行听证。 　　对依照本法第二十三条第二款规定可能执行行政拘留的未成年人，公安机关应当告知未成年人和其监护人有权要求举行听证；未成年人和其监护人要求听证的，公安机关应当及时依法举行听证。对未成年人案件的听证不公开举行。 　　前两款规定以外的案情复杂或者具有重大社会影响的案件，违反治安管理行为人要求听证，公安机关认为必要的，应当及时依法举行听证。 　　公安机关不得因违反治安管理行为人要求听证而加重其处罚。
第九十九条　公安机关办理治安案件的期限，自受理之日起不得超过三十日；案情重大、复杂的，经上一级公安机关批准，可以延长三十日。 　　为了查明案情进行鉴定的期间，不计入办理治安案件的期限。	**第一百一十八条**　公安机关办理治安案件的期限，自立案之日起不得超过三十日；案情重大、复杂的，经上一级公安机关批准，可以延长三十日。期限延长以二次为限。公安派出所办理的案件需要延长期限的，由所属公安机关批准。 　　为了查明案情进行鉴定的期间、听证的期间，不计入办理治安案件的期限。

修订前	修订后
第一百条 违反治安管理行为事实清楚，证据确凿，处警告或者二百元以下罚款的，可以当场作出治安管理处罚决定。	第一百一十九条 违反治安管理行为事实清楚，证据确凿，处警告或者五百元以下罚款的，可以当场作出治安管理处罚决定。
第一百零一条 当场作出治安管理处罚决定的，人民警察应当向违反治安管理行为人出示工作证件，并填写处罚决定书。处罚决定书应当当场交付被处罚人；有被侵害人的，并将决定书副本抄送被侵害人。 前款规定的处罚决定书，应当载明被处罚人的姓名、违法行为、处罚依据、罚款数额、时间、地点以及公安机关名称，并由经办的人民警察签名或者盖章。 当场作出治安管理处罚决定的，经办的人民警察应当在二十四小时内报所属公安机关备案。	第一百二十条 当场作出治安管理处罚决定的，人民警察应当向违反治安管理行为人出示人民警察证，并填写处罚决定书。处罚决定书应当当场交付被处罚人；有被侵害人的，并应当将决定书送达被侵害人。 前款规定的处罚决定书，应当载明被处罚人的姓名、违法行为、处罚依据、罚款数额、时间、地点以及公安机关名称，并由经办的人民警察签名或者盖章。 适用当场处罚，被处罚人对拟作出治安管理处罚的内容及事实、理由、依据没有异议的，可以由一名人民警察作出治安管理处罚决定，并应当全程同步录音录像。 当场作出治安管理处罚决定的，经办的人民警察应当在二十四小时以内报所属公安机关备案。
第一百零二条 被处罚人对治安管理处罚决定不服的，可以依法申请行政复议或者提起行政诉讼。	第一百二十一条 被处罚人、被侵害人对公安机关依照本法规定作出的治安管理处罚决定，作出的收缴、追缴决定，或者采取的有关限制性、禁止性措施等不服的，可以依法申请行政复议或者提起行政诉讼。
第三节 执 行	第三节 执 行
第一百零三条 对被决定给予行政拘留处罚的人，由作出决定的公安机	第一百二十二条 对被决定给予行政拘留处罚的人，由作出决定的公安

修订前	修订后
关送达拘留所执行。	机关送拘留所执行；**执行期满，拘留所应当按时解除拘留，发给解除拘留证明书。** 　　**被决定给予行政拘留处罚的人在异地被抓获或者有其他有必要在异地拘留所执行情形的，经异地拘留所主管公安机关批准，可以在异地执行。**
第一百零四条　受到罚款处罚的人应当自收到处罚决定书之日起十五日内，到指定的银行缴纳罚款。但是，有下列情形之一的，人民警察可以当场收缴罚款： 　　（一）被处五十元以下罚款，被处罚人对罚款无异议的； 　　（二）在边远、水上、交通不便地区，公安机关及其人民警察依照本法的规定作出罚款决定后，被处罚人向指定的银行缴纳罚款确有困难，经被处罚人提出的； 　　（三）被处罚人在当地没有固定住所，不当场收缴事后难以执行的。	第一百二十三条　受到罚款处罚的人应当自收到处罚决定书之日起十五日**以内**，到指定的银行**或者通过电子支付系统**缴纳罚款。但是，有下列情形之一的，人民警察可以当场收缴罚款： 　　（一）被处**二百**元以下罚款，被处罚人对罚款无异议的； 　　（二）在边远、水上、交通不便地区，**旅客列车上或者口岸，**公安机关及其人民警察依照本法的规定作出罚款决定后，被处罚人**到**指定的银行**或者通过电子支付系统**缴纳罚款确有困难，经被处罚人提出的； 　　（三）被处罚人在当地没有固定住所，不当场收缴事后难以执行的。
第一百零五条　人民警察当场收缴的罚款，应当自收缴罚款之日起二日内，交至所属的公安机关；在水上、旅客列车上当场收缴的罚款，应当自抵岸或者到站之日起二日内，交至所属的公安机关；公安机关应当自收到罚款之日起二日内将罚款缴付指定的银行。	第一百二十四条　人民警察当场收缴的罚款，应当自收缴罚款之日起二日**以内**，交至所属的公安机关；在水上、旅客列车上当场收缴的罚款，应当自抵岸或者到站之日起二日**以内**，交至所属的公安机关；公安机关应当自收到罚款之日起二日**以内**将罚款缴付指定的银行。

修订前	修订后
第一百零六条 人民警察当场收缴罚款的，应当向被处罚人出具省、自治区、直辖市人民政府财政部门统一制发的罚款收据；不出具统一制发的罚款收据的，被处罚人有权拒绝缴纳罚款。	**第一百二十五条** 人民警察当场收缴罚款的，应当向被处罚人出具省级以上人民政府财政部门统一制发的专用票据；不出具统一制发的专用票据的，被处罚人有权拒绝缴纳罚款。
第一百零七条 被处罚人不服行政拘留处罚决定，申请行政复议、提起行政诉讼的，可以向公安机关提出暂缓执行行政拘留的申请。公安机关认为暂缓执行行政拘留不致发生社会危险的，由被处罚人或者其近亲属提出符合本法第一百零八条规定条件的担保人，或者按每日行政拘留二百元的标准交纳保证金，行政拘留的处罚决定暂缓执行。	**第一百二十六条** 被处罚人不服行政拘留处罚决定，申请行政复议、提起行政诉讼的，遇有参加升学考试、子女出生或者近亲属病危、死亡等情形的，可以向公安机关提出暂缓执行行政拘留的申请。公安机关认为暂缓执行行政拘留不致发生社会危险的，由被处罚人或者其近亲属提出符合本法第一百二十七条规定条件的担保人，或者按每日行政拘留二百元的标准交纳保证金，行政拘留的处罚决定暂缓执行。 　　正在被执行行政拘留处罚的人遇有参加升学考试、子女出生或者近亲属病危、死亡等情形，被拘留人或者其近亲属申请出所的，由公安机关依照前款规定执行。被拘留人出所的时间不计入拘留期限。
第一百零八条 担保人应当符合下列条件： 　　（一）与本案无牵连； 　　（二）享有政治权利，人身自由未受到限制； 　　（三）在当地有常住户口和固定住所； 　　（四）有能力履行担保义务。	**第一百二十七条** 担保人应当符合下列条件： 　　（一）与本案无牵连； 　　（二）享有政治权利，人身自由未受到限制； 　　（三）在当地有常住户口和固定住所； 　　（四）有能力履行担保义务。

《中华人民共和国治安管理处罚法》新旧对照表

修订前	修订后
第一百零九条　担保人应当保证被担保人不逃避行政拘留处罚的执行。 　　担保人不履行担保义务，致使被担保人逃避行政拘留处罚的执行的，由公安机关对其处三千元以下罚款。	第一百二十八条　担保人应当保证被担保人不逃避行政拘留处罚的执行。 　　担保人不履行担保义务，致使被担保人逃避行政拘留处罚的执行的，处三千元以下罚款。
第一百一十条　被决定给予行政拘留处罚的人交纳保证金，暂缓行政拘留后，逃避行政拘留处罚的执行的，保证金予以没收并上缴国库，已经作出的行政拘留决定仍应执行。	第一百二十九条　被决定给予行政拘留处罚的人交纳保证金，暂缓行政拘留**或者出所**后，逃避行政拘留处罚的执行的，保证金予以没收并上缴国库，已经作出的行政拘留决定仍应执行。
第一百一十一条　行政拘留的处罚决定被撤销，或者行政拘留处罚开始执行的，公安机关收取的保证金应当及时退还交纳人。	第一百三十条　行政拘留的处罚决定被撤销，行政拘留处罚开始**执行，或者出所后继续执行的**，公安机关收取的保证金应当及时退还交纳人。
第五章　执法监督	第五章　执法监督
第一百一十二条　公安机关及其人民警察应当依法、公正、严格、高效办理治安案件，文明执法，不得徇私舞弊。	第一百三十一条　公安机关及其人民警察应当依法、公正、严格、高效办理治安案件，文明执法，不得徇私舞弊、**玩忽职守、滥用职权**。
第一百一十三条　公安机关及其人民警察办理治安案件，禁止对违反治安管理行为人打骂、虐待或者侮辱。	第一百三十二条　公安机关及其人民警察办理治安案件，禁止对违反治安管理行为人打骂、虐待或者侮辱。
第一百一十四条　公安机关及其人民警察办理治安案件，应当自觉接受社会和公民的监督。 　　公安机关及其人民警察办理治安案件，不严格执法或者有违法违纪行为的，任何单位和个人都有权向公安机关或者人民检察院、行政监察机关检	第一百三十三条　公安机关及其人民警察办理治安案件，应当自觉接受社会和公民的监督。 　　公安机关及其人民警察办理治安案件，不严格执法或者有违法违纪行为的，任何单位和个人都有权向公安机关或者人民检察院、监察机关检举、

修订前	修订后
举、控告；收到检举、控告的机关，应当依据职责及时处理。	控告；收到检举、控告的机关，应当依据职责及时处理。
	第一百三十四条 公安机关作出治安管理处罚决定，发现被处罚人是公职人员，依照《中华人民共和国公职人员政务处分法》的规定需要给予政务处分的，应当依照有关规定及时通报监察机关等有关单位。
第一百一十五条 公安机关依法实施罚款处罚，应当依照有关法律、行政法规的规定，实行罚款决定与罚款收缴分离；收缴的罚款应当全部上缴国库。	第一百三十五条 公安机关依法实施罚款处罚，应当依照有关法律、行政法规的规定，实行罚款决定与罚款收缴分离；收缴的罚款应当全部上缴国库，不得返还、变相返还，不得与经费保障挂钩。
	第一百三十六条 违反治安管理的记录应当予以封存，不得向任何单位和个人提供或者公开，但有关国家机关为办案需要或者有关单位根据国家规定进行查询的除外。依法进行查询的单位，应当对被封存的违法记录的情况予以保密。
	第一百三十七条 公安机关应当履行同步录音录像运行安全管理职责，完善技术措施，定期维护设施设备，保障录音录像设备运行连续、稳定、安全。
	第一百三十八条 公安机关及其人民警察不得将在办理治安案件过程中获得的个人信息，依法提取、采集的相关信息、样本用于与治安管理、查处犯罪无关的用途，不得出售、提供给其他单位或者个人。

修订前	修订后
第一百一十六条 人民警察办理治安案件，有下列行为之一的，依法给予**行政**处分；构成犯罪的，依法追究刑事责任： （一）刑讯逼供、体罚、虐待、侮辱他人的； （二）超过询问查证的时间限制人身自由的； （三）不执行罚款决定与罚款收缴分离制度或者不按规定将罚没的财物上缴国库或者依法处理的； （四）私分、侵占、挪用、故意损毁收缴、扣押的财物的； （五）违反规定使用或者不及时返还被侵害人财物的； （六）违反规定不及时退还保证金的； （七）利用职务上的便利收受他人财物或者谋取其他利益的； （八）当场收缴罚款不出具**罚款收据**或者不如实填写罚款数额的； （九）接到要求制止违反治安管理行为的报警后，不及时出警的； （十）在查处违反治安管理活动时，为违法犯罪行为人通风报信的； （十一）有徇私舞弊、滥用职权，不依法履行法定职责的其他情形。 办理治安案件的公安机关有前款所列行为的，对**直接负责的主管人员和其他直接责任人员**给予**相应的行政**处分。	**第一百三十九条** 人民警察办理治安案件，有下列行为之一的，依法给予处分；构成犯罪的，依法追究刑事责任： （一）刑讯逼供、体罚、**打骂**、虐待、侮辱他人的； （二）超过询问查证的时间限制人身自由的； （三）不执行罚款决定与罚款收缴分离制度或者不按规定将罚没的财物上缴国库或者依法处理的； （四）私分、侵占、挪用、故意损毁**所**收缴、**追缴**、扣押的财物的； （五）违反规定使用或者不及时返还被侵害人财物的； （六）违反规定不及时退还保证金的； （七）利用职务上的便利收受他人财物或者谋取其他利益的； （八）当场收缴罚款不出具**专用票据**或者不如实填写罚款数额的； （九）接到要求制止违反治安管理行为的报警后，不及时出警的； （十）在查处违反治安管理活动时，为违法犯罪行为人通风报信的； **（十一）泄露办理治安案件过程中的工作秘密或者其他依法应当保密的信息的；** **（十二）将在办理治安案件过程中获得的个人信息，依法提取、采集的相关信息、样本用于与治安管理、查处犯罪无关的用途，或者出售、提供给其他单位或者个人的；** **（十三）剪接、删改、损毁、丢失**

修订前	修订后
	办理治安案件的同步录音录像资料的； （十四）有徇私舞弊、玩忽职守、滥用职权，不依法履行法定职责的其他情形的。 　　办理治安案件的公安机关有前款所列行为的，对**负有责任的领导人员和直接责任人员，依法给予处分**。
第一百一十七条　公安机关及其人民警察违法行使职权，侵犯公民、法人和其他组织合法权益的，应当赔礼道歉；造成损害的，应当依法承担赔偿责任。	第一百四十条　公安机关及其人民警察违法行使职权，侵犯公民、法人和其他组织合法权益的，应当赔礼道歉；造成损害的，应当依法承担赔偿责任。
第六章　附　　则	第六章　附　　则
	第一百四十一条　其他法律中规定由公安机关给予行政拘留处罚的，其处罚程序适用本法规定。 　　公安机关依照《中华人民共和国枪支管理法》、《民用爆炸物品安全管理条例》等直接关系公共安全和社会治安秩序的法律、行政法规实施处罚的，其处罚程序适用本法规定。 　　本法第三十二条、第三十四条、第四十六条、第五十六条规定给予行政拘留处罚，其他法律、行政法规同时规定给予罚款、没收违法所得、没收非法财物等其他行政处罚的行为，由相关主管部门依照相应规定处罚；需要给予行政拘留处罚的，由公安机关依照本法规定处理。
	第一百四十二条　海警机构履行海上治安管理职责，行使本法规定的公安机关的职权，但是法律另有规定的除外。

修订前	修订后
第一百一十八条　本法所称以上、以下、以内，包括本数。	第一百四十三条　本法所称以上、以下、以内，包括本数。
第一百一十九条　本法自 2006 年 3 月 1 日起施行。1986 年 9 月 5 日公布、1994 年 5 月 12 日修订公布的《中华人民共和国治安管理处罚条例》同时废止。	第一百四十四条　本法自 2026 年 1 月 1 日起施行。

图书在版编目（CIP）数据

治安管理处罚法释义与执法实务 / 李春华主编.
北京：中国法治出版社，2025.7. -- ISBN 978-7-5216-5397-7

Ⅰ.D922.145

中国国家版本馆 CIP 数据核字第 2025K5D902 号

责任编辑：张 僚　　　　　　　　　　　　　　封面设计：周黎明

治安管理处罚法释义与执法实务

ZHI'AN GUANLI CHUFAFA SHIYI YU ZHIFA SHIWU

主编/李春华
经销/新华书店
印刷/保定市中画美凯印刷有限公司
开本/710 毫米×1000 毫米　16 开　　　印张/ 28.25　字数/ 354 千
版次/2025 年 7 月第 1 版　　　　　　　2025 年 7 月第 1 次印刷

中国法治出版社出版
书号 ISBN 978-7-5216-5397-7　　　　　　　　　　　　定价：88.00 元
北京市西城区西便门西里甲 16 号西便门办公区
邮政编码：100053　　　　　　　　　　　　　传真：010-63141600
网址：http://www.zgfzs.com　　　　　　　编辑部电话：010-63141663
市场营销部电话：010-63141612　　　　　　印务部电话：010-63141606

（如有印装质量问题，请与本社印务部联系。）